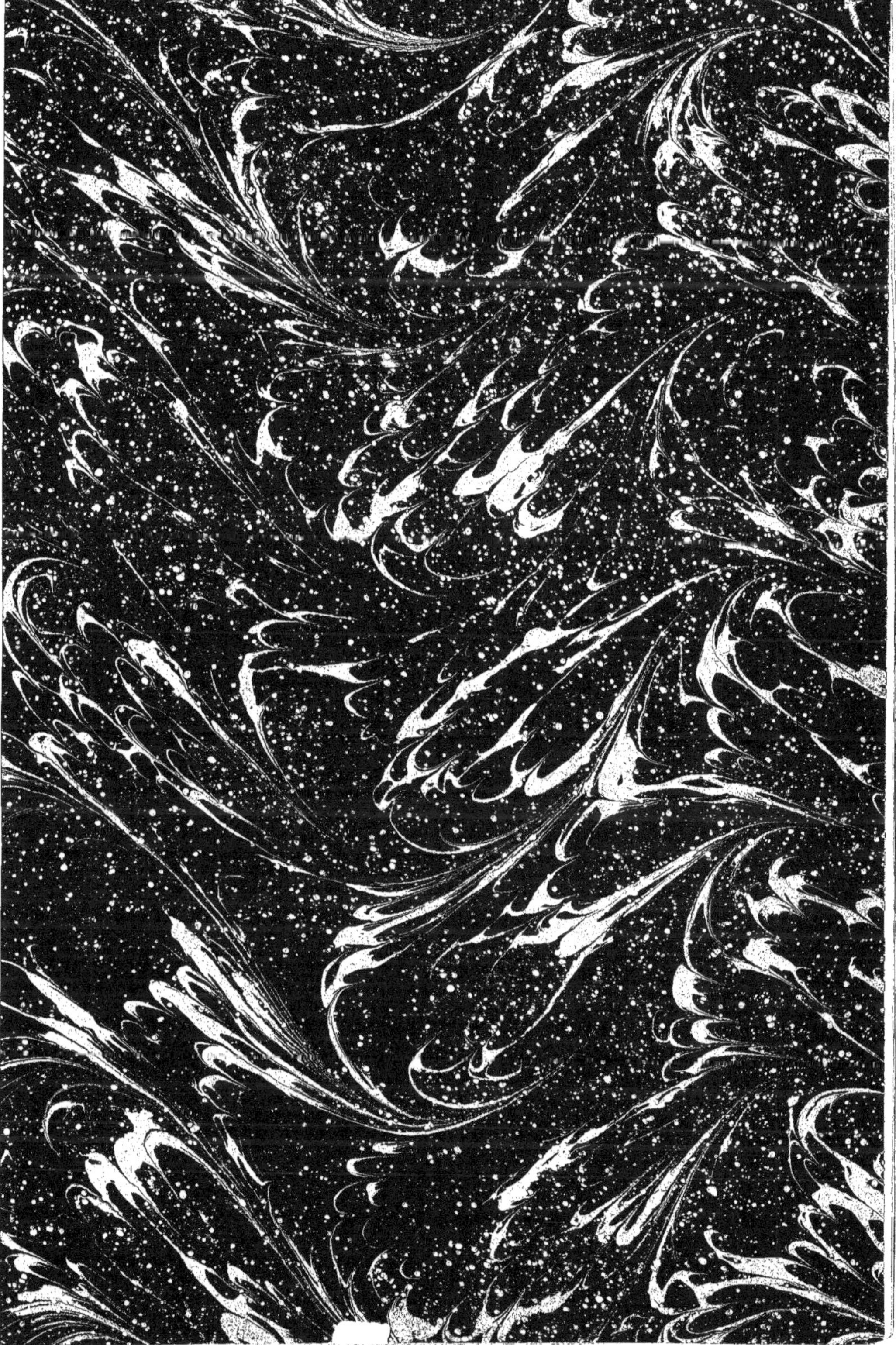

LE COSTUME
HISTORIQUE.

Chromolithographie de Firmin-Didot et Cie. — Paris, rue Jacob, 56.
Typographie Firmin-Didot et Cie. — Mesnil (Eure).

LE COSTUME HISTORIQUE.

CINQ CENTS PLANCHES,

TROIS CENTS EN COULEURS, OR ET ARGENT,

DEUX CENTS EN CAMAÏEU.

TYPES PRINCIPAUX DU VÊTEMENT ET DE LA PARURE

RAPPROCHÉS DE CEUX DE L'INTÉRIEUR DE L'HABITATION DANS TOUS LES TEMPS ET CHEZ TOUS LES PEUPLES, AVEC DE NOMBREUX DÉTAILS SUR LE MOBILIER, LES ARMES, LES OBJETS USUELS, LES MOYENS DE TRANSPORT, ETC.

RECUEIL PUBLIÉ SOUS LA DIRECTION DE

M. A. RACINET,

AUTEUR DE L'ORNEMENT POLYCHROME,

AVEC DES NOTICES EXPLICATIVES, UNE INTRODUCTION GÉNÉRALE, DES TABLES ET UN GLOSSAIRE.

PARIS,

LIBRAIRIE DE FIRMIN-DIDOT ET CIE,

IMPRIMEURS DE L'INSTITUT,

56, RUE JACOB, 56.

1888.

PRÉFACE DES ÉDITEURS.

Au moment de faire paraître le complément de ce vaste recueil, déjà terminé pour la partie principale par l'apparition successive des vingt livraisons comprenant les 500 *Planches avec leurs Notices, nous ne saurions prendre congé de nos souscripteurs sans les remercier une fois de plus de leur fidèle et persévérant concours.*

Ils ont compris que, s'il a fallu plus de temps que nous l'avions d'abord supposé pour élever le monument dont nous posons aujourd'hui la dernière pierre, c'est au profit de la qualité et de l'utilité de l'œuvre que ce temps a été employé.

Nous avons expliqué déjà dans l'Avis aux souscripteurs, *joint au dernier fascicule, par suite de quelle modification de méthode, dictée par l'expérience et pratiquée dès la seconde et la troisième livraison, les notices accompagnant chaque planche, loin d'être réduites à une sèche nomenclature des documents représentés avec indication de leurs sources, sont devenues de véritables monographies, vivifiées par l'image qu'elles suivent pas à pas, en racontant, pour chaque époque ou chaque race, les origines, les caractères du costume et ses transformations sous les influences diverses du climat, des mœurs, des usages et du courant des idées contemporaines.*

Ce système, qui rendait inutile une histoire générale, à peu près impossible à coordonner et dont le développement eût été constamment entravé par les multiples renvois à cinq cents planches rejetées loin du regard, avait pour conséquence d'obliger le directeur du recueil à pénétrer plus avant dans la philosophie de son sujet, et à se faire écrivain, sans appel à une collaboration étrangère dont le moindre inconvénient eût été d'enlever à l'ouvrage la rare unité de vues qui le caractérise.

De quelle manière M. Racinet s'est acquitté de cette partie de sa tâche, en évitant l'écueil de la monotonie et de l'aridité, c'est ce sur quoi le suffrage du public nous dispensera d'insister. On s'est plu et on se plaira encore à reconnaître dans cette série d'études spéciales (qui n'occupe pas moins de 1800 *pages dans la petite édition) non seulement une patiente érudition puisée aux meilleures sources, mais encore un intérêt de récit, une variété de ton, une finesse d'aperçus et souvent une sorte d'émotion communicative qui attachent le lecteur, même sans le secours de l'image.*

Ces développements assuraient à l'ouvrage un caractère complet, dès l'apparition de la vingtième livraison; mais ce que nous offrons aujourd'hui au public, sans aucune addition de prix, n'en est pas moins d'une importance réelle pour la mise en valeur du recueil, en offrant au lecteur un guide sûr pour se diriger dans l'étude des innombrables documents qu'il renferme.

Ce complément, qui formera le Tome I des six *volumes dont se compose l'ensemble, comprend :*

1° *Une Introduction générale, dans laquelle sont esquissés à grands traits les côtés les plus saillants du sujet;*

2° *Des Tables analytiques des* 500 *Planches et Notices, classées dans un ordre définitif et suivant des divisions raisonnées, tables où se trouve résumé le contenu de chacune d'elles;*

3° *Une Table des personnalités historiques représentées et une Bibliographie de la matière aussi complète que possible; bibliographie dont l'étendue seule suffirait à prouver combien cette matière du costume, si fortement liée à l'histoire dont elle présente un des aspects les plus vivants, a de tout temps préoccupé les chercheurs;*

4° *Un Glossaire des termes français et étrangers employés dans l'ouvrage, suivi lui-même d'un Index géogra-*

phique et ethnographique, avec renvoi aux numéros des Planches et des Notices; instrument de maniement dont il est superflu de faire ressortir l'utilité pratique;

5° *Un exposé, en douze tableaux au trait, de la forme et de la coupe des principales pièces du vêtement, appuyées de patrons et accompagnées d'exemples de costumes portés par des figures authentiques. (Cet exposé, où sont résumés les principes connus sur la matière, se complète par la représentation d'après nature de pièces d'un caractère national et par un aperçu comparatif des effets de la mode en Europe, depuis l'adoption par les dames du corset renforcé, des chaussures à talon par tout le monde et de l'habit par les hommes.)*

6° *Enfin l'Avis au Relieur, réglant l'ordre définitif de toutes les parties de l'ouvrage et donnant le numérotage des* 500 *Planches et Notices mis en regard des signes conventionnels qui ont servi à les distinguer au cours de la publication; avis sur l'importance duquel nous appelons l'attention toute spéciale de nos souscripteurs et dont la scrupuleuse observation est de nature à prévenir toute erreur.*

Ainsi se trouve complété au point de vue pratique, et rendu de facile consultation, ce vaste recueil, véritable Dictionnaire Encyclopédique de la matière, qui ne s'adresse pas seulement à nos tributaires directs (artistes de tout ordre, metteurs en scène, habilleurs de théâtre ou confectionneurs de la mode), mais aussi aux gens du monde, aux amateurs et aux studieux.

Venu à une heure doublement favorable, qui mettait à notre disposition, en plus du vieux fonds classique formé par les Montfaucon, les Gaignères, les Willemin, les Champollion et plus tard par les Quicherat et les Viollet le Duc, le contingent si riche des photographies et des trésors réunis dans nos expositions récentes, en même temps qu'elle nous offrait toutes les ressources des perfectionnements modernes apportés aux moyens de reproduction, ce livre a sa place marquée dans toutes les grandes bibliothèques.

Qu'il nous soit permis, en terminant, de citer les paroles éloquentes de l'un des maîtres de l'art contemporain, M. Eugène Guillaume qui, présidant l'an dernier la distribution solennelle des prix au lycée Henri IV, disait :

Il me semble qu'une certaine connaissance de l'art est nécessaire à l'étude des lettres. Il serait difficile d'avoir, dans un lycée, une galerie historique : il faudrait trop d'espace; et d'ailleurs, un recueil de photographies et d'estampes suffirait pour chaque classe.

« Mais j'ai toujours imaginé que la rhétorique pourrait être professée au milieu de chefs-d'œuvre choisis parmi ce que l'art antique nous a laissé de plus parfait. J'y joindrais une petite bibliothèque. Vous expliquez Homère et les tragiques, Hérodote et Thucydide; vous vous efforcez d'en pénétrer le sens; mais ce sens est très étendu. N'êtes-vous pas frappés de la puissance qu'ont les poètes et les historiens d'éveiller l'imagination? Ils possèdent une grande force d'évocation; leur langue a comme une vertu plastique; il se dégage du texte des tableaux des figures qu'on dirait taillées dans le marbre. Ces épithètes d'Homère ont un sens formel. Peut-être n'est-il pas indifférent à la complète intelligence des auteurs de se rendre compte de la figure des personnages qu'ils mettent en scène et de les connaître tels que les Grecs se les représentaient. C'est le service que rendrait la bibliothèque composée d'ouvrages destinés à expliquer l'antiquité figurée.

« Je ne m'arrête point à parler des costumes. Les anciens les désignent toujours par des dénominations précises, et non par des mots vagues : or souvent ces habillements sont caractéristiques : telle divinité a un ajustement qui lui est propre, et elle ne peut en avoir d'autre; cela ne s'apprend bien que sur les monuments. »

C'est sous la protection de ces idées justes et élevées, dont la portée s'étend d'ailleurs au-delà de l'antiquité classique que nous aimons à placer une œuvre dont la précieuse sincérité offre le témoignage le plus complet qui ait été fourni jusqu'à présent sur la manière d'être de l'homme de tous les temps. Elle est le résultat de longs et consciencieux efforts, auxquels le public a déjà rendu pleine justice, en reconnaissant le caractère des choses appelées à demeurer et jusqu'à un certain point définitives.

FIRMIN-DIDOT ET Cie.

INTRODUCTION GÉNÉRALE.

INTRODUCTION GÉNÉRALE.

« COSTUME...... — Les usages, les mœurs, les préjugés d'un pays et d'une époque, considérés par rapport au soin que doit avoir l'historien, le poète, etc., de les retracer fidèlement, ou de ne rien dire qui n'y soit conforme. — Se dit, en peinture, des usages relatifs aux édifices, aux meubles, aux armes, et surtout à l'habillement, dans les différents temps et chez les différents peuples. »
« Extrait du *Dictionnaire de l'Académie française*.)

A définition que nous prenons pour épigraphe, empruntée à nos pères conscrits, explique nettement le caractère de l'œuvre à laquelle nous avons consacré nos soins, et le système, par nous suivi, de fournir, pas à pas, les renseignements immédiats concernant les choses représentées, de manière à donner à l'image autant de signification que le pouvait comporter chaque étude particulière. Quant à discourir sur l'ensemble, cela n'est possible qu'avec mesure, et en se tenant dans les grandes lignes. Un recueil d'images dont nous avons dû grouper les éléments en quatre parties, relativement indépendantes les unes des autres, et représentant des hommes ayant vécu en des temps tantôt fortement distancés, ou tantôt contemporains entre eux, mais suivant les conditions si profondément inégales de l'existence humaine selon les milieux, ne saurait donner lieu à des considérations se développant par la succession des faits, de manière à former une véritable histoire du costume, en général. Si l'on songe que, à l'heure qu'il est, les raffinements de nos civilisations se rencontrent encore avec la pénurie des premiers hommes, de ceux qui chez nous sont des fossiles des âges du bois et de la pierre, et dont les similaires, occupant de vastes étendues de notre monde, continuent à se réchauffer à notre soleil, on comprend combien toute tentative de communauté historique serait illusoire.

Toutefois, la matière étant sous certains rapports « d'histoire » dans le sens de l'*historialis* des Latins, conservé chez nous (*historial*, qui marque quelques points d'histoire. — *Dict. de l'Académie française*), il est à propos d'indiquer ce qui, dans les documents écrits, apparaît comme la plus lointaine origine du vêtement proprement dit; non point la primitive ceinture de feuillage servant de tablier de pudeur dans le jardin délicieux, sous la clémence du ciel de l'Eden, ni la pièce de fourrure ou d'étoffe qui se drape et ne devient un vêtement que par l'usage qui en est fait, mais le caractéristique vêtement confectionné en vue du bien-être, en raison de l'activité nécessaire à l'homme pour son travail ainsi que pour sa défense; en un mot, le costume imposé par la nécessité et combiné pour y satisfaire de toutes les façons.

Le premier tailleur d'habits ne saurait être plus illustre que celui désigné par la Genèse, montrant le terrible Jéhovah chassant l'homme du paradis, et le jetant sur une terre « qui lui produira des épines et des ronces » sans toutefois l'y abandonner entièrement, c'est-à-dire avec un courroux fléchissant, ainsi que l'indique ce passage du récit mosaïque : « Le Seigneur Dieu *fit* aussi à Adam et à sa femme des habits de peaux dont il les *revêtit.* » De sorte que ces premiers habillements apparaissent comme une pleine confirmation de ce que révèlent aujourd'hui les exhumations des anthropologues, au sujet des hommes des temps glaciaires, qu'ils nous montrent sous des habits de peaux conservant leur poil, tels qu'on les trouve représentés en notre planche double, 48-49. Les vêtements eux-mêmes n'existent plus, mais peu importe ; leur conservation n'en dirait pas plus que les *racloirs* ou grattoirs servant à la préparation des peaux, les *perçoirs* ou les alènes trouant la peau pour le passage des aiguilles en os, avec les petits polissoirs de grès pour acérer ces aiguilles, et enfin les couteaux en silex pour diviser les tendons qui servaient de fil. C'est voir l'habit lui-même que de considérer cet outillage collectionné dans nos musées.

Et c'est tout un monde, des foules et des foules pendant des séries de siècles, qui se présentent ainsi sous la livrée de notre misère originelle. C'est de ces temps encore si profondément obscurs, de cette longue nuit des temps précédant de si loin nos âges historiques, que sont écloses les civilisations, c'est-à-dire les sociétés ayant prospéré diversement, quand l'immobilité ou la rétrogradation n'est point fatalement demeurée la loi, partout où l'individualité du barbare est restée la maîtresse. Règle non absolue, d'ailleurs, puisque, entre les civilisations complètes et la sauvagerie, nombre de peuples sont devenus et restés des demi-civilisés.

Entre temps, l'homme paraît avoir imaginé le tatouage ou la gravure de la peau pour donner du renfort à son système cutané; les peaux de toutes les races ont été tatouées, les blanches non moins que les noires, les jaunes et les bistrées. Le fait est d'autant plus à noter que, si ce renfort de la peau avait pu devenir un préservatif suffisant sous tous les climats, on peut supposer que l'homme n'aurait peut-être pas été amené à l'usage des vêtements.

Au surplus, dans la rapidité des grandes étapes de la Genèse, on ne trouve rien touchant les évolutions de l'industrie après le premier pas fait par elle. C'est sans transition que, selon le récit sacré, les fils immédiats de Caïn construisent des villes, tandis que d'autres demeurent dans des tentes; celui-ci est le père de ceux qui jouent de la harpe et de l'orgue ; celui-là, Tubalcaïn, qui eut l'art de travailler avec le marteau, se montre habile en toutes sortes d'ouvrages d'airain et de fer. Le progrès ne chôme pas; ici ce sont les pendants d'oreilles et les bracelets de Rebecca, avec les *riches* vêtements dont son père lui fait présent pour son trousseau de noces; là, c'est la robe *de plusieurs couleurs* que le vieil Israël fait faire pour son Joseph bien aimé. Cela est expéditif et mène droit en plein milieu pharaonique. Or, dès le moment où la graphie du sculpteur égyptien se substitue à celle du calam, les monuments remplacent avec un avantage incomparable toutes les descriptions, si souvent plus que sommaires en tout ce qui touche au costume et à la toilette.

Et il en est de même avec Homère, entrant de prime-saut en pleine civilisation. Pour ne parler que des textiles, Hélène dans son palais travaille à un merveilleux ouvrage de broderie, un grand voile brodé par-dessus et par-dessous, tout brillant d'or. La reine Hécube descend dans un cabinet parfumé de toutes sortes d'odeurs les plus exquises, où elle avait quantité de meubles précieux, qui étaient tous ouvrages de femmes sidoniennes, et parmi tous les tapis qu'elle y visite soigneusement, elle choisit le plus grand, le plus beau, celui qui lui parut le mieux travaillé; il était éclatant d'or et brillant comme le soleil.

C'est donc véritablement sans transition d'aucune sorte que l'on passe de la misère primitive, indiquée dans la Genèse par un trait puissant, y demeurant comme la tradition vivante d'un frisson ineffaçable dans le souvenir des hommes anciens, non seulement à des industries perfectionnées, mais au luxe, et au grand luxe.

Des bégaiements de ces industries, de l'ingéniosité des travaux auxquels l'homme dut se livrer, de l'expérience qu'il lui fallut acquérir pour se procurer les tissus et les feutrages propres à remplacer les vêtements de peaux dont il lui avait fallu d'abord user, de ces efforts collectifs, rien ne parle en ces livres-là. Comment le misérable, troglodyte pour sa sécurité en face des monstres paléontologiques encore existants, barbare entouré de barbares de son espèce, et sachant de suite, ainsi que le dit l'épouvante de Robinson Crusoé, que de toutes les espèces féroces la sienne est la plus dangereuse, comment ce chasseur, absorbé par la poursuite constante de sa nourriture, a-t-il trouvé des loisirs pour se livrer à des travaux manuels en leur faisant suivre une voie progressive; qui le saura jamais? S'imagine-t-on, par exemple, quel dut être l'heureux émoi de ceux à qui l'artisan du premier peigne vint montrer un objet si nécessaire, et sans lequel la chevelure humaine, loin d'être une parure, ne pouvait guère donner lieu qu'à la souffrance? Quel drame dans ce mystère insondable, d'ailleurs merveilleux par les résultats partout où l'homme a su s'organiser et vivre en société!

Les Grecs, ne tenant aucun compte de leurs aînés, se donnaient comme ayant tout inventé, et, avec leur mythologie asiatique, ils s'en sont délivré le brevet. Cela était commode et coupait court aux questions de haute rétroactivité. Nous apprenons maintenant de quelle autre profondeur sont les solidarités humaines, et de quelle réalité sont les liens qui nous rattachent à ceux qui ont été nos premiers prédécesseurs, comme se rattacheront à nous ceux qui nous succéderont. Il faut voir aujourd'hui ces choses de beaucoup plus haut qu'on en avait l'habitude jadis, et c'est un effort, autrement collectif que celui d'un groupe, qui a fait de l'homme, de ses toilettes, de ses ornements et de son outillage, en général, ce qu'il se trouve être présentement. M. Camille Flammarion, dans un acticle publié dernièrement (*Figaro,* 30 avril 1887), et dans lequel il analyse l'organisme humain, une cohésion de molécules, dit à propos de l'immense collectivité de nos ancêtres : « Si tous les hommes qui ont vécu ressuscitaient, il y en aurait cinq par pied carré sur toute la surface des continents, obligés pour se tenir de monter sur les épaules les uns des autres. » Nous laissons au brillant astronome, qui veut bien s'occuper de notre planète, la responsabilité d'un calcul dont nous n'avons pas la base; mais voilà à quelles vues d'ensemble on doit se tenir désormais pour considérer les choses, et en particulier celles du costume, d'une nature si périssable, tout en représentant la plus formidable production qui soit le fait de l'industrie humaine.

Ce que nous ne trouvons pas dans les livres originaux servant à l'histoire classique de l'antiquité, telle que l'édictent les programmes universitaires en un ordre que nous avons d'ailleurs respecté, (et avec d'autant plus de raison que nos images reproduisent des documents historiques, comme le sont ceux par lesquels les Égyptiens, les Assyriens, les Grecs, etc., se sont peints eux-mêmes, nous offrant les images les plus anciennes qui soient à notre portée), ce que nous ne trouvons pas, disons-nous, dans le sillon consacré, existe heureusement en bonne partie autre part. Aujourd'hui, qu'il ne saurait plus être question d'opposer les unes aux autres des traditions différentes, mais de rechercher, au contraire, ce qui est de nature à concilier les diverses traditions, en les faisant concourir, autant que possible, à former une espèce d'histoire de la marche de l'humanité, à travers les phases par lesquelles l'homme a nécessairement passé pour arriver aux civilisations; aujourd'hui, que les chiffres donnés par la géologie d'une part, et les travaux des anthropologues d'autre part, s'imposent à l'esprit en faisant reculer fortement les limites du passé classique, y compris celles mêmes des temps sûrement historiques, il devient d'un réel intérêt de signaler ce qui nous est révélé sur les époques intermédiaires dont ne parlent ni les Moïse, ni les Homère, mais que l'on trouve échelonnées dans la tradition de la haute archéologie des lettrés chinois. La succession des faits s'y présente avec une pertinence, que l'on peut facilement dégager de la physionomie d'un fabulaire caduc, donnant aux hommes des premiers temps une figure plus ou moins mythologique, animale; et aucun document ne jette plus de jour sur des événements dont on sent bien que la succession est la logique même de la vraisemblance. Au point de vue philosophique, aucun tableau ne saurait mieux faire valoir le prix de l'acquisition des connaissances pratiques, des conquêtes faites par l'homme sur la matière par lui pliée à son usage; rien ne fait mieux ressortir tout ce que représentent nos industries, aux ressources allant chaque jour s'élargissant, au point que, maintenant, nous ne saurions plus concevoir l'homme sans toutes les améliorations qu'il s'est créées pour son existence, voire pour son plaisir, et qui, en bien des cas, ne datent pas d'hier.

Ce serait comme un conte de fées, si l'enfantement des labeurs sans nombre ne s'était trouvé mêlé de tant de peines, et d'autant plus le merveilleux d'un conte de fées que, avec la perspective si trompeuse des longues distances, il semble que les résultats les plus brillants ne se soient pas fait attendre, l'industrie paraissant avoir marché à pas rapides et décisifs; car, en somme, ce n'est pas à nos progrès mécaniques, si intéressants par l'ampleur de la production, que sont dûs les plus beaux tissus servant aux vêtements. Rien n'égale, jusqu'à présent, les travaux directement issus de la main de l'homme, et pour nous en tenir aux modernes, qu'ont été les cachemires français en regard des shalls cachemiriens, lavés et reprisés à Amritsir, dans le Penjab? Qui ne sait combien les broderies chinoises et les tissus japonais font pâlir tout ce qu'on en approche? Et le *point d'Alençon,* le beau point à fond de bride avec le relief de ses *fleurs volantes,* de combien distance-t-il la physionomie que lui peut procurer la mécanique des sociétés dentelières? Ce que l'imagination du conteur invente au sujet des robes de Peau d'âne est, de par la main de l'ouvrière de Brousse, une réalité dont pourront longtemps rêver les mécaniciens, sans arriver à nous donner jamais ces belles étoffes tout artistiques, à la couleur de lune ou de soleil formée de fils d'or, d'argent et de soie, nuancés, suivant le besoin, par du coton, du chanvre et du lin, dans chaque fleurette, dans chaque branche de feuillage, avec un goût inné, éclairé par des traditions n'ayant véritablement pas d'âge; car ces pittoresques étoffes ont un tel caractère de famille avec ce que les écrivains grecs et romains racontent des merveilles de l'industrie asiatique, qu'on les peut considérer, dans le renouveau constant de leur fraîcheur, comme de vieilles connaissances pour les yeux humains. On sait la séduction exercée sur les Grecs par ces beaux produits, et comment leur conquête s'étendit aux Romains de l'empire. Et l'on sait encore combien, après la terrible nuit de la période du moyen âge, et alors que l'on découvrait, en quelque sorte, la Syrie, les guerriers des premières croisades furent frappés par la splendeur de ces tissus au luxe astral, apparaissant aux yeux des Européens comme l'emblème même du pays du soleil, ayant à son extrémité cet empire du Levant, dont l'industrie, comme découverte à son tour en notre temps, devait causer cette vision enchanteresse dont les yeux de nos raffinés ne se rassasient pas. Or, c'est de ce point d'arrivée du goût et de l'industrie de l'homme qu'il convient de remonter à l'origine de ce qui s'est passé chez les gens du Céleste Empire qui, sous tant de rapports, ont le caractère d'initiateurs ayant conservé la mémoire des évolutions progressives; ce qui devient d'un intérêt commun à toutes les civilisations.

L'analyse que nous donnons de la haute archéologie chinoise étant une réduction de la traduction fournie par Pauthier, dont les savants travaux sur la Chine jouissent d'une autorité incontestée, il y a là une certitude qu'il suffit de rappeler. Toutefois, comme le merveilleux nous gêne plus qu'il ne nous attire lorsqu'il est mélangé de surnaturel, nous ne prenons de cette transcription que ce qui, de plus ou moins près, touche à notre sujet, en dehors de la figuration et du pouvoir mythologique des personnages.

Pan-Kou ou Hœn-Tun (chaos primordial) le premier homme et le premier empereur, fut le premier *ordonnateur du monde* (d'où cet autre nom Yu-chi); son action commença dès que le ciel et la terre furent séparés, c'est-à-dire, depuis 129.600 ans, divisés en douze parties appelées *conjonctions,* chacune de 10.800 années. Ce ne serait qu'à la fin de la septième période que les êtres humains *auraient cessé d'habiter les cavernes,* et que l'on vit le règne d'un grand nombre de rois qui commencèrent la civilisation et l'empire de l'homme sur la nature. Pendant la huitième période, les *hommes se couvraient de vêtements d'herbe;* les serpents et les bêtes étaient en grand nombre, les eaux débordées n'étant point encore rentrées; les hommes étaient très malheureux. Ils se couvrirent ensuite de peaux de bêtes pour se préserver du froid et des vents, et ils furent nommés : « *hommes habillés de peaux.* » Les animaux armés d'ongles, de dents, de cornes et de venin, attaquaient les hommes qui ne pouvaient leur résister, ce qui les porta à se retirer dans des maisons de bois pour se préserver des bêtes féroces, après s'être perchés sur des arbres, ou enfoncés dans des cavernes. On attribue au premier empereur de la neuvième période, nommé Tsang-Kie, l'invention des premiers caractères chinois; les premières lois parurent sous son règne, et le premier gouvernement régulier fut établi. Au septième empereur de cette dynastie sont attribués : l'invention des chars, les monnaies de cuivre, l'usage de la balance pour juger du poids des choses. Sous le règne du douzième, on coupait les branches d'arbres pour tuer les bêtes. Il y avait alors peu d'hommes, on ne voyait que de vastes forêts, et les bois étaient pleins de bêtes sauvages. Sous le quatorzième empereur, les vents furent grands et les saisons tout à fait dérangées; c'est pourquoi le souverain donna ordre à Sse-Kouki de faire une guitare à cinq cordes pour remédier au dérangement de l'univers, et *pour conserver tout ce qui a vie.* Cependant au temps du quinzième empereur, les eaux ne s'écoulant pas, et les fleuves ne suivant pas leur cours ordinaire, on vit naître une quantité de maladies; cet empereur institua alors les danses nommées *ta-vou;* ce dernier exercice était un précepte hygiénique, si réellement efficace que sous le seizième empereur le monde se trouva en quelque sorte repeuplé, et que, partout, d'un lieu à l'autre, on entendait le chant des coqs et la voix des chiens; les hommes vivaient jusqu'à une extrême vieillesse, sans avoir grand commerce les uns avec les autres.

Puis ce fut Fou-hi, compris dans cette même neuvième période. Le premier il créa des ministres d'État, institués sous le nom de dragons, emblème de la force nécessaire pour pouvoir gouverner les peuples, et qui trouve sa plus haute expression dans l'Empereur, le plus puissant des dragons, faisant des autres les ministres de sa volonté. Il y en avait six : l'un chargé de composer les livres, l'autre de rédiger le calendrier; un troisième eut l'intendance des bâtiments; le quatrième fut chargé de prévenir les misères du peuple et de les soulager; le cinquième prenait soin des terres, et le sixième avait à faire croître les bois et les plantes, en s'occupant de procurer la communication des sources d'eaux vives. Cet empereur aurait été le premier homme qui ait fait des filets, et qui ait nourri les six sortes d'animaux domestiques : le cheval, le bœuf, la poule, le cochon, le chien et le mouton.

Dans les portraits de Fou-hi, dont Confucius admet l'existence, et où on donne à cet empereur un corps de serpent et une tête de bœuf, son vêtement est d'écorce ou de grandes feuilles d'arbres. Au commencement de son règne on gouvernait les peuples par le moyen de *certains nœuds que l'on faisait à des cordes* (ce système mnémotechnique, formant un langage, est l'antique *wampum* des Américains, dont on retrouve encore la pratique chez certains Peaux-Rouges. — Voir la notice de la pl. 81). On mit ensuite à la place l'écriture, permettant aux officiers publics de remplir tous leurs devoirs, et aux peuples d'examiner la conduite de ces officiers.

Avant Fou-hi les sexes se mêlaient indifféremment; il établit les mariages, et ordonna les cérémonies avec lesquelles ils devaient se contracter, afin de rendre respectable le premier fondement de la société humaine; et le peuple vécut depuis avec honneur. Fou-hi voulut que les femmes fussent vêtues d'une manière différente de celle des hommes. Avant cette époque, les hommes n'étaient guère différents des bêtes, dit un écrivain chinois, « ils connaissaient leur mère, mais ils ignoraient quel était leur père ». C'est ce désordre qui fut réprimé par les lois sur la société conjugale.

Fou-hi travailla beaucoup sur l'astronomie, il établit un calendrier pour fixer l'année, en même temps qu'il divisait le ciel en degrés et inventait la période de soixante années, formant le cycle chinois, encore maintenant en vigueur. Il inventa des armes de bois et se servit encore du bois pour la lyre longue de sept pieds, le *Kin,* dont les cordes étaient de soie; puis il fit la guitare à trente-six cordes, nommée *Sse*, et enfin, après avoir institué l'art de pêcher, il composa une chanson pour les pêcheurs.

Puis, viennent progressivement sous les successeurs, notamment sous l'empereur Chin-Noung, le *laboureur divin,* 3,200 ans environ avant J.-C., l'invention de la charrue et les leçons pour apprendre aux hommes à cultiver les champs. Cet empereur sema les cinq sortes de blé, et le peuple apprit à se nourrir de grains et à tirer du sel de l'eau de la mer. Chin-Noung établit des marchés publics, et en y faisant arriver tous les peuples du monde, il y ramassa toutes les marchandises de l'univers. C'est à lui qu'on attribue encore l'invention de la médecine, lui qui distingua toutes les plantes, et en détermina les diverses propriétés. Habile à la guerre, il fit un livre sur l'art militaire. Il composa des chants sur la fertilité de la campagne, et ces chants, accompagnés par la lyre et la guitare, adoucissaient les mœurs du peuple en le rappelant à la vertu. Il fut le premier homme qui mesura la figure de la terre; il sacrifiait au Seigneur suprême dans le temple de la lumière.

Après le règne de quelques descendants de Chin-Noung on arrive enfin à Hoang-Ti, *l'empereur jaune,* dont l'avènement, 2,698 ans avant notre ère, ouvre la période des temps véritablement historiques. Nous n'avons point à parler des événements politiques, mais il est intéressant pour notre sujet de faire une dernière incursion dans l'histoire de ces temps-là, pour montrer comment l'empire chinois possédant un gouvernement régulier dès ces hautes époques, une administration organisée par Chun et Yu, types des empereurs philosophes parvenus au trône par leur sagesse, on rencontre dans leurs institutions celle d'une étiquette officielle, qu'un fonctionnaire spécial, le ministre des cérémonies et des rites ou le ministre des cultes, était chargé de faire observer rigoureusement. Or, une étiquette réglée par le costume, devenant une liturgie administrative, et qui n'a cessé d'être observée depuis ces lointaines époques, vaut la peine qu'on s'y arrête. On trouve la gradation des insignes du mandarinat dans la notice de la pl. 87; quant à Chun, il fut installé héritier de l'empire, 2,255 ans avant J.-C., et le règne de Yu, d'abord l'associé de Chun et son successeur après sa mort, se termina 2,198 ans avant l'ère vulgaire. Ces empereurs étaient vêtus de chanvre en été, et portaient des peaux en hiver. Leurs institutions sont celles de législateurs à grandes vues, et leur but, en créant un costume officiel, a une autre portée que celles des ordonnances sans cesse répétées pendant notre moyen âge, où les édits somptuaires avaient pour objet de réfréner le luxe, selon la classe des gens. Le luxe existait-il en Chine au temps de Chun? c'est assez probable, quoiqu'on en puisse douter en voyant la simplicité du costume habituel de l'empereur. Dans tous les cas, ce n'était point le luxe des soieries, l'emploi de la soie tissée pour les vêtements ne remontant pas en Chine au delà de 1122 avant J.-C., à la dynastie des Tcheou.

Pour en terminer avec ce qui concerne l'étiquette officielle à son origine, nous nous ferons ici un emprunt à nous-même, ayant eu l'occasion, dans la deuxième série de l'*Ornement polychrome,* de parler du vêtement des mandarins, qui reçut justement à propos du rôle de Yu, la marque complémentaire qui fait de la robe du fonctionnaire public chinois un véritable poëme, par la largeur du sentiment auquel il dut son cachet définitif. Nous ne nous faisons pas volontiers des emprunts, nous qui nous sommes gardé de répéter nos images en nos ouvrages d'un caractère encyclopédique sur l'Ornement et sur le Costume, lesquels, dans notre pensée, ne font véritablement qu'un seul et même livre, les deux recueils se complétant l'un par l'autre; mais une fois n'est pas coutume. Voici donc ce qui concerne Yu et son souvenir persistant dans le vêtement officiel des Chinois de tous les ordres.

« Les Chinois qui, depuis plus de quatre mille années, forment un empire historique dont les changements dynastiques n'ont pas autrement modifié la puissante unité, ont trouvé dans leur propre génie, et par leurs arts, le moyen de lier étroitement entre elles toutes les innombrables générations qui se sont succédé sur le sol de la patrie commune, en y conservant intact l'esprit de famille, et sans qu'aucune de ces générations successives puisse perdre le souvenir du passé le plus lointain, constamment retracé dans ses phases les plus dramatiques.

« Rappeler par des images de toute sorte ce que les aïeux ont eu de misères à affronter, d'épreuves à subir, c'est invoquer la mémoire des longs efforts collectifs de la race pour arriver à créer la patrie. En même temps, en représentant aux yeux de l'homme les périls encourus jadis, les grands cataclysmes qui semblèrent devoir triompher de son énergie en détruisant les fruits de son travail, c'est réveiller, entretenir, exciter sans cesse au cœur de chacun, et à travers tous les âges, la profonde reconnaissance méritée par les bienfaits dûs aux vaillants et aux hommes de génie, de science et de labeur, qui ont eu à lutter contre les forces déréglées de la nature, pour assurer à leurs descendants des jours meilleurs et une vie plus douce; c'est ce qu'on voit dans le mâle langage tenu par Yu, après que, par ses immenses travaux de nivellement, d'endiguement, il eut réparé les désastres d'un déluge, en mettant, pour l'avenir, le pays à l'abri d'aussi terribles dévastations : « Il y a longtemps que moi, Yu, j'ai complètement oublié ma famille pour réparer les maux de l'inondation. Par ma prudence et mes travaux, j'ai ému les esprits; mon cœur ne connaissait pas les heures de repos; c'est en travaillant sans cesse que je me reposais. Mon affliction a cessé; la confusion de la nature a disparu. Les grands courants du midi se sont écoulés dans la mer. Les vêtements de toile pourront être confectionnés, la nourriture préparée; les dix mille royaumes sont désormais en paix, et pourront se livrer éternellement à la joie. » Ce langage émouvant du grand homme qui, 2,200 ans avant J.-C., employait le *triangle rectangle* pour exécuter ses grands travaux de nivellement, qui, allant d'une montagne à l'autre, coupant les forêts, faisait rentrer les fleuves dans leurs lits, les maintenant dans leur chemin en les conduisant à la mer, parfois sur des longueurs de plus de cinq cents lieues (comme le parcours du fleuve Kiang, dont les chaussées et les digues construites par Yu subsistent encore, dit-on), ce langage, gravé par ses soins sur un rocher conservé dans la province du Chen-Si, au musée de Singanfou, où le père Amyot en a pris copie, on peut dire qu'il n'a cessé de retentir au cœur de chacun des Chinois qui ont vécu depuis Yu, c'est-à-dire depuis quelques 3970 ans, et en y conservant l'impression des profondes solidarités qui font les patries immortelles. »

Nous renvoyons à notre *Ornement,* où le détail des choses est représenté, pour reconnaître par quel moyen les Chinois ont inscrit, en le perpétuant, l'équivalent de l'héroïque langage que l'on vient d'entendre sur le vêtement de leurs fonctionnaires, y compris celui des empereurs. On y verra comment le bas de la robe d'honneur, formant un horizon circulaire, offre le spectacle de tout ce qui se produit de plus grave, lorsque à la violente irruption des eaux s'ajoutent les révolutions volcaniques, et que les fragments des roches basaltiques vomies par les cratères viennent, dans la marche tumultueuse de pierres dont le roulis fera des galets, effacer les sillons du labour, semant en place leur stérilité. Mais on y verra, en même temps, comment ce désolant spectacle d'une destruction qui paraît universelle est dominé par la puissance humaine. L'empereur est là, représenté par le dragon à cinq griffes, et tout sera réparé par sa haute intervention. On n'y voit pas le mirage de l'arc d'alliance, mais un emblème qui en joue le rôle, et qui, par sa nature, va peut-être plus sûrement au cœur de l'homme de la terre, en offrant à ses yeux désolés, enrubannée comme un bouquet de fête, la fleur horticole, la rose de Chine, annonçant à chacun que, malgré le déluge, on reverra les baux jours des cultures florissantes. C'est une véritable transcription du langage de Yu, « les dix mille royaumes pourront se livrer éternellement à la joie, » comme c'est le souvenir même de l'action de l'homme de génie qui a mis tant de cœur à se rendre utile à son pays; et nous ne croyons pas trop nous aventurer, en assurant que chez aucun peuple aucune broderie de vêtement n'a offert un intérêt égal à cette broderie du costume officiel de tous les gens de cour et des mandarins.

Ainsi que nous l'avons fait observer, nous ne cherchons dans les lointaines annales de la Chine que ce qui peut servir à constituer de véritables archives pour la famille humaine; or, par l'échelonnement des temps fabuleux, par l'histoire des conquêtes de l'homme sur la matière aboutissant à des faits historiques certains, il résulte des travaux des lettrés chinois le tableau le plus complet, le plus heureusement gradué que l'on possède sur ces hautes et si obscures époques. Leur date originelle est déjà bien élevée, quoique certes elle ne soit pas faite pour étonner les géologues, et cependant, nous devons le signaler, l'homme et les premières civilisations, selon certaines versions, remonteraient encore beaucoup plus au loin. De Gobineau, dans ses études sur l'inégalité des races humaines, pénétré d'ailleurs d'une idée fixe au sujet des blancs de la race indo-germaine, qui seuls, selon lui, auraient eu le génie nécessaire aux créateurs de civilisation, s'occupe de Pan-Kou qui n'aurait nullement été le premier homme existant; il n'était pas seul, d'abord, puisqu'il était empereur, et la qualité de premier homme qui lui est donnée par la légende chinoise, c'est celle d'un créateur, parce qu'il commença à régler les rapports de l'humanité. Les habitants de la Chine, du Honan où Pan-Kou vint opérer, étaient les Miao, peuples étrangers aux plus simples notions de sociabilité; des sauvages vivant dans des trous, dans des grottes, se donnant comme étant des fils de singes, attrapant les animaux à la course, en buvant le sang et se nourrissant de leur chair crue, à son défaut, de l'herbe et des fruits sauvages. Ce serait à une époque postérieure aux premiers temps héroïques de l'Inde que la Chine aurait été civilisée par une nation immigrante de la race indoue, kschattrya, ariane, blanche, et Pan-Kou, législateur, « était ou l'un des chefs, ou le chef, ou la personnification d'un peuple blanc, venant opérer en Chine les mêmes merveilles qu'un rameau, également indou, avait antérieurement préparées dans la vallée supérieure du Nil. »

Telle est cette version qu'il n'est pas de notre ressort d'apprécier, mais que nous ne pouvions cependant passer sous silence, puisque, selon elle, l'homme et les civilisations auraient encore une ancienneté beaucoup plus éloignée que celle qui est chiffrée par les Chinois, dont les dates historiques suffisent, d'ailleurs, pleinement pour le rapprochement à en tirer.

On a vu finir le règne de Yu 2198 ans avant l'ère chrétienne; il n'était alors nullement question de l'existence des Grecs, et sans remonter à une origine fort embrouillée, il suffira ici de reconnaître quel était l'état des choses chez eux à l'époque de la guerre de Troie, une guerre fratricide entre gens de même langue et de même souche, datant de 1193-1184.

A cette époque, les arts de la paix se réduisaient encore pour les Grecs à leur procurer les choses nécessaires aux besoins de la vie. Les meubles étaient grossiers; la charrue à peine ébauchée. Les héros faisaient eux-mêmes leur cuisine; Achille prépare de ses mains le repas qu'il veut offrir aux ambassadeurs d'Agamemnon. Ulysse sculpte son lit. Nausicaa, fille du roi des Phéaciens, demande à son père la permission d'aller au fleuve avec ses compagnes pour y laver les hardes de la famille. Lorsque Ulysse rentrant dans ses domaines aborde Eumée, un assez gros personnage puisqu'il était l'intendant du roi d'Ithaque, le divin Eumée « travaillait à se faire une chaussure de cuir de bœuf avec tout son poil. »

En fait, on ne pratiquait pas l'étude; on ne connaissait de l'arithmétique que les calculs qui convenaient au cercle étroit des affaires; l'or et l'argent servaient aux échanges, mais les métaux n'étaient pas monnayés. Comme outillage, Homère cite la hache, l'herminette, le vilebrequin, le rabot, le niveau, en omettant de parler de la scie, de l'équerre et du compas, dont on se serait peu servi, l'art de tailler et de polir les marbres ne paraissant point avoir encore été connu. Quant à l'astronomie des Grecs elle consistait à observer les constellations les plus apparentes pour se diriger dans leur cabotage, ayant presque toujours lieu en vue de la terre. Homère ne parle que de la grande et la petite Ourse, des Pléïades, des Hyades, d'Orion et de Syrius.

Sans l'éclair projeté par l'*Iliade* et l'*Odyssée,* on serait loin de reconnaître même cet état de choses; car la longue période qui suivit la guerre de Troie et qui s'étend du douzième au cinquième siècle, où l'éclatante action des Grecs apparaît alors dans le vrai jour de l'histoire, cette longue période de siècles n'est connue dans ses principaux éléments que d'une manière générale, aucune partie des annales de la Grèce n'offrant aussi peu de renseignements.

Rapprocher deux états sociaux d'une pareille inégalité, et alors que le plus rudimentaire est d'une telle postériorité, c'est obtenir en conclusion le renversement de l'ordre traditionnel chez nous pour l'étude de l'antiquité classique; et c'est tout ce que nous avons voulu faire ressortir, estimant ce résultat utile à la sincérité de la chronologie des civilisations, et, partant, à la véritable filiation des industries se rattachant aux choses du costume.

Assurément, cette observation peut prendre l'aspect d'une digression inutile pour un certain nombre de nos souscripteurs auxquels elle n'apprendra rien qu'ils ne sachent; mais nous avons cru devoir considérer que si nous avons quelque peu, et même tout à fait, l'air d'enfoncer une porte ouverte pour ceux qui l'ont franchie, il n'y avait pas d'inconvénient à ce que cette porte devînt de plus en plus largement ouverte. La certitude d'être de quelque utilité à ceux qui ont besoin de guide sur ces questions de priorité, de primordialité, nous a décidé à passer outre, notre but étant net et simple, et sans arrière-pensée de pédantisme; car la science que nous invoquons n'est point la nôtre : c'est une archéologie toute faite dont nous résumons les éléments pour ceux qui ne possèdent pas les documents originaux, c'est-à-dire ces livres plus ou moins anciens que Montesquieu appelle les *livres d'auteur*, en les distinguant spirituellement des nouveaux, qui sont, dit-il, pour les *lecteurs*.

Pour en terminer sur la question des âges, et sur ce que les peuples ont pu se devoir les uns aux autres, à en juger par les dates de leur civilisation, ce n'est pas d'aujourd'hui que l'on s'est préoccupé de ce que les Grecs ont pu emprunter aux gens du Céleste empire. J. Hoger en 1805 publiait le « *Panthéon chinois,* avec de *nouvelles* preuves que la Chine a été connue des Grecs, et que les Sères des auteurs classiques ont été des Chinois. » Un exemple modeste mais significatif peut servir ici à caractériser l'action des Grecs; les plus anciens objets chinois sont ornés de ces lignes droites et anguleuses, au parcours plus ou moins compliqué, auxquelles est resté le nom de *grecques,* et l'âge inscrit sur les vieux vases en bronze de la Chine où l'on rencontre des ornements de cette espèce ne laisse aucun doute sur la priorité de ceux-ci. Mais qu'ont fait les Grecs des ornements de ce genre, qui se retrouvent, au surplus, et avec plus ou moins d'ingéniosité chez tous les peuples primitifs? Ils se le sont approprié, ce genre, avec une telle supériorité qu'il n'est point de grecques qui valent les leurs, et avec leur imagination, en les baptisant *méandres,* parce qu'à leurs yeux le caprice des retours de ces lignes suivant néanmoins une marche continue était une image de ce fleuve Méandre qui joue son rôle dans l'*Iliade,* ils ont donné à une conception qu'ils n'avaient point inventée un cachet aussi supérieur que possible, par l'exécution matérielle, en même temps qu'ils la dotaient d'une sorte de poésie se rattachant à leur tradition héroïque. C'est la caractéristique de leur part dans l'histoire des arts, en général, et elle est assez belle pour n'avoir point besoin de fables, c'est-à-dire de mensonges. Enfin, pour dernier mot sur ce point, il semble que l'on doive considérer de même, dans l'ordre historique, les Égyptiens, ces aînés immédiats de l'art des Grecs, et quoiqu'il soit vrai que sur ce sujet les papyrus soient loin d'avoir encore tout dit.

Le costume, déterminant l'apparence extérieure de tous ceux qui ont vécu, est inséparable du souvenir laissé par les aïeux; il appartient en propre à l'histoire. Pour les postérités, et quoiqu'en dise le proverbe, dont le véritable sens s'applique à l'intimité de l'être, « *l'habit fait le moine* »; il fait l'Égyptien, le Grec, le Romain, le Chinois, l'Indou, etc., et les anciens l'entendaient ainsi, en usant des ressources de leurs langues pour ne faire qu'un de l'homme et de son costume, en le désignant par quelque pièce caractéristique de son accoutrement. Sans remonter plus haut que les Latins, il était d'usage chez eux, lorsqu'on ne nommait pas simplement l'Égyptien, le Grec, le Perse, le Scythe, le Germain, de parler de chacun d'eux en termes dérivant du costume seul; tantôt d'une manière générale, et tantôt d'une façon assez précise pour que les classifications mêmes de la société romaine et jusqu'au caractère des individus fussent indiqués avec clarté pour tous les gens de la langue.

Le *liniger* était l'Égyptien, particulièrement le prêtre, vêtu de lin.

Le *palliatus*, le *chlamydatus*, le *crepidatus*, était le Grec, portant le pallium, la chlamyde et les crépides; et, non moins expressément, aux temps de l'empire, ce fut le *phœcasiatus*, qui porte le soulier, les *phœcasia*.

Le *pellitus* était l'homme du Nord, en même temps qu'il était le Grec des temps héroïques et le Romain des temps primitifs, vêtus de fourrures et de peaux. On donnait encore le nom de *galeritus* aux premiers habitants du Latium, qui portaient un bonnet de fourrure.

Bracatus ou *braccatus*, celui qui porte des culottes ou des pantalons, était une épithète caractérisant surtout les peuples de l'Asie et du Nord, les Sarmates, les Scythes, les Mèdes, et encore les Gaulois de la Narbonnaise, portant le haut-de-chausses, le caleçon ou la braie.

Le *mitratus* était l'habitant de la Perse, de l'Arabie, portant les mitres d'Asie, y compris celle des Phrygiens et des Amazones.

Le *comatus* ou le chevelu, était le Germain portant les cheveux longs et épais; et particulièrement l'habitant de la Gaule transalpine, la *Gallia comata*.

Le *togatus*, le citoyen romain caractérisé par le port du manteau national, trouvait son contraire, c'est-à-dire le non-citoyen, et quoique tous portassent des tuniques, dans le *tunicatus*, qui n'avait pas le droit de prendre la toge. Et il en était de même entre le *paludatus*, l'officier supérieur portant le grand manteau militaire, le *paludamentum*, et le *sagatus*, ou *caligatus*, le simple soldat, endossant la courte casaque, la saie ou sayon, et chaussant les *caligæ*.

Le *pileatus*, qui porte le *pileus*, est le marin, le pêcheur, l'artisan; et, plus généralement, l'homme, par opposition aux femmes coiffées du bonnet.

Le *petasatus*, coiffé du pétase à grands bords, est l'homme des champs; et le *peronatus*, avec les *perones*, les guêtres, est le laboureur, le pâtre, etc.

Le *subligatus*, portant le *subligar*, caleçon, ou le maillot, *subligaculum*, est le jongleur, le gymnaste.

Le *sica*, couteau ou poignard, donne son nom à l'homme qui en est armé; c'est le *sicarius*, un bandit.

Le *tonsus*, l'homme à la tête rasée, est le rustre, l'esclave; et, plus expressément encore, le *stigmatias* ou *stigmosus* est l'esclave marqué d'un *stigma* imprimé au fer chaud.

Le *soleatus*, qui porte des pantoufles, des *soleæ*, est un efféminé, un homme à mépriser, comme l'est encore l'*indusiatus*, empruntant aux Égyptiens, aux Perses, aux Thraces, l'*indusium* ou *indutus*, la blouse ou le peignoir à l'usage des femmes chez le Romain.

En fait, et quoique la langue française n'ait point la ressource de la concision par l'agglutination il en est de même pour nous; l'image de l'homme est inséparable de la physionomie qui lui est donnée par son accoutrement. L'être et son costume sont si étroitement liés l'un à l'autre que, aux yeux du peintre et de l'historien, ils ne font réellement qu'un, et que c'est surtout au costume qu'il convient d'attribuer le résultat de la diversité des physionomies, modifiées par mille et mille circonstances aux conséquences desquelles, la plupart du temps, l'individu n'a pas la liberté de se soustraire. L'homme social est un être particulièrement subjectif, et il ne saurait échapper aux influences du milieu où il vit. La façon qui lui demeure aux yeux de la postérité s'est trouvée lui être imposée; elle est ce qu'elle est, et l'homme ne représenterait rien si son accoutrement était en dehors des choses de son temps. La robe arménienne adoptée un instant par Jean-Jacques ne saurait entrer dans l'histoire du costume de l'Europe du dix-huitième siècle.

Cette subjection de l'individu social à des collectivités dominantes a produit d'étranges contrastes dans la filiation du costume européen depuis le moyen âge; c'est naturellement en observant le costume des gens des deux sexes faisant partie des élégants, c'est-à-dire les rois ou les esclaves de la mode, que l'on juge le mieux des évolutions successives, qui ne se sont nullement accomplies, dans la majeure partie des cas, en raison de certaines lois constantes se basant sur la commodité des choses, par exemple sur l'amélioration de la coupe des vêtements, ou autres motifs de cette sorte. Dans le domaine de la mode, le caprice est rapide, et le progrès est d'autant plus lent que, parfois, le caprice est rétrograde. Il n'est donc point de règle sûre pour y conduire l'induction, et il n'existe pas de boussole pour guider sur les surfaces de cette nature, en remontant ou en descendant le cours du temps. Tantôt il semble qu'une certaine sagesse mène les choses, puis et peut-être plus souvent encore, le gouvernail est aux mains de la franche folie, portant, la plupart du temps, le masque de l'anonyme; de façon que nul ne sait vraiment qui crée le courant auquel chacun obéit, l'homme social n'ayant pas le choix, et le « il faut faire comme les autres » étant la devise indiscutable, par excellence. Molière conseille aux gens de se laisser habiller par leur tailleur; mais d'où viennent au tailleur les *nouvelletés* par lesquelles il trouble sans cesse la possession de l'héritage des choses qui si souvent ont pu paraître définitives, et qui ne le demeurent jamais; et combien de fois est-ce le faquin qui décide de l'habit qui sera porté par l'honnête homme?

Quant à la singularité offerte par le spectacle des transformations successives dans une même filiation, il suffira ici de quelques rapprochements pour la faire ressortir, en restant dans le domaine des élégances françaises.

Aux quatorzième et quinzième siècles, les dames portent la *cotte-hardie,* une robe traînante étroitement lacée par derrière, moulant les seins et faisant valoir les hanches; les manches ajustées ont de longues pentes s'étalant sur le sol; cette robe, sans linge apparent, marche avec l'*escoffion,* le couvre-chef en bourrelet. Pendant plus d'un siècle les plus furieux emportements des prédicateurs ne prévalent pas contre cet accoutrement, qui ne fit en quelque sorte que s'aggraver, lorsque la robe fut lacée par devant, en laissant transparaître par une ouverture prolongée, à peine voilée, une partie des seins et du buste, que l'œil considérait par ce que l'on appelait la *fenêtre d'enfer.* A peu près cent ans après on se trouve en face de dames affublées de la cage du vertugadin en tambour, *surmonté* par l'armature du corset busqué; les manches sont ballonnées par des gigots; on porte un caleçon emprunté aux hommes, et la fraise godronnée ou la collerette en éventail. Au dix-septième siècle, la vertugade perd son caractère, se trouve réduite au rôle d'un polisson, devient la *criarde,* et tout à coup, apparaissent les énormes cerceaux des paniers à coudes et en gondoles, des pseudo-bergerades du dix-huitième siècle, pour aboutir aux légèretés de la robe en chemise du temps de Marie-Antoinette, et à la transparence des tuniques portées sans chemise à l'époque de la grécomanie.

Les physionomies sont encore plus diversifiées qu'on ne l'imagine par ces transformations, et, ainsi que le remarque Viollet le Duc, les exigences de la mode ont occasionné de tels martyres que, pour y satisfaire, il semble que la configuration du corps humain s'en soit trouvée modifiée par moments, et, ce qui paraît surtout difficile, celle du visage même. Ainsi, au temps des hennins, il seyait que le front découvert fût plein et en avancée; or, toutes les femmes eurent ce front saillant, ainsi qu'en témoignent les portraits sculptés et peints à l'époque. Lorsque vint la mode des ferronnières, tous ces fronts ne se retrouvent plus sous la division en bandeaux plats des cheveux, et, en somme, ils n'ont jamais reparu; car le front découvert des femmes, mis en valeur par les Léonard du dix-huitième siècle élevant de la chevelure le galant édifice, et rejetant en arrière le grand tapet, n'était point ce front réellement saillant que les élégantes du quatorzième siècle avaient su se procurer, le diable seul, aurait dit un sermonneur, devait savoir par quel moyen; car le fait reste encore autrement incompréhensible que ne le fut l'*espoitrinement des dames,* au temps des éclisses meurtrissant leur pauvre *charnure,* comme l'appelle Brantôme.

Et à propos du sexe fort c'est la même mobilité, ce sont les mêmes changements de costumes et de physionomies. Qui donc imaginerait que le petit-maître portant l'habit à la française avec le long justaucorps, la culotte, la perruque poudrée et en queue, le chapeau-lampion et les souliers à boucle de l'époque de Louis XV, fut le descendant de celui qui avait porté le gigot des mahoîtres, le corset-sangle laissant à découvert tout le haut-de-chausses les longs souliers à la poulaine, le chaperon et les chapels des temps de Charles V à Charles VII; et, sans s'arrêter aux variétés des époques intermédiaires, les capes du seizième siècle aboutissant au frisque et troussé mantelin de Henri III, le pourpoint avec le panseron et les mancherons, les cheveux en raquette, le toquet à l'espagnole, la fraise à la confusion, les grègues avec le bas d'attache; sans compter la botte mignonne des cavaliers de salon du temps de Louis XIII, ni le pourpoint de la jeunesse de Louis XIV, devenu une brassière.

Et la mine des gens, se fardant au blanc de céruse pour faire ressortir la pâleur du visage, considérée sous Henri III comme un agrément, le noir du costume secondant l'effet. Puis cette pâleur remplacée par les dames de la seconde partie du règne de Louis XIV usant du vermillon, un rouge d'Espagne flamboyant, qui faisait paraître jaune tout ce qui l'environnait, les fardements étant, en outre, criblés de mouches.

Tantôt les courants littéraires ont un effet immédiat, comme celui qui produisit les *précieuses* et leur superbe. Tantôt, et tout au contraire, le costume n'est qu'une répercussion éloignée de choses littéraires dont le succès ne s'était cependant point fait attendre, ainsi qu'en témoigne Montesquieu en parlant de celui qu'il appelle l'abeille de la France « un honnête homme (M. Rollin) a, par ses ouvrages d'histoire, enchanté le public ». Eh bien, cet enchantement n'a son effet sur le costume qu'à l'époque de la révolution, où éclate la grécomanie, et il ne fallut rien moins qu'un renouveau d'école d'art et de graves événements publics pour qu'on osât la mettre au jour. Les roués du dix-huitième siècle n'avaient pu que la rêver.

Quel champ d'études nécessiterait la connaissance des causes et des effets dans ce domaine des frivolités, dont l'historien est cependant obligé de tenir un certain compte qui ne laisse pas d'être sérieux! La physionomie des accoutrements n'est point, d'ailleurs, toute de caprice. Les changements successifs des costumes de guerre sont intimement liés aux choses de l'armement, et c'est en raison d'une logique étroite que l'on voit d'abord s'accomplir les progrès de l'armement défensif pendant toute une longue période, au bout de laquelle on rencontre la dernière expression de l'armure complète, dite *chevaleresque,* formant à l'homme d'armes une carapace d'acier dont le guerrier est entièrement enveloppé. Puis, par une conversion non moins logique, résultant du perfectionnement progressif des armes à feu, de la balle du mousquet et du pistolet perforant l'acier des cuirasses, on renforce les pièces principales en abandonnant successivement les autres, jusqu'à ce qu'enfin, généralement, tout le vieux système soit délaissé.

Dans nos sociétés compliquées et avec leurs nombreuses vicissitudes, il y a lieu d'hésiter parfois lorsqu'il s'agit d'affirmer à quel courant il convient d'attribuer l'impulsion de la mode. Est-ce toujours d'une élite qu'elle dépend? n'est-ce jamais une écume qui l'impose? Plus notre politesse s'est perfectionnée, et plus la mode a dépendu chez nous d'une élite. En d'autres cas, antérieurs à la vraie politesse, on hésite à considérer comme telle nombre de ceux qui, par l'exemple de leurs caprices et de leur luxe, ont décidé du goût de leur époque. Les Isabeau de Bavière, les Catherine de Médicis et les reine Margot composent-elles une élite? ou faut-il les confondre avec les duchesse d'Étampes, les Diane de Poitiers, les Gabrielle d'Estrées, les Montespan, les Pompadour, etc.? Nous n'avons rien à décider sur ce sujet, notre tâche n'étant nullement celle du moraliste, et ne voulons retenir des points de vue de celui-ci qu'une seule observation de fait, c'est que, en définitive, ce n'est point sur l'extérieur des gens, et quelque osés que puissent paraître certains accoutrements, qu'il convient d'apprécier la moralité de telle ou telle société.

Les femmes nobles qui accompagnèrent les guerriers des premières croisades en revinrent éprises du goût oriental; elles rapportèrent chez nous l'usage des ouvrages sarrasinois, entre autres celui des étoffes légères, élastiques, en petits plis, de ces crêpes de soie que l'on voit dans la statuaire de nos vieilles cathédrales, moulant les formes du torse qu'elles dessinent dans toute sa pureté, jusqu'à l'arrêt de la ceinture lâche à bouts flottants suivant les contours du bassin, la robe se prolongeant par les plis de la *gipe* ou *gipon.* La hardiesse de ces dames, exhibant en public des vêtements inspirés de certains costumes portés dans l'intérieur des harems, peut-elle faire supposer que les dames et damoiselles de haut lignage revenaient chez nous avec un caractère plus ou moins approchant de celui de la femme asiatique, traitée comme une esclave? Ce serait commettre une erreur complète, et loin de répondre à une époque d'avilissement de la femme européenne, ce mouvement de la coquetterie féminine répond à la naissance de la galanterie chevaleresque, c'est-à-dire à une transformation saisissante du rôle de la femme chez nous. C'est plus qu'un prélude, c'est son véritable anoblissement qui date de ce temps-là. Avant, et telle qu'on la voit par les plus vieilles chansons de gestes, la femme est en butte à de brutales colères; les anciens preux l'injurient grossièrement, la soufflètent, la saisissent par les cheveux, la bâtonnent et la menacent de l'épée. Tout à coup, les rapports se trouvent tellement changés entre les deux sexes, que la femme devient, en quelque sorte, l'objet d'une adoration perpétuelle pleine du plus profond respect. Le guerrier tremble devant elle; il se soumet pour lui plaire aux plus dures épreuves; il expose sa vie en aspirant pour prix de son dévouement absolu à l'obtention d'une parole aimable, d'un sourire, d'un bout de ruban que la dame aura porté. Des compositions littéraires d'un goût tout nouveau préconisent ce genre de servitude, en répandant les leçons d'un sentimentalisme plein de subtilités. Et cette importance acquise par les femmes dans le manoir seigneurial, dit Quicherat, s'étendit à celles des autres classes de la société. L'épouse, quittant le rôle de pupille ou de domestique, fut réputée l'égale et l'associée du mari. L'aspect extérieur que donne le costume ne saurait donc servir de base pour juger de la moralité des gens; et nous n'avons point de révélations sur les mœurs des dames moulées par la cotte-hardie qui équivalent à celles de Brantôme sur les *honnestes dames* pudiquement habillées par la robe au collet en carcan, que l'on portait dans l'entourage de Catherine de Médicis.

L'anecdote racontée par Paul-Louis au sujet de la grande dame de l'entourage de Louis XIV qui vint au sermon en habit de chasse, un habit clos, et que le prédicateur en chaire rappela au respect de la maison de Dieu en l'envoyant *s'habiller* (ce que la dame fit en revenant décolletée et la poitrine en vue, selon le ton de la toilette de cour), donne des exigences de ce qu'on appelle le monde une idée très précise; et malgré l'intention du railleur qui rapporte cette anecdote, on peut voir dans cette leçon un rappel légitime à des convenances respectables, c'est-à-dire ayant été respectables en leur temps, toutes singulières que puissent nous paraître aujourd'hui de pareilles toilettes à l'église. Pour le bal paré, ainsi que pour les assemblées de grande cérémonie, nos dames s'habillent encore ainsi en se déshabillant, comme on l'a dit souvent; mais quiconque a vu de près la vraie et noble femme du monde obéissant à cette obligation a pu se convaincre que plus l'épaule est nue, moins, en quelque sorte, elle est exposée à un danger quir reste imaginaire; l'invisible mur d'airain qui la protège n'est point de ceux que l'on franchit. Les convenances exigent (et rien de plus despotique que les exigences des convenances) que l'œil qui voit ne s'arrête point sur ce qu'on lui montre, et que même il n'ait point l'air de voir.

Il ne faut donc point chercher à faire dire au costume plus qu'il ne signifie, en réalité. La mode changeante n'est d'ailleurs point l'indice le plus sûr sur lequel on puisse juger du caractère des sociétés. Ses caprices et ses libertés ont été véritablement beaucoup moins contagieux qu'on le suppose, à en juger par la ténacité de ce qu'on appelle les costumes nationaux, perpétuant des traditions locales, dont les évolutions lentes indiquent tout autre chose que la mobilité du caractère des masses; et enfin, nous avons eu souvent à en faire la remarque, contrairement à tous nos préjugés sur ce chapitre, la coquetterie des femmes se montre généralement, c'est-à-dire dans les classes populaires, beaucoup moins éprise des nouveautés que ne l'est la coquetterie des hommes, dont la *braverie* prend un caractère significatif en se rattachant à l'importance de l'homme, dans la famille agricole particulièrement. (Voir à ce propos notre « *Essai sur la philosophie du costume* » inséré dans la notice de la pl. 413, traitant des mœurs norvégiennes, suédoises.) Mais abandonnons ce champ, en nous souvenant de la parole de La Bruyère : « Il est bon d'être philosophe, il n'est guère utile de passer pour tel. »

Nous nous arrêterons quelque peu sur les costumes populaires, dits nationaux, le sujet étant de nature à redresser certaines données sur le fond du caractère des populations, entre autres sur la soi-disant mobilité du Gaulois; opinion si généralement acceptée, et depuis un si long temps, qu'on nous l'a inculquée à nous-mêmes. Notre argumentation sur ce sujet est directement tirée du costume.

La reconnaissance que nous avons dû faire de quelques-unes des choses du passé des Ibériens et des Gaulois, retrouvées en partie parmi les usages modernes en Espagne et en France, expliquera en même temps le nombre de planches, en un ordre exceptionnel, qui sont consacrées dans la quatrième partie de notre recueil aux costumes régionaux des deux pays. Leur ensemble offre l'une des plus heureuses diversités dans l'unité qui subsistent encore en Europe. Ce que nous avons à consigner à ce propos n'est qu'une glane légère, ces questions étant relativement jeunes; mais elles se renforcent tous les jours par l'attention des studieux qui s'y intéressent, en recherchant sur place à quelle origine il convient de faire remonter les coutumes locales. Lorsqu'il s'agit du costume la question s'élargit, et avec lui les traditions héréditaires deviennent souvent des choses nationales qui, par quelque raison accidentelle, se sont trouvées localisées. Il se forme actuellement des bribes du passé un petit trésor dont les pièces sont encore éparses, mais qui deviendront tout à fait précieuses dans le concert des confrontations, lorsque tous les éléments seront réunis. Pour le moment, et afin de ne point paraître composer un de ces tableaux de fantaisie disposés pour seconder une argumentation préconçue, nous emprunterons ce qui concerne le costume des Gaulois et des Ibériens à Ch. Louandre, l'éminent érudit qui a fourni l'historique des *Arts somptuaires* de Ferdinand Séré, en aboutissant à des conclusions sur cette première partie de son travail très différentes de celles auxquelles, et sur son propre témoignage, on est amené aujourd'hui. Le grand sens, ou si l'on veut, le véritable sens des choses est un produit du temps, et la lumière ne jaillit, en quelque sorte, qu'à un certain degré de la maturité des questions. L'introduction générale des *Arts somptuaires* a été publié en 1857 et depuis ces trente années on a fait de singuliers progrès sur la saine appréciation de plus d'une chose historique, et en particulier sur ce qui se rattache aux costumes d'un caractère national; mais laissons parler le savant archéologue.

Louandre reconnaît d'abord que tout ce qui se rattache aux temps primitifs de la Gaule est couvert d'une obscurité d'autant plus profonde que tout le passé s'est trouvé tout à fait dénaturé chez les Gaulois par le fait de la conquête romaine, et qu'il faut, au sujet de l'histoire du costume national à son origine, et lorsqu'on veut être exact, laisser bien des questions sans réponse, sous peine de ne rencontrer que des hypothèses ou des mensonges. Il parvient, néanmoins, à reconstituer assez de choses pour en faire un tableau intéressant et instructif. Voici ce que, d'après son travail, les auteurs grecs et latins distinguaient comme étant gaulois chez ceux que le courant de la civilisation conquérante devait amener à user de la toge et du costume romain, et dans les colonies grecques de la région du Midi, du costume hellénique.

Au moment où la civilisation commence à naître dans les Gaules et où l'histoire commence à parler, on distingue deux grandes familles, la *famille ibérienne* et la *famille gauloise;* la première comprenant les Aquitains et les Liguriens; l'autre les Galls ou Celtes et les Kymris. Ces deux familles étaient séparées par des inimitiés profondes; leur aspect et leurs costumes n'étaient pas les mêmes.

Les Ibères, ou Aquitains de souche espagnole, étaient couverts d'un vêtement court fabriqué de laine grossière et à long poil, et portaient des bottes tissues de cheveux. Sombres sous ce costume sévère, ils étaient remarquables par une grande propreté, qui se retrouve encore aujourd'hui parmi les femmes sur les bords du Gave et de l'Adour. Ces femmes, dont le type était différent de celui des femmes gauloises, avaient les cheveux d'un noir luisant, les yeux noirs, et déjà du temps de Strabon elles portaient autour de la tête un voile noir comme leurs cheveux et leurs yeux. J.-J. Ampère y reconnaît l'origine de la mantille, en ajoutant avec raison : « Les traditions de la coquetterie sont plus durables qu'on ne le croirait. » (*Histoire littéraire de la France avant le douzième siècle.*)

Les Celtes et les Kymris, les deux grandes nations gauloises, occupant le territoire depuis Lyon jusqu'en Belgique, et laissant à l'écart la *Gallia togata,* font usage du costume vraiment national; la principale pièce est le pantalon, large, flottant et à plis chez les races kymriques; étroit et collant chez les peuples d'origine celtique. Ce pantalon nommé *bracca* ou *braga,* ce sont les braies; elles descendaient primitivement jusqu'à la cheville; elles furent ensuite raccourcies en s'arrêtant aux jarrets; on y voit le modèle de la culotte. Une espèce de gilet serré s'adaptait à la partie supérieure du corps et descendait jusqu'à mi-cuisse. Le tout était recouvert d'une saie rayée, laquelle, selon Varron, était faite de quatre pièces carrées, ou bien encore était double par derrière comme par devant. Le *sagum virgatum,* la *sagula,* avec ou sans manches, était attaché sous le menton par une agrafe. On reconnaît dans la saie la blouse de nos paysans, et il est parlé de ce vêtement par la plupart des écrivains anciens qui se sont occupés du costume gaulois. Chez les Belges et leurs voisins, la saie était d'un usage tout à fait populaire. Aux braies, au gilet serré et à la saie s'ajoutait le manteau à capuchon, le *bardocucullus,* le manteau-coiffure dont Martial indique nettement l'origine en lui donnant dans ses vers le nom de *bardocuculle de la Saintonge.* L'usage s'en conserve de nos jours dans le costume des habitants du Béarn et des Landes. On le retrouve au moyen âge dans le capuchon des moines et le chaperon des bourgeois; on le revoit maintenant dans la cape de nos cabans, ainsi que dans le costume carnavalesque des dominos.

Parmi les pièces secondaires figurent les chlamydes artésiennes, dont il est parlé dans Suidas; les courtes vestes à manches nommées *cerampelines,* vestes ouvertes par devant et teintes en rouge, fabriquées par les Atrébates; le petit manteau court, et l'espèce de simarre descendant aux talons, à laquelle est resté le nom de *caracalle,* de Caracalla, qui l'avait adoptée; c'était un habit civil et un habit militaire. Nous passons sur la chaussure des Gaulois, moins connue que leur costume.

Dans l'habillement des femmes, plus simple que celui des hommes, on trouve, avec l'emploi de la robe et de la tunique, l'usage du tablier attaché à la hauteur de la taille, et, dans quelques tribus on portait des poches ou sacs de cuir nommées *bulgæ,* qui se voient encore dans quelques villages du Languedoc, où leur nom même n'a pas changé : ce sont les *bouls* ou *boulgètes.*

Cette longévité des choses usuelles est déjà frappante par elle-même; elle témoignerait seule, au besoin, que, tout au moins sous le rapport du costume, les Gaulois n'ont pas montré l'inconstance qu'on leur reproche si volontiers, et avec d'autant plus d'injustice que les anciens constatent un fait des plus significatifs à ce sujet. Hommes et femmes, les Gaulois étaient tellement attachés à leur costume national, que les bandes de cette race qui se répandirent sur la Grèce, la Thrace, et se fixèrent en Asie, gardèrent dans ces contrées lointaines l'aspect qu'ils tenaient de leurs costumes. « Mêlés en Asie à la race la plus douce du genre humain, dit Tite-Live, ils restèrent ce qu'ils étaient dans la Gaule; ils conservèrent leur forme guerrière, leur mobilité, et les cheveux rouges. »

Donc, à bien considérer les choses du costume, il se trouve, non seulement que les Romains ont emprunté aux Gaulois les braies, le bardocuculle et la caracalle, sans compter les galoches, dont le nom dit l'origine, mais en outre que, si leur sanglante conquête amena pour un temps dans les Gaules l'usage inégalement répandu de la toge latine et du costume romain; en résultat final, la toge a disparu, tandis que nombre de pièces du vieux costume national sont tellement restées en usage chez nous que l'on reconnaît encore aujourd'hui, en plusieurs de nos provinces, en Auvergne et particulièrement dans la vieille Armorique, c'est-à-dire chez les Celtes et les Kymris les plus avérés, nombre de pièces du costume marquées au coin de leur origine certaine. Ce que les vêtements populaires de ces contrées ont pu subir d'altération dans les détails avec le temps est d'importance secondaire en la matière, et ce n'est d'ailleurs que par échappées que l'on rencontre sur ce sujet quelques lumières d'une portée très incertaine. L'illustre *caillette* du dix-septième siècle, voyant M. de Chaulnes s'occupant des milices, écrit de Rennes : « C'est une chose étrange que de voir mettre le chapeau à des gens qui n'ont jamais eu que des bonnets bleus sur la tête. » La chose était si nouvelle pour les bas Bretons que la dame s'égaye à les regarder ne sachant point faire usage de cette coiffure. « S'ils voyaient passer M. de Chaulnes, ils enfonçaient leurs chapeaux et se gardaient bien de le saluer. » Doit-on, sur ce témoignage de Mme de Sévigné, tenir pour évident que les bas Bretons ne connaissent l'usage du chapeau que depuis 1689? On peut dire que cela est possible, sans cependant être vraisemblable. Toutes les origines sont obscures, écrit Quicherat dans son *Histoire du costume en France;* on peut ajouter qu'il y a des choses non moins obscures que les origines, ce sont les dates des transformations.

Pour en venir aux conclusions de Louandre, après avoir reconnu que pendant tout le temps où la Gaule fut indépendante, les costumes dont on a vu l'énumération, ceux des hommes comme ceux des femmes, paraissent avoir subi peu de modifications, l'écrivain ajoute : « Ce fait peut étonner chez un peuple mobile et ami des nouveautés comme le peuple gaulois, » et il conclut que « ce fait s'explique par l'imperfection des arts technologiques, parce que, pour faire des étoffes nouvelles, il faut inventer de nouveaux métiers, de nouveaux instruments, et qu'il est évident que lorsque les arts sont stationnaires, les modes doivent l'être aussi. » N'insistons pas sur la valeur de cette appréciation, et sur l'assertion d'un érudit qui fut de nos amis. Qui ne sent aujourd'hui que l'espèce d'immutabilité du Breton, du vieux Celte et du vieux Kymri, est indépendante des progrès de l'industrie? On nous envoie du beurre de Bretagne dans de petits pots qui ne sont pas seulement de la même argile, noire ou brune, que celle des vieux vases celtiques, mais dont les fins profils sont exactement les mêmes que ceux de la céramique trouvée dans les dolmens, comme on en peut juger par la collection sous verre au musée de Cluny. Il y a chez les Bretons autre chose qu'une hérédité d'un certain fatalisme; il y a d'abord un goût natif, parfois d'un caractère si oriental, si asiatique, que l'on a pu commettre à son sujet des erreurs qui, tout étonnantes qu'elles fussent, ne laissent pas cependant de rester compréhensibles. Dans l'intéressante collection ethnographique du musée du Trocadéro, on rencontre une suite de ces cuillers dont on fait parade en Bretagne, lorsqu'on s'y met en habit de fête, en les accrochant à quelque boutonnière de la veste; les artisans du cru, et souvent le paysan lui-même, dépensent un travail précieux pour la parure de ces cuillers de bois, devenant une joaillerie rustique d'une telle parenté avec certaines marqueteries orientales qu'il en est résulté un incident curieux. Lors du recrutement des objets bretons pour le musée du Trocadéro, on a trouvé une très belle suite de ces cuillers dans un de nos musées de province, qu'il nous serait facile de désigner expressément; elles y étaient cataloguées comme autant d'objets de provenance orientale; et, encore une fois, tout étrange que soit l'erreur de l'étiquette, l'aspect de l'ornementation de ces cuillers rend compréhensible l'inexactitude de l'attribution. Nous avons, dans notre recueil, planche 58, rapproché de la bijouterie gauloise des broderies bretonnes modernes au dessin du plus pur celtique. Il y a donc tout à la fois chez les Armoricains, hérédité du goût et persistance d'affection pour les choses nationales, tenant leur caractère de la haute antiquité de la race, et de la plus lointaine, puisque l'origine asiatique se fait encore sentir dans les choses usuelles.

Que deviennent donc les vieilles imputations au sujet de l'inconstance du Gaulois en toutes choses? Que penser d'une opinion accréditée d'abord par les Romains, des ennemis, et scientifiquement formulée comme un caractère spécifique de la race : « La mobilité organique du Gaulois est conforme à la mobilité de son caractère »? Qui donc en Europe a, non seulement parmi les costumes nationaux, de plus pittoresques et plus charmants vêtements que ceux des paysans bretons et pyrénéens, mais encore des habits marqués au coin d'une plus haute ancienneté? Et en présence de cette solidité d'affection parmi nos populations où le sang originel est resté le plus pur, que devient le vieux et singulier procès historique intenté à la race? Il y a vraiment lieu de revenir sur bien des jugements tenus pour acquis, et il est intéressant que la nécessité de cette revision puisse ressortir de l'étude des costumes nationaux.

Ces questions sortent du cercle des curiosités sur les modes changeantes, mais il importe au moins autant de s'en occuper que des choses qui, ayant été passagères, peuvent égarer, lorsqu'il s'agit d'apprécier sous son véritable jour le caractère des peuples.

Parmi les groupes européens, et ses voisins l'en raillent volontiers, c'est le Français ou le Gaulois qui, plein de l'amour de sa belle terre, se montre l'un des plus casaniers. Sortir de chez lui est toujours un si grand effort qu'il manque même aux colonies lointaines que la politique de ses gouvernants décide de fonder. S'expatrier! mais ce ne sont guère que ses voisins qui le puissent faire sans beaucoup d'efforts. Quant à lui, on pourrait dire qu'il faudrait des révocations d'édits de Nantes pour l'y obliger. Où donc est cette inconstance en toutes choses, cette mobilité dont on le taxe? Ce n'est certainement point par les choses du costume, et malgré les mouvements de la mode passagère, qu'on en pourrait établir la réalité.

Dans l'ensemble du costume historique, les costumes héréditaires ont un rôle important. Ils sont, par excellence, une expression des solidarités humaines, tout au moins un indice de la filiation des groupes qui forment le fond de nos sociétés à la surface mobile. Aussi, dans notre recueil, avons-nous fait aux costumes populaires, tenant encore leur cachet de l'hérédité, une place aussi large que possible.

Le spectacle qu'ils offrent est nécessaire pour l'étude générale des temps modernes.

Et qu'est-ce que les temps modernes? en écoutant la supposition de La Bruyère. « Si le monde dure seulement cent millions d'années, il est encore dans toute sa fraîcheur, et ne fait presque que commencer. Nous-mêmes nous touchons aux premiers hommes et aux patriarches; et qui pourra ne nous pas confondre avec eux dans des siècles reculés? »

Que nous n'en soyons qu'à une aurore, et que le soleil soit suffisamment alimenté pour nous éclairer pendant un nombre d'années aussi mirifique, on en peut vraiment douter; mais ce qui est certain, avec un siècle comme le nôtre, « Et quel temps fut jamais plus fertile en miracles! » c'est que le monde marche, et rapidement, à des transformations dont il devient impossible de sonder la profondeur. Parmi les pertes qu'entraînent avec eux les progrès indiscutables auxquels nous assistons, celle des costumes de haute hérédité appartenant aux classes populaires et ayant un caractère national est une de celles dont il faut bien prendre le parti de porter le deuil. C'est l'uniformité des confections à la grosse qui l'emporte désormais, non point seulement en Europe, où le pouvoir de l'économie des mécaniques étend de plus en plus son action irrésistible; cette action est encore bien autrement envahissante et s'étend bien autrement au loin qu'on ne le pouvait prévoir il y a peu de temps encore, ainsi qu'on est à même d'en juger par la « *Mort du*

Japon, que raconte M. Paul Bonnetain dans un charmant volume de touriste, *En mer,* paru récemment. Le chapitre de ce livre sur la mort du Japon débute ainsi : « *Un décret de l'impératrice du Japon vient de proscrire à la cour la toilette et la coiffure nationales. Les dames ne seront reçues désormais qu'en costume européen, et coiffées à l'américaine...* » (septembre 1886). En avril 1887 nous trouvions d'autre part dans *le Figaro :* « Le Japon se civilise de plus et plus. Le prince Komatzu, qui habite Vienne depuis quelques mois, vient de demander à la cour de Vienne l'autorisation de faire copier les livrées des cochers, piqueurs, laquais et écuyers de la Hofburg. Cette autorisation a été naturellement accordée, et l'on verra bientôt, à Yeddo, des perruques poudrées et des bas de soie. » Nous connaissons depuis assez longtemps déjà le Japonais portant l'habit noir pour circuler chez nous en gardant l'anonyme, absolument persuadé que « ça ne se voit pas »; mais pour se rendre bien compte de la révolution nouvelle, dit le touriste, il faut avoir rencontré des Japonaises affublées de chapeaux à plumes, de corsets, de crinolines et de robes à falbalas. » Et M. Bonnetain parle d'une rencontre de cette sorte qu'il fit à Yokohama, un spectacle inoubliable, mais dont il se trouva si douloureusement saisi que, dit-il, le premier jour, « je n'eus pas la force d'en rire ».

A Tokio, dit encore le voyageur en parlant des bureaucrates ministériels, une armée, les malheureux ronds-de-cuir sont forcés, à partir d'un certain chiffre d'appointements, de se costumer comme les nôtres. Les commis subalternes, pour qui le *complet* et le *gibus* seraient trop coûteux, gardent la robe nationale; ils se coiffent d'un chapeau melon et portent des gants blancs en filoselle, à l'instar des tourlourous endimanchés.

Heureusement nos photographes ont eu le temps, avant ce désastre final, de prendre les effigies du Japonais encore dans toute sa pureté. Et grand'merci au soleil des images dont la véracité est d'une autre qualité que les portraits que les Japonais nous auraient laissés d'eux-mêmes, malgré l'esprit qu'ils y ont dépensé.

On peut juger, en notre recueil, de l'un des effets de l'œuvre civilisatrice, en ce qui touche la réforme des mœurs par le costume, dans la partie concernant les Indous. Ce que nous en représentons remonte à la première partie de notre siècle, et les Indous dont il s'agit sont des hommes aux pieds nus, affublés du pantalon et de la robe courte ou de la jaquette en indienne, c'est-à-dire de ces cotonnades à fleurs et à ramages dont John Bull a trouvé dans ses possessions indiennes le large placement qui l'intéresse. A en juger par les peintures, le résultat esthétique a été de procurer à des hommes bien conformés un aspect fort approchant de celui du singe habillé pour la foire. En regard de ces singuliers travestis subsistent encore des costumes du plus pur caractère national, au sujet desquels il est utile de consigner une observation pour les peintres soucieux des anachronismes.

L'âge des documents qui nous ont fourni nos exemples n'implique nullement l'âge des costumes représentés; il y a d'abord lieu de penser, en considérant l'aspect des femmes et des hommes, comme on les voit particulièrement dans la planche 126, et dont la physionomie, ainsi que l'a senti Jacquemont, évoque le souvenir de la statuaire grecque, que ces costumes de haute antiquité nous montrent l'une des premières familles du monde civilisé, et peut-être la plus ancienne de toutes. Ils sont en tout semblables, en tous les cas, à ce que les anciens ont connu, et à ce qu'en ont dit Apollodore, Strabon, Philostrate, Quinte-Curce, etc.

All right; laissons passer les civilisateurs modernes! mais vraiment les pertes que leur action entraîne ne seront pas facilement réparées. Il ne reste plus guère au vieux brahme qui tient à mourir dans l'impénitence finale, c'est-à-dire sous la livrée de ses pères, qu'à se faire porter en terre par ses consanguins, assis dans la corbeille en palanquin suspendu, comme on le voit dans notre planche 123. Adieu, vieux pénitent à la face découverte pour montrer le signe de ton affiliation à la secte de Siva, imprimé sur ton front, et selon la tradition « habillé à l'ordinaire ». L'ordinaire, pauvre vieillard, c'est ce vêtement des ancêtres, d'une multitude d'ancêtres, ton cher costume national, dont le tambour frappé par la main, la trompette aux ondes sonores et les cymbales, sonnent le glas funèbre, ainsi que celui des costumes nationaux sous tous les cieux. C'est fini pour eux, *for ever,* à jamais, éternellement.

Notre chronologie des modes européennes s'arrête à l'aurore du dix-neuvième siècle, à l'admission définitive du pantalon dans la tenue des hommes élégants. Elle se résume en une composition de fantaisie, rapprochant des costumes qui appartiennent encore aux derniers temps de la monarchie, mêlés aux nouveautés de la mode en 1805, et formant un tableau gradué dans lequel Debucourt s'est proposé d'exprimer le mélange pittoresque de l'époque, en même temps que d'indiquer par l'habillement la position sociale des gens, et aussi la profession des artisans de la toilette du riche. Ces distinctions extérieures, objets d'une observation quelque peu subtile, ont tendu de plus en plus à disparaître dans le costume civil en avançant dans le siècle; en principe, on n'a rien conservé de hiérarchique dans l'habillement ordinaire. Ce n'est toutefois qu'après quelques tentatives infructueuses que ce résultat est demeuré définitif; après, entre autres, l'essai des saint-simoniens ayant imaginé un vêtement aux couleurs voyantes, que le disciple ne pouvait passer sans le secours d'un autre disciple, ce qui donnait lieu à l'échange quotidien d'un service mutuel, rappelant sans cesse à l'esprit de chacun le besoin de la fraternité.

Dans le livre si vivant que MM. de Goncourt ont consacré à Gavarni, et dans lequel le maître, après avoir eu pendant un certain temps de dandysme le goût du *claquant* par l'accoutrement, « Ah! vous ne m'avez pas connu du temps où je portais des bagues sur mes gants, » en arrive à formuler la loi du goût qui régit maintenant la question des habillements; question qu'il traitait sérieusement, disent MM. de Goncourt auxquels nous passons la parole : « Un jour, à Londres, chez Ward, dans la salle à manger, — devenant le dimanche une *parlotte,* où s'agitaient, entre artistes et littérateurs anglais, toutes les questions imaginables, — ces messieurs, au moment de l'Exposition universelle (1851) voulurent essayer une révolution dans le costume, trouvant que l'occasion se présentait de débarrasser à tout jamais l'Europe moderne de son vilain habillement. L'un apportait un chapeau qu'il avait inventé, et dont il défendait le mérite et l'élégance, l'autre un vêtement dont il préconisait la beauté et la commodité. Gavarni, au beau milieu de l'enthousiasme révolutionnaire, prit la parole et dit que, dans une société égalisée, il fallait que la distinction du costume ne fût pas dans le costume, mais dans la manière de le porter, ne fût pas dans la richesse de l'étoffe, mais dans le goût de l'*habillé,* dans ce je ne sais quoi qui fait que, dans un monde de redingotes, l'homme distingué est discerné. Et, sur le *speech* de Gavarni, l'Europe continua à porter l'habit noir et le chapeau en tuyau de poêle. »

L'heureuse définition du maître, si excellemment français, devait d'autant plus rester souveraine, qu'elle résultait de l'observation de mœurs réellement en cours depuis le commencement du siècle. Elle expliquait un fait patent, en donnant une base de raison à l'uniformisation des costumes, et l'on peut penser que cette opinion consciente a beaucoup contribué au développement de l'industrie des confections préventives qui, de l'habillement des classes populaires sont entrées depuis ce temps dans le domaine des élégances, non point assurément des plus relevées, mais enfin en prenant une place si réellement importante que le nombre de ces habilleurs, tailleurs et bottiers, auxquels Michelet donne le nom d'*artistes,* en admirant le mérite, la perfection, la grâce de leurs œuvres personnelles, a singulièrement diminué depuis cette époque. Le caractère artistique de la plupart des fins artisans d'antan s'est même assez curieusement transformé, et si l'on voulait chercher un nouveau titre de noblesse à décerner aux habilleurs modernes, il semble qu'on pourrait le rencontrer dans le sentier où fleurissent les ingénieurs. C'est en effet sur des théorèmes que l'on établit maintenant les confections; c'est l'A + B de « la mathématique » comme l'appelle Gavarni, qui conduit les choses. Un Philippe Latour réduit le pied humain à un certain nombre de formules chiffrées, et les fabriques fonctionnent là-dessus avec une imperturbabilité de certitude qui fait que dans les magasins de vente des produits de cette sorte on est toujours assuré de trouver chaussure à son pied.

Et maintenant, et la mode actuelle? mais elle est charmante, comme toutes les modes présentes. Nos jeunes gens tiennent des exercices gymnastiques, des leçons d'escrime, de l'obligation du volontariat, une tournure autrement dégagée qu'ils ne l'avaient il y a quelques années; leur aspect est plus agréable et réellement plus mâle. La jaquette est un peu exiguë, le pantalon est un peu étroit, le soulier un peu bien pointu, mais ce soulier pourrait être en bec de canard comme au temps de Louis XII; il n'y a pas si longtemps que le bas du pantalon faisait le pied d'éléphant. L'horreur! c'était la mode hier. Quant aux dames, c'est la même chose, et rien ne saurait les rendre plus séduisantes que la mode en faveur. Il est certain que ce n'est pas le relief de la tournure qui leur manque. Et il en sera ainsi tant que la défroque actuelle n'aura pas été grossir ce trousseau des charades dont parlait dernièrement un chroniqueur mondain, en expliquant que ce trousseau se compose de vêtements, au fur et à mesure mis au rebut par la mode nouvelle. Il forme un trésor incomparable pour les charades que l'on joue en famille, et rien ne vaut mieux pour exciter la gaieté que la réapparition des gigots, des robes à cœur, des crinolines, des chapeaux en cabriolets, etc., des choses d'avant-hier ou seulement de la veille, offrant aux yeux des plus jeunes un spectacle nouveau, en même temps qu'un souvenir aux personnes qui se sont parées de ces modes, subitement surannées. C'est irrésistible, et le fou rire pour tout le monde. Attendons l'entrée de la prochaine charade, pour savoir ce que les modes actuelles auront vécu.

En terminant, c'est-à-dire en ayant la satisfaction de mettre la dernière main à une entreprise que nous avons conduite en toutes ses parties, et dont le caractère est celui d'une « condensation », ainsi que la définissait M. Ambroise Firmin-Didot (laquelle condensation, en comprenant nos deux ouvrages sur le Costume et l'Ornement comporte plus de sept cents planches d'une rare densité), nous ferons remarquer que, particulièrement en ce qui concerne le costume, la réduction de ses figures à des proportions quelque peu inaccoutumées, nécessaire pour obtenir le grand nombre d'exemples que nous avions à réunir, n'a nullement, dans notre ouvrage, l'inconvénient de l'à peu près qui résultait jadis des réductions trop fortes, et cela pour une cause facile à expliquer. Le trait sobre et précis qui suffisait à Ingres pour la gravure de son œuvre exécutée sous ses yeux par Réveil, ce trait sans indécision, tout affirmatif, que nous appellerions volontiers « le verbe du dessin », de ce dessin que le maître a défini comme étant la probité de l'art, a servi de base à toutes nos opérations lithographiques (avec le verre grossissant le plus ordinaire on le discerne facilement dans nos estampes); or, le dessin de toutes nos figures en couleurs a été exécuté directement sur les modèles originaux de toute nature, peintures, gravures et photographies, par le moyen du calque, et avec une scrupuleuse fidélité, si heureuse souvent que, par exemple, les effigies tirées des photographies conservent dans la réduction mécanique la valeur de documents ethnographiques.

Ces moyens, qui ne datent que d'hier, nous ont permis d'emprunter dans une mesure exceptionnelle le secours des artistes-maîtres qui ont laissé des choses de leur temps des images dans lesquelles on voit le costume porté, vécu en quelque sorte, et avec le milieu qui lui convient quand il s'agit des intérieurs et du mobilier. On était loin d'avoir pu y réussir de même, jusqu'à présent. En exposant le caractère de cette œuvre, offrant aux amateurs et aux studieux l'ensemble le plus complet qui ait été encore mis sous leurs yeux, nous n'entendons point attirer l'attention sur le mérite de l'auteur, ce qui serait déplacé et de toutes les façons inconvenant de notre part. Les moyens dont nous avons usé ne sont point de notre invention, et en signalant la qualité des travaux que nous leur devons et l'abondance résultant de leur économie, nous entendons seulement justifier, en quelque sorte, aux yeux du public, l'estime que l'on peut faire d'un ouvrage dont la supériorité dépend directement des ressources dont ne disposaient point nos devanciers.

Nous croyons ne pas nous tromper en affirmant que c'est la première fois qu'en un pareil recueil il aura été fourni une Table analytique de la matière des planches et des notices, divisée en un aussi grand nombre d'articles. D'habitude, dans les ouvrages à images d'un caractère encyclopédique, la nomenclature se fait par séries des motifs ayant entre eux de l'analogie; les armes, les ustensiles, les coiffures, les chaussures, les parures, etc., y sont l'objet d'un classement, par époque, et d'une désignation *grosso-modo* s'appliquant à un plus ou moins grand nombre de planches. Dans notre livre, où souvent les pages ont un caractère synoptique, il nous est au contraire devenu loisible de faire une table qui, à elle seule, est un indice certain de l'opulence de nos documents; nos cinq cents planches ont fourni cinq cents articles à notre table et il en est dont l'analyse occupe plusieurs pages.

Avant le seing final, nous avons à adresser des remerciements à ceux de nos souscripteurs de la France et de l'étranger qui, sans que nous ayons l'honneur d'être autrement connu d'eux que par nos travaux, nous ont, pendant le cours de cette publication, soutenu de leur approbation, en nous adressant des lettres dont l'expression est même devenue si flatteuse, au moment où la collection de nos images était parue dans son entier, qu'il y aurait immodestie de notre part à en faire la moindre citation. Oh! le bon secours pendant la marche longue, et quelle récompense en arrivant au but, assurément la plus douce et la plus forte de toutes celles qu'on peut recevoir!

Mais il est encore un autre remerciement public que nous avons à cœur de faire, et que nous formulerons ici de la manière la plus succincte possible, afin d'éviter, sachant les dispositions de nos éditeurs qui préparent une préface, afin d'éviter, disons-nous, les airs empruntés aux sociétés de congratulation mutuelle. Nous souhaitons à tout auteur dont l'œuvre serait de nature à entraîner d'aussi fortes dépenses que celles nécessitées par le *Costume historique*, de rencontrer des éditeurs comme ceux qui, en sachant nous laisser la plus complète indépendance, ont été séduits, au point de ne reculer devant aucun accroissement de charges pour donner à un ouvrage lancé sur des prospectus formant un contrat avec le public, et partant sans accroissement de dépense de sa part, une aussi large extension que celle donnée à nos travaux. C'est donc à la vieille et respectable maison, dirigée, pendant notre exercice, par M. Alfred Firmin-Didot et son associé M. Edmond Magimel, que nous adressons un remerciement qui lui est bien dû.

Et enfin, nous ajouterons ici le nom de M. André Vaillant, notre secrétaire et notre ami, qui a été notre principal lecteur pendant tout le temps exigé par cet ouvrage. Et quelle lecture que le dépouillement des documents de toute provenance et de toute sorte, anciens et modernes, dont nous avons fait la condensation!

Auguste Racinet.

Juin 1887.

DIVISION DE L'OUVRAGE.

1re Partie. — *L'antiquité classique,* depuis les temps primitifs jusqu'à la chute de l'empire romain d'Occident, au cinquième siècle de l'ère chrétienne; y compris les Barbares de la grande invasion. . . . Planches 1 à 59.

2e Partie. — *Le monde en dehors de l'Europe,* Océanie, Afrique, Amérique, et Asie, représenté par des modernes d'antique civilisation, et des groupes restés à tous les échelons de la barbarie; comprenant la généralité des populations musulmanes. . . . . Planches 60 à 180.

3e Partie. — *Les peuples chrétiens à partir des Byzantins*, présentant la succession des modes du costume européen, depuis le haut moyen âge jusqu'au seuil du dix-neuvième siècle. . . . . Planches 181 à 410.

4e Partie. — *L'Europe des temps modernes par nationalités distinctes,* comprenant le rétrospectif pour les groupes n'ayant point eu d'influence marquée dans le passé sur le mouvement général de la mode proprement dite, tels que la Laponie, la Suède, la Norvège, l'Écosse, la Russie d'Europe et d'Asie, entrée dans le monde politique européen vers la fin du quinzième siècle, et la Pologne, dont le peuple s'est fait remarquer par la persistance en ses propres traditions. . . . . Planches 411 à 500.

SOMMAIRE DES QUATRE PARTIES.

Quatrième partie.

Nota bene. — Nous rappelons que, chaque volume contenant cent planches, le numérotage de chacune d'elles désigne toujours le volume lui-même. Le tome premier étant consacré aux tables et au texte général, la série des planches commence par le tome second, de 1 à 100. Le tome troisième va de 101 à 200, et ainsi de suite. Nous engageons d'ailleurs les souscripteurs à numéroter légèrement au crayon, d'après la table de concordance des chiffres avec les signes, contenue dans l'avis au relieur, soit la planche soit la notice qui l'accompagne, de façon que la consultation de l'ouvrage n'offre plus aucune indécision.

TABLE ANALYTIQUE

DES PLANCHES ET NOTICES.

PREMIÈRE PARTIE. PLANCHES 1 A 59 INCLUSIVEMENT.

PLANCHES ET NOTICES.

Pl. 1. — ÉGYPTIEN.

Costumes de guerre de Ramsès le Grand (Sésostris). Le char de combat des Pharaons et son attelage. L'étendard royal et ses gardes. L'Égyptien brûlant de l'encens. Coiffures en cheveux, en métal, cuir et étoffe.

Pl. 2. — ÉGYPTIEN ET DIVERS.

Tenues de guerre, comportant en outre de l'égyptienne, les familles humaines représentées dans les vieilles peintures : les Noirs, les Asiatiques (Tyriens, Troyens, Bactriens) les gens du Nord, à peau blanche. Chars de combat, habillement des attelages. L'homme d'armes et le cocher ou servant d'armes.

Le vêtement militaire national égyptien. Le *claft* et la *calasiris* rayée. Le casque d'airain. La cuirasse de lin. Les boucliers. L'arc, les javelots, les haches d'armes, le casse-tête et le poignard. La canne gravée d'hiéroglyphes, insigne du commandement. L'*uræus,* insigne de la souveraineté. L'offrande aux dieux des cheveux coupés. Le sort des vaincus.

Le nègre aux grosses lèvres avec la chevelure teinte en rouge et les grands anneaux d'oreilles.
Emploi simultané dans les armes des bois durs et des bois souples, des os, du bronze, du fer et du silex.

Pl. 3. — Égyptien.

Costumes civils. Égyptiens siégant; l'Égyptienne accroupie. La joueuse de mandore. Ramsès II Meïamoun. Les cheveux frisés, les chevelures nattées et les perruques. Les peintures du visage; les collyres; la teinture de la peau, le *henné;* l'onction du corps.

Le *klaft* ou *claft,* coiffure nationale, et les bonnets ajustés. Les vêtements de coton, de lin et de laine, les mousselines transparentes. Bracelets, colliers et bandeaux d'orfèvrerie et de verroterie. L'*oskh,* le large collier en figure de pèlerine. L'*uræus.*

Pl. 4. — Égyptien et Nubien.

Les parures divines et les parures rustiques. Dieux et déesses, Pharaons et reines de l'ancien et du nouvel empire, c'est-à-dire des temps ptolémaïques. L'usage des plumes et des plumages dans les vêtements et les coiffures. La personne teinte entièrement en jaune, en rouge orangé, en indigo ou en vert.

Le *schenti,* pagne bridé; la jupe, avec ou sans bretelles, à l'usage des femmes. Le corselet des hommes. Klafts divers, le capuchon embrassé par un plumage d'oiseau. La grande robe servant de manteau. Le tablier royal. Les colliers à plusieurs rangs, et le *menat* leur servant de contrepoids. Les parures d'orfèvrerie et autres.

Le *pschent* complet, composé du casque de guerre et de l'*atew,* la haute mitre flanquée de plumes d'autruche. Les insignes du souverain : le *nekkekh,* fouet à deux lanières; le *pedum,* crosse ou houlette; le *lituus;* l'*uræus;* le long cordon; la croix ansée. La canne servant de sceptre aux déesses.

Trônes. L'étendard de Ramsès III.

Pl. 5. — Égyptien.

Mobilier. Lits, divans et trônes. Lits pour la nuit et lits de repos pour le jour; l'escabeau pour y monter; le chevet mobile, l'*ouol,* servant d'oreiller. Le miroir sur pied. La matière des chaises, fauteuils, marchepieds et divans; les étoffes dont on les recouvrait.

Pl. 6. — Égyptien.

Ustensiles et objets domestiques. Les grandes harpes. Les prêtres musiciens. La danseuse noire. L'esclave égyptienne.

Boîtes à parfums. Unguentaires. Boîtes de toilette. Miroir de main. Ventouse en corne. Vases à collyre, peigne, etc. L'*ouol,* le chevet mobile.

Pl. 7. — Égyptien.

Ustensiles domestiques et objets servant au culte. Amphores, aiguières et cruchons. Vases balsamaires et autres, de toutes les dimensions, y compris les flacons. Corbeilles, coupes, sacs, offertoirs. Types d'esclaves.

Pl. 8. — Égyptien.

Palanquins et bateaux. Palanquins royaux : 1° le grand *naos;* 2° le petit *naos,* sous *l'umbella* ou le parasol, avec le tréteau, pour les arrêts; 3e la chaise avec le marchepied des trônes portée sur un plancher. Les porteurs, les longs éventails et les émouchets. Le palanquin de voyage et son parasol.

Le *cange* ou le bateau du Nil; avec l'aviron seul, et avec la voile et les avirons.

Pl. 9. — Égyptien.

Cour intérieure d'une habitation privée (quatorzième siècle environ avant l'ère chrétienne).

Restauration, avec plan d'ensemble, de la maison riche et de ses dépendances. Les matériaux des constructions de ce genre.

Pl. 10. — Assyrien, *alias* Hébraïque.

Costumes de cour et de guerre. Meubles, armes et objets divers.

Le souverain sur le lit de repas; la reine sur une chaise ayant le marchepied des trônes. Tous deux élevant la coupe des libations. Leurs serviteurs agitant les émouchets.

Les visages peints et fardés; les frisures; la chevelure et la barbe poudrée, parfois d'or; la perruque et les postiches. Les stigmates du front et des poignets; les aromates et les onguents.

Les bandelettes, les robes et les couvertures frangées. Les joailleries.

Tables d'offrande et de libation; table basse; trône en forme d'escabeau. Le brûle-parfums; les nattes; les émouchets. L'incrustation des meubles; la matière des coupes. Épée, poignard et carquois. Soldats d'infanterie armés d'un grand bouclier et de la pique.

Pl. 11 et 12. — Assyrien, *alias* Hébraïque.

(Notice commune.)

Rois, reines, seigneurs, soldats, eunuques, etc. Costumes d'apparât et tenues de chasse. Les chariots massifs pour la chasse des grands fauves. Le char attelé en *triga*, les chevaux empanachés; leurs harnais.

Les tiares et le diadème, les bonnets et le turban. Le *candys*, la robe médo-persique; la *stole*; les tuniques; le surtout à frange; la double ceinture. Le pectoral du roi, la sandale à quartier, dite chaussure *persique*. Les bottes. Les bottines lacées. Le justaucorps piqué formant cuirasse; le long poignard, la courte épée et son baudrier. Le gantelet pour le tir de l'arc. L'arc coudé. Les bracelets d'avant et d'arrière-bras. Le sceptre, bâton court; le parasol, emblème du pouvoir; la pomme de pin, symbole du réveil de la nature. Les *psaltérions* aux mains des musiciens.

La chasse à courre dans le *paradisi*. Le souverain monté et suivi de ses pages maniant l'arc.

Pompes royales; le salut prosterné, etc.

Pl. 13. — Hébraïque.

Vêtements sacerdotaux. Les caleçons, tunique, ceinture et haut bonnet du simple prêtre ou lévite. Le *meïl*, *l'éphod*, le pectoral ou *rational*, le *minezophet* (mitre, tiare ou turban) du grand prêtre ou prêtre *oint*.

Exemples partiels empruntés aux monuments égyptiens, pour établir le parallélisme des pièces du costume sacerdotal des Hébreux avec le costume de l'ancienne Égypte.

Pl. 14. — Perse, Parthe, Arménien, Palmyrénien, Phrygien. Les Amazones.

Costumes, armes, meubles et ustensiles. Figures des temps héroïques et de l'époque du bas-empire romain. La tunique simple, avec ou sans ceinture; avec deux ceintures; avec ou sans manches. La tunique superposée, avec manches courtes ou sans manches. La robe longue à larges manches; la demi-longue. Le manteau léger, le manteau court et le demi-long. Le manteau royal, long, frangé. Le haut-de-chausses ou pantalon. Les *anaxirides* et *sarabares*. Les bonnets, capuchons, mitres et tiares. Les diadèmes, les couronnes et les bandeaux. Les gants des Perses et leur chausson. Les bonnets phrygiens.

L'arc du Troyen. La hache et le marteau d'armes; le bouclier ou la *pelta* des Amazones et leur accoutrement de combat.

Sièges et trônes; émouchet.

Pl. 15. — Grec.

Costume de guerre.

Nota bene. — Pour étudier avec fruit le soldat grec, il faut le voir en action, comme on le rencontre dans les peintures des vases; nos pl. 15 et 16 représentent particulièrement des attitudes de combat provenant de ces peintures. Seulement le guerrier n'y étant généralement représenté qu'avec le principal de l'armement des temps héroïques, il est nécessaire de compléter cette première étude par l'accoutrement comportant toutes les pièces accessoires du costume guerrier, lequel varie selon le temps et suivant le genre particulier de l'arme; troupes de ligne ou d'infanterie légère, et cavaliers plus ou moins lourdement armés, selon leur rôle dans la tactique. Ces armements diversifiés ont fait l'objet de savantes restitutions que l'on trouve en notre planche double, n°s 25 et 26, et pour ne pas avoir à répéter des indications de détails, décrites avec soin dans la notice de cette planche double, nous n'insisterons pas sur les sujets représentés par les peintures des vases. A propos de cette série, nous indiquons surtout l'objet principal des notices, formant l'ensemble préliminaire de l'étude qui se résume avec la planche double. La pl. 15 représente : un cavalier armé à la légère et combattant de la lance; le *psile* ou le voltigeur tirant l'arc *apollonien;* un guerrier encore incomplètement armé, dont on voit la cuirasse, l'épée, la lance, le casque, le bouclier et la chlamyde; un soldat ornant son casque de peintures; des glaives et des casques divers, des boucliers portant des emblèmes.

La notice traite du Grec primitif, des mœurs du soldat, des ruses du guerrier, de la mêlée des batailles, du sort du vaincu; de la composition d'une armée grecque; de sa marche en bataille; des modes du commandement; des enseignes, des signes employés par les soldats pour se reconnaître entre eux, etc.; enfin des armes défensives et offensives, en général; du caractère de chacune d'elles, et la matière dont elles furent successivement faites, depuis le bois des massues, jusqu'à l'âge du bronze et l'emploi du fer.

Pl. 16. — Grec.

Costumes militaires. Chariots de guerre, de course et de triomphe. Harnais de tête du cheval. Casques de chefs. La *pelta.*

Chefs engageant l'action, portant le bouclier armorié avec pavillon pendant, servant au signal du combat; soldat de ligne, accroupi dans l'attitude du phalangite de premier rang, armé du casque et du bouclier *béotiens.* Soldat en costume de voyage.

Chars de guerre de l'époque héroïque; leur attelage et leur usage dans la bataille. Les chevaux bardés. Le cocher du guerrier. Le char pompeux, à roues basses. Le chariot rapide, monté par un seul écuyer menant le quadrige dans les jeux du cirque.

Pl. 17. — Grec.

Vêtements masculins et féminins. Casques de types divers.

La *chlamyde* ou *chloène,* le manteau léger; le grand manteau, *pallium* (le *pharos* d'Homère); le *pallium* léger.

La *podère*, robe longue tombant jusqu'aux pieds. Le *catastictos* ou *zodiote*, la robe bigarrée. Les deux ceintures extérieures, le *strophion* et la *zona*. L'*impilia*, la chaussure de feutre montant à mi-jambe. Les jambières des marcheurs. Le chapeau thessalien suspendu dans le dos, à la façon des voyageurs. Le bâton des hérauts; le *caducée*, insigne du messager.

Casques avec le timbre arrondi ou ayant la forme phrygienne, et convenant aux chefs. Casques à visière immobile, de tournure exotique, et que l'on retrouve à l'usage des gladiateurs (voir à la planche double, n°s 36-37).

Pl. 18. — Grec.

La parure des femmes depuis la toilette du corps. Pièces du vêtement et objets à leur usage. La toilette secrète; le bain suivi de l'onction. Les électuaires, leurs récipients; les eaux de senteur. La chevelure et ses usages; les préjugés à son égard; ses teintures; le *sapo* ou savon pour lui donner du lustre; sa frisure. Les perruques, les poudres et les parfums.

Les tissus légers et les tissus transparents, voiles, écharpes, tuniques. Le voile flottant, le *kredemnon*. Les bandelettes. Le *strophion*, ceinture mise sur le vêtement au-dessous des mamelles; la *zona*, ceinture du ventre; l'*anamaskhalister*, se mettant sous les aisselles et passant par-dessus l'épaule (voir pour le bandeau mamillaire posé sur la peau la planche suivante).

Bassins, chaises, miroirs à main, cassette à bijoux, la *pyxis*, écrin. Types du *flabellum*, l'éventail fixe, et de l'*umbella*, le parasol ou *chiroforion*. La dame et sa servante.

Pl. 19. — Grec.

Pièces diverses, depuis les plus intimes, du vêtement féminin. Le bandeau mamillaire ou le lien du sein, posé sur la peau. La chemise, l'*ésophorium*. Tuniques et *chitons*. La *castula*, jupe prenant au-dessous du sein. La tunique *ionienne*, robe longue, à manches, portée sans ceinture. La tunique courte et, comme l'ionienne, du genre des blouses, mais sans manches. La tunique *dorienne*, descendant jusqu'aux genoux et dont la ceinture était à la hauteur des hanches. Les légères tuniques couvrant à peine la ceinture. La *palla*, la grande tunique de cérémonie; l'*anabole diploïdion* et l'*hémidiploïdion*, selon qu'il est simple ou qu'il se double.

Pl. 20. — Grec.

Vêtements à l'usage des femmes. La *palla* ou le *péplon*, de la grande *palla* à la *palla succincta*, et aux *pallulæ* diverses. Le *chlamydion*, la *chlamyde* réduite. La *chloène*. La *tunica talaris;* la tunique *podère*. Les *parypéhs*, broderies de la tunique transparente. Le léger manteau brodé, famille du *pharos*. Le mantelet. Tunique longue du caractère dorien, et *chitonique* de la même famille. Coiffures, colliers et *periscélides*, anneaux de jambes.

Pl. 21. — Grec.

Coiffures en cheveux des femmes et des jeunes hommes. Voiles, bandelettes, bonnets, diadème, couronne et chapeau. Les perruques et les parties postiches. La teinture et la frisure des cheveux, leur ablation dans le deuil.

Le *nimbus;* le *sphendoné;* le *cecryphale* ou réseau appelé aussi *opisthosphendoné;* la *vesica*, vessie; la *mitella*, petite mitre. Le *pétase*, chapeau. Le *strophion*, diadème.

Entrichon, *penikê* et *procomion*, parties de la coiffure en faux cheveux. Les *triglènes* et *triottides*, pendants d'oreille. Les *cigales* et les sequins ou *drachmes* suspendus à des anneaux mobiles.

Pl. 22. — Grec.

Instruments de musique et types des musiciens. *Lyres* et *luths;* harpe, le *trigone; cithare, double-flûte, syrinx.* Le musicien ambulant, chanteur et danseur. La *psalteria,* musicienne de profession, chantant et dansant dans les festins. La robe brodée en couleur, transparente comme les *tarentines.*

Pl. 23. — Grec.

Mobilier et ustensiles des repas et des banquets. La façon dont on en usait.

Le *triclinium;* les lits drapés; la table à tiroirs. Les préliminaires du repas; la place d'honneur; celle des femmes, lorsqu'elles étaient admises. Les trois services et l'*acroama,* ou le divertissement.

Les vases, le *cratère,* le *capis,* l'*hydria.* Les *kantharos,* gobelets à deux anses; les coupes et les *rhytons.* La corbeille à pain; les vases de verre, les sacs, etc. Les convives. La servante et la musicienne.

Pl. 24. — Grec.

Costumes de ville et d'intérieur ayant la tournure de l'usage, et portés par les Tanagréennes. Le *chiton* ou tunique talaire, robe intime, chemise longue. Le *peplos* ou *himation.* La *calyptra,* manteau léger, voile et châle. Les souliers jaunes à semelles rouges. Les chevelures teintes et poudrées. Les visages peints. La *causia* thessalienne, chapeau de paille. L'éventail en feuille de lotus. La poupée.

Pl. 25 et 26. — Grec (planche double).

Costumes militaires. Parures civiles. La guerrière et la chasseresse mythiques. Les pourpres, teintures. Les soldats, selon l'arme et le rang : le chef, l'*hoplite,* le *peltaste,* le cavalier, le *phalangite,* l'archer; le guerrier victorieux.

Caractère des armes diverses; leur maniement; leur rapprochement avec celles des temps héroïques; leur réforme aux époques historiques. Le *pas* militaire; la tactique de la phalange.

Armes défensives.

1° Les cuirasses : la brigandine recouverte de plaquettes de bronze; la cuirasse en métal plein, à charnières; la cotte d'armes, faite de tissus croisés, doublés et feutrés; le justaucorps, en cuir renforcé par un poitrinal en bronze formé par une série de disques; la cuirasse du genre dit *imbriqué,* composée d'écailles en bronze posées à recouvrement sur le cuir; le plastron en bronze sur un buffletin; la brigandine en cuir seul.

2° Le prolongement de la cuirasse, cuir en lanières ou en tablier.

3° La ceinture, courroie forte, ou bronze martelé.

4° Les casques : à timbre arrondi, crête basse, visière et jugulaires mobiles, crinière en éventail; en haute calotte, crête de métal ajouré, cimier en crins, queue flottante; le casque *béotien,* à larges joues fixes et nasal immobile, haut cimier droit formant la crosse, crinière à queue flottante; l'*étrusque,* de forme conique, à grandes antennes, crinière flottante en retombée; le grand heaume, ou le casque, dit de Minerve, à visière mobile ou simulée présentant les traits supérieurs du visage humain; le casque à bombe et celui de forme phrygienne; le casque avec les porte-aigrettes pour ficher les plumes; la calotte métallique nue, et le casque recouvert par une tête d'animal en nature; le casque triomphal, et enfin la coiffure en cuir tenant lieu du casque, et s'additionnant d'un long couvre-nuque.

5° Les bretelles de la cuirasse et les *épaulières,* parfois prolongées par un brassard d'arrière-bras.

6° Les *cuissards* en bronze.

7° Les *cnémides* en bronze; en étain lacées sur une jambière. La demi-cnémide et la talonnière. Les jambières de cuir.

8° Les *crépides,* sandales à lanières; la semelle rouge pour les chefs; en bois et cloutée pour les marcheurs, avec l'éperon pour le cavalier.

9° Les boucliers, depuis l'*aspès*, le grand bouclier *argien,* rond et bombé; le bouclier en bois, recouvert de plaques de bronze; celui d'airain, et celui en bois renforcé de croisillons, jusqu'à ceux du genre de la *pelta*, un treillage d'osier recouvert de cuir. La guige pour la suspension de l'arme; la grande énarme pour le passage du bras; sa poignée principale, et les cordons offrant d'autres poignées à l'occasion.

10° La *chlamyde*, le manteau enroulé au bras, remplaçant, au besoin, le bouclier.

Armes offensives.

1° La *courte épée* et l'*épée allongée.* Les fourreaux de ces armes et les baudriers pour leur suspension.

2° La hache, au fer coupant, au talon en pointe.

3° La masse d'armes, en bronze.

4° Les piques, lances, javelots et javelines; l'*amentum* ou le cordon de cuir pour le jet de ces armes.

5° La pique haute et les longues lances; le *contus* et la *sarisse* macédonienne.

6° L'*umbo* du bouclier.

7° L'arc, les flèches; leur carquois et les trois manières de le suspendre.

8° La main et le pied *armés.*

L'*égide* de la guerrière mythique appartient au système défensif, et la gymnastique représentée par la chasseresse était la première préparation du guerrier.

Les ruses du combat; le trophée du soldat victorieux. La couleur des vêtements, en général; la teinture de l'étoffe et des cuirs des harnais de guerre. La pourpre marine et la pourpre végétale.

Parures civiles.

Grecs du temps des Ptolémées, embaumés à l'égyptienne. Costumes des deux sexes.

Les tuniques; la robe à manches; la ceinture en tablier; les bandes d'orfèvrerie cousues sur les tissus. Les pieds *nus;* la chaussure de fibres végétales. Diadèmes et colliers, dont le *torquis;* la profusion des bagues; les cordons d'orfèvrerie et les pendants d'oreille.

Pl. 27 et 28. — Grec (planche double).

Pièce principale d'une riche maison athénienne, au cinquième siècle avant l'ère chrétienne.

Restauration avec le plan d'ensemble des distributions de la construction, qui est celle d'une maison de ville. Salle à manger, meublée en *triclinium,* comportant l'antichambre, la chambre servant à la réception des hôtes, et la chambre de repos ou de sieste. Au centre, la pièce de la famille, et le portier à son poste, à la porte d'entrée. (Voir l'*atrium* de tournure grecque, pl. 33.)

Pl. 29. — Étrusque.

Costumes de guerre et autres. Chariots divers.

Les tuniques plissées et festonnées. La chaussure lacée, la *thyrrénienne.* Les jambières en bandes. Le *pétase.* Le casque ailé de *Hadès* (Pluton). Le casque à pointe des Thraces. Le port de la barbe. Le bâton fourchu du laboureur, le *bidens*. Le *caducée* de la messagère. Char de guerre attelé en *triga*. Chariot de voyage mené par un quadrige.

Pl. 30. — Gréco-Romain, *alias* Phrygien.

Les robes plissées des femmes. La chevelure masculine en chignon noué. Le pas solennel du défilé en cérémonie. Le char léger attelé d'un quadrige.

Pl. 31. — Gréco-Romain.

Objets de parure. Orfèvrerie. Joaillerie.

Couronnes, colliers, pendants d'oreille, bagues, bracelets, fibules, agrafes, boucles, épingles à cheveux, boutons et amulettes. Les ferrets d'orfèvrerie, les cachets et les joujoux d'enfant. L'or estampé, l'ambre ou *succin*, le cristal de roche, les pierres et l'argile. — Des croyances et des préjugés au sujet des bijoux et de la matière qui les composait. — La couronne de feuillage en or, marque du rang élevé de la femme, et récompense militaire.

Pl. 32. — Gréco-Romain.

Sièges d'apparat, les trônes; et sièges ordinaires avec un personnel grec en faisant usage.

L'affectation des trônes; leur physionomie, en général. Le *solium* des premiers Romains; le marchepied ou le tabouret en tenant lieu, *thrénys* et *suppedaneum*. Parmi les chaises et pliants, les escabeaux et les banquettes : le *bisellium*, le *klismos* ou *clismos*, le *diphros*, et, en outre, le *deinos* ou *delnos*, le bassin dans lequel on lavait les pieds du voyageur ou de l'hôte.

La sévérité du costume de la vierge grecque; la chevelure coupée et la robe ionienne de l'esclave grecque. — Le bonnet de l'affranchi romain.

Pl. 33. — Gréco-Romain.

L'*atrium* de la maison pompéienne du type grec. Restauration avec plan d'ensemble et profil d'élévation de la maison d'habitation et de rapport du citoyen riche.

La *domus*, la demeure du Romain; sa division traditionnelle. L'*insula*, la maison en îlot. Pompéï, ville de province et de négociants; ses opulents propriétaires; leurs locataires et leurs boutiquiers. Les voies de la ville, leurs trottoirs ou *margines;* les boutiques ouvertes, *thermopoles, œnopoles, popinæ;* les cris des vendeurs, etc.

L'aspect extérieur de la maison. La vie tout à l'intérieur. Le *solarium* ou terrasse. Les balcons, les *mœniana*. La porte d'entrée; ses divinités protectrices; son marteau et sa sonnette. Le langage du seuil; le *cave canem*, ou le salut cordial. Le vestibule, *ostium* ou *prothyrum*, comprenant la *cella ostiari*, la loge du portier.

L'*atrium tuscanium;* le *tetrastylum*, le *displuviatum*, le *testudinatum* et le *corinthien*. Le *tablinum* ou *tabulinum* Les *alæ*, les ailes. L'*armarium*, la bibliothèque. L'*hospitium*, et l'*ergastulum*. L'*atriensis*, esclave chargé du soin de l'atrium; le *dispensator*, autre esclave occupant la boutique y correspondant. Les *imagines majorum*, etc.

Le *peristylium*, la cour intérieure; son *impluvium*. L'étage supérieur à l'usage des femmes. Les chambres à coucher; la salle à manger, le *triclinium;* l'*œcus* ou salle *cyzicène*, pièce d'été servant surtout aux festins. Le *lararium* ou *sacrarium*, chapelle des dieux domestiques. La *pinacotheca*, galerie des tableaux. Le *venereum*, le musée secret des *libidines*.

La cuisine et ses dépendances : l'*horreum*, l'*olearium*, les *cellæ vinariæ* et le *carniarium*. La déesse *Fornax* et son autel dans la cuisine.

Les matériaux de construction. La décoration des parois; les peintures sur enduit, sur panneaux ou sur verre.

Le verre dans les meubles, aux murs et sur les plafonds. L'usage des sofas, des paravents et des portières. Les effigies triomphales placées à l'extérieur sur les murailles de la maison, et lui donnant le caractère sacré.

Pl. 34. — Romain.

Costumes militaires. Le légionnaire du temps de l'empire. Officiers, soldats et porte-enseignes. Troupe en marche; fantassins combattant, et dans le repos du camp.

Composition de la légion romaine. Le citoyen seul admis. Armes défensives. Le casque, *cassis;* la cuirasse du soldat, *lorica;* la cotte d'armes, avec ou sans le prolongement des lanières. Les boucliers, le *scutum* et la *pelta.*

Armes offensives. L'épée, *gladius;* le poignard, *clunaculum;* la lance ou dard, *hasta.*

Effets d'équipement. Tuniques, le *subarmale* et la *tunicula;* les culottes, *bracæ, feminalia* ou *femoralia;* la cravate, *focale;* la chaussure, *caliga.* Manteaux, le *paludamentum,* le *sagum* et le *sagulum.* Les ustensiles de campagne et le filet contenant les vivres portés par le soldat, etc. (Voir au sujet de ce bagage personnel, de ces armes et de toutes les pièces du costume, la planche double et sa notice, n°s 36-37.)

Pl. 35. — Romain.

Enseignes militaires des temps de la république et de l'empire. Le *manipulus,* l'*aigle,* la *concordia,* le *draco,* le *vexillum,* le *flammeum* et le *labarum.*

Le *signifer,* l'*aquilifer,* l'*imaginarius,* porte-enseignes. Les premières enseignes militaires des Romains. Leur caractère selon la division de la légion en *cohortes,* et les subdivisions de celles-ci en *manipules.* L'aigle, enseigne principale de la légion. Les images des empereurs qui y furent attachées, le culte qu'on leur rendait. Les symboles particuliers qui y étaient joints pour distinguer les corps les uns des autres. L'étendard ou drapeau, le *vexillum,* enseigne de la cavalerie, ainsi que la *flammula.* Le *labarum,* étendard impérial. Le *draco* ou dragon, enseigne des barbares, devenu enseigne de cohorte chez les Romains.

La main droite étendue, et ses diverses significations. La suppression des ornements des enseignes en signe de deuil.

Pl. 36 et 37. — Romain (planche double).

Costumes de guerre et tenues d'escrime. Militaires et gladiateurs. Temps de la république et de l'empire. L'ancien légionnaire, le *triaire;* celui de l'époque impériale en tenue de campagne, l'*impeditus.* L'*eques,* le cavalier. Le *centurion.* Le tribun militaire, en même temps *phaleratus.* Le général en chef, l'*imperator.*

L'enseigne de la légion portée par l'*aquilifer,* celle de chaque cohorte par le *signifer.* Le *vexillarius,* porte-étendard de la cavalerie.

Variété des costumes de guerre selon les régions, occidentales et orientales. Le fantassin au port d'armes. Le cavalier chargeant de la lance (pour le cavalier combattant de l'épée, voir la pl. 40, n° 6). Types d'aigles de légion, et d'une victoire portant le *vexillum* de la cavalerie.

Les combattants du cirque : le *mirmillon,* le *thraex,* l'*hoplomachus,* le *retiarius,* le *pinnirapus,* les *essedarii,* les *andabatæ,* les *dimachæri,* les *catervarii,* les *fiscales* ou *cæsariani,* les *auctorati,* les *rudiarii.*

Soldats d'infanterie de ligne de la légion romaine, les *triarii, hastati* et *principes.*

Le casque de bronze des plus anciens; leur cotte d'armes; le *subarmale* de laine et les épaulières. Le *pectoral* en bronze. L'épée de bronze, sa poignée, son fourreau, son baudrier.

La ceinture avec boucles de bronze. Les *cnémides* en fer. Le *pilum,* la lance. La *parma,* bouclier rond. Les *crépides.*

Ce même fantassin, lourdement armé, au temps de l'empire, en marche et en tenue de campagne, l'*impeditus*. Casque de fer, le *cassis*, l'anneau pour le suspendre au côté de la poitrine. Cuirasse, la *lorica*, formée de bandes d'acier. Le bouclier, *scutum*. Ses peintures et ses ornements de bronze. L'épée, le *gladius*, à lame de fer de la forme dite *ibérique*. Son fourreau, *vagina*; le baudrier, *balteus*, pour suspendre cette arme. La privation du fourreau, punition du soldat.

Le *pilum*, la lance à longue pointe.

Le *subarmale* en laine. Les *femoralia*, les culottes; la cravate, *focale*; les *caligæ*, chaussure cloutée.

Le bagage porté par l'*impeditus*, son manteau court, le *sagulum*, enroulé et porté au bout d'un bâton, avec l'outre contenant la provision d'eau, un sac en cuir, une puisette et une marmite en fer, et le filet pour le pain et la viande. L'*expeditus*, et son bagage porté sur des chars.

L'*eques*, le cavalier.

La cotte d'armes en forme de dalmatique, cuir et mailles. L'épée et son baudrier. La *parma*, le bouclier. La *lancea* longue. Les *caligæ* et l'éperon.

Le *centurion*.

Le casque à cimier argenté, et la *crista* de plumes; ses *bucculæ*, jugulaires. Le *subarmale* et les braies. La cotte d'armes et les lambrequins. La cuirasse et ses épaulières articulées. La ceinture à lanières pendantes. Le baudrier brodé d'argent. Le *campagus*, demi-brodequin. La baguette du commandement, le *vitis*.

Le tribun militaire et le *phaleratus*.

Le casque doré. La cotte d'armes à double rang de lambrequins. Le *cinctorium* ou ceinturon. L'épée celtibérienne. Le *parazonium*, glaive court. Les *caligæ* du chef, brodequin fermé.

Les récompenses militaires, les *phaleræ* et les *torques*.

Le général en chef, *Imperator* et Cesar *imperator*. Casque doré; *crista* de plumes pourpres. Cotte d'armes prolongée par un triple rang de lambrequins. Ceinture et ceinturon. Épée à lame dorée. *Parazonium*. Bâton de commandement. *Paludamentum*, grand manteau militaire. La chaussure, haut brodequin fermé, teinte en pourpre, ainsi que le vêtement. Les signes distinctifs du grade suprême.

Le *signifer*, porte-enseigne de l'infanterie.

Le *cassis* de bronze recouvert par une tête de fauve. Le subarmale, les braies et le sagum, de couleur rouge. Cuirasse, la *lorica squamata*. Le *gladius*, le *balteus* et les *caligæ*. L'*aigle* de la légion. Le *signum* des cohortes et des manipules.

Le *vexillarius*, porte-étendard de la cavalerie.

Son armement et le caractère du *vexillum*.

Les gladiateurs.

Le *mirmillon;* le casque à grille; le brassard de lames de fer articulées; l'épée droite. Les sangles, ceinture et ceinturon. Le *campestre* plissé sur les hanches; les jambes différemment armées; la *cnémide* de bronze; l'emploi simultané du *calceus* et de la *caliga*. Le *scutum*.

Le *thrax*. Le casque fermé. La haute jambière de bronze, l'*ocrea*. Les brodequins lacés. La *sica*, l'épée dite de Thrace. Le gantelet de fer de la main tenant cette arme; la *parma threcidica*, le bouclier.

Le *rétiaire*. Son filet et sa *fuscina* ou *tridens*.

L'épaulière en bronze et la manche de mailles à gantelet, etc.

L'origine des combats de gladiateurs. Leur caractère religieux. Les différents combattants du cirque. Les *esseda-rii, andabatæ, dimachœri, catervarii.* Les *fiscales* ou *cæsariani,* et le *rudiarius.*

Les *aigles* des légions. Leur aspect différent. Leur prestige.

La *pinea* ou la pomme de pin, au sommet du *signum.*

Les personnifications de Rome, coiffées de la tête d'un animal cornu, ou de casques dont la forme rappelle l'origine phrygienne.

Le chef militaire romain, portant le *klaft* des Égyptiens.

Pl. 38. — Romain.

Cérémonies religieuses. Les sacrifices et les offrandes.

La purification d'un camp, *suovetaurilia.* Le *martialis;* l'*augurale.* Le *camillus* et le *spondaules,* joueur de la double flûte.

Les *victimarii* et les *immolatus.* La *vitta* sacrée, la bandelette à franges du taureau; la *serta,* l'enguirlandement du porc.

Le *flamen;* le *popa,* sa hache, la *scena* ou *sacena;* la *dolabra.* Le *cultrarius.* Ces deux derniers portant le *limus,* le jupon; *succinctus,* lorsqu'il est court. Le *libum,* gâteau.

L'*ara* ou l'autel. Ses formes, et les matières qui y furent employées. L'*ara thuricrema.*

L'*ignispicium,* la divination de l'avenir par l'observation des matières enflammées.

Pl. 39. — Romain.

Objets du culte et instruments des sacrifices.

Trépieds; *acerra,* boîte pour l'encens; *thuribulum,* encensoir; *præfericulum,* vase pour le vin sacré. Bénitier. Patères. Cage *pullaire.* Bâton augural. Aspersoir. *Malleus,* maillet. Haches, *acieres* et *secures.* Couteaux pour égorger. Couteaux pour découper : la *securis* et la *dolabra; secespita,* fusil de boucher. *Simpulum,* cuiller. Fourchettes et spatules. Cuillers pour l'encens. Le *lituus,* la trompette, et le *tympanum.*

Pl. 40. — Romain.

Costumes civils de l'époque impériale. — Cavalier combattant de l'épée.

Les toges. La *toga restricta,* la *rotonda* ou *toga fusa.* La *prætexte,* du nom de la bande de pourpre qui la bordait. La *toga pura* ou *virilis.* La *toga picta* et la *palmata,* la toge du triomphateur. La *toga rasa,* les *togæ vitreæ,* c'est-à-dire transparentes, et la *toga trita.*

Le *togatus* et le *togatulus.* Le *candidatus.* Le *velatus,* voilé de la toge. Le *cinctus gabinus,* la toge ceinte *à la Gabienne.*

La toge, privilège du citoyen romain. L'éducation qu'exigeait le soin de la draper. La disposition de ses plis : le double *sinus,* le *balteus* et l'*umbo.* De la façon dont on en usait pour la marche; des manières dont l'orateur la disposait, et aussi le suppliant, ou encore les gens en deuil. Ses couleurs, selon les castes. Ses formes diverses. La toge, parure du lit nuptial. La physionomie sévère de la toge voilée. L'orateur à la tribune du sénat, dans l'inviolabilité de son droit. L'obscurité de la couleur de la toge de deuil.

La *togata,* à l'usage des femmes, particulièrement des courtisanes. La tunique portée avec la toge. Le *clavus angustus* et l'*angusticlave.* Le *colobium,* tunique courte. Les caleçons ou culottes courtes, *feminalia* ou *femoralia;*

les *fascia,* bandes enroulant la jambe, le *sudarium,* cravate ou mouchoir. Le *calceus,* chaussure fermée. Les chaussettes et les bas. La *domestica vestis,* la tenue d'intérieur; *la synthesina.*

Le *pallium,* ou la *palla.* Son caractère différent du grec. Des façons dont en usaient les dames romaines. La *stola,* la robe de femme; ses variétés; passée par-dessus, la tunique intime. Les deux ceintures. L'*instita;* la queue des robes.

Chaussures diverses, depuis le soulier plein et sans épaisse semelle, jusqu'à la crépide à haute semelle également en usage.

La grande pudicité du costume féminin. Le *pallium* porté par la matrone romaine. Les chevelures naturelles teintes; les perruques, etc.

Pl. 41. — Romain.

Coiffures en cheveux; perruques; et bonnets, bandelette et diadème.

La *causia,* bonnet des marins. La perruque, *caliendrum.*

Pl. 42. — Romain.

Les amulettes et les talismans, les *abraxas.*

Les *probra, servatoria, amolimenta* et les *præfiscini.* L'*abracadabra.* La crédulité à leur sujet et l'introduction des pierres ou des métaux dont ces préservatifs étaient faits dans les parures, comme les colliers, les coiffures et les bagues.

Pl. 43. — Romain.

Instruments de musique : à vent, à cordes, de percussion.

1° Les *tibiæ* : *avena, fistula,* la flûte; la *tibia gingrina,* le fifre; la *tibia longa;* les *tibiæ pares,* la paire de flûtes; les *tibiæ conjunctæ,* la double flûte; les *tibiæ impares,* d'un diamètre inégal. La *tibia obliqua,* la flûte fourchée; la *tibia utricularis,* la musette. Les trompettes, faites de cornes, de coquilles ou d'airain. Le *cornu,* grand cor circulaire.

2° *Monocordes; dicorde; trigonum;* lyre, harpe et *cithara.*

3° *Cymbalum; tintinnabulum;* timbres ou cloches. *Tympanon;* tambour et *crotalium.*

Pl. 44. — Romain.

Meubles et objets mobiliers. Chaise curule. Bois de lit. Table basse. Armoire ou buffet. Coffre-fort en terre. Clef et cadenas ou serrure mobile. Vase de repas.

Pl. 45. — Romain.

Les bains particuliers.

Ustensiles des *alipili,* les épileurs, et des *aliptes,* maniant les *strigiles.* Les huiles, essences, onguents et parfums.

La *gausape,* blouse de bain.

Type du bain de vapeur et de ses phases successives, fourni par l'antiquité.

Le *frigidarium,* la salle pour le bain froid; le *tepidarium,* pour le bain tiède; le *caldarium,* l'étuve, et la salle du bassin ou *labrum,* dans lequel l'immersion se fait, en même temps qu'agissent les aliptes, et tour à tour, les épileurs, les *tractatores* (les masseurs) et les *unctores.*

L'hypocaustum, pour le chauffage de l'eau et sa distribution.

Le *laconicum*, élevant la température de l'étuve; le *clipeus* la réglant.

Les *strigiles*, l'étrille ; le racloir, le *guttus*.

Les pincettes de l'épileur.

Les flacons et ampoules. Les bassins pour l'immersion partielle.

Pl. 46. — Romain.

Type de la riche construction étrusco-grecque. Intérieur de palais. Restauration, avec le plan d'ensemble de *l'atrium*, et la vue de l'une de ses *ailes*, les chambres latérales.

Les trophées militaires et maritimes. Ses autels, trépieds, et les tables d'offrande aux dieux Lares.

Pl. 47. — Antique.

Chaussures, depuis les primitives jusqu'aux sandales liturgiques des Papes, et les souliers de cérémonial de Charlemagne.

Types Égyptiens, Perses, Gaulois, Huns, Lombards; principalement les Grecs et les Romains, avec leurs modes et usages.

La *carbatine*; la sandale simple, la *crepida*, la *baxea*, la *solea*, la *caliga*, la *gallica*, le *campagus*, le *sandalium*, le *soccus*, *socellus*, *socculus*, le *cothurne*, chaussures plus ou moins ouvertes.

Les chaussures closes : l'*ocrea*, le *pero*, le *calceus*, le *mulleus*; le *phœcasium*; l'*udo*, *odonia*, *odonaria*; les *udones*, chaussons et chaussettes.

La *sycionia*, les *laconiques* ou *amycleïdes*, les *péribarides*, les *persiques*, le *pantophellos*, etc.

Les *sculponeæ*, la galoche, la *solea* des esclaves; ce qu'il convient d'entendre par les pieds *nus* des *gypsati* et *cretati*.

La chaussure du pied de l'homme libre.

La *ligula*, l'agrafe de la crépide, portée par le citoyen.

Les lois spéciales déterminant le caractère de la chaussure, selon les classes, chez les Romains.

La matière et les couleurs des chaussures. La *cordouannerie*, l'*aluta*. Les semelles cloutées. Le luxe effréné des chaussures. L'usage, par les dames romaines, des semelles épaisses pour se grandir outre mesure.

Le baiser de la jambe et du pied du chef, chez les Francs. Le baiser de la mule des papes, etc.

Pl. double 48-49. — L'Europe barbare.

Les habitants primitifs de l'Europe, types fossiles, depuis les *troglodytes* des premiers âges jusqu'aux habitants des stations lacustres, où se rencontrent les rudiments d'une civilisation bien antérieure à toutes les civilisations des âges historiques.

La rencontre des hommes les plus anciens avec les monstres paléontologiques. Les races humaines, différentes de caractère extérieur et de valeur intellectuelle, superposées dans les couches géologiques.

La *chronométrie préhistorique*, ou la chronologie de l'emploi des armes et outils en bois durs et en os, en silex taillé et en pierre polie.

Les vêtements de peaux d'animaux conservant leur poil; le cuir travaillé, ainsi que la laine, le chanvre et le lin. Les parures faites de cailloux, de coquillages, de dents d'animaux, etc.

Les guerriers de race blanche dont les familles ont détruit l'empire romain, et que les Gréco-Latins appelaient communément les *Barbares*. Ages du bronze et du fer.

Les *Ibères* ou *Slaves*, les *Rasènes* ou *Étrusques*. Les *Illyriens* et les *Thraces*. Les *Galls, Celtes* et *Kymris*. Les *Germains* ou *Teutons*. Les *Scythes;* les *Sarmates;* les *Scandinaves* et les *Francs*, les *Mérowings* (voir au sujet de ces derniers et du *Gaulois*, la pl. double 56-57).

Période des armes en bronze, et période des armes en fer. Détails de l'ornement, du costume et de la parure militaire, analysés à chaque figure.

Exemples isolés des armes en bronze, gauloises et celtiques. Cuirasses, haches dont le *celt;* poignard, et poignée d'épée à lame en bronze.

Les armes en fer du caractère mérovingien : la *framée,* lance, l'*angon,* variété de la pique, l'*épée,* glaive droit, ainsi que le *scamasaxe,* épée courte ou dague; la *francisque,* hache, et le bouclier, de forme circulaire.

Pl. 50. — Scandinavie.

Armes, outils, ustentiles, costumes et usages des âges de la pierre, du bronze et du fer.

De l'âge de la pierre.

Silex taillés et pierres polies. Haches, pointes de lances et têtes de flèches, poignard, couteau, hache, marteau, grattoirs, polissoirs, gouge, scie; vases en argile, hameçon en os, perle en ambre. Temps des *dolmens.*

De l'âge de bronze.

Poignard; *celt* à douille, épée, pointe de lance; vase de suspension.

Costume de femme, paraissant celui des femmes guerrières les *Skoldmör*, les vierges au bouclier.

Les *tumuli*, les *cairns.*

De l'âge du fer.

Guerrier scandinave de la première période de cet âge. Le grand bateau à clin, non ponté, marchant à la rame. Figures en relief du dernier âge du fer.

Pl. 51. — Celtique.

Parures des Celtico-scandinaves de l'âge de bronze. Diadèmes, colliers, bracelets, bagues, fibules, épingles, boutons, peigne et objets divers en bronze, du premier âge et de la seconde période.

Des commencements de l'âge du bronze en Scandinavie.

Pl. 52. — Celtico-Scandinave et Anglo-Saxon.

Objets usuels; agrafes et boucles. Époques du bronze et du fer.

Fibules, broches, agrafes, boucles et fragment de châsse.

Pl. 53. — Celtico-Scandinave.

Parures, agrafes, boucles, etc. Usages funéraires. Premières périodes de l'âge du fer.

Diadèmes, colliers, bracelets, pendeloques, annulaires, fibules, boucles en or, en argent plaqué d'or, en bronze, en fer.

Bride en bronze d'un mors de cheval. Aiguillettes de lanières en bronze.

Le cheval de bataille, ses harnais, et jusqu'au chariot de combat; inhumés avec le chef.

De même, le guerrier dans son navire.

L'habitant du *tumulus,* le *hogbon,* assis sur sa chaise dans la chambre sépulcrale.

Pl. 54. — Celtico-Scandinave.

Armes, objets de parure, ustensiles de l'âge du fer. Première période, moyen âge, et dernier âge du fer. Pointes de lances et têtes de flèches; épées et pommeaux d'épées; fourreaux et bouterolles; éperons; étrier, *umbo* de bouclier; plaques, garnitures d'embouchure des fourreaux; *fibules,* dans lesquels on rencontre l'emploi de l'or, de l'argent, du bronze et du fer, de l'or massif, de l'argent niellé, du bronze doré, des grenats enchassés, de l'ivoire, des os et des incrustations.

Cuillers en corne d'élan.

Pl. 55. — Celtico-Scandinave.

Parures et objets divers. Moyen âge et dernier âge du fer.

Colliers, *bracteates,* bracelets, annulaires, pendeloques. Fibules, épingles, boucles. Parures en pendentifs. Perles, bijoux filigranés, etc. Le marteau de *Thor,* et l'étain.

Clef, et trousseau de clefs porté par la mère de famille scandinave. Ornement en diadème. Pince et cure-oreilles en bronze. La pince tenant lieu du rasoir. Peigne en corne d'élan.

Les *sjökonungar,* les rois de la mer, du nom que se donnaient les *vikings.*

Pl. 56-57. — Gaulois et Francs-Saliens.

Les habitants de la Gaule avant la conquête romaine, et du temps de Jules César. — Chef mérovingien et soldat franc.

Chefs, guerriers, paysans, laboureurs et soldats. Les femmes.

L'arme-outil en pierre; les armes défensives et offensives en bronze; les armes en fer.

Vêtements masculins. La *saie* ou blouse ceinte, de couleur unie ou rayée, comme la *vergata,* la saie aux couleurs de la guerre de l'indépendance. La *braie,* la culotte longue et fermée. La *caracalla* ou *palla gallica,* tunique à manches couvrant le bras en entier. Le *bardocucullе,* manteau à capuchon, ou réduction de ce vêtement (voir le *bardocuculle,* grand manteau, chez les anciens Bretons, pl. 425, Écosse). La pèlerine mise en châle; le *sagum,* le court manteau du soldat romain. Vêtements généralement de laine, parfois décorés des rayures de la limousine. Souliers fermés et bottines lacées. *Pileus* de forme phrygienne ou bonnet de peau conservant son poil. Dans la tenue ordinaire, les cheveux flottants, ou leur masse tombante retenue par une bandelette, à un ou plusieurs tours, nouée sur le côté.

Pour les femmes. Deux tuniques superposées, la supérieure à manches, et descendant plus ou moins bas. La robe plus ou moins longue et le tablier. Le corsage; le manteau, le *pallium.* Le soulier fermé. La *bulga,* la sacoche faisant l'office du *ridicule.*

Cheveux flottants, ou noués en *corymbe,* ou enveloppés d'un mouchoir de tête enroulé. Pour leur parure, la résille, les bandelettes et la tiare. Les chevelures poudrées, les joues vermillonnées, les sourcils teints, le fard.

Type de la coiffure en cheveux du guerrier, l'*arcantodon,* le chef de cent-têtes; de même pour le simple soldat. Soldats et paysans armés, sans aucun armement défensif

Guerriers plus ou moins armés de toutes pièces du temps du bronze : casques, cuirasses, jambières, boucliers, épée, poignard, lances et hache.

Cavaliers chargeant; le harnais de leurs chevaux.

L'enseigne nationale, le *sanglier d'or,* servant de masse d'armes. Type du coq dans l'attitude du combat.

Guerriers gaulois de l'époque du fer, du temps de Vercingétorix.

Soldat sous les armes pour le combat.

Le casque à cornes, à cimier en *rouelle.* Le bouclier avec l'*umbo;* le glaive à lame de fer.

Le soldat portant le *carnyx,* la trompe de guerre, porte-voix de bronze faisant aussi l'office d'une longue massue. La calotte de fer sous le bonnet de fourrure.

Le chef gaulois portant l'enseigne de guerre.

Le casque *ailé,* bronze doré à crinière flottante, accoté d'une paire d'ailes d'oiseau de proie. Cotte d'armes ou brigandine renforcée de bronze; haut-de-chausses.

Le chariot, ou la paire de roues, avec la faulx taillée en scie, et l'éperon, engin de bataille. Le casque *celtibérien.*

Le guerrier vaincu, les mains liées derrière le dos, dépouillé de ses armes et de tous ses vêtements; la *saie* figurant dans les trophées du vainqueur.

L'indépendance individuelle du Gaulois. Les *Belges,* les *Aquitains* et les *Celtes.*

Les *Gaels* primitifs, tatoués ou le corps teint. Le *c'hlan* et la tribu. Le déploiement de la race des *Gallo-Kymris,* pasteurs, chasseurs, agriculteurs, industriels et commerçants. Leur tactique militaire.

La magnificence des costumes et des armes des chefs; leur prodigalité. Le luxe de leur repas. La foule de leurs dévoués clients. La passion du vin.

Le premier regard de l'enfant, le glaive de bronze.

La table ronde, la table de l'égalité.

Les autels du druidisme.

A quel prix la Gaule conquise fut *romanisée.*

(Voir pour les récompenses et les parures militaires, ainsi que pour la bijouterie des Gaulois, les deux planches suivantes n°s 58 et 59.)

Francs-Saliens.

Chef mérovingien, cavalier; et soldat franc, fantassin.

Pour le cavalier, la tunique courte, la jupe et le manteau.

Pour le fantassin, la tunique courte et les culottes serrées ou le haut-de-chausses. Pour les deux, la chaussure à semelle épaisse, assurée par les liens entrecroisés et montant sur la jambe. L'éperon au pied du cavalier.

Casque au chef, calotte de cuir et de bronze.

Le soldat tête nue, n'y ayant pour défense que de grosses tresses de ses cheveux.

Armement défensif. Une peau conservant son poil tenant lieu de cuirasse; une rondelle à main à ombilic pointu.

Armes offensives, l'épée suspendue à un baudrier, le *scamasaxe,* la *framée,* l'*angon,* et la *francisque,* arme et cognée.

Détails du collier du chef, de la poignée de son épée décorée d'émaux cloisonnés, et de l'orfèvrerie du baudrier du soldat.

(Voir au sujet des armes, la planche double ci-dessus n°s 48-49, et pour les pièces d'orfèvrerie-joaillerie, la pl. 58.)

Pl. 58. — Gaulois et Mérovingien.

Parures forgées et orfévries. Bijouterie. Broderies modernes conservant le caractère celtique.

Torques, colliers militaires. *Rouelles*, ornements de cou. Bracelets, agrafes, fibules, épingles et aiguillettes. Boucles et plaques de ceinturon. Ornements divers; les clefs, passe-partout. L'aigle, décoration militaire, de la famille des *phaleræ pectorales*.

Or; argent; bronze ciselé et gravé; bronze doré et émaillé; verroteries simulant les pierres montées en cabochons ou incrustées. Émaux cloisonnés.

Broderies bretonnes.

Pl. 59. — Grande-Bretagne.

Les *Britanni* du temps de l'occupation romaine.

Les nations galliques, *Celtes* ou *Gomers* (le *Kimbr* ou *Cimri, Gumiri, Kymri, Cimbre*).

L'*Irlandais* et le *Calédonien* (*Scoti* et *Picti*) ou l'*Albanien*.

Le guerrier nu, tatoué et peint au pastel.

Le costume d'hiver des habitants de l'île d'Irne, l'Irlande.

Costume de guerre des Bretons, chefs et soldats, piétons et cavaliers. L'officier en costume *romanisé*.

Insulaire des Cassitérides (les Sorlingues).

Druides juges, femmes et prêtresses.

Les *Galli*, prêtres de Cybèle à Rome.

Les *brehonnes*, les vieilles lois de l'Irlande, et les chefs militaires, les rois *dalriadiques*.

Les chiens de combat des armées bretonnes; la tactique militaire.

Les armes de métal, bronze et fer, et aussi de pierre. La masse d'armes en argile cuite. Le *copar*, le métal pour la fabrication des épées. Les fils de métal en spirale. Les ouvrages d'or et d'ivoire, peignes, aiguilles de tête, cuillers, etc.

Le verre, et les verreries colorées. Le drap de laine, et les étoffes bariolées dans le goût des tartans écossais, aux couleurs du *clan*.

(Voir les costumes écossais, pl. 425, 426 et 427, formant la suite historique jusqu'aux temps modernes.)

TABLE ANALYTIQUE

DES PLANCHES ET NOTICES.

(SUITE.)

DEUXIÈME PARTIE. PLANCHES 60 A 180 INCLUSIVEMENT.

PLANCHES ET NOTICES.

Pl. double 60-61. — Océanie.

Les noirs; *Alfourous, Papous et Australiens.* — *Kanaques.* — *Nouka-Hiviens.*

Le costume et la toilette, l'armement et les parures de guerre.
Les âges du bois et de la pierre, encore durant.

Le *Vitien.* — Cheveux crêpés et teints; peigne pour les orner; oreille traversée par une tige. Colliers de coquilles, de dents d'animaux, de mâchoires des petites espèces. Ceinture en *tapa;* casse-tête, massue, lance barbelée.

L'indigène des Nouvelles-Hébrides. — Casque en bois: poitrinal en joncs tressés; glaive en scie; lance barbelée garnie de piquants.

L'*Arossien* (archipel des Salomon). — Aiguillettes et anneau du nez percé; dents noires et lèvres écarlates, résultant de l'usage du bétel; chevelures ébouriffées, divisées, teintes; peigne orné de glands et de plumes; parure frontale; collier de dents humaines; hausse-col; ceinture et bracelets de coquillages. Les coquilles travaillées, percées et polies, jouant les perles dans les parures, et formant la monnaie du pays; tissu végétal, le tablier riche et les jarretières; arc, sagaie et casse-tête, dards en bois ou en os, barbelés, empoisonnés, la pointe restant dans la plaie.

Le village fortifié; les pièges de ses approches. Les embuscades et les surprises.

Le jupon des danseurs; le casse-tête de cérémonie, la chorégraphie entre les hommes seulement. La condition des femmes. La nudité de la fille non mariée. L'Arossienne et la chauve-souris vivante, la *roussette,* qu'elle loge dans sa chevelure.

Naturel des îles de l'Amirauté. — Cheveux rougis artificiellement, ou teints en blanc ou en jaune; peigne à plume de coq; visage barbouillé, présentant un masque blanc ou rouge; tatouages; ornements du front, du nez et des oreilles. Collier de coquilles; *humerus* pendu au cou; bracelets; tablier en tapa fin; arc; fronde, casse-tête. Couteau de ceinture à lame d'obsidienne. Le signe d'amitié.

Papous de la Nouvelle-Guinée et des îles voisines. — Le Papou-mafor, le Papou élégant et le Papou habillé de laine.

Papou-mafor : chevelure non teinte, peigne et bouquet de plumes; amulette au cou, en forme de figure humaine. Bracelets, la diversité de leur matière et leur accumulation. Ceinture supportant la boîte à bétel. Le *peda,* sabre couperet, arme-outil; arc flexible, flèches barbelées. Bouclier orné de chevelures humaines.

L'élégant : chevelure dressée, teinte en roux, poudrée en blanc; peigne de guerre. Diadème de plumes et bandeau en oblique; visage peint en rouge. Bâtonnets au nez et aux oreilles. Ceinture frangée. Collier de dents de cachalot et grand collier de coquilles; bracelet mobile, orné d'une mâchoire humaine. Massue en bois et son casse-tête en serpentine; marteau d'armes en pierre. Lance au dard en os barbelé. La flèche légère servant de petit marteau.

Le Papou habillé de laine, d'une antique civilisation : vêtement en sac, ouvert pour le passage des bras et de la tête, chapeau hémisphérique, riche baudrier portant un sabre droit. Lance forte. Bouclier en bois orné d'incrustations. Bracelets et longs pendants d'oreilles.

Kanaques de la Nouvelle-Calédonie. — Esquisse de leur société. Les deux races : noir bleuâtre et couleur chocolat. Le morceau de tapa, soutenu par la ceinture, seul vêtement habituel; manière de fabriquer le *tapa,* étoffe végétale. Ce que pense le Kanaque de la chemise et du pantalon, qu'il tient à posséder sans en user. L'usage qu'il fait de la couverture de laine, son prix pour lui.

Les huttes, les *paillotes* en figures de ruches, les trophées qui les surmontent. Leur ingénieuse fixité dans les plus fortes tourmentes. La femme appartenant à la tribu; les femmes vivant entre elles. Le collier des fiançailles, seule sanction du mariage. Les femmes aux cheveux rasés, ayant pour tout vêtement une ceinture en corde, et fumant la pipe en travaillant la terre.

Les chefs, *Aou* ou *Alikirs* et leurs sujets les *Tambuet.* Le *takata,* prêtre, sorcier et médecin.

Le *pilou-pilou;* le caractère de cette fête par excellence de la tribu, donnant le spectacle de la guerre. La toilette des combattants selon le goût personnel; le *moinheau* complétant leur tenue. Le masque de guerre, le *dangat,* donnant à l'homme qui le porte sur sa tête, une apparence gigantesque. La danse et les chants dont cette hideuse apparition est le signal devenant une frénésie de cannibales. Le début des hostilités ouvertes, le défi à l'ennemi. Les vestiges d'ancienne civilisation. La fronde, les sagaies; le court casse-tête en bois, celui des chefs comportant une hache en jadéite polie. Marteau d'armes, dit *cagou,* en forme de pic.

Parmi les insignes du chef, l'annulaire du petit doigt de la main gauche, le *tillet.*

Le vampire ou *roussette* dont les poils, teints en rouge, servent à faire des tresses et des glands. La valeur de ces tresses servant de monnaie. La femme vendue pour un clou; la grandeur du clou selon la beauté.

Le *tomahawk.* ou la hache, inséparable compagnon de l'indigène; en expédition, la gourde et un sac à provisions. La mimique traditionnelle de l'étonnement parmi ces populations.

Australiens. — La terre ingrate et non cultivée par les nomades. La marche de la famille absorbée par la poursuite de la nourriture. La femme, bête de somme. La *dura,* la cabane de branchages élevée en quelques minutes. Le sacrifice des puînés. La dureté du châtiment des femmes; leur mutilation quand périt l'enfant que le père voulait conserver.

L'Australien ne sachant plus lire les écrits laissés par ses ancêtres. La dégradation physique et morale en raison de l'éloignement des côtes maritimes. Les épreuves par lesquelles on passe avant d'être un homme fait, un *wilyalkinyis.* Le *manka* ou le tatouage nécessaire pour être un homme fait, un guerrier de la tribu. L'os ou le roseau passé dans la cloison du nez, ou planté dans les narines. Le corps barbouillé de rouge et de blanc. La peau frottée d'huile qui s'y accumule; l'incisive arrachée aux jeunes gens. Le court manteau de kangourou. Lance longue en bois dur, unie et barbelée. Javelots ou sagaies, projetés à l'aide du *vummera. Boumerang;* casse-tête. Bouclier en bois ou en écorce d'arbre; haches en pierre taillée. Petit sac en filet contenant les ingrédients pour la peinture du corps et le bois sec pour faire du feu par le frottement. L'instinct sauvage de l'Australien se révélant à l'âge de la puberté. Le danger d'habiller ces gens à l'européenne, et les conséquences meurtrières qu'ont pour eux les bas et les souliers, la chemise et le paletot.

Naturels des îles Marquises; chefs *Nouka-hiviens* en tenue de guerre.

Tatouages de la tête aux pieds (voir à leur sujet et à propos de l'emploi du *moko,* la notice de la pl. double 63-64). Grande coiffure de plumes de coq; diadèmes, aigrettes, appendices aux joues, hausse-col, anneaux de jambes et bracelets, souvent formés de chevelures conquises. Pague en *tapa,* parfois un petit tablier de peau. Grand manteau de tapa. Coquille nacrée en pendeloque. Collier de vertèbres de requin; moitié d'un crâne d'ennemi pour vase à boire, et, comme insigne du chef, l'éventail en jonc tressé, muni d'un manche. Casse-tête, longues lances et javelots. Trompe de guerre.

Pl. 62. — Océanie.

Coiffures de la Papouasie ou Nouvelle-Guinée et des îles Viti ou Fidji.

La chevelure devenant le principal objet de la parure parmi les peuplades allant nues, à peu de chose près. Le besoin de parure, instinct de la sociabilité. L'arrangement des cheveux variant d'autant plus dans la Mélanésie et la Polynésie que leur nature diffère.

(Parmi les exemples que renferme cette planche, on voit souvent apparaître comme une grande épingle le manche du peigne en bambou dont on orne les chevelures; on trouve ce peigne caractéristique isolé dans la pl. 66.)

Pl. double, 63-64, et pl. simples, 65 et 66. — Océanie.

(Notice commune.)

Malaisie, Micronésie, Mélanésie, Polynésie. — Costumes et parures, armes et ustensiles; usages. Les tatouages et l'opération du *moko*, le tatouage incisé et enduit, le *tataou* des Nouveaux-Zélandais.

Personnages. — *Malais* de Java et de Bornéo. *Dayas* ou *Dayaks;* le *Binua* de Singapour, divers Dayas en tenue de chasse et de guerre; leurs femmes. *Karens* ou Chinois de Bornéo et Parsi de cette île. *Timorienne* de l'île Rotti, dans les Moluques. *Indios* des Philippines. Guerrier *Havaïen* et danseuse (fragment) des Sandwich. *Papous, Alfourous* ou *Touradjas* des îles Célèbes, parmi lesquels l'Alfourous catholique et les dames du même sang partageant la même croyance, en grande parure. Le milicien bourgeois de Tondano en 1828, et des matelots de la baie de Gounong-Tello, nid de pirates.

Pièces détachées. — Coiffures, chapeaux d'homme et de femme (Micronésie, Mélanésie). Le chapeau de forme conique des Carolins. Les *saraous* des Guébéens, servant de parasols. Les casques des Havaïens. Le chapeau de guerre d'un Soulthan des Moluques. Le bonnet du guerrier des îles Salomon, et celui des îles Marquises; enfin celui fait d'une écorce de fruit en usage chez les Papous.

Chaussures. Sandale en feuilles de palmier (Micronésie, Mélanésie). Sandale en paille et mule de créole des Philippines.

Ceintures, en filaments végétaux, coquilles et graines (îles Célèbes); décorée en rondelles de coquilles (îles Carolines).

Cuirasse ou cotte d'armes en fibres de coco (îles Célèbes).

Colliers des îles Carolines.

Ornements de cou des îles Salomon.

Ornement de tête des îles Marquises, et le peigne de Tongatabou.

Pendants d'oreilles des îles Salomon.

L'émouchoir des Sandwich. La pipe en bois sculpté des îles Marquises. Le peigne à tatouer, ou le peigne du moko de Taïti; une cuiller en bois de coco, des Moluques; une bouteille en terre entourée de vannerie et la grande calebasse servant de vase aux Taïtiens, et l'*oho*, la grande spatule de six pieds de long, leur instrument aratoire.

Armes.

Marteau d'armes en pierre des îles Mariannes. Fronde, haut de lance en bois, carquois et tambour de la Papouasie; variétés du *kris,* le poignard des Malais, l'arme et son fourreau. Le *kampilan* ou coupe-tête de Bornéo. Le *klevang* ou *klervang* de Sumatra, et son fourreau avec l'agrafe pour la suspension de l'arme.

Dayas. — L'*orang-outang*, l'homme du sol, le Binua de Singapour, existant au fond des forêts et n'ayant que des armes exclusivement en bois. Le *sipet, soumpit* ou *sumpitan*, la sarbacane et ses petites flèches empoisonnées; la pique, le glaive et le bouclier, le *tavalang*. Pour vêtement, le tablier, un casque en calotte paré d'une peau de léopard et de plumes, une large genouillère de cordons à une jambe pour les longs affûts du chasseur accroupi. La garniture de plumes du sipet court, utile pour guider le tir de l'arme. La douceur des mœurs du Binua.

Daya à peau claire, tatouée du moko. — Cheveux relevés en chignon, maintenus par un bandeau. Daya, coiffé de même, portant la cuirasse travaillée en claies.

Daya, coupeur de tête, en tenue de guerre. — Dalmatique étroite servant de cuirasse; long sipet garni d'un fer de lance et ayant un point de mire en acier. Aux pieds de ce guerrier, l'*ottat*, le seau ou panier servant au transport de la tête fraîchement coupée. La rentrée triomphale de l'ottat avec sa garniture dans la tribu. Le traitement et le sort de la tête du vaincu. Les longs affûts du chasseur d'hommes; son habileté pour trancher les têtes. La superstition religieuse mêlée à la passion sanguinaire. Les chasseurs ou coupeurs de tête de Sacaran vivant dans un état de luxe supérieur à celui de leurs voisins, et en possession d'industries remarquables.

Femmes dayas de la famille des Biadjoux, l'une des plus civilisées de Bornéo. — Vêtements de coton, et coiffure de paille tressée. La petite hotte en bois peint pour récolter des provisions. — Les Dayas des plaines et les pêcheurs, différents au moins par le teint de la peau. Leur aversion réciproque et l'état d'hostilité dans lequel ils vivent. Le village fortifié, retranché; les maisons construites sur des pieux élevés; les trois échelles mobiles pour accéder aux habitations. Préjugés de la jeune fille daya, à laquelle son prétendant doit montrer, au moins, la tête d'un ennemi vaincu.

Naturel de Bornéo, en tenue de guerre. — Cuirasse en forme de dalmatique étroite, faite de plusieurs pièces. Panier en étui fermé pour les flèches du sipet. Collier et bracelets formés de griffes de tigre ou de léopard. Casque en jonc.

Malais de Bornéo. — Chapeau en forme de cuvette renversée; robe coupée et large ceinture aux bouts tombants. Kris à lame flamboyante, et dard de lance du même mode.

Javanais. — Homme et femme, vêtus du long et ample caleçon de caractère indo-persique.

Les pièces principales du costume en Malaisie : le *saroeng, sarung, sarong, sahrung* et *sahrong;* le *kolambi;* le *sabouk,* le *jarit;* le *sikapan;* la *cabaie,* le *chelana,* le *semboug* et le *koulouk.*

La beauté physique selon les préjugés traditionnels. L'aplatissement du nez en vigueur dans toute la Malaisie. Les dents noircies par un vernis; limées jusqu'à la racine, à Sumatra; cachées en les enchâssant dans une plaque d'or, chez les Lampoungs. L'habitude de mâcher le *siri,* commune aux deux sexes, entretenant chez tous la couleur noire. Chez les Carolins, les oreilles allongées par le percement du lobe inférieur au point de toucher presque l'épaule.

La couleur jaune passant pour une beauté; nobles et dames se la procurant à l'aide du henné et du curcuma.

La Javanaise mangeant de la terre, l'*ampo,* pour se garder de l'embonpoint. Le bétel chiqué par les hommes, les femmes et les enfants. Le mouchoir rouge à l'épaule de certaines créoles, devenant une pièce du costume. La chique de bétel passant de la bouche du seigneur dans celle de son subordonné, en signe de bienveillance. Les amants échangeant leur chique.

Karen ou Chinois de Bornéo, et la femme indigène qu'il épouse temporairement. L'homme dans le costume des jours ordinaires; la Daya en toilette.

Parsi de Bornéo. — Costume indou.

Timorienne de la race des Lesghiens, archipel des Moluques. — Costume moulant les formes, dans lequel entrent la cotonnade aux vives couleurs, et la soie mêlée de fils d'or. Le pagne, seul vêtement conservé, d'ordinaire, dans l'intérieur de la maison; les seins voilés à l'arrivée d'un étranger. La beauté des Lesghiennes leur donnant des privilèges de souveraines. Le mari, de condition inférieure à celle de sa femme, étant à la merci de celle-ci, et pouvant être vendu comme esclave par la famille de son beau-père.

Indios des Philippines, *Carayos, Loutas* ou *Soubanis,* en costume de guerre. — Armure, dite de mailles, en réalité faite de filaments végétaux. De l'utilité de la dossière, et de l'usage qui en est fait dans le combat par le piquier, homme d'armes accompagné de servants.

Papous des deux sexes, portant des pièces de vêtement de fabrication indo-malaise, plutôt comme une parure que comme une protection de leur quasi-nudité habituelle.

Guerrier de la garde du roi, aux îles Havaï ou Sandwich (Polynésie). — Manteau, dit de plume, dont la trame est un filet; casque en *ié,* sorte d'osier; herminette, insigne de commandement. Tatouage spécial, damier en carrés, triangles et losanges.

Buste d'une danseuse de l'île Mowi, une des Sandwich. — Tatouages au cou, aux bras, à la poitrine, de petites chèvres contournant ses seins. Le caractère de la chorégraphie havaïenne. Le grand ton pour les femmes des premières classes de recevoir les visites en étant couchées à plat ventre sur les nattes.

Le tatouage, ou la gravure de la peau, son origine probable; les avantages qu'il procure au système cutané.

Le tatouage océanien, marque de distinction, privilège de castes, coquetterie des guerriers et des femmes; moyen de reconnaissance entre les frères de la tribu, chaque famille ayant son dessin propre.

Le tatouage incisé pour être imprégné de *moko,* et la série de dents en fer constituant le peigne à tatouer (voir le modèle de cette herminette, pl. 66). Le stoïcisme nécessaire pour supporter l'opération du moko. La façon dont agit l'opérateur, introduisant la teinture indélébile dans la plaie saignante au moyen d'un pinceau. Le long temps qu'il faut pour la guérison des plaies; et les reprises, pendant des années, pour arriver à tatouer un Zélandais du front à la plante des pieds. Le moko du Polynésien, équivalent des armoiries de la noblesse européenne. Le chef signant du dessin de son moko. Les honneurs rendus par l'ennemi à la tête du guerrier tué dans le combat, lorsque cette tête est convenablement tatouée. Celui qui refuse de se faire tatouer demeurant sans influence dans la tribu.

L'époux glorieux des décorations imprimées sur la peau de sa femme. Celle-ci ne pouvant faire tatouer son visage que dans une mesure déterminée, mais ayant toute liberté sur le reste de son corps.

La variété des dessins mêlés aux linéaments des tatouages, animaux et végétaux, récoltes et fruits, combats, sacrifices humains.

La couleur noire du moko, remplacée par l'indigo chez les Timoriennes. Les tatouages polychromes, distinctions militaires chez les Orang-Matawis.

Le tatouage du bas âge pratiqué par la mère sur son enfant.

Enfin, parmi les populations faisant le plus grand usage des tatouages, le moko interdit aux esclaves.

Alfourous ou *Touradjas* des Célèbes.

Le guerrier en tenue de cérémonie. Le *tapa,* ou le papier mûrier, remplacé par les soieries et les cotonnades à Gorontalo; saroeng malais, veste en camisole, mouchoir enroulé en turban; *kampilan,* et le bouclier, *salamako.*

Catholiques alfourous des deux sexes, en grande parure.

Les deux écharpes en croix sur la poitrine des hommes.

L'énorme peigne en forme de croix sur la tête des femmes.

Ces dames, plus ou moins habillées à l'européenne, mais ayant toujours les pieds nus.

Le prêtre des Alfourous idolâtres prophétisant sur l'aspect des entrailles frémissantes. Le principal chef de la tribu, le *kapulabalak*, ajoutant à ses fonctions celle de prêtre ou devin.

Le salut par l'attouchement du nez, le *tchoumik* des îles Mariannes ; le baiser réciproque, d'usage général parmi les indigènes, partout sauvegarde pour l'étranger qui le reçoit.

L'anéantissement complet de la plupart des indigènes de l'Océanie dans un avenir prochain. L'apport des Européens chez ces insulaires.

Pl. double 67-68. — Afrique.

Les familles noires : *guinéenne, sénégambienne, soudanienne, abyssinienne*, et celle des *Abantous* ou *Cafres*, représentées : par 1° l'indigène de la côte de Guinée; 2° le *Yoloff* et le *Peul* du Sénégal; 3° le *Pahouin*, les femmes *M' Pongwés* et le féticheur *Bakalais* du Gabon; 4° le *Bertas* du sud du Kordofan; 5° le *Galla* des tribus du sud de l'Abyssinie; 6° l'*Abyssin;* 7° le *Bassouto* et le *Zoulou* de la Cafrerie.

Le *Guinéen* de la côte appartenant à des tribus guerrières, faisant usage du fusil à silex; arme en fer rappelant la hache coudée des anciens Égyptiens.

Chef *yoloff* et chef *peul.*

Yoloffs, Mandingues et Foulahs, ces derniers subdivisés en Torodos, en Peuls et en Toucouleurs.

Yoloffs, vivant en corps de nation, divisés en castes, polygames.

La *guinée*, la toile de coton bleu dont leurs vêtements sont faits.

Le *koussab*, la longue chemise sans manches. Les talismans, le *tob*, préservatif infaillible. Le *tamaka*, suppléant au tabac.

Le chapeau de paille, du genre dit *bambarra;* l'ample dalmatique, la *boubou;* la culotte appelée *yata.*

Habitude de relever les vêtements en les fixant pour la marche, la chasse et le combat. Le stratagème du combattant s'enveloppant d'un nuage de poussière en remuant le sable avec ses mains.

Les Peuls, Poules, Foulbès, Fellanes, etc., généralement bergers, campant sous des huttes de paille. Chevelure en petites tresses sous lesquelles on loge le reste en tampons, l'ensemble largement imprégné de beurre. La blouse ceinte par une étoffe en replis. Le *collier des Peuls,* grand collier blanc et bleu. Large emploi du cuir, travaillé avec habileté, et de la paille, tressée avec un goût remarquable. Sabre suspendu à l'épaule; arc long et fer des flèches souvent empoisonné. L'archer creusant un trou pour se terrer, et tirer son arme sans s'exposer lui-même. (Voir la suite des costumes du Sénégal, pl. 72.)

Gabonais, divisés en *M' Pongwès, Shekianis,* dits *Boulous, Bakalais,* et *Fans* ou *Pahouins :* ces derniers supérieurs aux autres par leur énergie et leur industrie; polygames et fétichistes, anthropophages et trafiquant de leurs morts, habiles à travailler le fer. L'arbalète, la plus dangereuse de leurs armes, et le terrible poison de ses petites flèches.

Tatouages de race; incisives limées en pointe. Population toujours sur ses gardes; village disposé en forteresse, les enfants ayant des armes à leur taille.

Femmes M'. Pongwés. — Fichu ne cachant pas les seins; pièce d'étoffe tenant lieu de jupe ou de tunique; pantalon; ceinture-collier portant les *moondah*, les fétiches, et aussi les clefs des coffres. Boucles d'oreilles, bracelets, jambières formées d'anneaux accumulés; bagues aux mains et aux gros orteils.

Coiffure en cheveux indiquant la condition de la femme, mariée ou fille. Le dégoût que l'homme blanc inspire à ces négresses, et leur manifestation lorsqu'elles en rencontrent.

Bakalais fournissant les recrues de l'école de médecine où l'on forme les féticheurs, école produisant des ventriloques qui se donnent pour des *mediums.* Le double caractère du devin et du médecin, indispensable pour attirer la confiance des noirs; accoutrement de ces espèces de lévites. Pagne bakalais retenu par une ceinture de perles; emploi de la chenille rouge, de grappes de perles et de sonnettes; collier au cou et colliers passés en sautoir.

Les *Bertas,* peuplade du haut Nil. — Nègres indépendants, ne se couvrant que par derrière d'une peau d'animal tombant de la ceinture; n'employant pour la chasse et la guerre que le javelot, l'épée, une courte massue ou casse-tête, et un grand bouclier. Collier de fer, non fermé, de ceux que l'on ne peut arracher à l'homme qui le porte qu'en le décapitant.

Nigritiens-Gallas, tribus errantes et chasseresses, divisées en hordes, d'un caractère primitif, un seul chef gouvernant la tribu. — Terribles voisins, scalpant leurs ennemis à la façon des Peaux-Rouges de l'Amérique; forgeant le fer avec habileté, et possédant des armes remarquables. Un peu moins nus que les Bertas. Chevelure à l'état naturel, ou disposée en longues tresses, toujours enduite d'une épaisse couche de beurre. Front tatoué, ceinture en peau. Parfois l'anneau d'argent à l'oreille. Bandeau de peau de panthère ceignant la tête, insigne du chef. Lances, grand arc, épée courte et droite, long casse-tête, couteau à dépecer. Bouclier; collier de coquillages. Bracelets en fer. Le nombre des anneaux du bras disant celui des ennemis vaincus par le guerrier.

Abyssins. — L'anarchie constante de leurs trois États principaux, le Choa, l'Amhara et le Tigré.

L'Abyssin ne pouvant rester laboureur, et prenant, comme soldat, le caractère d'un bandoulier du moyen âge; sa femme l'accompagnant dans les expéditions. La bastonnade donnée aux femmes de l'entourage des négus. L'Abyssin habitué à porter le manteau; les inconvénients qui peuvent résulter pour lui de l'abandon de ce vêtement; usage du caleçon et d'une pièce d'étoffe de grande longueur autour du corps. Le *métab*, le cordon de cou distinguant le chrétien. Le sachet de cuir pour les *gris-gris.*

Cafres Bassoutos et *Zoulous.*

Les Bassoutos, pasteurs et agriculteurs, d'un vieux sang guerrier persistant dans les coutumes du berger; l'incision à la cuisse, rendue ineffaçable, et servant de chevrons indiquant le nombre des ennemis tués à la guerre.

Kobo, manteau de peau; *pukoye,* tablier de peau; jambières lacées; sandales, les *lichaaku. Phuru,* calotte de cuir. Bouquet de poils d'antilopes, formant une parure martiale à la tête. Collier. Grand hausse-col en bronze, dont la composition ressemble au bronze des anciens. Bouclier devenant un étendard, un bâton pastoral et un engin de chasse. Zagaies; *tipa,* ou couteau; *thako,* poinçon ou alène; sifflet et amulettes, portés au cou; massue et casse-tête, arc dont les flèches sont souvent empoisonnées. Le Bassouto sortant toujours armé.

La misère du Cafre privé de bétail. La restitution que le vainqueur fait souvent au vaincu d'une partie du butin, parce que « on ne doit pas laisser périr de faim son ennemi. »

L'onction générale du corps avec des matières grasses. Le *sibilo,* poudre; le *mulokla,* parfum; le *lekaata* passé dans l'oreille. La tête rasée par plaques, formant des sillons dans la chevelure. Les bracelets en boyau ou en écorce; l'ivoire, le cuivre et les verroteries.

Ama-Zoulous ou *Zoulous.* — Pasteurs et agriculteurs, surtout nation guerrière; tous soldats, assujettis à une sévère discipline. Leur état, sorte de réunion par sélection des meilleurs éléments de la race cafre.

Kobo, pukoye, tablier, bonnet de peau. Bracelet militaire, anneau de jambes. Double parement en peau de léopard du manteau, insigne du chef; plastron ayant le caractère d'un trophée. Casse-têtes, zagaies, bouclier pourvu d'un bâton pouvant servir d'appui pour la main. Arc et flèche à fer empoisonné, etc.

Sauf pour les chefs, enterrés avec quelque cérémonie, point d'inhumation chez les Zoulous, commençant d'abord par éloigner le malade.

Pl. 69. — Afrique.

Nubiens. — Costume, armes, ustensiles, et campement.

Ressemblance des *Kennous* ou *Barabras* avec les anciens Égyptiens. Leur chevelure les préservant de l'insolation, les grands soins qui lui sont donnés, et l'extrême propreté de ces gens. Caleçon de toile; ample pièce d'étoffe de laine drapée. Soulier de cuir. Poignard; marteau de fer. Bracelet portant un couteau; plus souvent l'amulette du musulman. Lance ferrée au talon. Épée longue, large et droite, arme nationale par excellence; fourreau spécial. Bouclier.

Tente basse ou cabane couverte de nattes, close par des portières. Tête ossifiée d'hippopotame et œufs d'autruche, servant de parure à l'entrée de la cabane, etc. Le parasol à l'usage du chef, planté auprès de la tente.

Pl. 70. — Afrique.

Indigènes de Tombouctou, *Chillouks, Niams-niams, Bazy* ou *Bary* (régions du haut Nil).

La femme non voilée et jouissant de la plus grande liberté à Tombouctou, portant la *gandoura* à larges manches et le mouchoir de tête. L'homme coiffé de la *chechia,* habillé d'un gilet et d'une veste.

Chillouks, pasteurs et agriculteurs; peu vêtus, protégeant leur corps au moyen d'une couche de cendre de bois, ou d'un composé de bouse et d'urine de vache. Chevelure disposée en crête, en casque, en éventail, les cheveux étant raidis avec de l'argile, de la gomme, etc. Colliers de coquilles ou de morceaux d'ivoire; peau de panthère pour vêtement. Lance, sabre recourbé.

Chirs, du fleuve Blanc. — Calotte de coton sur les cheveux tressés en cordons; pagne, collier et bracelets. Javelot pour la chasse aux éléphants.

Niams-niams, Soudan oriental. — Tatoués, incisives limées en pointe, cheveux en nattes ou en boucles. Bonnet en calotte et haut bonnet surmonté de plumes. Parures en dents d'animaux. Peau tombant de la ceinture, unique vêtement. L'appendice de l'homme à queue s'épanouissant en arrière en un large éventail. Javelots; lance barbelée; le sabre à lames courbes et à plusieurs pointes, le *troumbache.*

Bazy ou *Bary,* du Nil blanc. — Hommes entièrement nus, arrangeant leur chevelure dans le genre des Chillouks et des Niams-niams. Femmes vêtues d'un pagne élégant, orné de coquilles et de verroteries. Long bouclier; lance et flèches barbelées.

Pl. 71. — Afrique. (Régions australes.)

Cafres et Cafrines, pays de *Makololo* et pays des *Beschouanas.* — *Beschouanas, Bassoutos, Mattabbelés, Amakosas* et *Amazoulahs* ou *Zoulous.*

Le tatouage, base de la parure pour les deux sexes. L'onction du corps entier, prélude de la toilette. Climat n'exigeant pas de vêtements, et la pudeur se contentant de peu, sous ce rapport. Le tatouage en saillie sur la peau, cicatrice en relief procurée par la brûlure de l'incision faite au bistouri. La jeune fille bravant la souffrance pour recevoir cette parure; les femmes tatouées à profusion.

Les enduits graisseux, oignant la tête et le corps tout entier, mesure hygiénique devenue un élément de coquetterie. Le comble de l'élégance pour l'Africaine : se montrer luisante sous la couche de *mpafou,* huile parfumée.

Le beurre végétal, le *cé;* les pommades fortement aromatisées et leurs émanations.

L'enlèvement d'une incisive en haut et une en bas, ou ces dents taillées de façon à former un vide triangulaire, marque de race pour les deux sexes.

Arrangement des cheveux très varié. La chevelure des femmes servant de pelote où sont fourrés les menus objets. Les arrangements de cheveux demandant plusieurs jours de travail, et ayant une durée de six mois et plus. La tête rasée des élégants portant la perruque en cordelettes. Le *nkola,* rendant les cheveux complètement rouges.

L'épilation générale, sauf aux aisselles. Sourcils des hommes et des femmes également rasés. Les repeints ajoutés aux tatouages, au fard du visage; et le *kohl* pour l'agrandissement des yeux. Manteau de peau : sa forme variant suivant le sexe; celui des hommes fort exigu. *Chakal,* recouvrant les parties sexuelles. Jupe, ou tabliers, l'un par devant, l'autre par derrière. Ceinture en cordelette servant à les soutenir. Blouse, espèce de scapulaire. Bandelette voilant les seins des dames, ayant surtout le caractère d'une parure.

Le singulier tablier de l'arrière en usage chez les femmes des Nassickais, qui ne portent pas de jupe.

Les bandelettes de cuir enroulées aux jambes, et les anneaux qu'on y accumule. La sandale de cuir.

Colliers, bracelets d'avant et d'arrière-bras accumulés sur un seul membre. Les clochettes suspendues aux jambes des dandys. Bagues aux mains et aux orteils des femmes. Cartilage du nez souvent percé, lobe de l'oreille largement fendu et les bijoux spéciaux pour ces ouvertures. Tout le monde fumant la pipe de bois.

Zagaies, massue, bouclier en peau, etc. (voir le Bassouto et le Zoulou, pl. double 67-68). Les vêtements, parures et armes sont désignés dans la notice avec le nom qui leur est propre.

Pl. 72. — Afrique.

Costumes du Sénégal.

Les noirs et les Maures. — Le *Tiedos,* l'homme d'armes. — *Ferdah,* manteau drapé; *tobé,* surtout en forme de chemise.

La *guinée* et la toile d'Amérique.

Les *signores;* les hauts bonnets; le mouchoir de tête; le turban disposé en pointe. Les variétés de la lance, l'arme nationale. (Voir le Yoloff et le Peul, pl. double 67-68.)

Pl. 73. — Afrique.

Hottentots, Cafres et *Betchouanas;* particulièrement le Hottentot pur et les Boschjesmans.

Physionomie du Hottentot, de nuance jaune enfumée, produit d'un croisement de races.

Le *krosse* ou *kaross,* manteau en peau d'animal, matelas pour dormir, linceul pour la sépulture. Le *kut-krosse,* tablier de pudeur; le second tablier ajouté au kut-krosse et tombant sur les reins, pièce importante de la toilette des dames. Calotte de peau pour l'hiver et en temps de pluie. La chevelure, enduite de suif et de graisse, faisant un bonnet de mortier noir dans les grandes chaleurs.

L'habileté des Hottentots pour la préparation des peaux.

Les avantages sanitaires de l'onction du corps entier par une matière grasse. L'infection de la graisse de mouton et du beurre animal et végétal combattue par le *buku* ou *bucku,* parfum à odeur forte.

Les peintures dont les Hottentotes se barbouillent le visage. Les verroteries et les perles fausses entrant dans la composition des colliers, bracelets, ceintures et tabliers. Le soin particulier donné au tablier exigu tombant des reins, de manière à attirer le regard sur le développement postérieur dont la Vénus hottentote se montre fière.

Types de la femme riche portant le krosse en double, de l'homme en toilette de guerre, et de la grande parure nationale de la femme de la famille des Boschjesmans. Sarah Bartmann, telle qu'on la voyait en public et dans les salons, à Paris, en 1815.

Cafres et Betchouanas. — Le *kerri,* ou *indukıu,* bâton ou courte-massue en paire. La chevelure des femmes disposée en plate-forme pour y porter des fardeaux, un grand panier, un vase de terre cuite, etc. Le collier de griffes d'ours d'un chef de tribu. Le bandeau de front, dit le « *cordon des mariés* » porté par les Betchouanas des deux sexes.

Pl. 74. — Afrique.

Attirail du fumeur. — Pipes, calumets, porte-cigares et accessoires. — Exemples provenant de la Kabylie, du Gabon, du Sénégal, de la Hottentotie, de l'Afrique centrale, de l'Algérie, de Madagascar, de la côte d'Ajan, des rives de la mer Rouge et du Haut-Nil, de l'Abyssinie, de Karthoum et de l'embouchure du Congo.

Pl. 75. — Afrique. (Partie centrale.)

Suite des types ci-dessus.

L'usage du *matokouané,* le chanvre; la manière dont on le fume, les femmes comme les hommes, et ses effets sur la force physique et sur le moral des gens.

Pl. 76. — Amérique.

Indigènes du Brésil et du Paraguay : *Guaranis, Caraïbes* ou *Caribes, Botocudos, Camacans-Mongoyos, Puris.*

Nomades en marche; port des enfants. Bagage de la famille. Bonnet de plumes, le *charo* ou *sharo.* La *barbote, botoque, gnimato.* Parure de l'oreille, le *houma.* Le *giucann, tacanhoba, tacanioba, kyranayka.* Tablier féminin.

Le hamac du Puris; la hutte de verdure, *cuari.* Trophée : tête desséchée d'un ennemi. Couteau, ciseau, *l'ororo.* Instrument de danse, le *kechiceh.*

L'arc, *bigonia.* Flèches de guerre et de chasse.

Colliers; chapelet; plumes. — Cheveux en couronne, flottants. — Teinture du corps; l'*urucu,* le *genipaba.*

Filet; ustensiles; outils; briquet, le *nom-nan;* marmite de terre, courges, *kekrock;* gobelets; le porte-voix, *count-choun cocann;* hache de fer, celle de pierre, *caratou.*

Poté, le feu ne s'éteignant jamais.

Pl. 77. — Amérique.

Brésil. — Chili indien. — État de Buenos-Ayres.

Les noirs musulmans du Brésil, les *quittandeiras* de la nation Mina, portant le turban.

L'*estado indomito*, l'État indompté du Chili. Les Araucaniens qui l'occupent; les Peguenches. Les Gauchos des pampas du Rio de la Plata.

L'éperon chilien; une voiture primitive. — L'industrie des Araucaniennes. — Le long manteau, *ichella;* le *toupou*, la broche qui le fixe. Le *poncho*, manteau et couverture. Le *chiripa*, remplaçant le pantalon. Le *tirador*, ceinture-valise, etc. Le couteau porté sur le dos; le *lazo*, les *bolas* et le *rebenque*, le fouet.

Pl. 78. — Amérique.

Chiliens, Araucans, Créoles espagnols, et *Guassos*, métis issus des deux races.

Le *poncho*, dalmatique sans manches, vêtement national d'antique origine; son décor en bandes rappelant l'ornementation des vêtements de peau. Le chapeau en pain de sucre tronqué, du même caractère indigène. Les *calzoneras* de toile blanche; les guêtres ou jambières de serge; les *ajotes*, sandales de peau, et l'éperon qui s'y ajoute ou s'adapte au pied nu, du côté droit.

Les *péons*, agriculteurs et pasteurs du Chili, de Tucuman et du Paraguay. La descente des montagnes, *à la ramasse*. Les Chiliens, excellents cavaliers, domptant le cheval sauvage.

Indiens arrachant leur barbe en se servant de pinces faites avec des coquilles.

Pl. 79. — Mexicain.

Race indigène, race conquérante et les métis, *sangs-mêlés*.

Les *Indios bravos*, nomades, insoumis, représentés par un chef Lipan en costume de guerre. Accoutrement typique : diadème de plumes, tunique de peau de bison; sifflet cylindrique, insigne du chef; bouclier empanaché, arc et dard de roseau à pointes barbelées.

Mexicains de la race espagnole, costumes de cheval, de ville et de fête. *Caballeros* et *señoras*.

Le *sarapé*, manteau à l'usage des deux sexes; les *calzonaros*. Le pantalon de peau ouvert sur le côté. Les *chaparreros*, couvrant la jambe en s'élargissant sur les pieds. La *toquille*, ruban du chapeau des femmes. Le *rebozo*, mantille. Le *magua*, jupon sans corsage. Les petits souliers de satin portés sans bas.

Sangs-mêlés : femme métisse aux pieds nus; cordonnier; *aguador* ou porteur d'eau, et les *leperos*, représentés par un marchand de perroquets.

Pl. 80. — Amérique. — Les Peaux-rouges.

Types *yutes, sioux* ou *dacotas, chippeways, ponkas*, etc. (Bassins du Mississipi et du Colorado.)

Le costume répondant aux besoins du cavalier, chasseur et guerrier. Les parures conservant un caractère traditionnel. — Coiffures de peau, de fourrures; mouchoirs de tête; plumets et couronne de plumes; cravate; blouse; jaquette; manteau, le *blanket;* tunique; couverture; pantalon; guêtres; jarretières; mocassins. Le tablier, souvenir des temps anciens. Le *tomahawk* et la pipe-hache. Le sac à feu, etc. Les *Têtes-plates* ou *Pends-d'oreilles;* l'aplatissement de la partie antérieure du crâne, pratiqué sur les enfants pour les embellir. Le pied particulier produit par l'usage des mocassins.

Les tristes restes du plus grand peuple chasseur qui ait existé dans les âges historiques.

Pl. 81. — Amérique.

Les Peaux-rouges des États de Kansas et de Nebraska; *Lacs, Jowas, Pawnies,* etc.

L'éventail, insigne du chef. Le soleil de plumes couronnant la coiffure. La tunique en cuir ornée de peintures, ou de broderies, ainsi que les guêtres. Les visages peints de vermillon et de blanc. Les pantalons du cavalier. Le grand manteau. La blouse de coton, etc. Les colliers de griffes ou de dents d'ours. Les ornements en dollars, piastres, médailles, disques de métal; le miroir et les verroteries. Les jaquettes de peau, frangées de cheveux. Le bracelet, récompense de la bravoure. Le *totem,* gravé sur la poitrine des chefs.

Le *wampum,* procédé primitif mnémotechnique se retrouvant dans les colliers et les cordelettes à nœuds de l'attirail du Peau-rouge.

Pl. 82. — Amérique.

Indiens de l'Orégon. — Les *Killimous* de la haute Californie.

Les *squaws* et le *pappoosse,* l'enfant; son berceau portatif. Dépression artificielle du crâne. Cheveux rasés, tressés; barbe épilée; peinture du corps pour les solennités. Vêtements de peaux. Cotonnades. Coiffures en vannerie. Broderies de coquillages. Colliers de pierres, de graines, de coquilles et de verroteries. Bandeaux de tête. Ustensiles de joncs et d'osier; poterie tressée. Filets à provision. Couteau porté par les hommes dans leur chevelure. Lances, boucliers, arc, carquois; sabre, arme de jet. *Balsa,* radeau fait de roseaux.

Ages du bois et de la pierre, sous beaucoup de rapports. Les *Cibolos,* usant de pratiques anciennes rappelant celles des Indous.

Pl. double 83-84. —Esquimaux.

Hyperboréens. Les pêcheurs maritimes.

Costumes. Armes de pêche et de chasse. Le canot, *kayak.* Le traîneau et son attelage. Le patin ou *raquette.* L'intérieur de l'habitation d'hiver; les ustensiles de ménage.

Le large emploi des os de morse dans les armes et l'outillage.

Les habits en peau de phoque, à l'usage des deux sexes. Bonnet; mouchoirs de tête; casaques; capuchon; manteau à manches; veston; poches de chasse; caleçons; jambières; mitaines. Bas; chaussettes; bottes, les *koumignas.*

Broderies : galons de laine.

Bagues; bandeaux et bandelettes; anneaux.

Lances; crocs; hameçons; crochets; harpons; aviron.

Le collier, la muselière et les souliers des chiens d'attelage. La manière dont le Kamtchadale les conduit. Couteaux; cuillers; sacs; puisette; tabatière. La lampe kamtchadale. Le tabouret. Le lit de camp. La tente, le *toupic,* pour l'été. La hutte où l'on se terre pendant l'hiver. Les vêtements accumulés en la rude saison. L'*adaptation* de certaines facultés développées par l'exercice et l'hérédité, et selon les milieux où l'homme est appelé à vivre.

L'Esquimau jamais oisif. La place importante que l'Esquimaude tient dans la famille.

Pl. 85. — Chine.

Costumes de cérémonie, d'intérieur. L'empereur, *Thiên-Tseû;* l'impératrice, *Hoâng-heou;* princesse; les suivantes, *niutze;* mandarins, *kwans.* Insignes impériaux; ceux des hauts dignitaires. Mobilier.

Sceptre de jade; le grand collier, *sou-cheou;* le dragon à cinq, quatre ou trois griffes; broderie pectorale, le *pou-fou;* la plume de paon, *xwa-lin;* le globe de cristal, *tin-tsô.* (Voir pl. 87.)

Diadèmes, velours, pierres précieuses, fleurs artificielles, couronnes, pendentifs, pendants d'oreilles, épingles, bracelets.

L'éventail, *talapat.*

Bonnets; cravates de soie; la robe de dessus, *ma-coual,* celle de dessous, *haol;* veste; pèlerine, *pi-kien;* bottes.

Trônes, sièges, tables, brûle-parfum, pipe à opium.

Pl. 86. — Chine.

L'impératrice; l'épouse du second rang, sa suivante. Mobilier, broderie, fragment de robe.

Sceptre, le *fong;* coiffure dite *de phénix.* Vêtements impériaux, leur confection.

Prérogatives de la souveraine. Les quatre catégories d'épouses, les *fou-gin,* les *pin,* les *chi-fou,* les *yu-tsi.* Les suivantes.

Le banc à dossier, *kan;* la table dite *kan-thoo.*

Pl. 87. — Chine.

Mandarins, grands et petits *kwans;* insignes; tenue officielle. Dame tartare; chinoise. Montures; le mulet; selle à la tartare. Moyens de transport : la chaise à porteurs. (Voir pl. 88.)

Classes de mandarins. Marques distinctives : boutons rouge, bleu, blanc, or; le grand collier; le pectoral, *pou-fou;* le *xwa-lin;* le *lan-lin;* queues de renard; le parasol rouge; les *wan-min-san;* bonnet de velours, de satin ou de fourrure; bottes. Costume d'été; chapeau conique; souliers.

Parure féminine. Pendentifs de perles, le *fou-kwan.* Bottines à bouts relevés.

Éventails; pipe; blague à tabac.

Couleurs réservées à l'empereur, aux princes du sang, aux vieillards, aux mandarins.

Règles d'étiquette.

Pl. 88. — Asie. — Chine.

Classes élevées, moyennes, celle des travailleurs. — *L'omnibus.*

Physionomie de la race jaune, des Chinois; condition des femmes chinoises; l'épousée, les *petites femmes.* Mutilation des pieds.

Calotte, chapeaux d'hiver, d'été; chemise, robe, spencer, collet, ceinture, agrafe ou crochet, *yu;* caleçons, bas, pantoufles, souliers, bottes.

La queue de cheveux.

Coiffures féminines : cheveux en touffes, tressés, relevés *à la chinoise;* épingles de tête; opération du *kai-mien;* coussinet; fleurs artificielles; pierres précieuses; plumes d'oiseaux.

Le fard, les mouches.

Les ongles longs.

Pl. 89 et 90. — Chine. (Notice commune.)

Chaussures; éventails, le *talapat;* pendant d'oreille. Mandarin, mandarine. Chinoise du Tonkin. Types populaires; ménagère, bourgeoise, marchande de boutons.

Dames chinoises, tartares; vêtements, parure, accessoires.

Chapeaux; coiffures à pendentifs. Caleçon, pantalon, chemisette, *han-chaol*, cravate, tablier-jupon. Le *haol*, le *ma-coual*, veste, collet; l'étoffe d'été, *kopou;* celle de printemps et d'automne, *siao-kien;* celle d'hiver, *touan-tse;* fourrures, le *tael-pi;* ceinture, bas; les trois genres de chaussures, le *brodequin de théâtre.*

Appareil du fumeur : pipe, blague.

Éventail; sachets d'odeur.

Épingles de tête; coiffure *de phénix.* Le *fong-hoan*, diadèmes, coussinets.

Étuis à ongles.

Pl. 91. — Chine.

Coiffures; parure; insignes hiérarchiques. Talismans. Objets personnels.

Bonnet d'impératrice; pendentifs; coiffure mongole; calottes; queue postiche; chapeaux de paille, de feutre.

Épingles; pendants d'oreilles; broches; bracelets; colliers; boucle de ceinture; breloque; motifs de bijouterie.

Le *tin-tso.*

Le *kao* ou *kao-tso.*

Sac de dame; peigne, pince-nez.

Collet de velours.

Pl. double 92-93. — Chine.

Obsèques d'un riche Chinois. Le cortège. Cérémonies préliminaires.

Effets de grand deuil : *hyao-i;* le voile de la veuve; le bonnet du fils, *leang-kwan;* ses vêtements, *mai-i;* sa canne de deuil, *san-thiang;* le cilice de la famille.

Composition du cortège : valets d'enterrement; attributs; musiciens; les bannières; les cassolettes; le tableau du défunt; le cercueil; le catafalque; palanquins; bonzes; porteurs de provisions.

Banquet des funérailles.

Cimetières, tombeaux.

Pl. double 94-95. — Japon.

L'ancien archer de pied. — Harnais de guerre.

Phases de la toilette du corps, de l'habillement, de l'armement.

Effets d'équipement. — Ceintures, robe, pantalons, bonnet, ruban, veste, souliers.

Armes défensives. — Couvre-nuque, gantelets, jambières, braconnières, brassards, ailettes, plates articulées, pansière, dossière, flancard, spalières d'arrière-bras, rondelles de renfort, anneau de cuivre.

Armes offensives. — Poignard, sabre, arc, carquois, flèches, éventail. (Voir pl. 96-97.)

Pl. double 96-97. — Japon. (Notice comprenant la pl. 98.)

Les primitifs, *Aïnos.* Les conquérants : prince japonais, *daïmio;* général d'armée; sa monture. *Yakounine*, officier; porte-étendard; porte-guidon; archer; pompier de Yédo.

Les coolies, *bêtos.*

Harnais de guerre, d'escrime; armement.

Casques à oreilles de crin, à cornes, cervelière, gorgerin, chapeau, couvre-nuque, masque à moustaches, cuirasses, jaquette de mailles, tassettes, épaulières, passe-gardes, ailettes, arrière et avant-brassards, gantelets, genouillères, jambières, solerets.

Fer de vouge, hallebarde, sabres, fourreau, arc, carquois, flèches; l'éventail de fer.

Étendard, guidon armorié; la bannière des pompiers.

Manteau de chef : le *djinn-baori.*

Harnais de cheval : mors, guide, chanfrein, cuirasse, cuirs dorés, garnitures de soie, étriers.

Costume d'escrime : masque grillagé, capuce, plastron, tassettes, gants, bottines; tige de bambou; jeu de bâtons.

Vêtements : jaquette, le *fundoshé,* ceinture, pantalon, sandales, souliers.

Tatouages ou peintures du corps.

Crâne rasé; cheveux.

Ère historique du Japon; civilisation; système féodal; castes; physionomie des Aïnos; caractère mongolique des Japonais; confection des armures; des armes; le *syakfdo;* le *métal de sawa.*

État militaire; *samouraï, samlai;* port des deux sabres; l'ouverture du ventre.

Pl. 98. — Japon.

Les artisans : portefaix, ébéniste.

Sabres à deux mains; étrier.

Objets mobiliers; les *kotons,* le damier.

Pl. 99. — Japon.

Castes armées, désarmées; *yakounines; lonines;* bourgeois, dames; pèlerin.

Costumes d'hiver, d'été, insignes corporatifs.

Bonnet de feutre; chapeaux de paille, de cuir bouilli, de bambou; le *kirimon* ou *kimono;* surtout à ailerons; casaque, justaucorps, tuniques, pantalon, bas, sandales, patins; les *guetta.*

Les hors castes : les *Kotsedjikis,* les *Hettas,* les *Christans.*

Pl. 100. — Japon (1).

Costumes civils; moyens de transport, le *palanquin.*

Pl. 101. — Japon (2).

Costume féminin; robes superposées; armes de la famille; la ceinture, *obi;* sandales, patins.

Éventail, papier blanc, sachet à parfums, *moi-bukooroo.*

Coiffures, fleurs, rubans, épingles.

Les parasols.

Pl. 102. — Japon.

Bonzes. Dames en costume de ville, d'intérieur. — Le *sam-sim.*

Moyens de transport, le *jinrikiska.*

(1) Cette planche termine le tome II.
(2) Première planche du tome III.

Pl. 103. — Japon.

La vie sur les nattes; la toilette féminine.

Femmes du peuple, dames de la noblesse; musiciennes, leurs instruments: le *kokiou* ou *biwâ*, le *gottô*, le *sam-sim*. Fonctionnaire, ses deux sabres, celui dit *d'office*.

Intérieur de la maison, mesures de la natte, les paravents, le matelas, le traversin, l'oreiller, la veilleuse. Le miroir à chevalet; nécessaire de toilette, bouilloire, plateau à thé.

Fards, cosmétiques.

Pl. 104. — Japon.

Vie intérieure, la veillée, le théâtre en famille.

La femme légitime, les *makaké*, les mimes, les musiciennes, *ghekos;* le *sam-sim*, la flûte, le tambourin.

Objets mobiliers, paravents, stores, lanternes, *brasero,* bouilloire, accotoir.

Pl. 105. — Japon.

Costumes d'apparat, d'intérieur, de ville; servante, dames de qualité, marchand ambulant. Coiffure féminine. La toilette du corps. Jeunes filles au repos.

Chapeau de bambou, mouchoir de tête; le *kirimon;* veste, justaucorps, caleçon, manteaux ouatés, capuchon, tablier, chaussures à planchettes.

Arrangement des cheveux, épingles.

La lanterne à main.

Pl. 106. — Japon.

Modes et moyens de transport. — Le *norimon*, le *cango.* — Seigneur, gens de sa suite; le salut japonais; cantines de voyage; le *chabinto,* barque fluviale; corporations de porteurs, les *coolies.*

Type de paysan. Chapeau, manteau.

Pl. 107. — Asie.

Chine, Indo-Chine, Japon.

Pipes à tabac, à opium; nécessaire de fumeur, blagues, étuis, briquets, coupe, lampe.

Le *tabacco-bon.*

Pl. 108. — Asie.

Laotiens, Siamois, Coréens.

Vêtements civils, militaires; interprète, amazone, mandarins. Le costume de pluie. Accoutrements de théâtre.

Madras, serre-tête, bonnet, béret; chapeaux de paille, de feutre, de papier huilé; chemise, le *langouti,* veste, gilet, justaucorps, tunique, ceinture, écharpe, châle, pantalon, jupes, le *fheile-beag*, gibecière, chaussures, sandales.

Cercles d'or, pendants d'oreilles, étuis à ongles.

Le tatouage laotien. Polygamie. Usages siamois, la *tonte du toupet;* divertissements; civilisation chinoise de la Corée.

Pl. 109. — Asie.

Inde, Perse, Java.

Nécessaire du fumeur, plateau, coupe, couteaux, lampe. Pipes ordinaires, à eau : le *gourgoury-houkka,* le *kalioum,* le *houkka.* Étuis. (Voir pl. 144.)

Pl. 110. — Inde.

Caste militaire. Les Radjepoutes (enfants des rois). Portraits historiques.

Soleil, ruban d'or, colliers, bracelets, perles, émeraudes, rubis, diamants, ceinture d'orfévrerie.

Turban, veste, écharpes, pantalon, *puyjamas,* robe, pantoufles.

Le sabre, *kounda,* le poignard, *khouttar* (v. pl. 120 et 121), bouclier, peau de rhinocéros, guige.

Pl. 111. — Inde.

Empereurs mogols. Prince radjpoute, chasseur au vol. Le mouchoir, *sudarium.*

Pl. 112. — Inde.

Le prince impérial, *shahzadeh.* Souverain de Delhi. *Omrâ.*

Le vêtement d'honneur, *khelât,* manteau d'investiture, le *kurta.*

Pl. 113. — Inde.

Portraits de souverains. Dames. La cour des empereurs mogols. Vêtements, parure.

Voile féminin, anneau nasal. — Teinture du corps, le safran.

Le trône de grande réception. Parasol.

Pl. 114. — Inde.

Vêtements, siéges impériaux; audience ordinaire, de cérémonie. Dame en grande parure. Costume de fiancée.

Robe d'apparat, le *raz.* Usage du sein découvert; cheveux tressés, ornés de fleurs. Teinture du corps : le safran, le henné; bijoux : le *tali,* pendants d'oreilles, carcan de joaillerie, colliers, bracelets, bagues, couronne; tablier de l'épousée.

Pl. 115. — Inde.

Trônes portatifs des empereurs mogols. Les *tractavan.* Le *mikdember,* le *hauze,* celui dit *du paon.*

Cortége des empereurs.

Audiences en plein air; le *koutoual,* le *cadi,* l'*itimad-oud-deulet.*

Pl. 116. — Inde.

Cour intérieure du sérail ou *mâhl* (voir pl. 117-118).

Pl. double 117-118. — INDE.

Le palais des délices; les terrasses du *mâhl.*

Mode de construction : cours, jardins, appartements, chambres.

Les tentes impériales, l'*amka,* les *karguai.*

Le souverain, sa favorite; musicienne; diseuse de bonne aventure; chef des eunuques; type de fakir, le *Yoguis* ou *Samiasse;* le gymnosophiste, le gymnasiarque.

L'essence de rose, *ather goûl.*

Pl. 119. — INDE.

Costumes de guerre du seizième siècle. — Le *padishah.*

L'étendard royal; cavaliers, fantassins; harnachements.

Attributs royaux : l'aigrette, le parasol.

Armes défensives : casque, camail, veste, avant-brassards, cuissarts, genouillères, boucliers.

Armes offensives : lance, sabre, flèches, carquois, massue.

Harnais du cheval; caparaçon, col, frontal, mors.

Pl. 120. — ASIE.

Armes de l'Inde, du Népaul, de la Perse, de la Turquie.

Poignards, le *khouttar,* épées, sabres, le *kounda,* le *koukri-kora;* fusil à mèche; armes d'hast; marteau d'armes.

Pl. 121. — INDE.

Armes; casque, poignards, couteau.

Croc de cornac, bijoux, boutons, broches, boucles d'oreilles, pendeloques.

Livres, éventail, cuillers.

Pl. 122. — INDE.

Funérailles d'un brahme (voir pl. 123); le porteur du feu sacré. Princes radjpoutes, pathans, mahrattes, Brahme marchand.

Turbans, le voile, *sari,* la mèche sacrée, *shindou,* marques de castes, le cordon sacré; caleçon, le *dhoti.*

Pl. 123. — INDE.

Sectateurs de Vichnou, de Siva, musiciens des funérailles, dames mahrattes. Le lavage des cachemires.

Corset, jaquette, le *choli,* la jupe, écharpe, mules.

Cheveux en catogan.

Anneau nasal, le *moncauty;* colliers, *taïtouns;* pendants d'oreilles, bracelets, annulaires, bagues.

Instruments de musique : le *phounga* ou *taré,* le *matalan,* le *tal,* le *gopijantar,* le *tambourah,* le *puckhaway,* les cymbales.

Pl. 124. — INDE.

Moyens de transports : le *dôli,* ses porteurs, *bohis;* gouvernante, l'*ayah;* femme d'un *sonar;* caste des Soudras, des Vaysias. Filles de danse, *nautch-girls.*

Calotte, la robe d'étoffe précieuse, *kangra*. Le rouge, emblème de la joie; la ceinture, *commerbund.*

Pl. 125. — Inde.

Le char nuptial, *chaupal.* Les chasse-mouches, les *coolies.* Étendards, porteurs de bétel, bayadères, musiciens; trompettes, crotales, la musette, *tourti* ou *tourry,* le *matalan.*

Classes de danseuses : les *devadâses,* les *nartachis, veschastri, varangana, suarim;* les bayadères, *cancenis, nautch-girls.*

Onction de la chevelure, cheveux nattés; brassière, jupe transparente, pantalon, écharpe; bijoux.

Pl. 126. — Inde.

Les Indous; les Musulmans, leurs funérailles.

Types de brahmes.

Sivaïtes, vichnouvites, saktites.

Turbans selon la caste, le *cordon sacré,* le chapelet, coiffes, ferronnière, colliers, le *malla,* bracelets, les *sounk,* pendants d'oreilles.

Éventail, le *pounya.*

Ablutions, parfums, emblèmes, marques de sectes, teintures du corps, la chevelure parée.

Usage du bétel.

Pl. 127. — Inde.

Castes inférieures, marchands. — Ordres monastiques, moines mendiants. — Types féminins, la femme porte-fardeaux. — Cérémonie funèbre; le *jâlledar.*

Sandales, patins, anneau de jambe, grelots.

Le fléau de balance; poids, filets.

Pl. 128. — Inde.

Soldats radjpoutes; princes indigènes, grande parure. — Montagnardes koulou; les Mina; *nautchnis* cachemiriennes, leurs danses.

Bonnets brodés, à torsades; corselet, tunique, voile, culotte, pantalon, manteau, écharpe, *langouti;* guêtres, chaussures recourbées.

Moncautys, broches, colliers, pendants.

Pl. 129. — Inde.

Montagnardes autochtones : Assamaises, Garro, Koli. — Bayadères; leur joaillerie, le frontal.

Femmes en pèlerinage. Dame Mainpouri.

Pl. 130. — Inde.

Le travail accroupi. — Menuisier, ciseleur *cachemiri,* barbier, marchand de patisseries (*mitai*), colporteurs banyans, *multanis.* La meule de famille. Montagnards. Mainpouris. Gourkas. Assamaises.

Bonnets, tunique, chemises, la *courtah,* l'*angarkah,* pantalon, caleçon, le *janghir.*

Coiffures, tresses de laine, plaques de poitrine.

Pl. 131. — Inde.

Types de l'habitation; maisons d'indigènes, de Marwaris.

Moyens de transport : l'outre gonflée, *sarna;* voitures, le *hackerry*, les *ruths*. Bateaux de plaisance, le *mour-pounky*, le *fyl-t-chiarra*.

Bateaux de pêche, marchands : le *bangle*, le *polouar*, le *gonga*, les *pinasses*, le *graab* ou *paal*.

Pl. 132. — Asie.

Singhalais. — Novice. Prêtre, les *kapurals*. Israélites. Enfants parsis.

Turbans; robes, le *sanghati*, l'*outtavasanglio*, l'*antarawasuka;* surplis, le *sadra*, cauczou, veste, jaquette, le *comboye*, pantalon, souliers, pantoufles.

Yatagan, baudrier.

Pendants d'oreilles, colliers, bracelets. Peignes. Parasol, évent.

Population indigène : *Weddahs* ou *Beddahs*. *Singhalais* ou *Chingalais*. *Malabares*. *Mores*.

Castes : *Khastria* ou *Radjah-Wansé; Brahminu-Wansé; Shaoudra-Wansé.*

Out-Castes : les *Pariàhs*.

Pl. 133. — Asie.

Maldivais. — Singhalais. — Kandien. — Indous; nobles, classes populaires, marin.

Calotte, béret, béguin, mouchoir de tête, veste, ceinture, le *sari*, sandales.

Cheveux, chignon, peigne.

Pl. 134. — Archipel asiatique. (Malaisie.)

Armes offensives. Étendard.

Le *kriss*, le *wedung*, javelots, lances, pertuisanes.

Pl. 135 et 136. — Asiatique.

(Notice commune.)

Coiffures. — Types persans. Yezdi. Baktiani. Afghans ou *Pouschtounch*. Indiens. Parsis. Thugs. Turcomans. Lesghiens. Yliates. Arabes. Kurdes.

Évêque catholique; derviches.

Turbans, le *dulbend*, le *kinkab;* bonnets, le *fez*, le *puskul*, le *coula*, calottes.

Calotte damasquinée, nasal, camail de fer.

Parure de fiancée, boucles d'oreilles, perles.

Cheveux, les *oreilles de chien*, *frisures à ondes longues;* barbe.

Pl. 137. — Perse.

Costumes féminins. — Dames de Trébizonde, de Téhéran. Le *hyàder*, le *roubend* (v. pl. 139 à 147). Femmes yliates.

Repas; les *koufteks*, le *mach-pilove*, l'*yugurt*.

Pl. 138. — Perse.

Service intérieur de la maison. Préparation du café, du thé, le *samovar*. Le *kaléan;* l'*affabeh*.

Servantes; l'*endéroum;* derviche; fiancée turcomane. Teinture des mains, des pieds, le *henné*.

Pl. 139. — Perse.

Danseuses, musiciens; la danse de l'abeille. Tatouages.

Instruments de musique : le *bandyn* ou *bendyn*, le *dohl*, le *târ*, le *kemângeh* ou *kemânchech*, la *zourna* ou *zournay*.

Pl. 140. — Asie.

Bijouterie orientale.

Agrafes, *tchaprass;* colliers, *guerdanlik;* bijoux de suspension, épingles, boucles, pendants d'oreilles; bracelets, *halhal.*

Harnais de cheval; ornement de suspension.

Pl. 141. — Perse.

Service du shah. Le porte-pipe, *pisch-khedmeth;* musiciens.

Industries populaires : porteur d'eau, l'*abdari;* préparateurs de *kaléans*, de *narghilehs*. Derviche indien; le *kouskoul.*

Bonnet, le *kulah* ou *coula;* le vêtement de dessus, *erkaling;* le *caba*, le *bagali*, le *tikméh*, le *biruni;* le *kateb.*

Le poignard, *kangiar.*

Port de la barbe.

Pl. 142. — Perse.

Costumes. — Types de fumeurs.

Le *mollah;* le *mirab*, soldat montagnard; le *tchervadar*, muletier. Arméniens.

Pl. 143. — Perse.

L'intérieur de la maison, l'*enderoun;* la pièce principale, le *talar;* mobilier.

L'architecture dite *ottomans;* l'ordre cristallisé, les stalactites, les vitraux.

Pl. 144. — Asie.

Pipes à eau, ordinaires; porte-cigares, porte-cigarettes. (Turquie. Arabie. Turkestan. Perse. Inde.)

Le *narguileh*, le *houkka*, le *kalioum*, *kaléan*, *ghaliân*, les *chibouks*, le *bouquin.*

Le *sariel-houkkah*, le *tchélem.*

Pl. double 145-146. — Musulmans.

Prières musulmanes. Le *Namaz*. Type de muezzin. — *Sabah*, *Oilah*, *Akindy*, *Acham* et *Yatzu Namazy;* les ablutions, *woudou*, *ghort.*

Les prosternations, *rick'ah*, *schefy*. — Le *istigfar*, le *tekbir*, le *tesbihk*, le *fatihah.*

Le salut oriental, *salamlek.*

Pl. 147. — Orient.

Moines et religieux chrétiens.

Templiers; carmes, les *Barrés;* capucines; acémètes ou studites; ordres du Saint-Sépulcre, de Saint-Antoine; religieux arméniens, mingréliens, géorgiens, maronites.

Bonnet, calotte, turban, voile, guimpe, capuce, manteaux, le *kappa,* la chape, le pluvial, tuniques, robes, mozette; le *courdy,* le *cadeby,* le *roubend,* veste, caleçons, pantalons, sandales.

Cheveux, barbe.

Pl. 148. — Syrie.

Montures; animaux de transports : dromadaires et chameaux. (Voir pl. 149.)

Pl. 149. — Afrique.

Le *vaisseau du désert,* les *méharas;* le cheval, l'âne. Type de palanquin. Le Touareg ou *Targui* masqué. Femme égyptienne.

Les *gellâbys.*

Blouses; le *lebni.*

Harnais, selles, étriers; montures parées; le *henné.*

Pl. 150. — Afrique.

Race berbère : les Kabyles (voir pl. 151 à 156 inclusivement). Algérie. Tunisie.

Tenue de travail, de combat; moissonneurs; transport de l'eau, du lait; criblage des grains; hamac de l'enfant; chef; guerriers. La femme parée. (Voir pl. 155 et 165.)

La société kabyle; condition des femmes.

L'*anaya,* la *sgara.*

Le fusil; les *flissi;* le *yatagan;* baudrier, poudrière, gibecière.

Calotte, chapeaux; le *haïk;* le *burnous,* capuchon; le *derbal;* ceintures; tunique, la *palla;* jambières, babouches.

Broches, colliers, anneaux de jambes.

Chevelure frisée, rasée.

Vases; bassins.

Amazighs ou *Schellouh. Tibbous. Touaregs.*

Pl. 151. — Afrique.

Femmes kabyles, mzabites, mauresques; artisan des métaux (voir pl. 152-153). Berbères tunisiens; les Kroumirs, les Ouchetettas. Travaux agricoles, cueillette des olives, récolte des figues.

L'*ichouaoun,* toque, mouchoir de tête, calotte; tunique, la *gandoura.*

Parure, le *thibezimin* ou *thabezimth,* ses pendants, les *thicherourin;* les pendants d'oreilles, *zerouoïar;* les *ibesimen* (voir pl. 154 et 155.)

Pl. double 152-153. — Afrique.

Intérieur du *gourbi.* Orfèvres ambulants. Les Beni Yoni. Travail des femmes, confection du *couscoussou;* fabrication céramique. Les Beni-Aïssi. Tatouages.

L'étable; la soupente; mobilier; ustensiles, balance, moulin à main, claies, cuillers, écuelles, burettes, vases de bois, le *gaça* (voir pl. 154); vases de terre, amphores, jarres.

Constitution du village kabyle : le *dehera,* les familles, *kharoubas,* le *dhaman,* l'*oukil,* l'*amin,* le *taleb.*

Pl. 154. — Afrique.

Bijoux kabyles.

Le diadème, *thacebt;* boucles d'oreilles, les *kouneïs,* les *zerouoïar;* colliers, *thazath;* broches, épingles, crochets, *ibesimen;* ceinture, chapelet, bague; anneau de jambe, *khatkhal;* bijoux en argent repoussé, travaillé, corail brut, travaillé, émaux, verroteries, coquillages, les *cauris* (monnaie du pays); graines.

Caractères de la bijouterie kabyle, ses origines. Tribus d'orfèvres, les *Beni-Rhab,* les *Beni-Ouassif,* les *Beni-Yeni.*

Les *Beni-Aïssi,* les *Beni-Abbès,* les *Flissahs.*

Pl. 155. — Afrique.

La tente arabe; nomades; sédentaires. Femme kabyle, grande parure; femme de Biskra; Mauresque.

Installation de la tente : les *feldja;* sacs de provision, les *tellés,* les *megoud;* ustensiles, les outres, l'entonnoir; le *keskés,* le *tabag,* la *guenina,* le *sindoukh,* le *guessaa,* moulin à bras, marmite; mobilier, tapis; la natte d'alfa, *asseïra;* l'oreiller, *ougada.*

Le *douar.*

Costumes féminins : coiffures, l'*achouaou-thabenikt;* mouchoirs, robes.

Bijoux émaillés, cercle orfévri, chaînettes, sequins, colliers, bagues.

Fards, cosmétiques, teinture des cheveux, des sourcils : l'*hadida,* le *kohl.*

Vases en *thalakht.*

Pl. 156. — Mauresque.

Costumes de chefs; le divan, *al-dyôuan.* — Types d'épées, quinzième et seizième siècles.

Le turban, *xasia,* l'écharpe, *marlota,* l'*albornoz* ou *burnou;* le capuchon, l'*almofar;* robe de dessous, *feredjé;* bottines, *borcequies.*

L'épée, *alfange,* baudrier.

Les coussins, *almohadas.*

Pl. 157. — Afrique.

Arabes du Tell, de la tribu des Smélas du désert; costume de chef. — Berbères, les *Chaouïa.* Juives. Algérie (voir pl. 158, 164, 165 et 168).

La *chachia,* le turban, corde de poils de chèvre, de chameau; chapeau de plumes; le *yemeni,* coiffure en cotonnade, voile; le *haïk;* vêtements à l'ottomane, veste, ceinture tunisienne, culottes, corsages, jupe, caleçons, babouches, sandales, la *torboga*

Cheveux tressés.

Tribus religieuses, nobles, militaires : les *Djouad,* les *Mehal,* les *Douaouda.* Tribus serves.

Pl. 158. — Afrique.

Population algérienne, Nègre, Berbère vandale; Maures, Mauresques; femme Koulouglhis.

Mouchoirs de tête, calotte, robe, corsage, ceinture, habit fermé (*pœnula*), culotte, le *seroual.*

Anneaux, boucles d'oreilles, colliers, bracelets.
Tatouages du visage, du bras, de la main, du pied.

Pl. 159. — Afrique.

Costumes populaires. Les enfants; marchands; monture orientale. Algérie. Tunisie (voir pl. 160 à 163).
Souhaits arabes. Inégalité des sexes; la fille, *telfa.*
Vêtements algériens, maures : la *chechia,* bonnets, *alarakia, sarmah;* le turban, *djemala;* le *kaftan;* le *haïk;* les burnous, *gefara, barnus;* les gilets, *farmela, sadria;* le *seroual;* le caleçon, *seroual-dakelani;* le lacet, *tuka;* les bas, *kelasset;* les souliers, *sebbat, babra;* les pantoufles, *rihiéa, sebbarla;* les savates, *besmak;* les socques, *kabkab;* chaussures arabes, les *belgha filali.*

Pl. 160. — Afrique.

(Notice comprenant la pl. 161.)

Costumes populaires (Algérie, Tunisie); femmes kabyles, arabes, juives.
Calottes, l'*ichaoun,* turbans, voiles de tête, le *beskir,* le *takréta,* bonnet, le *kuffia;* la chemise, *cheloulha;* la *gandoura,* tunique; corsage, robe, ceinture, tablier, kaïk léger, *sassari,* manteau (*palla*); babouches.
Anneaux d'oreilles, colliers, sequins, bracelets, bagues, broches, les *ibesimen.*
La mandoline, *durbakka.*

Pl. 161. — Afrique.

Populations arabes, mauresques, nègres; mendiants; le *Roumi.* Type égyptien, la *fellahine.*
Mouchoirs, fichus de tête, le *saffaka, l'acbeh;* la calotte, *libdeh;* le voile, *tarbah;* le *borquo;* chemise de soie, *djaboli;* veste, *farmla;* robes, *ielech; chintyan;* pelisson, ceinture, tablier.
La *guhzla.*

Pl. 162. — Afrique.

Mauresques algériennes, tunisiennes, tenue d'intérieur; chef arabe; enfants mendiants, le fellah portefaix. Spahis, paysanne.
Usages indigènes; les amulettes, vertus de la topaze, *yagout-astar,* de la gemme rouge, *hadjar-ed-dam,* des turquoises, des rubis, des émeraudes, du diamant, *elmâs,* de l'hématite, *maghnâttys,* du jade, *yechm,* de l'œil de chat, *ayn-el-hor.*

Pl. 163. — Afrique.

Costumes des classes inférieures; mendiante, glaneuse, femme kabyle, soldat tunisien. Les *Berranis,* fruitier Mzabis, marchand d'huile, *l'ar'ouati.*
Les *mar'rarba, riefiens, chelauk;* le Biskri, le Kabyle, le nègre.
Arabes pasteurs; le *hall-el-badia,* le *rehhala,* le *haddar.*

Pl. 164. — Afrique.

Populations du littoral algérien.
Danseuses, les *a'ouâlem* ou *ghaouâzy;* Mauresque, costume de ville; Maures campagnards. Juive, servante, mendiants. Le *tanbour boulghâry.*
Le *darâboukkéh,* le *rabâb.*

Pl. 165. — Afrique. — Algérie.

Sahariennes nomades, sédentaires. *Lallas* (dames) de Tuggurt, de Biskra, des tribus des Beni-Saad, des Ouled-Naïl ; servante, costume de ville, d'intérieur. Le *chebka*. Montagnarde kabyle, grande parure.

Turban, mouchoirs, écharpe, voile, pièce d'étoffe, *doumaci*, jupe, robe, *malhafa*; manteau, *ghamma*; babouches.

Frontal, chaînettes, boucles d'oreilles, broches, colliers, ceintures, bracelets, bagues, chaînes de cou, talismans, anneaux de jambes.

Fausses nattes.

Pl. 166. — Afrique.

Intérieur de l'habitation riche au Caire.

Le salon de fraîcheur ou d'été.

Plan du rez-de-chaussée de la maison.

Distribution des appartements, le *mandarah*.

Élévation en coupe du salon d'été.

Pl. 167. — Mauresque.

Intérieur de l'habitation seigneuriale, treizième et quatorzième siècle. — Salle de la bénédiction, la *sala de la Barkah*, palais de l'alhambra.

Pl. 168. — Afrique.

Habitation mauresque, la cour, *patio*. Galeries du rez-de-chaussée, du premier étage.

Pl. 169. — Turquie; XVIIIe siècle. (Voir pl. 170 à 173.)

Hauts dignitaires. Les *ulémas*, Les officiers de cour. Coiffures hiérarchiques.

Schérif de la Mecque. Le *reis-effendi* ou *reis-el-kittab*, le *sadri-az'hem*, l'*agha* des janissaires, le *hizlar-agha*, le *silidhar-agha*.

Cadrys. Le scheik, un derviche.

Officiers de l'intérieur du sérail ; *itsch-aghassys* : le *tutundjy*; l'eunuque, le *coz-bekdji-baschi*, le *dilsiz*, le *tschavousch*, le *capoudji*, le *capoudji-baschi*.

Officiers de l'extérieur, *tschocadars* : l'*iskemlé-agha*, le *tchantadji*, le *khass-akhorlu*.

Turbans : l'*œurf*, le *tadjh* (voir pl. 176), le *muddjeweze*; bonnets, le *fez*, le *zarcola*, le *také*, le *takie*, le *yelkem*, le *paschaly-cawouk*, l'*uskief*; calottes, aigrettes, pelisses; l'habit de cour, *usthkurky*, le caftan, *khalat*; châle de l'Inde; ceinture, l'*aba*; le pantalon, *chalwar*; vestes, l'*orta-couschak*, le *tchepken*; chaussures, babouches, bottes.

Le poignard, *khanntscher*, le couteau, *bitschak*.

Pl. 170. — Turquie.

Costumes d'intérieur, de ville, de pèlerinage. — Femme égyptienne, dames turques, esclave. — Les fourrures ; habits de printemps, d'été.

Danseurs publics, les *tschenguys*.

Voile, le *yaschmak*; turban, houppe, bonnet; manteaux, *feredjé*, *ihhrams*; le collet, *yaka*; robes ; chemise; le *beurundjuk*; caleçon, hauts-de-chausses ; châles, gilets, le *djamadan*, le *yelek*; coiffures ; vestes, le *tchepken*, le *salta*; le *chalwar*, pantalon ; les bottines, *terliks*; babouches, souliers.

Frontal; bouquet filigrané, le *serghoutsch;* boucles, pendants d'oreilles, colliers, *guerdanlik,* chaîne, contenance, ceinture, le fermoir, *tchaprass,* montres, bagues, *khatims.*

Arrangement des cheveux.

Pl. 171. — Turquie.

Salon d'une dame musulmane : le *tandour.* (Voir pl. 172-173.)

Mobilier, *sopha,* ses angles, *kiochés;* tables volantes.

Le *tountounn,* les *chibouks.*

Les *doundourmas.*

Pl. double 172-173. — Turquie.

Intérieur du harem impérial. Le palais de bois. — La grande salle, appartements, salle de travail, chambre de la prière, chambre à coucher; service intérieur.

Le sérail. La sublime Porte, celle des « salutations », *Bab-us-Selam,* celle de « la félicité ».

Population : le chef des filles, *kizlar aghassy;* le *valideh-aghassy;* le *shazadeler oghassy;* le *khazinedar aghassy;* le *buink oda aghassy;* le *kutschuk oda aghassy;* la *sultan,* la *valideh sultan;* la *khassegui sultan;* les *odaliqs,* l'*Oustacadinn,* les *guedeklis.*

Pl. 174. — Turquie.

Architecture intérieure des palais. Salle d'un harem, dix-neuvième siècle.

Pl. 175. — Turquie; XIXe siècle.

Costumes de Constantinople.

Bourgeois, dames, *hanums;* mariée arménienne, juive; derviche *Bektachi;* le porte-faix, *hammal;* le porteur d'eau, *sakka;* les *Aïvas,* les *Caïkdji.*

Coiffures : le *kulah,* le *saryk,* le *fez;* voiles, le *yachmak,* le *telpétché;* couronne de mariée.

La chemise de soie bouillie, *beureundjuk.*

Manteaux, le *hyrka,* le *djubbé,* le *feredjé;* robes, l'*entari.*

Vestes, le *salta,* l'*arkalitch.*

Gilet, le *yelek.*

Ceintures, tablier, le *foutah.*

Dentelles, *oya, bibil.*

Pantalons, le *potour,* le *chalwar.*

Bas, chaussures, les *yèmèni,* les *terliks,* les *paboudjs* (voir ces différentes pièces du costume dans les planches suivantes de 176 à 180).

Le *Teslim tache;* bagues, boucles d'oreilles.

Usage du *khol,* du *henné,* du *kermès.*

Giberne, *djilbend;* cornet à bouquin; le crochet du porte-faix, *semer;* l'outre du porteur d'eau, *kyrba.*

Pl. 176. — Turquie. — Asie Mineure.

Costumes des vilayets d'Aïdin, de Konieh, d'Angora.

Bourgeois, paysans, artisans; le tisserand de *châli;* musulmans, chrétiens. Les Kurdes.

Le *hotoz* (voir pl. 178); vestes, le *mintan,* le *tchepken;* pardessus, le *képének;* gilet *à la franka;* le mouchoir, *tchévré;* ceinture tunisienne; les bas, *mest;* chaussures, les *tcharyk* (voir pl. 179), les *laptchin*, les *goundoura.* Bottes.

Parure de la tête, le *tépélik,* l'*armoudié,* le *suleïmanié.*

Boucles d'oreilles, colliers, *guerdanlik,* plaques de ceinture, chaînettes, bagues.

Pl. 177. — Turquie.

Populations asiatiques.

Femmes grecques, juives, kurdes, d'artisans musulmans. Bachi-Bozouk. Turcoman; cavalier. Les Zeibek : le sergent *tchavouch,* le caporal, *onbachi,* leur équipement. (Vilayets de Konieh d'Angora, d'Houdavendighiar et d'Aïdin.)

Coiffures, la mitre cylindrique, mouchoirs *yèmèni;* le *kavèzé.*

Manteaux, le *kapout;* gilets, le *djamadan.*

Couronnes de sequins, le *bachlik,* pendeloques, grelots, boucles d'oreilles, colliers, bracelets.

Fusil; le *yataghan;* ceinture d'armes, *silahlik;* pistolets, baguettes de pistolets, *harbi,* giberne, *palaska,* sac de pierres à fusil.

Chibouk, pincettes, *macha,* sac à tabac, bidon, gourde, *kabak.* *L'enam kécesst.*

Pl. 178. — Turquie.

Asiatiques turcomans. — Musulmans, chrétiens, israélites. (Vilayets d'Houdavendighiar, d'Aïdin, de Konieh.)

Artisans, paysans; le palefrenier, *seïs* ou *saïs;* l'épicier, *bakkal;* docteur, le *haham.*

Le *kalpak,* le *fez azizié,* le *mandil,* le *bonneto;* la couronne d'*oya*, le voile.

Manteau, le *binich.*

Bas, jarretières, bottines *à la franka,* souliers, ceinture d'orfévrerie, canne longue.

Pl. 179. — Turquie d'Asie. — Syrie.

Populations musulmanes de Damas, de Belka, du Liban. Fellahs, Druses. Les Bédouins, *Bedewi.* Armement.

Le *tantour;* le voile, le *pouchi,* le *kefié,* l'*akal.*

L'*entari* de *koutnou;* le *machlah;* le *bach eurtussu;* le *tcharchaf;* le *fistan.*

Ceinture, *kemer;* tablier, *eunluk.*

Patin, le *naleun.*

Le *tas tepelik,* les *tchaprass,* l'*anilik;* anneaux, pendants d'oreilles, rosaces, agrafes; parure de piastres, d'écus, de thalers; chaînes de cou, triangle ciselé, bracelets.

Le cimeterre, *pala;* la hache, *balta;* le couteau, *kama.*

Fusil, cartouchière, giberne.

Pipes, le *tchibouk,* le *sebil,* le *lulé,* sacs à tabac.

Pl. 180. — Turquie. — Asie Mineure.

Costumes de ville, d'intérieur. — Dames musulmanes, chrétiennes, israélites, kurdes, arméniennes, *Bedewi,* Turcomanes. (Vilayets de Trébizonde, de Sivas, de Diarbekir, de Hedjaz, d'Erzeroum, d'Alep, d'Houdavendighiar, de Yémen.)

La barrette; voiles; le *petché;* les *mahramas;* le *chemsé;* l'*asaba;* mouchoirs de tête, le *yazma.*

Faux cheveux.

Le plastron, *gheeuzluk;* la veste, *ferméné;* la chape, *chapô;* le tablier, *pechtimal;* chaussures, les *nadass,* les *tchédik.*

Le *muhuri Suleïman* (sceau de Salomon); épingles de tête, bijou nasal.

TABLE ANALYTIQUE

DES PLANCHES ET NOTICES.

(SUITE.)

TROISIÈME PARTIE. — PLANCHES 181 A 410 INCLUSIVEMENT.

PLANCHES ET NOTICES.

Pl. 181. — BYZANTIN.

Costumes civils, religieux. — Mobilier; du cinquième au onzième siècle.

Clergé grec, latin; patriarches, évêques, abbés, ascètes. Bénédiction grecque, latine. Empereur d'Orient, ses officiers; consul du Bas-Empire; patricien. La *sella curulis;* trônes, le *bisellium;* siège à dossier, porte-cierge, le *phari.*

Ruban-diadème, tiare.

Le *sceptrum eburneum,* la *mappa,* l'*acatia,* la croix dite *immissa.*

L'amict, l'aube; *sticharium,* la tunique; chasuble, le *phenolium;* pallium, l'*homophore;* étole, l'*epitrachelium;* le *superhuméral,* le manipule, l'*hypogonation* (détails de costumes reproduits dans la pl. suivante; voir aussi les pl. 193 et 194).

La *toga trabea, palmata, chlamyda;* la *subarmalis profundum* ou *lorum;* les *calcei aurati.*

Pl. 182. — BYZANTIN ET ABYSSIN.

Souverains, princes; insignes, vêtements impériaux (treizième au quinzième siècle). Le costume sacerdotal : maronites, orthodoxes, patriarche, évêques, prêtres, diacres (dix-neuvième siècle). La croix abyssinienne.

L'*eunapius;* couronnes; mitres épiscopales (voir pl. 193) le *kulah*, le *kalpak*.

Le sceptre; croix à main, pectorale; l'annulaire; la crosse grecque, latine (voir pl. 195).

La chape, le *djubbé*, l'*entari*.

Les *paboudj*, les *koundoura*.

Pl. 183. — Franco-Byzantin.

Empereurs, impératrices d'Orient : costumes d'apparat, d'intérieur. Effigies de souverains. Les *despotes*.

Diadèmes, couronnes.

Sceptres : le *nartex* ou *ferula;* les *narticophores*.

L'habit consulaire (v. pl. 181), la *palla*, la *stola* gemmée; tuniques, chlamydes de pourpre : le *clavus;* chaussures, le *cuir de Perse*.

Pl. 184. — Moyen age.

Couronnes royales, sceptres, mains de justice, annulaire. (France, 420-987.)

Pl. 185. — Europe. — Moyen age.

Europe occidentale, neuvième, dixième et onzième siècles.

Intérieur de l'habitation seigneuriale. Restauration.

L'architecture romano-byzantine; la vie féodale; les pièces du donjon; décoration; mobilier : le lit, les coussins, la courtine, la lampe.

Les *clotets*. Service intérieur, le *couvert*.

Pavage de briques.

L'*hypocaustum*.

Pl. 186. — Europe. — Moyen age.

Mobilier; du septième au quatorzième siècle.

Lits; trônes, celui de Dagobert; sièges épiscopaux, faudesteuils, pliants, chaises à dossier, vases.

Pl. 187. — Europe. — Moyen age.

Costumes civils, militaires, religieux (v. pl. 193 et 194); le célébrant, neuvième siècle.

Casque, cotte d'armes, armure de mailles.

Épée, hache, lance, flèches, carquois, massue.

Chapeaux, bonnets; l'*esclavine* (v. pl. 200).

Pl. 188. — Moyen age.

Costumes civils; onzième siècle.

Les bonnets, la tunique, la robe, le *bliaut*, l'aumusse, le capuchon, les braies à pied, le haut-de-chausses; manteaux, le *pallium*, la *chlamyde*, la *pænula*. Le voile féminin; les chaussures (v. pl. 189).

Sièges; harnais du cheval; voiture.

Pl. 189. — Europe. — Moyen age.

Classes supérieures, costumes civils. Évêque mitré, diacres. (France, douzième et treizième siècles.)

Couronnes d'orfévrerie; robes non traînantes; chemise, corsage, ceinture, jupe; le port du manteau; plaque de poitrine.

Cheveux tombants, tressés; la barbe.

Pl. double 190-191. — Europe. — Moyen age.

Intérieur français du douzième siècle. — La *salle* du château, plan.

Mobilier; la chaire seigneuriale, chaises, banquettes, l'écran, la forme, dossier mobile, escabeaux; tables de repas, crédence, bahuts, image sainte; le lit, le berceau.

La cheminée, les fenêtres; châssis de verre, de toile cirée; le carrelage; les tentures; décoration des murs, du plafond; les poutres.

Pl. 192. — Europe. — Moyen age.

Instruments de musique, à cordes pincées, à archet, à vent, à claviers (du douzième au seizième siècle).

La harpe, le psaltérion, la rote, le luth, la mandore, la guitare, le cistre, la citole.

La rubèbe, la gigue, la vielle ou viole.

Le chalumeau, la flûte, le cor, l'oliphant (v. pl. 201) ou cor sarrazinois, les cornets, la saquebute ou trombone.

Le clavicorde, les orgues portatives.

Pl. 193. — Europe. — Moyen age.

Costumes sacerdotaux. Insignes épiscopaux. Les mitres *précieuses*, les fanons; quatorzième siècle (v. pl. 284).

La *simplex*, l'*auriphrygiata*, la *pretiosa;* la crosse (*sambuca*); le *sudarium*, le superhuméral; l'anneau; les gants, les chaussures.

Pl. 194. — Europe. — Moyen age.

Costumes sacerdotaux. — Évêque, prêtres, diacres; du quatorzième au seizième siècle (v. pl. 284).

Bonnets, la tonsure. Vêtement de dessous, la soutane. L'aube, ses *parements*, le rochet, l'amict, la dalmatique, la chasuble, les *orfrois*, la chape (pluvial), l'étole, le manipule (*orarium, sudarium*, fanon), les souliers liturgiques.

Pl. 195. — Europe. — Moyen age.

Objets religieux.

Crosses d'archevêques, d'évêques, croix processionnelle, chandelier; du douzième au quinzième siècle.

Pl. 196. — Europe. — Moyen age.

Mobilier religieux (v. pl. 197).

Le chandelier pascal, en bronze, en argent, avec *lectrin;* chandelier d'autel, encensoirs, porte-paix; du treizième au quinzième siècle.

Pl. 197. — Europe; XVe-XVIe siècle.

Lustres, couronne de lumière, chandelier d'acolyte, billes de chape, quignon des damoiseaux.

Pl. 198. — Europe ; Xe-XVIIIe siècle.

Costumes monastiques. (Pologne. Allemagne. Flandre.)

Ordres, tiers-ordres, du Saint-Sépulcre, des Servites, de Latran, des Esclavons, de la Madeleine, de Saint-François (les *bons Fieux)*, des pauvres volontaires (*frères Nolards*), du Saint-Esprit, des Frères Blancs.

Chanoines, moines, religieux, religieuses, pénitents.

Chapeaux, bonnets, voiles, guimpes; la soutane, le rochet, la tunique, la *coule,* le scapulaire; manteau, chape; ceinture de cuir, de corde; bas, souliers; bâton avec crucifix.

Tête rasée, barbe, tonsure.

Pl. 199. — Italie ; IXe-XVIe siècle.

Les doges de Venise ; tenue de guerre, de cérémonie. — Officiers civils, militaires, porte-glaive, porte-parasol, porte-coussin, trompettes. — Type de juif marchand.

Bonnet ducal, le *corno,* le *berrettino,* calottes, serre-têtes.

Armure de mailles, pièces d'acier, brassards, cuissarts, jambières, solerets.

Manteaux, collets de fourrure; manches *à la ducale;* la *dogaline;* la *gavardina.*

Brodequins, souliers.

Pl. 200. — Espagne; XIIIe siècle (1).

Le roi de Castille; prélat, nobles, guerriers *croisés*, bourgeois. — Toilette féminine, costumes de chevauchée. — Aumônières; objets mobiliers.

Couronne royale, bonnets à oreillères, chapeaux; la tiare de *cendal,* le *barbuquejo,* l'*alcandora,* les *xomordos.*

Armures de mailles, de plates; brassards, jambières; épieu.

Les manteaux, le *paile* (pallium); les ganses, *cuerdas;* l'*esclavine,* la *gonelle,* le peliçon, *quezote;* le *loba,* la *paire de robes,* la *cyclade,* l'aumusse laïque, l'écharpe, *faja;* les chausses, les *zaraguellas;* gants de chasse, chaussures.

Chevelure tombante, les *mancebas en cabellos.*

Harnais du cheval, le *jaëz.*

Brocs, lampes, chandeliers, éteignoirs.

Pl. 201. — Moyen age (2).

Costumes militaires. — France, du onzième au treizième siècle. — Guerriers des époques de Charlemagne, de Hugues-Capet, de Philippe Ier et de saint Louis. — Armures de cuir, d'annelets, de mailles. Enseignes; le guidon.

Casque bombé, ovoïde; heaume cylindrique, lacé; l'aigrette, nasal normand, mentonnières, le couvre-nuque, la calotte, le camail, la cotte d'armes, *cotte à armer,* le *haubert, la broigne,* le *gambison;* corsage, tunique, chausses, gants, boucliers; l'*umbo,* la *guige* ou *guiche.*

Épées de taille, d'estoc; poignées de bronze, fourreau, baudrier de chevalerie, ceinture; dague, le *grand couteau* ou *miséricorde* (v. pl. 213), marteau d'armes, lance. (Voir ces principales pièces de l'armement offensif dans les pl. suivantes, de 202 à 210 inclusivement.)

Manteau, braies, chaussures.

Éperons à pointes.

(1) Cette planche termine le tome III.

(2) Première planche du tome IV.

Pl. 202. — Europe. — Moyen age.

Costumes de guerre; France du treizième au quatorzième siècle. — Armures de *plates*. Le fer et le cuir (voir pl. 217). — Armes du douzième au quinzième siècle.

Chevaliers croisés. Le banneret, l'homme de pied; chef de milice. Enseignes; la croix rouge, blanche; harnais.

Les *ouies*, les *œillères*, le timbre du heaume, le tortil, le volet, le plumail, le capel de fer ou de Montauban, la bavière, la salade, la cervelière, le bacinet (v. pl. 206), le gorgerin ou *gorgery*, le grand heaume, le grand hoqueton, le *haubergeon*, la *brigandine*, la *braconnière;* les *cuiries;* les rondelles ou *rouelles;* arrière-bras, avant-brassards, cubitières, cuissots ou cuissarts, *genouillères*, jambières, grèves, solerets. (Celles de ces pièces défensives composant l'armure de *plates* se représentent dans les pl. 203 à 206, et 217 à 220.)

Boucliers armoriés; écus *à flors*, *à lions*, *vernissés* (v. pl. 203 et 208).

Les *pavas*, *palevas* ou *talevas;* les *paveschieurs* (v. pl. 217 et 220).

Bouclier de poing, la *rouelle* ou *boce*. La rondache, *parma*.

L'épée courte, l'arc, le dard, la fronde, la hache de guerre, celle dite *danoise*, la haute lance, le *glaive*, la *guisarme* ou hallebarde. Le *faussard*, *fauchard* ou *faucil*, la pique flamande ou *godendart*, *godendag*.

Éperons à molette (v. pl. 206 et 209).

Bâton de pèlerin; le *bourdon*, le sac.

Bannières, gonfanons, pennons (le *bachelier*). Étendards.

Le chaperon mi-parti. Costume dit de *parement*.

Selle; bâtes de troussequin, d'arçon; l'étrier (v. pl. 204, 205 et 206).

Pl. 203. — Europe. — Moyen age.

Armures des chevaliers. — Dames nobles. (France du douzième au quatorzième siècle.)

Le *grand haubert* ou le *blanc haubert*, la double maille dite *de Chambly*, l'écharpe.

La grande épée; *coustel à plates*, *alenas*, *haussart*, *faussart*.

Le surcot ou *mantel fourré*.

Mobilier, le lit (v. pl. 213, 223, 227, 231, 232, 241, 242).

Pl. 204. — Europe. — Moyen age; XIIIe siècle.

Costumes militaires. — Le cavalier chargeant. — Maniement de la lance de combat, de l'épée. Le cheval *houssé* (voir pl. 205).

Le heaume conique, l'aigrette en éventail; la *pansière*, la *dossière*.

Lance de combat, l'*arestoel*.

Le *fautre* ou *faucre*.

La *robe à chevaucher*.

Pl. 205. — Europe. — Moyen age.

Costumes civils, militaires, du douzième au quinzième siècle (voir pl. 206).

Pl. 206. — Europe. — Moyen age; XIVe siècle.

Gens de robe courte. Le costume étriqué. — Les plates d'acier ou *harnais blanc*. — Litière.

Chaperon en capuchon, postiche; le *rondeau* ou *cloche* (voir pl. 211) chapeau conique, plume.

Le *jaquet* ou la *jaquette,* broderies, initiales, les demi-manches, boutons, boutonnières; le *pourpoint* ou *gipon;* les *mouffles* (voir pl. 211); la ceinture; la *cloche* (manteau); les chausses mi-parti, *semelées;* draps en usage : l'*écarlate,* l'*yraigne;* jarretières, chaussures, solerets *à la poulaine* (voir pl. 207 à 216).

Vêtements féminins : la *cotte hardie* (voir pl. 211, 213, 214), *pourfilée;* le surcot. Parure, colliers.

Cheveux flottants, courts; la *barbe de bouc.*

Cimier, lambrequin (voir pl. 219); brassards d'acier, les *canons.*

Poignards, *badelaire*, *bazelaire.*

Pl. 207 et 208. — Moyen age.

(Notice commune.)

Noblesse française, figures historiques; costumes civils et militaires, du douzième au quinzième siècle.

Attributs royaux, le *pallium.*

Les *hennins,* voiles en guimpe (voir pl. 211), le frontal, l'*escoffion* (voir pl. 213, 214).

Le mantel d'honneur; cotte blasonnée, mi-parti. — L'escarcelle, *escar.*

Pl. 209. — Moyen age; XIIIe-XIVe siècle.

Nobles; tenue civile; costumes de chevalerie. Figures historiques. Bourgeois. — Paysans (voir pl. 222 et 331); le joueur de flutet ou *galoubet.* Laboureur, *closier* ou vendangeur, jardinier, vacher.

Rubans de tête; le *chapelet,* le *tressoir;* le chapel; voile féminin.

La chlamyde, le surcot des hommes, le pelisson, le *corset-sangle,* les *mahoîtres,* la robe de dessous, *gonne.* Le sayon court, *gonnel;* le camail, *carapoue;* le *jupel,* le haut-de-chausses, les fourreaux de jambes, *gamaches,* les houseaux (voir les mêmes pièces de costume dans les pl. suivantes, jusqu'à 316 inclusivement).

La robe des paysannes.

Panetière; baguette, la *retorta;* la corne du vacher, la massue.

Chevelure, barbe.

Travaux agricoles. — Les gens de service : le *puotier,* le *rogas,* l'*égossier,* le *bassibier,* le *pastour,* le *pastor-major,* le *bouriagre,* le *botier,* le *trabotier,* le *fournier,* le *prayer,* les *baylets.*

Pl. 210. — Moyen age. — France, du XIIIe au XVe siècle.

Costume royal, ducal. Tenue de cour, de ville, de guerre. Le sergent d'armes.

Ecclésiastiques; classes populaires. Musiciens, la *menestrandie.* Joueur de luth, de dicorde.

Couronne (voir pl. 211, 212, 214, 216), frontal, chaperon en bonnet, cornette à la *coquarde* ou en *patte* (voir pl. 212, 216), chapel à bec (voir pl. 211, 216), les *affiques.*

Pèlerine écarlate; la *robe vermeille,* de drap d'or; manteau, fourrure, dalmatique, ceinture, surtout, manches *à la bombarde;* l'aumusse ecclésiastique.

Colliers d'orfévrerie, le *pentacol* (voir pl. 212).

Masse d'argent.

Épée, dague (voir pl. 211 et 212).

Pl. 211. — Europe. — Moyen age.

Noblesse française. Les costumes *armoyés.* Les pelleteries. Docteur, 1364-1461 (voir pl. 212).

Chapels cylindriques, bonnet (voir pl. 213, 215 et 216), chaperon à cornette, voile, le *mollequin;* le surcot ajusté (hommes), sa jupe, ses manches, la *housse,* la *cotelle;* la botte étroite, *heuse;* le surcot *paré* (femmes), les *fenêtres d'enfer,* les coudières de la cotte hardie (v. pl. 213), le plastron, *garde-corps,* jupe blasonnée.

Coiffures en cheveux; nattes, torsades, les crépines.

Ceintures, colliers, arrêts d'orfèvrerie.

L'épervier chaperonné.

Pl. 212. — Europe. — Moyen age.

Coiffures; le bourrelet, chapels coniques, plumes.

Manteau royal; l'aumusse laïque, la houppelande (voir pl. 215), manches ouvertes (surcot).

Parure des hommes : colliers, chaînes, chaînettes, torsades, pendeloques.

Pl. 213. — Europe. — Moyen age.

France; quatorzième et quinzième siècles (voir pl. 214).

Ecclésiastique, notaire royal, ménestrel, baladin, guichetier, messager. — Costume féminin. — Mobilier.

Le chaperon féminin (voir pl. 215).

Cotte à chevaucher, ceinture, bourrelet articulé, le corset court; chausses à pied; capuchon; le *peliçon.* Bottines à poulaine.

La lance courte du piéton.

Aumonière, escarcelle.

Pl. 214. — Moyen age.

Assemblée souveraine. — Docteur. — Costumes féminins.

Chapels pointus, la *barrette,* le grand escoffion, celui à turbau.

Coiffure masculine; cheveux longs, crêpés.

Mobilier, la *forme* ou *fourme* (voir pl. 216), le dais, le lutrin.

Instruments de musique.

Pl. 215. — Europe. — Moyen age.

France, seconde moitié du quinzième siècle.

Costumes civils. Scènes judiciaires. Les *gens de robe longue.*

Le chaperon déroulé, la guimpe, la *ceinture dorée.*

Bourse, miroir de suspension.

Pl. 216. — Moyen age; XIVe-XVe siècle.

Intérieur d'un château seigneurial; la salle *de parement.* Noblesse française. Serviteurs. Mobilier. La carrosserie (v. pl. 310).

Vêtement de chevauchée, la *journade* (v. pl. 217).

La *table à manger,* banc à dossier, marchepied, banc (*banquet*); les nappes, le *linge de haute lice;* les serviettes, *touailles;* tapis dits *sarrasinois.*

Solivage, pavage.

Chars d'honneur; le *karrâsche,* l'attelage en flèche, le *poële* ou *mantel,* le *ciel.*

Le *pilentum,* la *rheda,* le traîneau ou *claie,* le rouleau, le *petoritum,* la *benna,* le *carpentum,* le chariot branlant.

Pl. 217. — Moyen age.

France; costumes militaires, 1350-1460.

Hommes d'armes, de pied, le *pavescheur* (v. pl. 219 et 220).

Harnais de guerre; les *cuiries;* l'armure à *plates,* partielle, complète.

Bacinets à museau, à bec d'oiseau; les chapels de fer, le *hanepier,* l'*avantail,* le garde nuque; cornette, la croix blanche (v. les pl. 218 à 220).

Le *mézail,* le nasal, la *havière,* l'armet, le grand heaume, le cimier, panache, houppe, le colletin, le camail.

L'épaulière, le *faucre* ou *arrêt-ferme,* les ailettes, *spalières,* passe-garde ou garde collet, les brassards, *canons* cubitières, gantelets.

Haubergeon de mailles, corselet ou justaucorps, la *jacque* ou le *jacquet,* cuirasse, braconnière, pansière, tassettes, jupon à plis.

Cuissots, cuissarts, genouillères, grèves, solerets, *l'ergot du diable,* éperons.

L'écu, sa guige.

Le surcot d'armes, le *tabard,* la *manteline,* la *huque,* le *paletot.*

L'épée courte, *perce-mailles;* quillons *chevauchés;* épée d'armes; dague ou *miséricorde;* chaînette de suspension, baudrier, ceinturon; ceinture orfévrie.

Masse d'armes.

La haute lance, sa rondelle, la *grappe de billettes,* le *glaivelot,* la *pertuisane,* les *vouges,* les *dardes.*

(Pour la plupart de ces pièces de l'armement, voir aussi les n[os] suivants, jusqu'à 220 inclusivement.)

Pl. 218. — Europe. — Moyen age.

France. Costumes militaires, 1439-1450.

L'armure complète de fer.

Compagnies d'ordonnance, leur organisation : les *lances fournies,* page, *l'enfant d'honneur,* le valet. Les francs-archers. Héraut d'armes, trompette, arbalétrier; armes, étendards.

Le sous-gorgerin, la brigandine, le haubergeon, arrière-bras, cubitière, avant-bras, armure des jambes; le *harnas.*

Épée de connétable.

Flèches; les *sagettes,* le *quarrel, quarriau, boujon;* arc, carquois, trousse.

Arbalète à *tour,* ou à *moufle* (v. pl. 219), à *cric.*

Fléau, maillet ou *plommée,* guisarme ou *fauchon,* hallebardes (v. pl. 220).

Mousquet.

Le hoqueton, la surcotte.

Pl. 219. — Europe. — Moyen age.

France; quinzième siècle. — Costumes de guerre, de joute, de tournoi. *Adoubement* du tournoyeur, du jouteur. Les hauts cimiers.

Homme de pied, arbalétrier, chevalier. La *cotte de fer.*

La *jouste* ou *jouxte,* par batailles, par bannières, les *tournoiements* ou *tupinets,* les *trespignées,* les *combats à la foule;* la *recommandation.*

Le heaume à *tête de crapaud;* armoiries, tortil, lambrequin, cimier; le *chapel de heaume;* bacinet ou *capeline,* vue *treillissée;* cuirasse, lames articulées, *faldes* ou *fauldes,* le *grand faucre;* corsage, braconnière, cuissards en brigandines; la *manche honorable*, demi-manches; jupe, pèlerine de mailles; le *clavain*, la targe, le grand pavois, ou *pavais pavard* (v. pl. 220).

Armes *courtoises*, l'épée *rabattue*.

Masse, marteau d'armes, la grande dague, quillons *à potences*, lance, fer à trois dents, hallebardes, la *corsèque*, la *roncone*.

Les *sabots-étriers;* la selle, le *hourd*.

Pl. 220. — Moyen age.

France; quinzième siècle. — L'artillerie. — Armes diverses.

La grande et la petite garde du corps du roi (v. pl. 225); les lanciers, archers, crénequiniers, arbalétriers; le *coustillier*, *guisarmier* ou *satellite*.

Le *grand canon*, la *bombarde*, le *veuglaire*, le *crapeaudeau*, les *couleuvres*, *couleuvrines*, *coulevrines*, la *serpentine;* boulets, les *pierres à canons*, balles, les *plommées* ou *plombets;* affûts; la *charpenterie*, les *flasques*, le *tourillon*, le *manteau*, les grands pavois; la coulevrine à main.

Les *espées bastardes*.

Le *crénequin* ou *cranequin*, l'arbalète *à pié*, *à moulinet*, le *cry*, le *baudré* ou *baudrées; traits*, *quarreaux*, *viretons*, *raillons*, le carquois, *carcas;* le pied de biche; la trousse *empanée*.

La *vouge* (le *vougier*).

Le *coustel à plates*, la *coustelière*.

La *hache de Créqui*, celle d'arçon, à double tranchant, le *couteau de brèche*.

Cornettes, panonceaux, le soleil d'or.

Les *francs-taupins*.

Pl. 221. — Moyen age; XVe siècle.

Tournois, prestation du serment, entrée dans la lice. — Costumes civils. Gentilshommes; le fauconnier. (Règne de Charles VIII.)

Le *défendant*, l'*appelant*, les hérauts.

Calotte, le *bicoquet* (v. les pl. 246 à 251); robe traînante, chaînes d'or.

Harnachement : le cheval *houssé*, chanfrein, têtière, bossettes.

Pl. 222. — Moyen age; XVe siècle.

Costumes de chevalerie. — Les paysans, *pitaults*.

Le banneret, le *seigneur-chef*, le héraut d'armes, le page.

Le laboureur, le semeur, le faucheur, les fossoyeurs.

Armures dorées; le hallecret, les *flancards*, *gardes* des genouillères.

Cheval de tournoi, le *grand cheval*.

Chapels, calottes; la *livrée*, le *tabard écartelé*.

Cotte, manteau (*sagulum*), le *gonnel*, tablier, bas et hauts-de-chausses, les aiguillettes, *heuses* à la poulaine, *guêtres* ou *gamaches*, *houseaux*, souliers.

Pl. 223. — Europe. — Moyen age; XVe siècle.

Chevalier de la Toison d'or. Costumes civils. Intérieur. Mobilier.

Pl. 224. — Europe; XIVe-XVe siècle.

Joaillerie; orfèvrerie dite d'*accoutrement.*

Ceinture (orfèvrerie *en fenestrage*), agrafes, boucles, *fermaux,* mors de chape, broches, pendeloques, *affiques, enseignes,* reliquaire, chaînes de colliers, bague, monture d'escarcelle.

Pl. 225. — Europe; VIe, VIIe, XVe et XVIe siècles.

Objets usuels. — Instruments de toilette; les peignes en os, buis, ivoire, à garnitures d'argent, de pierreries.

Pl. 226. — Europe; XVe-XVIe siècle.

Escarcelles, bourses. — Coiffures italiennes.

Boursette à *cul-de-vilain,* le *mystère,* le *demi-ceint,* l'*épinglier,* le couteau, l'étui à ciseaux, les *pomandres;* chapelets odorants.

Pl. 227. — Europe. — Moyen age.

Mobilier; quatorzième et quinzième siècles.

Lit royal, le *poële à gouttières,* le *couvertoir;* lits bourgeois (v. pl. 231 et 232).

Sièges à bras et à dossier, la *chaise,* chaire, *chaière, forme, fourme.* Sièges d'honneur: chaire épiscopale; banc familial, à dais, de confrérie; le *banquier,* les *couettes* ou *quarreaux.*

Buffets, tables, couronne de lumière.

Pl. 228. — Europe. — Moyen age.

Objets mobiliers; quatorzième, quinzième, seizième siècles.

Images à volets, les *ymagiers;* tabernacle, diptyque, lutrin ou lectrin.

Pl. 229. — Europe; XVe siècle.

Mobilier d'apparat. — Armoires, coffres-forts, le *sacrarium,* crédences (v. pl. 230).

Pl. 230. — Europe; XVe siècle.

Crédences à dossier, sans dossier; coffret.

Pl. 231. — Europe. — Moyen age.

France (bassin du Rhin) et Flandre; du quinzième au seizième siècle.

Intérieur; meubles, objets mobiliers, ustensiles; chambre à coucher (v. pl. 232), le lit, les pentes, traversin, oreiller, descente.

Le dressoir, la *touaille,* prie-Dieu.

Carrelage.

Horloge à poids, son timbre, la *nolette.*

L'autel *adossé;* la nappe, *doublier,* les chandeliers, *mestiers;* le reliquaire, *custode.*

L'*arche;* les *flacons,* les *buires,* les *pichiers,* les *platelets,* les *escuelles.*

Chaise sans dossier, en chaire, dais seigneurial; pliants de bois, de métal; sièges d'honneur, le *fauteuil, fadesteuil, faudesteuil, faudestuef, faudestuel;* le berceau, *bers.*

Réchaud, médaillon, coffret, clef, miroir de suspension, baguier.

Pl. 232. — Europe. — Moyen age.

Intérieur flamand; quinzième siècle.

Chambre à coucher : lit sur estrade, couchette, pavillons, queue, *couvertoirs,* ciel de lit, traversin. Le *signet.* Banc de foyer, coussins, chaise, crédence. *Dinanderies;* l'aiguière, le lustre.

Cheminée, hotte, potence en fer, le paravent; fenêtres, meneaux, vitres, volets intérieurs, le *retrait.*

Pl. 233. — Europe; XVe-XVIe siècle.

Mobilier. — Porte intérieure, verrou, heurtoir.

Banc de chœur; coffre de mariage, coffret.

Pl. 234. — Angleterre.

Architecture intérieure; quatorzième, quinzième, seizième siècles.

Le *grand hall.* Les charpentes apparentes.

Pl. 235. — Europe. — Moyen age.

Intérieur de l'habitation française; quinzième siècle.

La cheminée (v. pl. 236); meneaux, la *croisée,* les vantaux; usage des vitraux; boiseries, peintures, plafond, poutres, solives, leur décoration.

Pl. 236. — Europe; XIIIe, XIVe, XVe, XVIe siècles.

La décoration des cheminées.

Pl. 237. — Europe; XVIe siècle.

Allemagne. — Costumes populaires.

Bagage de l'armée; valets, domestiques, vivandiers, ribauds, ribaudes.

Pl. 238. — Italie; XIVe, XVe, XVIe siècles.

Costumes civils, militaires; gentilshommes vénitiens; le *bragard;* un *condottiere;* officiers de livrée, pages.

Chaperon, chapeau, mentonnière, coiffe, bonnet, *berrettino,* toque, résille, capuchon; chemise de soie, la *gavar-*

dina; surcot, le *pourpoint-fringant,* les *crevés;* hoqueton, ceinture, ceinturon, sacoche; manteaux, la *zimarra,* le *mantellino;* chausses, braguette, culottes; souliers, bottes.

Bracelets.

Cheveux *tirés,* ondulés.

Épée, dragonne, pendant, dague (v. pl. 239).

Pl. 239. — ITALIE.

Gondoliers vénitiens (v. pl. 289). — Les *Castellani,* les *Nicolotti;* tenue ordinaire, habits de parade, de livrée (quinzième et seizième siècles). Pages, costumes de cheval, nains, fous de cour, du quatorzième au dix-huitième siècle.

Bonnets, jugulaires en pointes, pourpoints tailladés, cuirasse de cuir.

Pl. 240. — ITALIE; XIVe-XVe SIÈCLE.

Toscane. Époque de la première renaissance. — Types de la maison urbaine.

Les portiques, la *loggia,* le *balcone,* le *parapetto,* le corps de logis.

Pl. double 241-242. — ITALIE; XVe SIÈCLE.

Costumes civils, religieux. — Noces seigneuriales; gentilshommes, dames, musiciens; religieux dominicain.

La cellule de Savonarole.

Le grand lit de pied. — Médecins.

Pl. 243. — ITALIE; XIVe, XVe, XVIe SIÈCLES.

Costumes féminins. — Dames nobles, demoiselles, suivantes; types hollandais. Teinture de la chevelure, le *filo d'oro.*

Guimpe, voile, celui des épousées, *fazzuolo,* escoffion, le *balzo* (v. pl. 244, 252), capuchon.

Chemisette, cotte ou jupe, robe, les *corps,* manteaux, fourrures, broderies.

Diadème, plaques, rubans de tête, la *ferronnière,* les *tremoli,* broches, colliers, ceinture d'orfèvrerie.

Cheveux nattés, flottants; le filet.

Pl. 244. — ITALIE; COMMENCEMENT DU XVIe SIÈCLE.

Costumes féminins. — Vénitiennes, Napolitaines. Classes nobles, rustiques.

Chapeaux de paille, le *barreto,* le *capitium, capulatus,* la *tiara-recta* (le *mitra velatus*); la chemise, le casaquin, les brassards, *manec,* ceinture (la *ventrale*), tablier, jupe, manteaux, la *lacerna,* la *parva casa,* aumônière, patins.

Gaîne de cheveux; colliers; bracelets.

Pl. 245. — EUROPE; XVe-XVIe SIÈCLE.

Intérieur du manoir; la *salle.* Maîtres, *gens de maison.* Mobiliers, ustensiles. Toilette du corps, la robe sans ceinture.

Pl. 246. — Europe; XVe-XVIe siècle.

France. — Costumes civils, 1485-1510 (v. pl. 247 à 251).

Coiffures d'hommes, de femmes. Reine, princesses. Le porte-torche.

La toque, *bicoquet,* le mortier, l'*enseigne* ou *bague,* la coiffe, la *templette,* le chaperon (dames), l'*escoffion à cornes;* couronne royale.

La chemise, la gorgerette de *doulx filet,* la cotte, la surcotte, *robe de dessus, de beau maintien; chausses* (ou bas) des dames, le *jarretier;* ceinture d'orfèvrerie, en cordelière, les *patenôtres,* le *demi-ceint,* l'*épinglier,* le couteau, la bourse; pantoufles.

Jacquette, pourpoint, manteau, collet *dévallant,* pelisse, fourrures, le tabar; hauts et bas de chausses, souliers *pattés.*

Colliers, la *bague* ou *diamant.*

Chevelure masculine.

Pl. 247 et 248. — Europe. — Moyen age, fin du XVe siècle. (Notice commune.)

Costumes civils.

Le chapeau et le bonnet; celui *à quatre brayettes,* ses rubans d'attache; panaches, joyaux; le grand escoffion, la résille; couronnes nobiliaires. La robe de cérémonie, manteau nuptial, chaussures, les *becs de canes.*

Joueuse de tympanon. L'oliphant.

Pl. 249 et 250. — Europe; XVe-XVIe siècle. (Notice commune.)

Seigneurs, dames; coiffures flamandes. Robes, manteaux d'apparat, les manches *à la grand'garre.*

Pl. 251. — Europe; XVe-XVIe siècle.

Pièces du costume féminin; grand habit de deuil; la *barbette,* le *couvre-chef.*

La *tunicelle* des hommes.

Ceintures, colliers houppés.

Pl. 252. — Europe. — Italie; XVIe siècle.

Costumes féminins. La *fille à marier.* Coiffures.

Les filets d'or, la résille, la ferronnière; le bourrelet (v. le *balzo,* pl. 243 et 244), calotte, serre-tête, *coquilles* ou *cales.*

Guimpe, corsage, manches bouffantes, *à crevés,* robe longue, broderies *en damasquette;* tunique *à la romaine.*

Pl. 253. — Europe. — France; XVe-XVIe siècle.

Habillements de guerre, d'apparat militaire. — Casques de guerre, de joute; les armures cannelées. — Chevaliers, coulevrinier; *haut seigneur,* archer à cheval. (Règnes de Charles VII, Louis XI, Louis XII, François Ier.)

Cabasset, oreillères, armet, colletin, mézail, pièces de renfort; la *haute pièce;* panaches; salades, celles de tournoi, visière à soufflets, gorgerin, sous-gorgerin, jugulaire, chapeau, bandeau d'orfèvrerie.

Cuirasse, *gambison,* armoiries, jaquette de mailles, *hucque* de brigandine; plates, rondelles, épaulières, lamettes, passe-gardes, cubitières, brassards, gants; solerets, *en bec de cane, en pieds d'ours;* chaussures, en mailles de fer, en cuir; éperons à molette.

Cotte d'armes, pèlerine, jupon.

Épée, pommeau, garde, lame à cannelure, fourreau, dague, le *coustel à plates,* ceinture, masse, marteau d'armes, la pointe, le bec de corbin, le mail.

Arc, carquois, flèches empennées.

Le *trait à poudre* ou *couleuvrine.*

Sac, amorçoir (v. pl. 254 à 263).

Pl. 254. — Europe. — France; XVe-XVIe siècle.

Costumes militaires. Tenue d'apparat. — Gentilshommes, homme d'armes, officier canonnier, le *porte-mèche;* combattants, fantassins, le soldat suisse. L'armure *chevaleresque.* Détails d'équipement, drapeau.

Armet, bourguignotte, morion, calotte, chapeau, plumes.

Cuirasse, tassettes, braconnière, cotte de mailles, corselet, pourpoint de cuir; le plastron en panse, dit *à la poulaine,* la fraise godronnée.

Hoqueton de chevauchée, pourpoint, manches tailladées, mancherons.

Hauts-de-chausses, la *braguette.*

Gantelets, souliers, bottes.

L'épée à deux mains (v. pl. 256), la *main gauche, poignard-chargette.*

La haute lance, son garde-main.

La *rondache,* la guige.

Porte-mèche, ses branches, *serpentins.*

L'amorçoir, *flasque.*

Pl. 255. — France; XVIe siècle.

Costumes militaires. Règnes de Louis XII, de François Ier, 1507-1520 (v. pl. 256).

La grande, la petite garde du corps du roi. Crénequiniers, gentilshommes à bec de corbin, archers écossais, leur *accoustrement.* Les estradiots, l'artillerie (v. pl. 257). Les canonniers, *bastardeurs,* les *aydes canonniers,* les *boute-feux.* Suisses gardiens de pièces.

Toque, plumails, chapeau *à l'albanaise,* sayon, hoqueton, casaque, robe, chausses, bottines.

Hallebardes, lances, arbalètes.

Calibres, canons *renforcés, doubles; arquebuses à crochets* (Louis XII), *basilics, bastardes, serpentines, coulevrines, faucons, passevolants, spirales* (François Ier).

Pl. 256. — France; XVIe siècle.

Garde du roi. Les Cent-Suisses, les *Écossais,* leur livrée. — Infanterie française, étrangère, les *bandes.* — Les Suisses, les lansquenets, les légionnaires; piquiers, arquebusiers, ceux dits *morionnés;* hallebardiers, *joueurs d'espée* (v. pl. 257), *tabourin.* 1520-1555.

Pl. 257. — France; XVIe siècle.

Règnes de Henri II, de Charles IX, 1559-1572.

Piquier, arquebusiers, lansquenets, *joueur d'espée,* mousquetaire, tambour, fifre, laquais, artilleur suisse.

L'*habillement de tête,* morion, armet, casaque d'ordonnance; écharpes, la croix blanche; la *rondelle à preuve.*

Arquebuse, mousquet, bandoulière, fourche d'appui, la *fourquine.*

Calibres d'artillerie : *canon renforcé,* la *grande coulevrine,* la *bâtarde,* la *moyenne,* le *faucon,* le *fauconneau,* la *hacquebute à croc.*

Pl. 258. — Europe. — Espagne; XVIe siècle.

Armures équestres; armes.

Épées : la *colada,* poignée d'espadon.

Éperon.

Pl. 259. — Europe. — Espagne; XVIe siècle.

Demi-armures ou corselets; bourguignottes.

Pl. 260. — Europe; XVIe siècle.

Armes offensives, défensives. — Cavaliers.

Le cheval *bardé.*

Armet, la vue, le nasal; cuirasse, pansière, dossière, braconnière, le *faucre* ou *arrêt-ferme,* épaulières, *passe-gardes* ou *garde-collet,* brassards, les *canons,* la cubitière, gantelets, les cuissots, la genouillère; les grèves, *pédieux* ou *solerets,* éperons; l'étrier, l'appui-lance.

Épée, quillons, hallebarde-pistolet, garnitures d'épée, de dague, de poignard.

Harnais du cheval : têtière, barde de cou, de poitrail, les *flançois,* les oreillons, la *terminale.*

Pl. 261. — Europe; XVIe siècle.

Les armures ciselées (v. pl. 262 et 263). Parure du cheval de guerre.

Corselet en pointe, le *tonnelet,* le garde-aisselle, le *bas de saie.*

Étriers, l'*arcade à fenêtres.*

Pistolet à roue.

Têtière ou chanfrein, fronteau, garniture de queue.

Pl. 262. — Europe; XVIe siècle.

Armures; armes offensives, blanches, à feu.

Armet, visière grillagée, bourguignotte, calotte, oreillettes; gorgerin ou *gorgery,* corselet, épaulières.

Masse d'armes.

Poignées d'épée, d'estoc, de grand estoc ou d'arçon. Épée à double garde, le *pas d'âne.*

Dague, la *langue de bœuf,* le *bastardeau.*

Pistolets à rouet.

Pl. 263. — Europe; XVIe siècle.

Armes diverses. — Morion. Poignées de rapière, de flamberge, de dague, l'*indague*. Tranchoir; poudrière ou pulvérin; poire à poudre ou *flasque;* étui de chasse.

Pl. 264. — Europe. — France, Italie; XVIe siècle.

Dames de la noblesse française; figures historiques, 1520-1550.

Dames italiennes, fin du siècle : demoiselle, épousée, femme de marchand, veuve (v. pl. 265).

Collerettes, fraises, manchettes; voile de la veuve; la *rasquine* ou *basquine*, l'*aileron* ou *mancheron;* la *vertugale, vertugade, vertugadin;* la cotte, la robe de dessus, surcotte.

Couronne, peigne, colliers, chaînes, ceinture, les contenances, la *patenôtre,* le miroir, la *poste.*

Éventoir à plumes.

Chevelure, sa teinture, la couleur d'or (v. ces différents détails du costume aux pl. 265, 266).

Pl. 265. — Europe; XVIe siècle.

Costumes féminins; figures historiques. (France. Angleterre. Italie.)

Le chaperon; manches *à rebras,* épaulettes.

Pl. 266. — Europe. — France; XVIe siècle.

Costumes féminins. — Toilettes d'apparat, de ville.

Figures historiques : artisans, piquiers, mousquetaire, capitaine d'infanterie.

Chaperon *à la française,* les *templettes;* chapeau *à l'espagnole;* collier dit *carcan;* fraises gaufrées, godronnées; manches de la chemise, de la surcotte, manches courtes, bouffantes, *à crevés;* les *passements;* la robe en redingote (v. pl. 279, 280).

Pl. 267. — Europe; XVIe-XVIIe siècle.

Dames de la noblesse française; figures historiques. — Costumes populaires. Milice bourgeoise, fifres, tambours. Écoliers.

La taille en cornet.

Lois somptuaires de Henri II, Charles IX et Henri III.

Pl. 268. — France; XVIe siècle.

Haute noblesse, magistrature; chancelier, conseiller (v. pl. 269); figures historiques.

Disparition de l'escarcelle, les poches.

Coiffure de cour, la toque, le chapeau, le mortier; fraise, manchettes, col rabattu, pourpoint, manches, chiquetade; la robe du magistrat, l'épitoge, ceinture, écharpe, la cape (v. pl. 269-270); le haut-de-chausses, bas, aiguillettes, jarretières; escarpins à crevés, souliers à pont.

Le port de la barbe.

Pl. 269. — FRANCE; XVIe SIÈCLE.

Modes courantes. (Règnes de Charles IX, de Henri III.)

Costumes officiels. Président de parlement, recteur de l'université, prévôt des marchands, docteur. Dames, bourgeois.

Coiffure féminine; les cheveux *en raquette* (v. pl. 274, 276, 277, 278).

Le bonnet *à quatre braguettes* (v. pl. 274), le *chaperon embronché, l'habit de deuil* (v. pl. 286); manteau des présidents, robes *parties*, le *tanné*.

Pl. 270. — EUROPE; XVIe SIÈCLE, 2e partie.

(Notice commune à la pl. 271.)

Costumes civils. Allemagne. Bassin du Rhin (v. pl. 271).

Les « *jeune Allemagne* ». Seigneur, page, dames, marchand, banquier, tailleur.

Toquet emplumé, le mantelet féminin, le *harzkappe*, le *puffjacke*, la *schaube*.

Pl. 271. — EUROPE; XVIe SIÈCLE, 2e partie.

Costumes de guerre, de chasse, de représentation. (Allemagne. Bassin du Rhin.)

Prince, veneur, enfant noble, cavalier suisse, le reître ou *pistolier*, tambour d'infanterie.

La toque, le *plumail*, chapeau, morion, panache, jupe, corsage, manches tailladées, pourpoint de buffle, manteau *à la reître*.

L'épée, la dague, haute lance, javelot, pistolet à roue, la *pistole*.

Manœuvre de cavalerie, le *caracol* ou *limaçon*. Harnais de cheval.

Pl. 272. — EUROPE; XVIe SIÈCLE.

Figures équestres. (Allemagne. Pays-Bas.)

Comte, prince, dame, seigneurs, timbalier.

Harnais du cheval, selle à troussequin, houppettes, lanières, manchon.

Pl. 273. — FRANCE; XVIe SIÈCLE.

Règne de Henri III (v. pl. 274). — Costumes de la haute noblesse, de la bourgeoisie. Le roi. Dames, demoiselles, bourgeoises. Avocat. Vêtements de deuil.

Le *grand attifage*.

Le chaperon, le voile de deuil, l'*entoilage simple;* la *barbe*, la collerette en éventail, rabattue. Corsage; le busc apparent; la vertugade *en tambour;* manches ballonnées; les *rebras;* les ajourées; les gigots; la surcotte fermée, le soutien de la jupe, l'exhibition du cotillon (v. pl. 276, 277, 280, 311); le pourpoint; le *caleçon* des dames; les *mules de Venise*, les *pianelles;* les gants *chiquetés*.

Colliers, le *demi-ceint*, la bourse, le miroir.

Pl. 274. — France; XVIe siècle.

Nobles, gens de robe, de livrée. Types populaires; *demoiselle*, docteur, page, valets, servantes, chambrière, crieurs parisiens (v. pl. 283), paysans.

Chapeau, chaperon, bonnet *à templettes*, le masque (v. le *touret de nez*, pl. 289); le col féminin, fils d'archal; la pèlerine, la chape; le manteau fourré, la *mandille*, le *jupel*, le *balandrau* ou *balandras*, la *souquenille;* les *grègues*, la *trousse*, les chaussures, les bas d'*attache*, les jarretières, les *gamaches*.

Pl. 275. — France et Flandre; XVIe siècle.

Costumes militaires. (Règne de Henri III.) — Infanterie. Officiers. Porte-drapeaux; mousquetaire, tambour. Abandon de l'armure. Bigarrure du costume. L'allure des matamores.

Les coiffures empanachées, le toquet, le *sombrero;* col godronné, fraise *à la confusion;* le pourpoint, le *panseron à la poulaine*, les mancherons; manteau militaire, l'écharpe; les hauts-de-chausses.

Pl. 276 et 277. — Europe; XVIe-XVIIe siècle. (Notice commune.)

Modes féminines. Figures historiques. Dames nobles, bourgeoises.

Le costume ajusté, les *corps espagnolés*, l'*espoitrinement des dames*. Le port de la dentelle. La lingerie (v. pl. 278).

Fraises, collerettes, leur plus grand développement; collet de manteau, manchettes; les *lacis*, les *passements*, les *points coupés*, la *guipure*.

Le *carcan*, le corset, *corps piqué;* les trois cottes; teintures des étoffes, leurs dénominations.

Le *soulier à pont*, le *nœud d'amour*.

Colliers, chaînes, joaillerie des vêtements.

Cheveux poudrés, perruques, les *arcelets*, l'*attifet* (v. pl. 278).

Pl. 278. — Europe; XVIe siècle.

Portraits. Gentilshommes. Dames nobles. Costumes militaires. Officier supérieur. Sergent-major.

Pl. 279. — Europe. — Allemagne; XVIe-XVIIe siècle.

Costumes féminins; matrones, dames nobles, jeunes filles. Toilettes nuptiales de grande parure, d'épousées, de paysanne.

Couronnes, diadèmes, toquets, coiffes, bonnets, voiles de tête, robes en surcotte, en redingote (v. pl. 280); manches ajustées, à gigot, les ailerons, la traîne, collets, tablier, manchon de fourrure.

Chaînes, colliers.

Chevelure nattée, flottante.

Pl. 280. — Europe; XVIe-XVIIe siècle.

Costumes belges, français, florentins, anglais, milanais, portugais.

Chapeaux (hommes), cordons, torsades, plumes; chapeaux *en cuvette renversée* (femmes); la *coiffe de réseau*, le voile drapé, le *rebozillo* (v. pl. 280 et 281).

Le rabat, le *col vidé;* les *rebras.*

Pourpoint busqué, à épaulettes; basques, corsages, la *fausse panse;* manteaux, la *simarre.*

Hauts-de-chausses, grègues, culottes, celles dites *à la sévillane;* les bas, *tassettes.*

Souliers *à pont,* les *oreilles.*

Anneaux d'oreilles (hommes).

Le masque des dames (v. pl. 283), l'*esvantail,* clefs, étuis.

Chevelure, mucilages de poudres, celle de *chêne pourri.*

Pl. 281. — EUROPE; XVIe-XVIIe SIÈCLE.

Objets usuels. — Montres; les *œufs de Nuremberg.*

Pl. 282. — EUROPE; XVIe-XVIIe SIÈCLE.

Orfèvrerie, joaillerie.

Chaînes de grâce, d'honneur, ceintures, couteaux, clefs, flacons à odeurs, les *barillots,* les *pomandres,* agrafes, broches, pendeloques, *agréments,* ornements de colliers.

Pl. 283. — FRANCE; XVIe SIÈCLE.

Les modes parisiennes au temps de la Ligue. — Costumes religieux, militaires; miliciens, bourgeois, gens du peuple, 1590.

Capitaine, page, *coureur,* curé, chartreux, capucin, crieur de vin, porteuse d'eau, portefaix.

Le chapeau albanais.

L'écharpe noire. Les armures brunies.

Pl. 284. — EUROPE; XVIe SIÈCLE.

Costumes ecclésiastiques.

Le pape; cardinal, patriarche, évêque, abbé bénédictin, chanoines, religieux, acolyte.

Vêtements liturgiques, leurs couleurs; l'*habitus religionis.*

La tiare *(triregnum),* chapeau de cardinal, mitres, fanons, croix papale, crosses, le *sudarium.*

Pl. 285. — ALLEMAGNE; XVIe SIÈCLE.

L'empereur, le roi des Romains; costumes, insignes. Nobles, bourgeois. Modes composites, parure de la *braguette.*

Tunique, dalmatique, pluvial, sandales, couronnes, globe, sceptres, collier de la Toison d'or.

Pl. 286. — EUROPE; XVIe SIÈCLE.

Funérailles d'un prince-chevalier catholique (v. pl. 324-325, le convoi).

Le chaperon embronché, manteaux de deuil, traînants; hérauts d'armes, le tabar blasonné. Étendards; la couronne impériale, le globe; corps de musique; le heaume, l'écu, l'épée de combat; la cotte d'armes; massiers.

Pl. 287. — Italie ; XVIe siècle.

Modes féminines. — Dames nobles. Italiennes. Hollandaises.

Coiffures; couronne *à la ducale,* diadème; le *balzo,* bourrelet; filet, collerette, guimpe; le corsage carré, manches tailladées, mancheron; la simarre, *zimarra.*

Collier, chaîne, broches, pendants d'oreilles, ceinture, cordelière, fleuron d'orfèvrerie.

Contenances; éventail; manchon.

Pl. 288. — Italie.

Costumes vénitiens (seconde moitié du seizième siècle). Les *gentildonne.*

Bonnet en pointe. La chevelure blonde. Parure de la tête, du cou, de la poitrine; robes de brocart, de soie; lingerie brodée.

Costume des hommes; la couleur noire; pelleteries de *dosso,* les *ducales;* la toge, l'étole.

Pl. 289. — Italie ; XVIe siècle.

Moyens et modes de transport. — Costumes d'apparat.

Gondoles; litières, chevaux, mules. — Habitants de Turin, médecin padouan, pénitent, dame romaine, courtisane vénitienne. — La grande stature, l'allongement du buste des femmes, vêtements de dessous *à la masculine.*

Coiffure en frisons, le croissant, les cornes; le *touret de nez;* bonnet plissé (docteurs).

Manteau de chevauchée, corsage, le *panseron;* chausses, culottes *marinesques, provençales, gréguesques, braguesques;* bas à coins. Les hauts patins; éperon à molette.

Éventail plissé.

Pl. 290 et 291. — Europe ; XVIe siècle. (Notice commune.)

Galerie Henri II, salle des fêtes (palais de Fontainebleau). Côté de la cheminée; côté de la tribune des musiciens. Les bancs des fenêtres (v. pl. 299).

Pl. 292. — France ; XVIe siècle.

La *belle cheminée* (palais de Fontainebleau). Chenets, *chiennetz; cheminées, queminel,* soufflets.

Pl. 293. — France ; XVIe siècle.

Décoration intérieure. — Le *lit de parade* (v. pl. 294). La *chambre du lit* ou *des parements;* les *grands appartements.*

Pl. 294. — Europe ; XVIe siècle.

Mobilier français. — Lit dit *à ruelle,* buffet, coffre, bahut, table à manger, siège curial, chaire seigneuriale, pliant à dossier.

Pl. 295. — Europe; XVIe siècle.

Objets mobiliers. — Les bahuts. Le coffre de mariage.
La *huche*. Les *huchers* ou *huchiers*. Les *bahutiers*.

Pl. 296. — Europe. — Allemagne; XVIe siècle.

Mobilier; le poêle de terre cuite. Armoire de plusieurs bois.

Pl. 297. — Europe; XVIe siècle.

Armoire. Orgue de chambre.

Pl. 298. — Europe; XVIe siècle.

Chaires, escabeau, prie-Dieu, cabinets, *kunstschrank* (v. pl. 316).
Les coussins, *banquiers*.

Pl. 299. — Angleterre; XVIe siècle.

Habitation seigneuriale. La « pièce de réception », *drawing-room* (v. pl. 300).
L'*Elizabethean*.

Pl. 300. — Angleterre; commencement du XVIIe siècle (1).

Habitation seigneuriale. — La grande salle. Le *hall*.
Fenêtres, lambris, portes basses, tribune.

Pl. 301. — France; XVIe-XVIIe siècle (2).

Costumes militaires; armes, détails d'équipement. (Époques de Charles IX, Henri III, Henri IV, Louis XIII.)

Gentilhomme, colonel général de l'infanterie, officier général de cavalerie, officier ingénieur, arquebusier, mousquetaire.

Chapeau de fer, nasal, cabasset, le *pot-en-tête*, le morion, hausse-col, cuirasse, buffletin, manches de maille, tassettes, bouclier, bottes.

La couleur blanche, l'écharpe, la croix.

L'épée en *verrouil* (v. pl. 311), pendant d'épée; arquebuse, la *fourquine*, mousquet, arme de chasse, pistolets, amorçoir ou pulvérin, cartouchière.

Pl. double 302-303. — Angleterre.

Architecture intérieure. (Époque d'Élisabeth.) — Habitation seigneuriale. La salle à manger.

(1) Cette planche termine le tome IV.
(2) Première planche du tome V.

Pl. 304. — EUROPE; XVIe-XVIIe SIÈCLE.

Meubles d'apparat : buffet, cabinet.
L'armoire (*aumaire, amaire, aumoires*), les *layettes*.
Meubles en bois sculpté, leur décoration.

Pl. 305. — EUROPE; XVIe-XVIIe SIÈCLE.

Ameublement civil. — Tables, chaises, fauteuils, petit cabinet.

Pl. 306. — EUROPE; XVIe-XVIIe SIÈCLE.

Chaire épiscopale disposée en stalle; la *patience* ou *miséricorde*. — Objets mobiliers, cadres de peintures, de miroirs, dits *historiés*.

Pl. 307. — EUROPE; XVIe-XVIIe SIÈCLE.

Objets mobiliers (v. pl. 308 et 309).
Crédence, fontaine, *brasero*, chaise, clefs, clef de maîtrise.

Pl. 308. — EUROPE; XVIe-XVIIe SIÈCLE.

Hanaps, cruche, chandeliers, verres (v. pl. 309).

Pl. 309. — EUROPE; XVIe-XVIIe SIÈCLE.

Verreries gravées et cristal de roche monté; aiguière, drageoir, broc.

Pl. 310. — EUROPE; XVIe-XVIIe SIÈCLE.

Moyens de transport : le *char branlant*, le carrosse (v. pl. 349).

Pl. 311. — FRANCE; XVIe-XVIIe SIÈCLE.

Costumes de la noblesse (règne de Henri IV).
Les vêtements de couleurs sombres; toilettes de grande cérémonie.
Corsage busqué, la cotte de couleur, le manteau d'étiquette.
Collerettes, manches, parure de perles, pendants d'oreilles, carcan, boutons d'orfèvrerie.
Le *chapeau français;* la fraise, le *rabat,* le pourpoint sans busc, épaulettes *à la Henri IV,* les tissus d'or, ceinture, pendant d'épée, l'épée *en verrouil,* la cape ou *manteau;* les hauts-de-chausses, ceux *à bourse,* les *grègues* (v. pl. 340), la petite *chiquetade,* les coques; jarretières *longues d'une aune,* souliers *à pont,* bottes éperonnées, le *cuir de roussy,* le surpied *chiqueté.*

Pl. 312. — HOLLANDE; XVIIe SIÈCLE.

Intérieur. — *Salon de conversation.*

Pl. 313. — Europe; XVIe-XVIIe siècle. (Notice commune à la pl. 314.)

Lit flamand, comprenant l'armoire et la garde-robe; fauteuil, chaises simples et à bras.

Pl. 314. — Europe; XVIe-XVIIe siècle.

La chambre d'honneur. — Lits à colonnes, en alcôve, *houssé*, de parade; les courtines, les gouttières; les panaches; le *bers* ou berceau.

Pl. 315. — Europe; XVIIe siècle.

L'ameublement français.
Fauteuils, chaises, les montants, le tour tors; usage du cuir gaufré.

Pl. 316. — Europe; XVIIe siècle.

Meubles, objets usuels.
Cabinets (*armoires artistiques*); poires à poudre.
Meubles d'ébène, les ébènes *noires, vertes,* celles dites *du Portugal;* les *ébénistes*, les *charpentiers de la petite cognée.*

Pl. 317. — Europe; XVIIe siècle.

Objets de luxe; orfèvrerie allemande.
Les *nautiles,* œufs d'autruche, coupes, drageoirs, hanaps, porte-allumettes. Pendule astronomique.

Pl. double 318-319. — Hollande; première partie du XVIIe siècle.

Intérieurs; chambre nuptiale; la toilette de l'enfant; costumes, jeux, coutumes.
Le lit encastré, le berceau, les vitres maillées de plomb; bahut, chaises, escabeaux, le miroir extérieur, l'*espion,* chaufferette, brosse, rouet.
La danse, la main chaude.
Type de pompe, jardinets.

Pl. 320. — Hollande; XVIIe siècle.

Moyens de transport; le labyrinthe de verdure; gentilhomme; barbier-barbant.
Le carrosse, le *ciel,* les *quenouilles,* les *mantelets;* intérieur bourgeois, l'horloge à poids.

Pl. 321. — Hollande; XVIIe siècle.

Noblesse et bourgeoisie, 1630 1660.
Toilettes féminines, modes françaises. Tenue de ville, d'intérieur. — Costumes civils, militaires. Gentilshommes, cavaliers; le *raffiné*, le *précieux* (v. pl. 326 à 329).

Pl. 322. — Europe ; XVIIe siècle.

Chambre à coucher (époque de Louis XIII).

La garde-robe et les habits *emmalés*. Chandelier *à platine*, mouchettes.

Tapisseries, les *tentures à figure de bêtes*, les portières, *huis verts*, les *annelets*, la *couchette*, baldaquin, les *pentes*, *cabinet* ou *secrétaire*, les *layettes*; sièges, le tabouret ou *placet*. La hiérarchie des sièges, depuis le banc ou *banquet*.

Pl. 323. — Hollande.

Costumes civils, militaires (première moitié du dix-septième siècle).

Le messager de confrérie, *knape*. Distinctions corporatives. La *montre d'orfèvrerie*. *Ghildes* d'arquebusiers. Repas de corps.

Officier de cavalerie, capitaine, lieutenant, porte-drapeau, sergent, tambour.

Chapeaux de feutre, corselets, buffletins, pourpoints, celui *à la Candale*, ceinturon, haut-de-chausses, canons, *bas à botter* (v. pl. 326); bottes *à entonnoir*, *à chaudron*.

Colliers de corporation, disques, coupes, hanaps, le *drinkhoorn*.

Le drapeau de confrérie.

Pl. double 324-325. — Hollande.

Funérailles d'un prince-chevalier protestant; dix-septième siècle.

Le manteau, le chapeau de deuil, le char funèbre.

Gardes, domestiques, tambours, trompettes, hérauts d'armes, armes, blason du prince, guidons, cornettes, bannières, banderoles, pennons, étendard, heaume, gorgerin de tournoi, la devise, le casque, l'écu, la cotte d'armes. Le cheval de bataille, celui de cérémonie. Insignes de chevalerie. L'épée, la couronne.

Princes, nobles, représentants de la chevalerie; ambassadeurs, députés, conseillers, magistrats, pasteurs, garde civique.

Pl. 326. — Europe ; XVIIe siècle.

France et Flandre. — Intérieur. Costumes civils. Instruments de musique ; l'épinette.

Costumes de chasse, la couleur rouge, chapeaux, perruques, la *moustache*, la *cadenette* (voir pl. 327 et 328); les *bas de bottes* (*bas à botter*), bas superposés, les bas d'*estame*, jarretières, bottes, éperons.

Dentelle, point coupé, le *col vidé*.

Pl. 327. — France ; XVIIe siècle.

Classes nobiliaires ; les différents ports du manteau. Les *raffinés*, une veuve, 1629-1630, une amazone historique (1645).

Castor à la cordelière, panache en *queue de renard*, bords *en mauvais garçon*, chevelure *à la comète*, les *coins* de perruques; les vêtements de pluie, manteau *à la balagnie*, le caban, *gaban*, le *frisque maintelin*; pourpoint; ceux à épaulettes; rabat, baudrier; chausses *à chiquetade*, aiguillettes, culottes *à fond de cuve*, gants, souliers; les *laitues pommées*, les *bottes mignonnes*, éperons cambrés, mules, patins (v. pl. 328 et 329).

Col *en rotonde*, réseau de tête, fils d'archal, la *modeste*.

Pl. 328. — France; XVIIe siècle.

Réforme du costume; noblesse, bourgeoisie. (Époque de Louis XIII.)

Toilettes de dames, pour la promenade, pour la ville, pour l'assemblée; le *décolleté.* Variétés des modes; accoutrements mythologiques : les *Dianes,* les *Junons;* gentilshommes de cour, de grand chemin, les *cavaliers,* les *élégants hors de pair,* le joueur de boules, le capitaine d'aventures, le *marcher* des chevaliers du Saint-Esprit. Le roi, son porte-manteau, 1635-1640.

Le chapeau empanaché des dames, l'*enseigne;* cheveux *abattus,* les *garcettes,* les *bouffons,* nattes, torsades, la *cadenette,* le *galant,* la *culbute;* coiffures de Champagne; le *rond* (voir pl. 339), les *serpenteaux,* les *moustaches*, pendants d'oreilles, la *perle, Cadet la perle,* les mouches, étoiles, croissant, emplâtres.

L'*esclavage de perles,* manchettes de perles, pierreries, pendeloques.

Le *demi-ceint,* la chaîne, les clés, les ciseaux, le couteau, la bourse, les *poires de parfums.*

Le col *en rotonde,* le fichu-pélerine, *rabat dentelé, à la guimbarde.*

Corsage, le *corps de jupe;* bouillons, les *devants;* la *petite oie;* robe *à la commodité,* la *modeste,* manches ballonnées; la robe de dessous, *jupe,* la *friponne,* la *secrète,* le *corps de jupe,* le *bas de jupe;* casaque, la *hongreline.*

Gants de chasse, ceux dits *à la frangipane,* le manchon.

Toquets *à l'espagnole;* cols de point coupé; pourpoint; le *tabit,* le *buffle;* le grand manteau, le *petit manteau à la clistérique.*

La moustache, bouquet *à la royale.*

Les petits fers, le réchaud, le miroir à chevalet, le peigne, la vergette, la mallette, les fards, le *blanc d'Espagne,* l'*espagnol vermillon,* les flacons, l'*eau d'Ange* ou *de Chypre,* parfums *pour embaumer la chambre.*

La mandoline.

Les *gens du bel air, du beau procédé, de la belle manière,* la *personne accomplie.*

Le *coeffeur.*

Les danses.

Pl. 329. — France; XVIIe siècle.

Modes. (Époque de Louis XIII.)

La bourgeoisie; scène d'intérieur, le contrat de mariage, le notaire royal.

La *Gallerie du Palais,* les *babioles;* la lingère, cols, nœuds, vertugades; le mercier; gants, *à l'occasion, à la nécessité, à la Phyllis, à la Cadenet,* éventail. Le *libraire du roi.* Les galants, leurs dames.

Pl. 330. — Europe; XVIIe siècle.

Parures. Orfèvrerie-joaillerie. (Époques de Louis XIII, Louis XIV) (v. pl. 341).

Pendants d'oreilles, colliers, pendeloques, broches, agrafes, boucles, bagues, camées, bracelets, breloques, cachet, aumônière.

Filigrane, émail, jais, le *jayet,* pierreries, jaspe, perles.

Le lapidaire-faussetier; la *haute verrerie,* la *verrerie simple.*

Pl. 331. — France; XVIIe siècle.

Les paysans : vendangeurs, fermiers, filles de ferme, berger, moissonneur, botteleuse; tabellion, cortège nuptial, musiciens; la *danse en branle.*

Coiffure en cheveux, chapeaux, paille, feutre; corsages, robes; le drap, la serge, la futaine; tablier, *saye* ou *sayon*, cape, *sorquenie*, *souquenille*; cordons, fourreaux de jambe, *gamaches*, *garravaches*, *calzar*, *arsoulètes*; souliers.

Houlettes en spatule, en pelle, la *houe*, le tonnelet, la pannetière.

Le caractère du rural au dix-septième siècle.

Pl. 332. — Italie; XVIIe siècle.

Costumes religieux. — Ordres de Saint-Étienne, de Saint-Georges, des Humiliés, des Bénédictines, des Augustines, des Pénitents, tiers ordre de Saint-Dominique; le porteur de morts. Abbesse, religieux, religieuses nobles, chapelain, chanoine; habits ordinaires, de chœur, de cérémonie.

Pl. 333. — Italie; XVIIe siècle.

Ordres religieux. (Rome.)

Ursuline, religieuse de Sainte-Catherine, dite des Cordiers, orphelines, *vierge misérable*, *Zaccoletta*. Élèves des collèges Salviati, Mattei, de celui des Grecs, des Nazaréens, des Écossais, des Allemands, des Hongrois. Habits ordinaires, de chœur, de ville.

Pl. 334. — France; XVIIe siècle.

Ordres religieux. — Costumes des femmes.

Carmélite, religieuses sachettes, madelonnettes, pénitentes, de l'Hôtel-Dieu de Saint-Jean-Baptiste de Beauvais (v. pl. 335), des Prémontrés, novice, hospitalières de Sainte-Catherine, nobles bénédictines.

Pl. 335. — France.

Ordres religieux. — Costumes féminins.

Converse, religieuses du Saint-Sépulcre, feuillantine hospitalière de Loches, de Saint-Gervais, fille Trinitaire.

Pl. 336. — Allemagne; XVIIe siècle.

Le courant des modes, selon les classes.

Gentilshommes. Le *ruffian* tudesque. Ministre protestant; femmes d'Augsbourg, de Bâle, de Strasbourg, la marraine.

Le *pelzkappe*, coiffures cambrées (v. pl. 338), chapeaux, bonnets, les *cadenettes*.

Le *kittel*, plastron, corsage, jupe, bourrelets, pelisse, manteau *troussé*, manchon.

Buffletin, pourpoint; hauts-de-chausses, aiguillettes, les *galants*, les *canons*; bottes à entonnoir.

Pl. 337. — Angleterre.

Costumes féminins, 1642-1649. — *Ladies*, bourgeoises, filles de marchands, la femme du lord-maire de Londres (v. pl. 339).

Modes françaises, leur influence, le chapeau, la *hongreline*, la fraise.

Pl. 338 et 339. — EUROPE; XVIIe SIÈCLE. (Notice commune.)

Angleterre, Brabant, Allemagne, France, 1640-1650.

Dames nobles, bourgeoises, filles de marchand, costume nuptial. Toilettes de printemps, d'été, d'automne, d'hiver. Coiffures. Les dames *houppées*. L'*huiken* ou la cape. Le costume habillé; bonnets d'épousée, celui de fourrure, zibeline ou gibeline; béguin, fraises, collerettes tuyautées, godronnées, le masque, la mentonnière, le fichu, corsets, épaulettes, jupes superposées; le soulier à pont.

Arrangement des cheveux; les *anglaises*.

Le chien favori.

Pl. 340. — FRANCE; XVIIe SIÈCLE.

Costumes de la noblesse, 1646-1670.

Gentilshommes, dames, page. Les rois de la mode : Montauron, Candale. Le *débraillé*. Exhibition du linge. Modes *à la Fronde*, *à la paille*, *au papier*.

Chapeau conique, bas, emplumé; le rabat; la chemise; *jabot*, manches, poignets, dentelles; le point-coupé; le pourpoint, les *brassières*, le *justaucorps à brevet* (v. pl. 344-345); ceinture; *chausses à la Candale;* les *culottes*, la *rhingrave* (v. pl. 344-345); rubans, aiguillettes, les *canons;* baudrier, épée; la *botte mignonne;* éperons, souliers, nœuds, talons rouges.

Corsage; linon, gaze, mouchoirs de cou; la robe décolletée, la *gueuse;* manches courtes; la *mante*, les *galants*, les *faveurs*, la jupe ou *manteau*, la queue.

Cheveux longs (hommes), moustaches *à coquille*, la *bigotère*.

Ruban de cheveux (dames).

Pl. 341. — EUROPE. — FRANCE; XVIIe SIÈCLE.

Parure, joaillerie émaillée. Objets usuels.

Médaillon, agrafe, crochet de ceinture, colliers, pendeloques, cachet, bague, montre, étuis. Insignes : ordre de la Jarretière; croix de Malte.

Pl. 342. — FRANCE; XVIIe- XVIIIe SIÈCLE.

Costumes militaires. (Règnes de Louis XIII, Louis XIV, Louis XV.)

Les gardes-françaises, officiers, enseignes, sergents, soldats; piquiers, mousquetaires, tambour, fifre. La livrée royale.

Création des gardes-françaises. Habits d'ordonnance. L'uniforme. La garde en dehors du Louvre.

Casques, hausse-col, corselet, cuirasse, buffletin, tassettes.

La pique, *l'esponton*, la hallebarde, l'épée, pendant, ceinturon porte-giberne, baudrier, fourreau de baïonnette, mousquet, la *fourquine*, bandoulière, les cartouches, *cofins* (v. pl. 343), pulvérin, sac de balles.

Le drapeau, l'écharpe, la cocarde.

Chapeaux, celui à trois cornes; rubans, bonnets; justaucorps, hongreline, chausses, culottes; bottes à entonnoir.

Pl. 343. — France; XVIIe siècle.

Costumes militaires, 1660-1690.

L'infanterie. Les *vieux corps;* piquiers, grenadiers, mousquetaires, fusiliers; les *couteaux bayonnais;* invention des cartouches. Les miliciens.

Officier général, officier *aux* gardes, *des* gardes; variétés de leurs costumes, le manchon.

Les sergents, leur armement.

Insigne du commandement, la cuirasse.

Les bottes fortes.

La *grenadière.*

Pl. double 344-345. — France; XVIIe siècle.

Intérieur. — La chambre de parade (v. pl. 347). Costumes d'apparat. L'*efféminé;* perruques, la *crinière de lion.*

Pl. 346. — Europe; XVIIe siècle.

Ameublement; menuiserie, orfèvrerie, buffet, le cabinet d'argent.

Pl. 347. — Europe; XVIIe siècle.

Alcôve *à la française;* celles *à la royale, à l'italienne, à la romaine.* Mobilier : table, console.

Pl. 348. — France; XVIIe siècle.

Le grand appartement. Les *réduits,* pièces *entresolées.* Le cabinet de bains (v. pl. 397). Le lit *d'été* ou *d'ordinaire.* La dame de qualité; costumes de déshabillé, corsage, la *gourgandine.*

Le *précieux,* les *précieuses,* les *illustres,* les *grandes,* les *petites* ou les *ridicules. Académies de la préciosité,* les *beautés,* les *muses,* l'*amant du Parnasse.* Les *honnêtes gens.*

Mobilier, fauteuils, 1675-1680.

Pl. 349. — France; XVIIe siècle.

Équipage de la reine. Carrosse de gala. Le roi; officiers de sa maison et de celle de la reine; pages, valets de pied, cocher. Grande et petite écurie. La livrée royale; galons *en bracelet, en quille.*

Pl. 350. — Europe; XVIIe siècle.

Moyens de transport. — Marine de guerre, marchande. Construction navale, vaisseaux de haut bord, trois-mâts *au radoub, à la bande;* ornementation, la proue, la poupe, *tutela.*

Pl. 351. — France; XVIIe siècle.

Costumes civils; noblesse. Le port de la perruque, de l'épée. Habit de cheval. Parure de bal, 1670.

Chapeaux; celui *à trois gouttières*, tour de plumes; cravate; la *chaconne;* justaucorps; les *manches à bottes;* veste ou casaque, boutons, boutonnières, cordons d'ordres, écharpe, culotte; jarretières, *bas de Barbarie*, souliers *à la cavalière*, boucles, cannes, pommes d'or, d'ivoire, la dragonne (v. ces pièces de l'habillement masculin aux pl. 353, 354, 359, 360, 362, et 364).

Perruques *in-folio*, *en crinière de lion*, *à calotte*, *d'abbé*, *de bichon*, *à la moutonne*, *à l'espagnole*, *blondes*, *noires*, *poudrées*, la *cavalière* ou *carrée*, la *financière;* cheveux *gris de Maure*, *blanc agate*, *blanc de lait*, *quart blanc*, *blanc*, *fond jaune*, *châtain*, *châtain clair*, *châtain brun*, *noir*, *petit noir*, *noir jais;* le *devant à la Fontange*, *frisures sur rien*, *à l'angle* (v. pl. 361).

Pl. 352. — France; XVIIe-XVIIIe siècle.

Les robes de chambre, les bonnets. Hommes de qualité. L'abbé *perruquet*, soutane, manchon, *passe caille.* Toilette féminine (v. les pl. suivantes), corset, la *gourgandine.* La *grande*, la *petite Pandore.*

L'habillement du roi.

Le *petit lever*, la *première entrée.*

Bonnet de nuit, camisole, robe de chambre, pantoufles.

La *perruque du lever*, caleçons, haut-de-chausses; bas, souliers, boucles, jarretières; chemise, épée, ceinturon, veste, cordon du Saint-Esprit, justaucorps, cravate, soucoupe aux mouchoirs, la *salve*, montre, reliques, les *bourserons*, gants, chapeau, manchon, canne.

Le maître de la garde-robe, porte-manteaux, écuyer; le *débotté;* changement d'habits, de perruques.

Le *grand coucher*, bougeoir du roi, de la reine, du dauphin.

Le *petit coucher*, toilette de nuit, le déshabillé, bonnet, camisole.

Pl. 353. — France; XVIIe siècle.

Costumes féminins; toilette d'apparat, le décolleté.

Bonnet, la *fontange* (v. pl. 354), la *palissade*, le *monté-là-haut*, la *commode;* frisures, boucles, les *cruches*, chevelure en *paquet;* collier de perles; corsage en pointe, le *tour de manches*, basquines, rubans, les *échelles;* cravate, la *steinkerque;* la jupe de dessus; *manteau*, le *volant*, le manteau de cour, jupe de dessous, *falbalas*, *prétintailles.* Langlé, la tournure, *criarde;* gants, manchon, masque.

Pl. 354. — France; fin du XVIIe siècle, commencement du XVIIIe.

Le costume austère; gens de qualité, habits d'hiver, d'été; abbé, le *petit-collet*, la *soutanelle;* garnitures en *Amadis*, l'écharpe féminine, *cape* (v. pl. 355).

Coiffures : *la fontange*, la *duchesse*, le *solitaire*, le *chou*, le *mousquetaire*, le *croissant*, le *firmament*, le *dixième ciel*, la *souris*, *l'effrontée*, *l'altière fontange;* la *culbute*, les *cornettes*, *guêpes*, *papillons;* le *battant-l'œil.*

Corsages ouverts, fermés; les demi-manches, les *engageantes.*

Les *fardements*, les *mouches*, *l'enseigne du mal de dents.*

L'esclavage de perles, le *boute-en-train*, le *tâtez-y.*

L'éventail en *ocaignée.*

Pl. 355. — France; fin du XVIIe siècle.

Modes féminines; toilettes d'apparat, de ville, d'intérieur.

Coiffure de cérémonie, cheveux en *monte-au-ciel,* les *palissades;* palatine, casaquin, basquine, tablier, jupe; les *freluches; cape;* robes de chambre d'été, d'hiver; le manchon, la canne des dames.

Pl. double 356-357. — France; XVIIe siècle.

Vue intérieure de l'habitation riche; son double caractère.

Les deux appartements; *salles d'assemblée, de compagnie; chambre du lit.*

Les chambres d'habitation, *grand cabinet, cabinet paré, arrière-cabinet;* lambris à *hauteur de chambre,* à *hauteur d'appui;* panneaux, *fausses portes;* cheminée, miroir.

Pl. 358. — France; fin du XVIIe siècle, commencement du XVIIIe.

Meubles en *façon de Boulle.* — *Escablons* ou *guênes* (*gaînes de termes*). La marqueterie métallique. *Bois d'ébène, des Indes,* bronzes ciselés. — Objets usuels; râpes à tabac, *grivoises.*

Pl. 359. — Italie.

Vénétie. — Les modes françaises. Dogaresse, *gentildonne,* patriciens, le *procurator;* habits d'hiver, d'été, de deuil. Personnages de théâtre, Donna Angelica, Cassandre. Marchand ambulant.

Le *corno,* la barrette, voile de tête; costume *à la ducale,* le manteau *troussé;* le noir, couleur vénitienne, la robe des hommes; *manches à coude;* l'étole.

Pl. 360. — Allemagne; XVIIe et XVIIIe siècles.

Courant des modes, l'influence française. — Costumes de cour, de ville. Toilettes d'hiver, d'été; habillements de Berlin, d'Augsbourg. Gens de livrée, l'heiduque, le coureur, l'écuyer. Costumes militaires : officier général, timbalier. Amazone historique.

Chapeau empanaché. Coiffure *à la noblesse, thérèse; polonaise, circassienne* (v. pl. 389); manches *à l'espagnole;* redingote, robe flottante.

Pl. 361. — Allemagne; XVIIe et XVIIIe siècles.

Transformations de la barbe, des cheveux, des perruques. Ecclésiastiques, gens de robe, magistrats civils, professeurs, hommes de guerre.

Moustache *à la coquille;* barbes en éventail, en feuille d'artichaut, en queue d'aronde ou d'hirondelle, barbes frisées; la *royale.*

Les grands cheveux, les frisottés, les postiches; perruques à calotte, les *in-folio,* les *crinières de lion,* les poudrées.

Pl. 362.— France; XVIIe siècle.

Bourgeois, tapissier, ouvriers du roi, 1667-1677.

Classe nobiliaire; toilettes de bal. Danseurs, musiciens. Les différents pas : le *menuet,* la *passacaille,* la *chaconne,* la *courante,* la *sarabande,* la *gavotte.*

Pl. 363. — FRANCE; XVIIe SIÈCLE.

Costumes féminins. — Toilette de cour. Danseuses. Enfant paré. Habit de cheval. Le courtisan.

Pl. 364. — EUROPE; XVIIe ET XVIIIe SIÈCLES.

Costumes civils. — Le port des insignes de chevalerie militaire. (Règnes de Louis XIV, de Louis XV, de Louis XVI.)

Chevaliers des ordres de Saint-Louis, des Deux-Épées, de Malte (page du roi), de l'hôpital d'Aubrac, de l'Étoile; chevalière de la Hache (Espagne); costumes parés, habits du matin.

Pl. 365. — EUROPE; XVIIe SIÈCLE.

Le *buffet*, le dressoir. Surtouts; orfèvrerie de table.

Pl. 366. — FRANCE; XVIIIe SIÈCLE.

Coiffures masculines; les chapeaux, les perruques. Cheval de main.

Le chapeau tricorne, ses variantes, galons, plumes, ganse.

Perruques *nouées, à bourse, à la brigadière;* le *derrière de bourses,* les *touffes*, les *cadenettes,* la *queue,* le *bout-de-rat;* perruques *à la régence.*

Poudre *à graine d'épinard; toupets en vergette.*

Pl. 367. — FRANCE; XVIIIe SIÈCLE.

L'habit. — Modes féminines. Les *paniers.* Toilette champêtre. Le *règne des coquettes.*

L'habit *à pans bouillonnés* (v. pl. 368, 369, 370). Vêtement de haut luxe. L'*habit complet européen;* justaucorps, veste, culotte. Costume de voyage, les guêtres, les bas, la chemise, la cravate; perruques, les *ailes,* hauts toupets, le *fer à cheval.*

Étoffes bourgeoises; le gros drap, la ratine, le bouracan, le camelot, le droguet.

Chapeaux de paille; cornettes; cheveux frisés; le *tour de gorge;* le *parfait contentement* (v. pl. 388); la *palatine; volant* en queue; *panier à guéridon, à la coupole, à coudes;* le *traquenard;* les *demi-paniers,* les *jansénistes;* paniers à l'anglaise, à la française, à l'espagnole, à l'italienne, les *considérations;* le *casaquin* ou *pet-en-l'air;* tablier; souliers.

Pl. 368. — FRANCE; PREMIÈRE PARTIE DU XVIIIe SIÈCLE.

Types de la mode. — Les *mantilles,* la *bagnolette,* les paniers (v. pl. 369). Habits ordinaires, les *manches en pagode.*

Pl. 369. — FRANCE; XVIIIe SIÈCLE.

Costumes de la noblesse, de la bourgeoisie, des classes populaires. (Règne de Louis XV.) — Le *casaquin;* vêtements à la polonaise.

Le chignon, la *physionomie*, les *crochets*, les *dragonnes;* coiffes en *marli*, la *dormeuse* (v. pl. 371).
Le *devant de gorge; manches en éventail*, les *engageantes;* la *robe volante*.

Pl. 370. — France; XVIIIe siècle.

Le cabinet de toilette, 1760. Le maintien, les hommes de cour, les *philosophes*.
La femmes de l'époque Louis XV. La *physionomie*, le *piquant*, visage *au-dessus du joli*, le *teint de couvent*, les *rengorgements d'ostentation*.
Chevelure *à la grecque;* chemise, corsage, l'*oranger en caisse;* bas à coins, souliers, talons.
Le galant; la soubrette.

Pl. 371. — France; XVIIIe siècle.

Toilettes féminines, 1720-1789. — Les couleurs claires; dames, fillettes, classes nobiliaires, bourgeoises.
Cornettes, les *papillons;* cheveux poudrés, le *tapé*, les *favoris*. Robes à la Watteau, le volant, falbalas, corsage, les échelles de rubans, les *fausses-robes*, le *fourreau*, le *corps*, les *engageantes*, manchettes en *éventail*.
Modes *à l'anglaise*, *à l'américaine*.

Pl. 372. — France; XVIIIe siècle.

Le monde élégant. Les filles du peuple, 1735-1755.
Dames, gentilshommes, celui à bec de corbin; types d'abbés; la ravaudeuse, la dentellière, la *grisette*. La demi-toilette, en négligé, en *polisson*.
Le tricorne, cocarde, la *mouche assassine*, les *cadenettes;* mouchoir de cou, le *venez-y-voir*, tablier à bavette; le manchon des hommes.

Pl. 373. — France; XVIIIe siècle.

Classes moyennes. Petites bourgeoises, leurs enfants; boudoir. Toilette négligée, 1739-1749.
Le *coqueluchon*, la *fanchon*.

Pl. 374. — Europe; XVIIIe siècle.

France; seconde partie du siècle. — Meubles de salon; canapé, fauteuil, chaise. La chaise à porteurs (v. pl. 396). L'origine de la chaise vitrée.
Les chaises dorées, *bleues;* porteurs, les *bricoliers;* les *aboyeurs*.

Pl. 375. — Europe; XVIIIe siècle.

Mobilier bourgeois. — L'armoire, le buffet.

Pl. 376. — Europe; XVIIe et XVIIIe siècles.

Objets mobiliers; orfèvrerie.
Chandeliers, flambeaux, mouchettes.

Cérémonial du chandelier.
Le bronze doré.

Pl. 377. — Angleterre.

Intérieur bourgeois, dix-huitième siècle (v. pl. 378 et 379).

Pl. 378. — Angleterre ; XVIIIe siècle.

Scènes d'intérieur. Courant des modes. Mœurs de la noblesse. Le *mariage à la mode. Tableau des réjouissances conjugales. La toilette pour le bal.*

Pl. 379. — Angleterre ; XVIIe-XVIIIe siècle.

Puritains, les *saints,* les *têtes rondes;* le *home* bourgeois.

Pl. 380. — France ; XVIIIe siècle.

Objets de parure, joaillerie, *menuerie.* Épées de parade.

Boette à portraict, croix branlantes, poignée d'épée, coquille, trousses, épingliers, pince à épiler, *grattoir, escurètes,* têtes d'épingles, guêpes, *papillons,* bijoux de suspension, breloques, les *apanages,* fafioles, cachets, glands, broches, bagues, bijou de ceinture, la *châtelaine,* montres.

L'or, l'argent doré, l'acier; *bijoux rustiques,* les *pierres de couleur,* le *similor.* Strass, *bijoutiers-faussetiers,* les *trois ors de couleur;* joaillerie de grand deuil, les *grandes pleureuses,* bijoux bronzés, le petit deuil.

Pl. 381. — France ; XVIIIe siècle.

Costumes militaires (v. de la pl. 381 à 387); cavalerie, infanterie. (Règne de Louis XV, 1724-1745.)

Maréchal de France.

Maison du roi; chevau-léger (v. pl. 383), mousquetaire *noir* (v. pl. 382 et 383), gendarmerie, officier (v. pl. 382 et 383).

Régiment *Colonel-général,* maréchal des logis (v. pl. 382); *Royal-carabinier,* colonel-général; dragon (v. pl. 382); garde de la connétablie; maréchaussée de France; prévôt général.

Grenadier, sergent, la *fourche à croc;* infanterie étrangère, régiment de Linck; tambour-major.

Hallebardes, épées, mousquetons, carabines, pistolets, bandoulières, fusils, baïonnettes, haches, pioches, bêches.

Chapeaux, bonnets de fourrure, soubreveste, la croix, culotte de peau, bottes fortes, jambières, galons, broderies, parements, livrée du colonel.

Couleur des chevaux (v. pl. 382).

La *cornette blanche;* la *compagnie colonelle.*

Pl. 382. — France; XVIIIe siècle.

Musique de la cavalerie. Timbaliers, tambours, hautbois, trompettes. — Mousquetaires, gardes du corps, gendarmes; *compagnies du roi, compagnies des princes;* dragons du Dauphin, d'Orléans, de Bauffremont; régiments Colonel-général, Villeroy, Royal-Pologne.

Livrée royale; l'habit bleu-de-roi, dit *à la Pologne.*

Pl. 383. — France; XVIIIe siècle, 1re moitié.

Le roi, sa maison militaire, cavalerie; la garde du corps, *gardes du dedans du Louvre,* la compagnie écossaise, *gardes du dehors du Louvre,* chevau-léger, gendarme.

Volontaires étrangers : hussards (*Cravates, Polaques*), ceux de Ratzky, de Berchény, *volontaires nobles,* les uhlans, les *pacolets,* le *poulcoménic.* Régiments du maréchal de Saxe, de Clermont-Prince.

La lance, la masse d'armes, le ceinturon, la bandoulière, la giberne, *cartouche;* sabres recourbés, droits, la *sabretache* (*panseretesche*).

Bonnet, aigrette, casque, la cocarde; habits bleus; les *escadrons rouges;* l'épaulette, la *guenille à la Choiseul* (v. pl. 385, 386); veste, habit-veste, manteau; l'habillement *à la tartare;* pantalon, bottes molles, bottines, éperons.

Selles, étriers.

Pl. 384. — France; XVIIIe siècle.

Le Dauphin. Maison militaire du roi, 1757. Mousquetaires *gris, noirs;* grenadier à cheval, garde de la porte (*archer du capitaine de la porte, portier de la garde du roi*), 1745. — Artillerie royale; canons de campagne, avant-trains à limonières, coffret, attelages; les *hussards de Leuchères.*

Bonnets d'ourson, le *pokalem,* sarreaux, manteau, culottes, bas, bottines, galons *en onde,* broderies, carreaux.

Buffleteries, baudrier, fusil, baïonnette, mousqueton, pistolets, l'esponton (v. la pl. suivante).

Pl. 385. — France; XVIIIe siècle.

Gardes françaises et suisses; grande, petite tenue, 1724-1786.

Maréchal de France, colonel des gardes françaises; officiers, caporal, grenadier, soldat, tambour, cymbalier, officier invalide.

Bonnets à poils, chapeaux à cornes, cocardes en rubans, hausse-cols; habit dit *à la française,* les retroussis; guêtres, bas, souliers, boucles.

Le *sabre-briquet* ou *coupe-chou.*

Réformes de d'Argenson, de Saint-Germain : les caleçons, le havre-sac, sa garniture, usage des perruques.

Les écoles de trompettes.

Pl. 386. — France; XVIIIe siècle.

Marine royale, républicaine, 1786-1792.

Corps des officiers : l'amiral, le vice-amiral; celui du Ponant, celui du Levant; officiers de vaisseaux, chirurgien, garde du pavillon amiral, garde de la marine (aspirants), matelots. Infanterie de marine, gardes-côtes, officiers, soldats.

Chapeau bordé *à la mousquetaire,* cocarde; habit, veste, bordés *à la Bourgogne,* revers, parements, boutons *dorés d'or;* culotte, bas, aiguillettes; l'habit-veste, gilet *à la matelote,* pantalon rayé; les couleurs nationales.

Cheveux *en catogan.*

Pl. 387. — Allemagne; XVIIIe siècle.

Costumes militaires. (Guerre de Sept ans, 1656-1763.) Prusse. Autriche.

Figures historiques; souverains, princes, généraux, dragon.

Uniformes de la garde royale prussienne, des officiers généraux de la cavalerie, de l'infanterie autrichienne, des *huzars* hongrois.

Insignes de l'ordre du Mérite militaire; cordons de l'Aigle noir, de l'ordre de Marie-Thérèse, de la Toison d'Or.

Pl. 388. — France; XVIIIe siècle.

Costumes féminins. — La grande robe *à la française* ou robe parée. Les dames à la mode. Types génériques, 1774-1785.

Bonnet ou *pouf* dit *à la Victoire* (v. pl. 389), coiffure *aux charmes de la Liberté,* chapeau à l'anglaise, frisure *à la physionomie,* coques, boucles, le *confident,* collerette ou *médicis,* parements de robe, bouillons, falbalas, volants, manchettes; le mantelet.

Parure, le collier.

Pl. 389. — France; XVIIIe siècle.

Modes féminines. — Costume d'étiquette, le grand panier, règne de Louis XVI, première période (v. pl. 390, 391-392); les hautes coiffures.

Bonnet demi-rond, dit *à la laitière;* serre-têtes; la *thérèse,* la *calèche,* la *Belle-Poule; fichu en marmotte;* coiffure *en baigneuse* (v. pl. 391-392), *à l'enfance;* chapeau *à la Jâquet;* coiffure *d'apparat,* dite *loge d'opéra,* ses variantes; *la toque accompagnée de deux attentions prodigieuses;* bonnet *à la Gertrude, à la Henri IV, aux navets, aux cerises, à la fanfare; bonnet attristé, des sentiments repliés, de l'esclavage brisé.* Les *poufs* (Léonard), celui *au sentiment,* coiffure *à la grand'mère* (Beaulard).

Le *contentement;* le *caraco;* robe *anglaise, à la circassienne,* en *lévite;* manches *Amadis,* garnitures *à la Chartres, au glorieux d'Estaing, aux plaintes indiscrètes, au désir marqué, préférence, vapeurs, agitation, regrets, doux sourire, composition honnête;* la ceinture, la *polonaise,* les *ailes,* la *queue;* vêtement *à l'Austrasienne,* manches *à l'Isabelle,* veste *à la péruvienne;* mantelet, pelisse; chaussures brodées, le *venez-y-voir,* les hauts talons.

L'éventail du *combat naval.* Les cannes.

Pl. 390. — France; XVIIIe siècle.

Règne de Louis XVI, seconde période. — La révolution de la simplicité. Coiffures en cheveux, bonnets, chapeaux. Les *déshabillés* ou *Pierrots* (v. pl. 391-392). Habits de bal, de promenade. La femme du jour.

Frisure *à la Chartres,* le *hérisson,* la *Gabrielle de Vergy,* la *Montgolfière;* cheveux flottants, coulant d'acier, chignon; coiffures de grande parure, la *candeur,* la *zodiacale;* coiffure *au Colisée, de printemps, d'un nouveau goût;* le *pouf,* boucles *à la chancelière.*

Toquet *à l'espagnole;* chapeaux *à la duchesse, à la Théodore, à la Tarare, au héron, au Palais-Royal, d'un nouveau goût;* bonnette *à l'anglomane,* bonnet *à la fusée.*

Négligé *à l'espagnole,* caraco, manches *à soufflets, à la Pierrot,* gilet, redingote, jupon, tablier; souliers, bouts *en sabot chinois* (v. pl. 391-392).

Manchon, queues de martre.

Pl. double 391-392. — France; XVIIIe siècle.

Règne de Louis XVI, seconde et troisième période. — Le *beau monde,* 1785-86. La tournure masculine chez les femmes.

La grande parure. Le deuil de cour, de demi-deuil. Habits de cheval. Costumes d'enfants.

Dames.

Coiffures : *à l'ingénue,* le *hérisson à crochets,* le *demi-hérisson,* cheveux pendants, en *tapet, à la conseillère,* le *toupet à tempérament;* chignon *plat, en dessous;* l'*accommodage* de boucles, le *pouf en rocher;* poudre blanche, blonde, rousse; épingles *à la Cagliostro.*

Bonnets *à la turque, à la Jeannette, à la Captif, à la paresseuse, à la Figaro, à la laitière;* rubans au *diadème, barrières* de velours, les *papillons;* bonnet rond, la *grande baigneuse,* la toque, pouf, toquet *à la Virginie;* chapeaux de gaze, de paille, de jonc, *à la Marlborough;* chapeaux *à l'anglaise, à la maltaise, à carcasses, chapeau-feutre, chapeau-bonnette;* casques *à la romaine, à la Bellone; héron* de plumes, les *follettes,* aigrettes.

Fichus *à la Henri IV, à collerette;* rubans *à l'arc-en-ciel;* camisole *en colinette;* manchettes *en sabot;* corsage, pièce d'estomac; caraco *à l'innocence reconnue* ou *à la cauchoise;* habit de bal *à la paysanne;* robes en chemise, fourreaux *à la lévite, à l'anglaise, à la turque, à la janséniste, à la circassienne;* redingote à collets; manches *à la marinière,* tablier, jupon, mantelet, pelisse, queues de martre; habits de cour; le panier tronqué, le *cul postiche,* les *petits coudes;* souliers *à la Jeannette,* à talons plats; gants, manchon, chèvre d'Angora.

Pendants d'oreilles en *mirza,* grands *anneaux branlants, anneaux unis, à perles, à pois, en plaquettes,* montres, breloques.

Cannes, badines, cravaches (v. pl. 398).

Hommes.

Chapeaux *en jockey, à l'Anglaise, à l'androsmane.* Cheveux en queue, noués, le *catogan,* la *bourse;* coiffure *grecque carrée,* natte *à la Panurge;* toupets, *carré, en petits crochets,* en *vergette,* en *hérisson; accommodage* à deux boucles, à trois boucles, ou *en marron;* perruque *sans tissu, à jour, crêpé naturel.*

Col *à l'anglaise;* le *jabot,* manchettes de *point;* gilets *brochés;* habit, frac, le *surtout;* manches *à la marinière,* boutons émaillés; culottes, jarretières, bas, souliers, *talons rouges,* boucles *carrées,* bottes, éperons; cannes; épées de parade.

Enfants.

Bandeau de cheveux, chapeau feutre; chemise *en collerette,* corset, jupon; veste, redingote, ceinture, culotte *à la marinière.*

Les couleurs en vogue. L'importance des faiseuses de modes. Les maîtres d'agréments.

Les figures à sentiment. L'influence du moral sur les modes. Le *grand simple,* etc.

Le *Cabinet des modes ou les modes nouvelles,* premier journal du genre d'une périodicité régulière.

Pl. 393. — France; XVIIIe siècle.

Palais de Fontainebleau. — Décoration intérieure, le boudoir de Marie-Antoinette.

Pl. 394. — France; XVIIIe siècle.

Époque de Louis XVI. — Mobilier; commode, pendule, fauteuils.
Les bronzes ciselés et dorés (v. pl. 395 et 396).

Pl. 395. — France; XVIIIe siècle.

Objets mobiliers, meubles.
Garniture de cheminée, la pendule, candélabres, les *girandoles;* fauteuils, écran.

Pl. 396. — France; XVIIIe siècle.

Chaise à porteurs. — Candélabre dit *de l'indépendance.* — Table, bois doré, ornements en bronze ciselé.

Pl. 397. — France; XVIIIe siècle.

Le bain domestique, baignoire *à la Dauphine.* — Perruques de femmes, d'enfants.
L'appartement des bains; l'antichambre, la chambre du lit, salle de la baignoire, la garde-robe, le cabinet de toilette, l'étuve.
Perruques féminines : le *chignon*, le *chignon plein*, celui *à la paresseuse*, le *croissant*, les *favoris de boucles*, les *boudins*, la *physionomie.*
La *poudre à cheveux.*
Les *gantiers-parfumeurs.*

Pl. 398. — France; XVIIIe siècle.

Modes féminines. (Règne de Louis XVI, 1787-92.)
La *seconde toilette*, le *grand lever*. Les *caracos.*
Chapeaux *à la couronne, au transparent;* chapeau *flamand*, le *bourdalou;* les *bonnets à cylindre*, les chignons *en poire;* chemise *à la grecque*, la *gorge anglaise*, le *fichu menteur*, le *demi fichu*, le fichu *en chemise*, *à jabot*, cravate; fourreau en *col de canard;* caraco, le *juste*, ceux *à l'Amadis*, *à la Arlaise*, *à la Suédoise*, *à la Bostonienne;* manches *à l'enfant;* robe *négligente*, *demi-négligente*, *coupée*, *en redingote* (v. pl. 405).
Parure : la *Cléopâtre*, bague *à l'enfantement*, *à firmament*, en *pierres de Cayenne.*
Objets en acier, pommes de canne, étuis, bracelets, pendants d'oreilles, serre-chignons.
Éventail *à la Montmély.*
Le *joujou de Normandie* ou *cran.*
Le *rouge de serkis.*

Pl. 399. — Europe.

Ustensiles, objets personnels, jolivetés, du quinzième au dix-neuvième siècle.

Le couvert de table, la cuiller, la fourchette, *furcheste; forchète; fourchète;* son usage au moyen âge, fourchettes à deux, à trois dents.

Couteaux; le *gros coustel,* le *parepain,* serpette, tranche-tige, couperet.

Les *forces* ou ciseaux.

Gaines ou *estuyz,* cylindres.

Poinçons.

Amorçoir, briquet, fermoir d'aumônière, pistolet à rouet, montres, clefs, épingles à cheveux.

Pl. 400. — France; XVIIIe siècle (1).

Costumes militaires. — Troupes régulières, 1792-1793.

Artillerie, hussards *de la liberté,* infanterie de ligne, sapeurs. Le drapeau tricolore.

Commandant, officiers, sergent, soldats, tambour-major, tambour.

Chapeau à cornes, cocarde, panache, bonnet à poils, casque à chenille.

Cheveux bouclés, tressés, en queue, nattés; la poudrure *à frimas.*

Le frac, le caraco; culotte *à l'écuyère,* pantalon à raies; guêtres, bottines.

Le sabre-briquet, pistolets.

Harnais de cheval, les chabraques.

Pl. 401. — France; XVIIIe siècle (2).

Intérieur provincial, 1794.

Pl. 402. — France; XVIIIe siècle.

Costumes féminins, 1794-1800 (v. les pl. 403 et 405).

Pl. 403. — France; XVIIIe siècle.

Modes féminines. — Parure de la tête, du corsage, 1794-1800.

Bonnets, chapeaux *à la lucarne,* capotes, coiffure basse, frisures, chignon pendant; cheveux *à la sacrifiée,* leur teinture.

Le *fichu menteur.*

Robe plissée, collante, la jupe; les *postiches;* ceintures en ruban; boucles de cuivre, d'acier.

Linon, étoffes rayées, toiles de Jouy.

Pl. 404. — France; XVIIIe siècle.

Époque du Directoire. — Types de la mode. Les *sabots tournants,* les croyables, les incroyables, les merveilleuses, les *impossibles,* agioteurs, filous. L'anticomanie, l'anglomanie, 1795-1797.

Dames. — Chapeau *à la jockey,* bonnets, perruques; chemise de linon; costume *en ailes de papillon;* robe *à*

(1) Cette planche termine le tome V.

(2) Première planche du tome VI.

l'hypocrite, à la Diane, à la Flore, à l'Omphale; culotte de soie; écharpe, mantille; bas à coins, sandales, souliers; gants demi-longs.

Hommes. — Cheveux *à la Titus, à la Brutus,* perruque poudrée; la cravate écrouélique, *à la Laignadier;* l'habit carré, le gilet à revers, culottes, rubans pendants; bas en tire-bouchon, escarpins, bottines (v. les pl. 405 et 408-409).

Pl. 405. — Europe; fin du XVIIIe siècle.

Costumes civils, militaires. — Les modes françaises en Allemagne, 1783-1803. Dames de Francfort, d'Augsbourg. Incroyables, merveilleuses.

Chapeaux *à la suisse,* rond, le *bourdalou,* chapeau-claque, le *bicorne à la russe, à la Vintimille* (v. pl. 408-409). L'habit à basques, redingote demi-carrée, le frac en queue de morue, les revers, la lévite; culottes, pantalon; guêtres, souliers, bottes à revers; gourdins.

(Pour les modes féminines, v. les pl. 398-402-403-404.)

Pl. 406. — France; fin du XVIIIe siècle.

Modes féminines du Directoire et du Consulat. — La *Grécomanie. Une héroïne d'aujourd'hui. Modes et manières du jour.* Toilette *à la vestale* (v. pl. 408-409). Le *volubilis.* Toilettes d'intérieur, de soirée, de bal, de ville. Les perruques (v. pl. 408-409). Le phaéton. La couronne de corimbes, les *frisons d'ébène.*

Voile de tête, résille, capote (le *sphendoné,* le *cecryphale*), bonnet, aigrette, l'*esprit,* chapeau-bonnet, bonnet-calotte (la *vesica*).

Tuniques (l'*hemidiploïdion,* la *chlæne*). *Tunique coupée,* jupe à queue, à demi-queue, la ceinture (*zona*); le *schall* (v. pl. 407), le *fichu-shaal,* l'écharpe; coulant d'orfèvrerie, broches, fermoirs, bracelets, bagues, colliers, épingles de tête, boucles d'oreilles.

Anneaux d'orteils, les *carlins.*

Souliers à pointe, bandelettes.

Gants, le *ridicule.*

Pl. 407. — France; XVIIIe-XIXe siècle.

Costumes féminins. — Le châle, 1802-1814. Châles de cachemire, de drap, de laine, de soie, de coton, de percale, de mousseline, de dentelle, ceux de grande parure, les *châles turcs.*

Le *pas du schall.*

Pl. double 408-409. — France.

Consulat, an X (1802).

Modes. — La promenade de Longchamp.

L'homme s'habille, mais ne se pare plus; le *ci-devant,* le *charmant,* le *godiche,* l'agioteur, le *riz-pain-sel.* Les voitures, le *carrick,* le *jockey.* Les hommes en bottes.

Dames. — Cheveux *à la Titus, moutonnés;* perruques blondes, brunes, le tour de cheveux, *cache-folie,* le voile, coiffure *à serpenteaux,* chapeaux de percale, de paille, *de sparterie,* chapeau *à l'anglaise,* capote *hongroise,* bonnets de négligé, celui dit *en battant l'œil,* le turban, l'aigrette, les *chefs d'argent.*

Fichu carré; peignoir *à la Galathée;* corsage à pièces, *à l'Étrurie;* manches *à l'espagnole, à la grecque, à l'athénienne;* robes *à la Philomèle, à la Glaonice, à la romaine, à la Pomone, à la Psyché, à la Rusina,* tablier *à la créole;* redingote *à la Naxos;* surtout *à la grecque;* le spencer; châles longs, carrés, cachemires.

Perles bleues en lapis, serpents, bracelets, colliers.

L'éventail, le mouchoir.

Hommes. — Cheveux *à la Titus, à la Caracalla.* Costumes de parure, de moyenne parure; les *chapeaux français;* le frac écourté; gilet, *veste à la prussienne;* culotte *juponnée*, courte; bas, bottes *à la Souvarow*, talons ferrés.

Couleurs à la mode.

Pl. 410. — France.

Costumes civils. — Les hommes suivant la mode, 1801-1805. *L'habillement selon la profession.* Le riche, l'homme à la mode et les pauvres diables; poète, peintre, musicien, architecte; bottier, tailleur, ci-devant et solliciteuses. L'artiste coiffeur. Le costumier intime. Costumes parés, habillés, du matin. Redingote à l'écuyère, gilet en duvet de cygne, capote, carrick, pantalon.

TABLE ANALYTIQUE

DES PLANCHES ET NOTICES.

(SUITE.)

QUATRIÈME PARTIE. — PLANCHES 411 A 500 (1).

---

(1) Voir en outre, dans les parties précédentes :

(*a*) ***Hollande***, pl. 276, 287, 312, 318, 319, 320, 321, 323, 324, 325, 350.

(*b*) ***Angleterre***, pl. 234, 265, 277, 280, 299, 300, 302, 303, 337, 338, 339, 377, 378, 379.

(*c*) ***Allemagne***, pl. 198, 237, 258, 260, 262, 270, 271, 272, 278, 279, 285, 296, 317, 336, 338, 339, 360, 361, 387, 405.

(*d*) ***Pologne***, pl. 198.

(*e*) ***Italie***, pl. 199, 226, 239, 240, 241, 242, 243, 244, 252, 260, 261, 262, 264, 265, 278, 280, 287, 288, 332, 333, 359, 450.

(*f*) ***Espagne***, pl. 200, 258, 259, 260, 278, 364.

Nota. — Nous ne faisons pas de renvois aux parties précédentes pour la France et les Flandres, les exemples étant trop nombreux, et, comme il était naturel de notre part, la France fournissant, dans notre recueil le contingent principal dans la chronologie du costume européen.

PLANCHES ET NOTICES.

Pl. 411. — Suède.

Les Lapons. — Costumes d'hiver, d'été; objets en usage. Habitation. Moyens de transport : traîneau d'hiver, le *pulke* (v. pl. 412).

Femmes du Lappmark, Laponie suédoise. — Le bonnet, *seite;* variétés des *seitars : kalla passe ware, kalla dem passe, saivo-aimo, saino-olmak,* le *haltia,* le *varalde-olmai, varalde-leib* ou *tjatse olmak, biagga-gallas;* bonnets carrés, bonnets à cimier (femmes), capuce, le *kladd,* cravate; blouse; collet; le *silfverkrage* (v. pl. 412 et 414). Ceinture des femmes, le *qvinno-balte;* la *kapte,* le *vuolpo;* la botte-pantalon; bottes d'été, *sommar-skor;* d'hiver, *winter-skor;* souliers à la la chinoise; gants.

Cheveux tressés.

Bagues.

Cuillers en corne de renne, *skedars;* cuillers de bois, *kokse af bjork;* le *knif :* le manche, la gaîne; cure-oreilles, *orslef;* pipes, *lerpipa, tobaksdosa;* porte-monnaie, bourse, *peningpungar.*

Le patin, *suksi* (v. pl. 413), le bâton du patineur, la houlette, *klakka* (v. pl. 412).

Le garde-manger des solitudes, *njalla.*

Tonnelet portatif, le *mjolk-kagge.*

La tente, *kata,* sa monture; le fourneau, l'échelle; place du mari, de la femme, *baschio-hiueshie,* des enfants, *kask loido.*

Traîneaux couverts, ceux de marchandises; *lakkek; kerrès;* le bâton du cocher, *kor-kapp.*

Le renne, son harnais.

Lapons côtiers, montagnards (v. pl. 412), nomades; celui des sapins, le *Graanlaper;* leurs physionomies. Tribus, chefs, le foyer; *laume-guatte.*

Travail des femmes : confection des habits, des souliers, des gants, des harnais, broderies.

Superstitions, sorcelleries; le tambour runique; le mage ou sorcier, *tietaja;* le demi-dieu, *puojumala;* l'homme de la bonne aventure, *noaaid.*

Pl. 412. — Suède, Islande, Laponie.

Costumes. Usages populaires.

Lapon de Kaitum, marié (*brud*), mariée (*brugdom*) de Karajosk. — Le Lapon montagnard, *Fjall-lapp.* Le port de l'enfant : le berceau, *katkem* (v. pl. 411). Costumes d'hiver, d'été; le bateau de neige, *akkja;* l'attelage. (Lappmark, Laponie suédoise. Finmark, Laponie norvégienne.)

Jeune fille de Reykiawik, costume de cérémonie. Collets brodés, médaillons, boutons, coiffures à cimier (v. pl. 413).

Marchande ambulante. Classes rustiques, le paysan libre, *danneman;* femmes, enfants; toilette nuptiale, le fiancé; costumes journaliers, du dimanche. Toilette d'été. (Sudermanie. Dalécarlie. Bleking. Scanie.)

Femmes. Coiffure, laine frangée, bonnets : celui de la femme mariée, de la jeune fille, *kallarma;* le béguin des enfants. Chemise; manches, corsage, bretelles; fichu, tablier, le *châlong;* jupe; pardessus; sac de cuir, gants, mouchoir ou enveloppe du livre, *baklappen.* Arrangement des cheveux. Colliers. Aiguilles de tête.

Hommes. Chapeau, bourdalou, cravate, col, gilet, redingote, épaulettes, broderies, culottes, bas, jarretières, souliers; le fouet du fiancé (v. pl. 415).

Pl. 413. — Suède, Norvège, Islande, Laponie.

Costumes. Parures. Coutumes. Objets usuels.

Patins du Lapon, *suksi;* pipe de métal.

Famille de Hnappavellir : chemise, culotte, le *vadmal;* bretelles, bas, souliers, lanières, bonnet, gland, jupe, galons, broderies, gants, cheveux flottants. Costume de pêche : peau de phoque, bonnet ou chapeau, blouse, capuchon, pantalon; selle de femme; planchette; tabatière; ornements de ceinture; boutons; grelots.

Toilette de relevailles (v. pl. 496), de deuil. Costume d'hiver : bonnets, béguin, coiffures, celle de la *sjelfvan* ou femme mariée, *charlakana-mossa;* celle de l'épousée, la *couronne de laiton,* fichu, corsage, ses agrafes; tablier, cape, pelisse; bijouterie orfévrie, usage des cannes; les *chevaliers de la noce,* le *rudiman.*

Flambeaux, trépieds, candélabres.

Manoir rustique, la maison d'Ornas.

Essai sur la philosophie du costume. — Le Germain de Tacite. La race indo-germaine. Le paysan de la Suède et de la Norvège. Les toilettes paroissiales; leur unité locale. La diversité entre voisins, représentant l'indépendance de l'ancienne tribu. Les toilettes masculines rajeunies par les femmes, qui, de leur côté, persistent dans l'usage des modes séculaires.

Pl. 414. — Suède.

Lapons. Norvégiens. Suédois.

Époux lapons, femmes, enfants; costume d'été. (Nordlanden. Finmark.)

Mariée, fille d'honneur; diocèse de Bergen.

Garçon, fille; toilette nuptiale; paysan mineur. Les *noirs,* les *blancs.* (Scanie. Dalécarlie.)

Costume de cheval; le tablier du mineur, *forskinn;* couteau-poignard, *dolkknif,* pelisse, peau de mouton.

Coiffures en couronne (v. pl. 415 et 417), cravate, corsage, épaulette, plastron, jupons superposés, tablier, le mouchoir de la fiancée.

Pl. 415. — Suède, Norvège.

Paysans. (Scanie, Dalécarlie, Sudermanie, diocèses de Bergen et de Drontheim.)

Moissonneuse, fermier, toilette du dimanche; garçons, filles, costumes d'honneur, nuptiaux; femmes, enfants.

Couronne rayonnante, le haut bonnet de la fiancée; fichu, pèlerine, la chemise d'automne, *hoste sarken,* tablier; couleurs selon les saisons, le jaune, couleur de deuil; le *châlong,* le *vadmal;* manchon; souliers à pattes, à talon central.

Chapeaux, castor, bonnets, fourrure, frac, habit, gilet à basques, lévite, *walmar,* culotte de peau, bas, bottes.

Cadeaux du fiancé, de la fiancée : les gants de cheval, le cordon de ceinture, *pengtrossen,* la *boîte du prétendant.*

Pl. 416. — Suède, Norvège.

Paysans, horlogers, mariée, fille d'honneur, costumes du dimanche. Toilette nuptiale, de cérémonie. (Dalécarlie, Scanie, diocèse de Bergen.)

Pl. 417. — Suède.

Parures orfévries à l'usage des paysannes suédoises et norvégiennes.

Couronnes de mariage, boucles d'oreilles, colliers, plaques, pendeloques, médaillons, cœurs, croix, broches, agrafes, rondelles.

La parure de cuivre seul, joaillerie populaire de haute antiquité. La bijouterie gemmée des Scythes se retrouvant dans le clinquant des parures rustiques. Les pierreries de la Laponie mises en œuvre par les lapidaires suédois. Les édits somptuaires, chez les Germains, autorisant pour les filles et demoiselles ce qu'ils défendaient aux femmes mariées ou veuves, béguines ou autres dames.

Pl. 418. — Suède.

L'habitation en bois. — Intérieur, maison à plafond chevronné, *ryggastuga;* la vie rustique; matériel domestique, ustensiles.

La maison roulante, le *gaard* norvégien, le *seiter*. Isolement des populations.

Pièces de la maison, le vestibule, la chambre commune; les parois et leurs enluminures; le poêle, la cheminée; lit, bahut, secrétaire, table, boîte à horloge, bancs, rouet, pot à beurre, chandelier, trépied, tabatière, blague à tabac, sabots de l'enfant; vaisselle de terre, de bois; jonchée de fleurs, de feuilles de sapin; objets en bois, cafetières, brocs, jatte, boîte à beurre. Les tasses et les cuillers « *pour plaisanter* » doubles et triples. La cuiller à soupe et celle d'alliance.

Pl. 419 et 420. — Hollande. (Notice commune.)

Costumes populaires, commencement du dix-neuvième siècle. Les vêtements traditionnels. Pêcheurs, gens de labour.

Paysans-insulaires, batelier, *schipper-oom,* dame, servante, laitière, marchande de poisson; costumes de fête, de visite, de travail. (Rotterdam, Scheveningen, îles de Walcheren, de Marken, d'Ens, de Zuid-Beveland, Nord-Hollande. Frise.)

Hommes. — Tricorne, chapeau droit, calotte, cravate, gilet, pourpoint, justaucorps, redingotes, la *kappe,* gilet, veste, ceinture, boutons d'orfèvrerie, hauts-de-chausses, culottes, souliers, boucles; le couteau, sa gaîne (v. pl. 422 et 423).

Femmes. — Chapeaux de paille, les bonnets *marqués,* béguin, coiffe, dentelle, broderie, brides, rubans.

Le casque, plaques de front, les fers, l'*hoofdnaald* (v. pl. 421, 422, 423). Bandeaux de joaillerie, chaînes de cou, pendants d'oreilles, pendeloques, disques, colliers, agrafes, bagues.

Chemisette, manches, tour de gorge, mouchoir de cou, corsage, camisoles, le pectoral, tablier, toile de Frise, jupons superposés (v. pl. 422), les poches, le mantelet; souliers, boucles, chaussons, sabots.

La lessive des cheveux.

Pl. 421. — Hollande; XIXe siècle. (Notice commune à la pl. 422.)

Costumes féminins. — Coiffures; parures de tête.

Frisonne; villageoises de Zaardam, de Kromménie; filles des îles d'Ameland, de Groningue, de Zuid-Beveland; femmes de Beyerland, de Dordrecht.

Les colliers de corail, *bloed-koraal,* fermoirs d'or, d'argent.

Pl. 422. — Hollande.

Costumes du commencement du siècle; les modernes.

Matrones, villageoises, femmes de pêcheurs, orpheline, dames, pêcheurs, paysans, prieur d'enterrement, l'*aans-*

preker; coiffures; costumes de travail, de kermesse; le droit de passage, *heule;* le traîneau de la Frisonne, *steeksledje.* (Iles d'Urck, de Marken, de Schouwen, de Walcheren, Zandwoort, Volendam, Zierickzée, Scheveningen, Nord-Hollande, Frise.)

Femmes. — Les épingles d'or, *krullenne bellekens;* le corsage, *manteltge;* le plastron, *buck en kleuren;* robes à fleurs, tablier; chaînette, ciseaux, aiguilles, anneaux, bagues, boîtes à parfums, à pastilles, à monnaie.

Hommes. — Chapeaux ronds, en tuyau de poêle, bonnet de fourrure, boucles d'oreilles; chemise, garniture, boutons, médailles; le gilet à manches, *borstrokken;* blouse à capuchon, culottes bouffantes, à grand pont, boucles orfévries; bottes, souliers à cordons, à boucles; parapluie.

Le patin, véritable chaussure de la Frisonne.

Pl. 423. — Hollande.

La joaillerie du paysan. Objets usuels.

Les parures orfévries. Les fers à l'usage des femmes.

L'épi, *hoofdnaald,* épingles temporales, pendeloques, *krullenne bellekens,* spirales, plaque de front, boucles, pendants d'oreilles, colliers, le *bloed koraal,* fermoirs, broches, agrafes.

Chaîne, garniture de boutons de chemise, de blouse, plaque de ceinture, chaîne de montre.

Couteau, manche, gaîne, porte-pipes.

Variétés des *fers* selon les provinces; pays de Groningue, d'Over-Yssel, Zélande, Zuyderzée, Nord-Hollande : femmes de Volendam, de Kruiningen; *fers* de la petite, de la grande toilette; les bandeaux minces, *voor hoofden,* plats, *hoofdyzer;* le cercle d'or de la Frisonne, le double épi, les petits drapeaux.

Couteau du paysan, arme de combat.

Pl. 424. — Hollande.

L'ancienne habitation frisonne. — Maison bourgeoise; intérieur, sous deux aspects.

L'alcôve, battants ajourés; le lit encastré, le berceau, le prie-Dieu, l'armoire vitrée, tables pliantes, l'escabeau, les chaises, le coucou, la chaufferette, la bassinoire; assiettes, plats, coupes de Delft; revêtement de faïence.

La cheminée, chauffage, les *veenen.*

Le coloris du mobilier. Le bahut des ancêtres.

Pl. 425 et 426. — Écosse. (Notice commune.)

Costumes nationaux, depuis les temps païens jusqu'aux temps modernes.

Bardes irlandais, l'*awenydd,* l'*ollamh.* Guerrier picte. Les anciens Gaëls. Chefs, *lairds, chieftains;* gentilshommes, *druine-usual;* les *highlanders;* l'archer, *cearnaich;* le *piper.*

Le *breacan,* l'insigne végétal du clan; la loi *Ilbreachta;* couleurs, formes des vêtements, la couleur rouge sombre, *ruadh;* le tartan des Stuarts, *breacan dearg na Stiubartich;* armoiries, symboles.

Clans Mac Dugal de Lorn, Ferguson, Mac Inne, Mac Cruimin, Mac Coll, Mac Donald des Iles, Mac Laurin, des Mac Quaaries, des Skenes, des Graennes, Robertson, Mac Ivor, des Grant de Glenmoriston, des Mac Intoshes, Mac Lead, des Forbes, Mac Donnel de Glengarry, des Frasers, des Chisholms, des Campbells de Breadalbane, des Menzies, des Ogilvies, des Davidsons, des Stuarts, Buchanan, des Kennedys, des Mac Machtans, des Mac Intires, des Murrays, des Mac Donald du clan Ranald, des Mac Aulays, des Mac Lean.

Casque, le *clogaid;* l'haubergeon, la chemise de mailles, *lurich;* bouclier, le *targaid,* son ombilic, *capan,* poignée, double poignée intérieure.

Lance à main, *l'aseth,* la *trinifamma; l'aropstara;* claymore simple, celle à deux mains; poignée en forme de panier ou *cliabh;* épée, la *claidheamb;* la dague, *bidag;* sabre, baudrier, arc, flèches, carquois.

Le capuchon, *barrad,* le manteau, *cochal,* des Ollamhs.

Bonnets, le *bonaid-gorm,* le *glengarry;* chemise, la *Lein-Croich;* cotte, veste, pourpoint, jupon, le *fheile beag,* le *kilt;* plaid, le *breacan fheile;* chausses, *trews;* bas, *moggans;* brodequins, *cuarans;* bourse, *sporran;* corne à tabac, *snaoisin* (v. pl. 427).

Cheveux longs, chignon bas.

Pl. 427. — Écosse.

Les montagnards. — Costumes féminins, la laitière, *banarach;* cavalier, sa monture, poney highlander. Armes offensives, défensives.

Clans Sinclair, des Colqhous, des Mac Nicols, des Farquharson, des Urqharts, des Mathesons, Mac Niels, Mac Ivor, Chisholm, Mac Lean, Clar Innis, des Frasers, des Guns, des Mac Lachlain.

Écharpe, tartans, plaids, le *tonag* ou *guailleachan, l'arisaid;* broches, chaussures, brodequins.

Cheveux tressés, rubans.

La grande pique, *tuagh-cath; targaids* à lame d'acier tenant lieu *d'umbo,* claymores.

Harnais du cheval : garrots, baguettes de coudrier, brides, corde de poils, selle, peau de bouc.

Pl. 428. — Angleterre; XVIIIe-XIXe siècle.

Costumes de la rue. — Types populaires. Figures historiques. Le *bliaut.*

Marchandes d'almanachs, de pudding, de poissons, *fish-woman;* diseuse de bonne aventure, *fortune-teller;* porteuse de lait, *milk-girl;* marchands d'orviétan, d'oignons. Les *draymen. Waterman* des voitures publiques; le *marin aux jambes gelées;* conducteur de bétail, *drover;* le *postman;* le *sailor;* le noircisseur de souliers, *shoe-black;* le pompier, *fireman;* le maraîcher: le chaudronnier, *tinker* (v. pl. 429).

Pl. 429. — Angleterre; XIXe siècle, 1re partie.

Types populaires. — Histoire des cris de Londres. Le *concert d'harmonie.* Le chapeau droit à haute forme.

La laitière, *milk-maid;* la vendeuse d'allumettes, *match girl;* marchande à la brouette, *barrow woman;* vendeuse de crevettes, *female shrimper;* marchande de poissons de Billinsgate, *a Billinsgate fish woman;* le facteur, *postman;* le pompier, *fireman* (la hache-pic); le vendeur de journaux, *newsman;* le veilleur, *watchman;* (les *linkboys,* les *linkmen*); le boulanger, *baker; Welsh women* (*wooden spatula*). La *gipsy.*

Pl. 430. — Angleterre.

Costumes hiérarchiques et professionnels. Première partie du dix-neuvième siècle. — Hauts dignitaires : juge, évêque, le *speaker,* le *Lord mayor* de Londres, alderman, invalides des armées de terre, de mer; pensionnaires de Chelsea, de Greenvich. Toilette féminine : dame, costume d'été, 1814. Types populaires : le *dustman;* pêcheur d'Hastings, bedeau d'église, écolier ou *garçon de la jaquette bleue.*

Pl. 431. — Angleterre; commencement du XIXe siècle.

Moyens de locomotion dans l'intérieur des terres. Les barrières des routes; le collecteur, *toll gatherer.*

La carrosserie : le panier suspendu, la *caravane* et le *sociable*, diligence, chaise de poste, tilbury rustique, la charrette du maraîcher.

Le *toll-money* ou le péage auquel le souverain lui-même devait se soumettre.

Pl. 432. — Allemagne.

Costumes populaires. (Bavière. Saxe-Altenbourg.)

Haute et moyenne Franconie. Ashaffenbourg. Basse-Bavière. Haut-Palatinat. Souabe. Mariée altenbourgeoise (v. pl. 433).

Le *pelzkappe*, bandeau de tête; le *fronteau*, bonnets, coiffes, broderie, dentelle, brides, ailes, rubans, cheveux tressés; la couronne de mariée, *hormbt;* corsets, fichu, jaquette, manches rembourrées, bouffantes; robes, tablier, collier, perles, grenats, orfèvrerie; bas à coins, souliers; franges.

Chapeaux ronds, coniques, cylindriques, à bords larges, étroits, gilet, veste, redingote, boutons d'argent, culotte, pantalon.

Les catholiques et les protestants se distinguant par les couleurs du costume.

Pl. 433. — Allemagne (Tyrol).

Costumes populaires. — Toilettes féminines : les bonnets à cimier, coiffure aux longs rubans. Les femmes altenbourgeoises.

Autriche. — Tyroliens; montagnards, paysans, femmes du Zillerthal, du Pusterthal, du Sarnthal, du Oetzthal, des vallées de l'Inn, du Passeyer; Bohémiens d'Auherzen, de Kladau.

Allemagne, Wurtemberg, Silésie. — Femmes de la forêt Noire; paysan des Monts-Géants. Saxe, femme de Dannstedt, jeune fille wende. Fruitière de Hambourg; femme de Cobourg. L'étudiant d'Heidelberg aux temps romantiques.

Bandeau de tête, *stirntüchel,* diadème, *nadel;* chapeaux, coiffes, bonnets, rubans, broderies métalliques, col, dentelle, chemisette, fichu, corsage, bretelles, agrafes, jaquette, *niederleibel;* les rebras; le *kurass,* initiales brodées, ceinture, jupe, tournure de crin, tablier, souliers, bouffettes; cheveux tressés, chaînes, croix.

Chapeaux de feutre, glands, aigrettes, cravates; gilet, *brustfleck,* veste, *joppe,* ceinture; boucles de métal, plaque, ornement de ceinture; redingote des jours de fête (*der gottestischrock*); culottes, bas, souliers lacés, clous à têtes larges, à grosses têtes, *stossnägel.*

Pl. 434. — Suisse.

Costumes populaires (dix-neuvième siècle, première partie).

Cantons de Lucerne, de Fribourg, de Zug, de Berne, de Schwitz, de Schaffouse, du Valais (v. pl. 435 et 436).

Paysans, paysannes, laitière d'Oberhassli. Costumes habillés, de travail; les couleurs claires. Les vêtements longs, écourtés.

Chapeaux de paille, fleurs, rubans, toque, calot, tresses flottantes, nourries de crin; la fraise, chemise; lettres initiales; corsages, broderies, bretelles, tablier, cotte, jupe, ceinture; bas, jarretières, colliers; l'*Agnus Dei* (v. pl. 435).

Pourpoint, veste, chausses bouffantes, culottes, ceinture de cuir.

Pl. 435. — Suisse.

Costumes féminins.

Berne, Appenzell, Fribourg, Uri, Lucerne, Schwitz, Unterwalden. — Toilette de mariée. Le costume des ancêtres.

Coiffures, crête de gaze, haut bonnet, parure de la tête, cuiller d'argent; bonnet ruché, carcan d'orfèvrerie, collier de jaseron, pendeloques, bracelets, plastron, caraco; souliers, boucles, talons de métal.

Pl. 436. — Suisse.

Unterwalden, Saint-Gall, Berne, Valais, Zurich, Zug, Lucerne, Bâle.

Corsages coupés à l'italienne, chaînettes, demi-manches, celles *à gigot,* jupes longues, courtes.

L'influence des habitudes et du milieu matériel et moral sur l'aspect terne ou gai du costume. La longueur des jupes selon la nature accidentée du pays, ville ou campagne, pour les femmes ayant besoin d'activité.

Pl. 437. — Europe.

Pipes anciennes et modernes; étuis, accessoires à l'usage du fumeur, boîte à briquet, sac à tabac. Norvège, France, Italie, Belgique, Tyrol, Hongrie, Bohême, Grèce et Allemagne.

Pl. 438 et 439. — Russie; XVIe-XIXe siècle. (Notice commune.)

Figures historiques; tzars, princes, boïars, fille de boïar, le chef des Cosaques, *atamane.* Habits de camp, vêtements d'apparat, du matin.

Classes populaires; femmes, filles de Tver, de Torjok (v. pl. 440), de Riazan. Costumes de fête.

Modes byzantines, mongoles, polonaises; bonnets, fourrure, velours, chemises brodées, col, pièce triangulaire, le *caftan,* le *demi-caftan,* le *ferez;* le sarrau, *zipoune;* le col *kozir;* la pelisse, la manche longue; soutaches, brandebourgs, cordons, glands, l'essuie-main; pantalon, ceinture en cordelière, bottes à la tartare.

Le port de la barbe.

Costumes féminins. Bonnet-diadème, bonnet de toile, le *volosnik,* coiffure en pointe, le *kokoschnik,* capuche, *kitschka,* pièce d'étoffe, le *povoïnik,* voile, le *nadzatylnik,* collerette; la robe longue, *sarafan;* mantelet en casaquin, *douchegreïka;* vêtement de dessus, *ponka,* couvre-mains.

Pl. 440. — Russie.

Slavo-Russes. Mordvien ou Morduin, Kalmouk, Tartare. Femmes d'artisans, filles de labour, cultivateur, habitant des steppes.

Bonnets : le *tschepatz,* bandeaux, celui en mentonnière, mouchoirs de tête; manches de lingerie. Le voile-moustiquaire, robes longues, courtes, surtout, ceinture, bottes, chaussures fortes.

Pl. 441. — Russie.

Coiffures populaires; parure de tête (v. pl. 442).

Habitant de Tikhvin. Femmes des gouvernements de Novgorod, de Koursk, de Kalouga.

Le *tschepatz*, le *kokoschnik*, bonnets, serre-têtes, toques, turbans, capuchons, couronnes, diadèmes, voiles, ruché, broderies, étoffes d'or, paillons, perles, pierres précieuses.

Colliers, boucles d'oreilles.

Pl. 442. — Russie.

Suite des coiffures populaires des femmes Slavo-Russes, dans les gouvernements de Novgorod, de Kalouga, de Tver, de Koursk.

Usage des fards.

Pl. 443. — Russie, partie septentrionale.

L'*izba*, maison du *moujik*. La pièce du premier étage, *svetlitza*.

Le poêle, le lit; bancs, table; images de la Vierge, d'un saint (*ikona*); portraits du tzar, de la tzarine; murs de sapin.

Pièces accessoires, la chambre de toilette, *sény;* celle des ustensiles, des outils du travail.

Pl. 444. — Russie.

Mariage slave. Danse russe.

Le prêtre, habits sacerdotaux, le saint de la maison, cierges; les époux, couronnes d'argent, les *drougeki;* bénédiction des anneaux; divertissements.

Anciens usages; la demande en mariage, célébration des fiançailles, présents ou *dari* de la mariée, cortège de la noce, bénédiction nuptiale, le baiser d'amour, *kitra,* retour à la maison; la *coiffe des femmes,* la *swakha* ou *pronuba*.

La *balalaika*, guitare.

Pl. 445. — Russie.

Costumes populaires.

Petits-Russiens, Grands-Russiens, Tchérémisses, Bulgares (gouvernements d'Orel, de Kherson, de Nijny-Novgorod, de Simbirsk).

Femmes. — Coiffures : le *tschepatz*, le *kakolchnik;* bonnet, capuchon, voile, colliers, pendants d'oreilles, ceinture, fermoirs, écharpe, chemisette, broderies, plastron, monnaies, disques; tunique, robe, tablier, mantelet; bottes, chaussures, cordelettes.

Hommes. — Bonnet, le *kalpak;* gilet, *bechmet; touloupe, caftan,* pelisse; pantalon, *chiravari;* bottes fortes, les *laptis*.

Pl. 446. — Russie.

Tente du Kalmouk, la *kibitka*.

Mœurs nomades. Villages temporaires, *oulous;* construction de la *kibitka :* claies, couverture de feutre, porte de menuiserie. Le trépied, le lit, les coffres, les étagères, les sièges, le *samovar,* ustensiles; les images des dieux, le moulin à prières.

Les Kalmouks, peuple de cavaliers. Costume, nourriture.

Pl. 447. — Russie.

Ostiaks. Toungouses. Indiens de l'Amérique russe. Koloche ou Hinkite. — Coiffures des Criméens.

Bonnet, capuchon, robe, surtout, laine, drap, fourrure, pendants d'oreilles, perles, perlines.

Les habillements de peau; la chemise légère et imperméable faite avec des intestins d'animaux de mer; la chaussure imperméable, peau du gosier des phoques.

Pl. 448. — Russie.

Costumes populaires.

Russes : pasteur cosaque; paysans roumains.

Tartares de la Crimée. Classe de Tartares : les enfants, le maître d'école. — Musulmans, parlant la langue des Osmanlis.

Podolie, Orel, Roumanie, Crimée.

Chapeaux, bonnet en boule, *kalpak, caciola;* chemise, gilet, veste, *kyssa-hurk,* blouse, ceinture, pantalon, *chalwar;* bas de feutre, souliers, cordelettes, sandales, *opinci.*

La « *horde d'or* ». Les ongles des femmes teints en rouge, souvenir de l'origine asiatique. La haute antiquité du type roumain.

Pl. 449. — Pologne; XIIIe et XIVe siècles.

Rois, haute noblesse, clergé, ordres religieux, bourgeoisie.

L'origine des Slaves. Leur division en orientaux, occidentaux et méridionaux. Leurs costumes en général.

Bonnet, fichu, robe, l'*amicula barbarica,* l'*amie* (*przyaciolka*); manteau, pantalon; armures d'écaille, de cuir.

Moyen âge. Noblesse. Influence du costume oriental; modes de l'Europe occidentale; le *joupane* (*zupan*) (v. pl. 450 à 454). Capuchon, la couleur *karmazyn;* ceintures de cuir, d'orfèvrerie; robe, haut-de-chausses; chaussures, lanières, bottes.

Cheveux rasés, la barbe.

Casques, nasal, armures de mailles, de plaques, d'écailles; l'épée, le coutelas, la lance, l'arbalète.

La coiffe des femmes mariées, *podwika.* Couronnes, bonnets, robes, manteaux, ceintures; cheveux flottants, tressés.

Costume de la bourgeoisie; influence des modes allemandes, italiennes.

Pl. 450. — Pologne; XIVe-XVe siècle.

Figures typiques, historiques. — Costumes royaux, princiers. L'ordre teutonique; le manteau blanc de ses chevaliers. Gentilshommes, bourgeois, paysans, tenue de travail.

Le vêtement de dessous, *kontousch.*

Pl. 451. — Pologne; XIVe-XVe siècle.

Costumes militaires, civils; tenue ordinaire, d'apparat. — Princes, seigneurs, bourgeois, l'arbalétrier, le juge, le bourreau.

Manteaux, la *chouba* (*szuba*); vêtements d'origine turque, la *ferezya,* la *délia* (v. pl. 451 à 453).

La *déliutka* ou *déliura.*

Chaussures pointues.

Pl. 452. — Pologne; XVIe siècle.

Le roi, le grand hetman (connétable) (v. pl. 453), maréchal de camp, dame de la noblesse, gentilshommes; paysans de Kalisz, de la Lithuanie.

Vêtement d'origine hongroise, la *bekiécha*.

Pantalons, bottes, talons armés du fer à cheval; danse nationale, la *mazur*.

Marque distinctive de noblesse, le sabre recourbé, *karabela;* sabres de guerre, de parade; l'*oboukh*.

Pl. 453. — Pologne; XVIIIe-XIXe siècle.

Costumes de la noblesse, du peuple. — Le connétable, grande dame, paysannes, paysans de Lublin, de Cracovie, de la Lithuanie, montagnard des Carpathes.

Bonnets : la *konfederatka,* la *krakouska,* le *kolpak*.

Vêtement d'origine tartare, *l'opognetcha*. Turban, aigrette; le *kontusik*.

Pl. 454. — Pologne; XVIIe-XVIIIe siècle.

L'influence asiatique. — Général polonais; garde royale; capitaine des mousquetaires, *billicpassi;* les *janis-chars*, le lieutenant, *ottapasch porrutschnik,* garde-drapeau, *wartapssi-consqui,* porte-enseigne, *beuraktar-gou-rougi,* caporal, *jeschemek*.

Turban, bonnet, le *kulah*, panache, *uskiuf,* aigrettes; dolman, *dolama; chalwar*.

Sabres, hallebarde, fusil, hache d'armes.

L'armée polono-lithuanienne, son organisation; l' « armée du quart », *woysko-kwarciane;* les *hussarz,* les *pancerns,* les *petyhorcés;* fantassins, dragons, cavalerie légère; l'arrière-ban, *pospolité*.

La maison militaire des rois de Pologne; souvenir vivant des victoires sur les Turcs.

Les Cent-Suisses, les heiduques hongrois.

Pl. 455. — Pologne; XVIIe-XVIIIe siècle.

Le cheval de guerre houssé : harnais, selle, housse ou chabraque. La parure équestre : joaillerie, plaques, agrafes, pendeloque, collier de poitrail, carquois. L'étendard des chefs, *boutschouk*.

Le faste de la « *nation à cheval* ». Les chevaux ferrés d'argent. Le caractère scythique de la joaillerie slave.

Pl. 456. — Pologne; XIXe siècle.

Costumes populaires (v. pl. 457).

Types de juifs : le voiturier, paysannes.

Paysans de la Lithuanie, de la Samogitie. Avocat; marchand de volailles, d'oignons; scieurs de bois; laitière.

Pl. 457. — Pologne; XIXe siècle.

Servante, garçon de ferme; paysans des environs de Cracovie, de la Samogitie, de la Lithuanie; cosaques de l'Ukraine.

Pl. 458. — Hongrie et Croatie. (Notice comprenant la pl. 459.)

Nobles hongrois; les *magnats*.

Costumes populaires.

Les *magyars :* type de montagnards, le *gorale*.

Slaves du Nord : les Polonais galiciens; *Wasserpolaken, Mazures, Goralès.* Les Ruthènes : *Podoliens, Boïkes, Houzoules.* Les Slovaques (*feher-nep*, peuple blanc).

Slaves du Sud ou *yougo-Slaves* : les Croates.

Fiancée *saxonne;* Hongrie.

Femme valaque.

Carte géographique donnant l'emplacement de ces populations. — Étude sur les *Houzoules* ou *Hutsules*, rameau de la tige des Ruthènes.

Hommes.

Coiffures : la *kucsma,* chapeaux, bonnets, l'image du patron, aigrettes, rubans, fleurs; cravate, chemises, broderies, camisole, veste, dolman, ceinture, *pass,* redingote, *attila,* manteaux, la *mente,* le *gunia,* le *szür,* houppelande, pelisse, les *ziezak,* culotte, braguette, mouchoir de dentelle, brandebourgs, pantalon, le *gatyen;* sandales, les *skirpze,* bottes, glands, éperons *à la sarmate.*

Boucles, chaînes, ceintures d'orfèvrerie.

Sabres, hachette, pistolet, poire à poudre.

Couteau, pipe, briquet, sac.

Cannes.

Femmes.

Toque, toquets, bonnets, la *krakouska,* bandeaux, mouchoirs de tête, couronne; chemise, la *camasia,* manches larges, bouffantes, chaînettes; corsage, plastron, veste, broderies, épaulettes, ceinture, la *cingatoria,* courroies, robe, jupes, tablier, le *catrintia,* dentelles, manteaux, broderies, soutaches; bottes, sandales, chaussures de cuir, *cisme* ou *ciobote.*

Diadème, frontal, colliers, verroterie, médailles, pièces de monnaie, pendants d'oreilles, ceintures, bagues.

Pl. 459. — Ruthène.

Broderies ruthènes. Leurs données traditionnelles les rattachant aux traditions asiatiques.

Pl. 460. — Europe.

Joaillerie hongroise : parure masculine, bijoux féminins, costume de gala.

Agrafes de bonnet, de manteau, attache du sabre, fleurs, fond filigrané; l'*émail de Transylvanie.*

Pl. 461. — Turquie d'Europe et Grèce.

Costumes populaires : paysans grecs, bulgares.

Bonnets de fourrures, d'étoffe, *fez,* toque, voiles, fichus, mouchoirs de tête, le *bachlik,* cordelettes d'étoupe, sequins, verroterie; chemise, tablier, culottes, caleçons, redingote, pelisse, applications; chausses, bas, guêtres, sandales, chaussures de cuir.

Ceintures d'argent, agrafes.

Pl. 462. — Turquie d'Europe.

Costumes usuels. (Scutari d'Albanie.)

Le Hodja; paysanne, dame, prêtre chrétien, dame musulmane. Toilette de ville, d'intérieur. Berger, paysans.

Slaves du Sud; arts populaires, sources primitives; mœurs des habitants, l'existence en commun; travaux des femmes, les vêtements tapissés, ornementation slavonne, broderies, applications, l'orfèvrerie-joaillerie (voir pl. 463).

Le *bachlik*, serviettes, casque, le *tépélik*, chaînettes, sequins, plaques métalliques, pendants d'oreilles, colliers; chemise *beurundjuk*, *poitrinal*, corsage collant, *gueuchluk*, ceinture, mouchoir, serviette, boucles, agrafes, le *tchaprass*; manteaux, l'*oustrougha*, l'*entari*, le *djubbé*, le *féredjé*, tablier; *chalwar*; bas, *paboudj*; sac à ouvrage, *terba*.

Fez, *puskul*, *sarik*, le *mintan*, le *dolama*, le *binich*; chaussures, *paboudj*, *mest*, *tcharyk*, *yéméni*; vêtements de peaux.

Les *duduk* (flûtes) du berger.

Pl. 463. — ORIENT.

Parures de caractère asiatique en usage dans le Turkestan, l'Égypte et la Bulgarie.

Frontal, le *tépélik*, boucles d'oreilles, colliers, le *guerdanlik*, l'*orge*, l'*eckd*, le *tock*, suspensions de colliers, étuis à *hegabs* ou amulettes, bracelets, bagues, *dibleh*, *khatims*, anneaux de jambes.

Coiffure féminine, bonnet-casque.

Pl. 464. — TURQUIE D'EUROPE.

Les *arnaout*; classes riches, pauvres; le *hodja*, le *haham-bachi*, paysan, bourgeois, dame musulmane; vilayets de Yania, de Sélanik. (Épire ou Basse Albanie, Thessalie, Macédoine.)

Fez, *puskul*, le *takké*, le *kavezé*; gilets, *djamadan*, *yelek*; veste, *tchepken*; ceinture, *silahlik*; le *fistan*, pardessus, le *aklouka kébéci*, les *caltchoun*, le *potour*; guêtres, *dizlik*, les *tcharik*, les *laptchin*, les *goundoura*.

L'*entari* féminin, jupe *à la franka*, *mintan djubbé*, son ornementation : *gansé*, *soutache*, *point de couchure*, *finition*.

Le *yachmak*.

Pl. 465. — ITALIE; XIXe SIÈCLE, 1 partie.

Costumes populaires (voir pl. 466 à 468).

Transtévérines, femmes de Rome, de Milan, de la Vénétie, du royaume de Naples; *chuchardes* de Mola, de Foudi.

Pl. 466. — ITALIE; XIXe SIÈCLE, 1re partie.

Les Transtévérins, de Rome.

Sgherri romaneschi, *capo popoli*.

Chapeaux, bonnets, cheveux en chignon, résille, cravate, gilet *à la napolitaine*, carmagnole, ceinture, la *fascia*, haut-de-chausses, genouillères, caleçons, rosettes, souliers, boucles.

Coiffures féminines.

Il meo Patacca, le héros burlesque.

Pl. 467. — ITALIE; XIXe SIÈCLE.

Province de Rome. — Les *contadini*, les *cociare* ou montagnardes; province d'Ancône, habitant de Loreto, le *barrettino*.

Coiffures, pièces d'étoffe, voile, bandeau, planchette, chemise, brassards, fichu, corsages, les *devantiers*, le *corps*, veste, jupe, tablier.

Chaînes, colliers, épingles de cheveux, boucles d'oreilles, les *navicelle*.

Chaussures des montagnards, les *cocie*.

Pl. 468. — ITALIE; XIXe SIÈCLE.

Costumes rustiques. — Paysans de la *Terra di Lavoro; pifferari.*

Pièces de la toilette féminine, la coiffure plate, *amandille;* fichu, *fascelete;* tunique, *camisa,* brassards, *manec;* corset, *corsaletto;* jupe, *casacca;* la ceinture, *scinda;* la robe, *veste;* étoffe, la *panne,* les tabliers *artistés,* le *scenalis;* ornements tissés, brodés, appliqués; le châle, *fascelettone;* chaussures, *jugeurs, scarpes;* collier, *cannac* ou *canac;* boucles d'oreilles, *rocchines.*

Instruments des pifferari; la flûte, la musette, le tambour de basque, le triangle.

Pl. 469. — ESPAGNE; FIN DU XVIIIe SIÈCLE.

Scène de la vie élégante et divertissement populaire.

Le jeu de la cuiller, la course des échasses, les *clarines,* les *espadas.*

Pl. 470 et 471. — ESPAGNE. (Notice commune.)

Tauromachie. — Les *fiestas de toros. Toreros* célèbres. La *cuadrilla* contemporaine. Tenue de combat, costume ancien, moderne; types populaires.

Cortège du quadrille; les *alguaciles,* couleurs des *ganaderias,* la *vara de justice,* la *clef du toril.*

Gens à pied (*peones*) : *espadas, banderillos, chulos* ou *capeadores.*

Le *picador.*

La *monterilla,* pompons, la tresse de cheveux (*coleta*), chignon de soie, *mona,* résille; veste à épaulettes; gilet (*chaleco*); ceinture (*faja*); culotte collante, pantalons de cuir, jambards; la *capa.*

Harnais, selle arabe, étriers de bois.

Les *banderillas, palillos, zarcillos, rehiletes.*

La *muleta* ou *engano.*

Bohémien ou *gitano;* villageoises (province de Tolède); *majo* ou andalous, sa veste, *calesera.*

Pl. 472. — ESPAGNE.

Costumes populaires; vieille Castille, Léon.

Maire de village, bourgeoise, paysan, fermière, *charra,* femmes en costume de fête. (Provinces de Léon, de Ségovie, de Burgos, d'Avila, des Asturies.)

Chapeaux de paille, la *montera* (v. pl. 473 à 476), madras, épingles, rubans, natte de cheveux; châle, fichu, *rebozillo,* corsage, plastron, tablier, broderies, jupe, appliques; souliers, rosettes; colliers, bijoux filigranés, boucles, anneaux d'oreilles, joyaux, *joyas,* croix, médailles.

Mouchoir de tête, veste, gilet, ceinture, couteau, culottes; *alpargatas* ou *espardeñas* (v. pl. 473 à 476).

Pl. 473. — ESPAGNE.

Maragatos, province de Léon. — Galiciens, leur gourdin (*garotte*), le tablier féminin (*manteo*) (v. pl. 476). — Asturiennes, leur fichu (*dengue*). — Aragon. Le *pregonero,* crieur public.

Le paysan de la vieille Castille; sa *montera,* coiffure, etc. Les paysans se donnant du *don,* entre eux.

Pl. 474. — Espagne.

Catalans, Aragonais (*Zaragozanos*).

Montagnardes, paysannes riches, *pagesas*, jeune fille, la *muchacha* et son *novio;* fermiers, cultivateurs, bedeau de confrérie. Le port de la veste (v. pl. 475).

Bonnet, le *gorro;* pardessus, *gambeto;* veste, *marsille; capa de muestra;* espadrilles.

Capuchon féminin, bouts de manches, spencer, *corpino.*

Les Catalans ne se considérant pas comme Espagnols.

Pl. 475. — Espagne.

Vieille-Castille. Aragon. Murcie. Provinces *vascongadas* ou basques.

Moissonneurs, *segadores*, paysannes, paysans; enfants, costumes de mariés, tenue de travail. Curé de village.

Le *sombrero*, le béret; la *faja; navajas, cuchillos, puñales,* manteau à collet, pantalon, pièces de velours.

Mouchoirs de tête, tresses de cheveux, la mantille.

Pl. 476. — Espagne.

Costumes de la Galice. — Les *Gallegos.* La *baila* de la *muyneira,* le joueur de cornemuse, *gaitero gallego,* le *musico tamborilero;* danseurs; les *castañuelas,* le tambour de basque, *pandero.*

Émigration, professions; costume, gilet, la *manta,* les guêtres, *polaynas, abarcas, alpargatas;* parapluie; cheveux en *oreilles de chien.*

Toilette féminine, le *dengue,* le *manteo.*

Les jours de *fiesta*, le *magosto.* La danse du pays, *gallegada.*

Pl. double 477-478. — Espagne.

L'habitation andalouse. — Maison bourgeoise; l'extérieur, la chambre, le *patio.* — Costumes populaires.

Les *casas de pupillos* ou de *huespedes;* pièces intérieures, carrelage, solivage, murs, l'alcôve, le lit, meubles, le *brasero.*

L'*aguador*, paysan, maquignon, charretier, *arriero,* muletier, cultivateur, *gitana.* (Provinces de Tolède, de la Manche, de Valence, de Burgos.)

El tricornio, les caleçons de toile, *zaraguellas de lienzo.*

Les mules castillanes, celles de la Manche.

Pl. 479. — Espagne.

Salon de porcelaine. (Buen-Retiro; Palais royal de Madrid.) L'*habillement en Trianon.*

Pl. 480. — Espagne.

Costumes populaires. — Province de Valence. Iles Baléares, Pytiuses ou Ebuses, Majorque, Minorque, Iviça. Pâtre, bâtelier, villageois, dames, bourgeois.

Coiffure féminine, le *rebozillo.*

Chevelure des hommes, la tonsure (v. pl. 481).

Pl. 481. — Espagne.

Iles Baléares. — *Pageses* (paysans) majorquins, minorquins, les mahonnais (dix-huitième et dix-neuvième siècles); berger, garçon de ferme, fermiers, cultivateurs.

Chapeaux, le *moxine,* mouchoir en turban, rabat, gilet, *guarde-pits,* veste, *sayo,* culottes bouffantes, cape. Le *rebozillo en amount, en volant;* cheveux en *estoffade;* la collerette, *floqué,* mantille, le *mantele;* éventail.

Pl. 482. — Portugal.

Costumes populaires, religieux.

Montagnards, province du Minho; la femme des guerres civiles. Paysans, *rusticos,* paysannes, *tricanas;* habits de fête, tenue de travail. Le port des fardeaux, berger, les vêtements de paille, bouvier, marchands de poissons, de moules, *aveiros,* de crevettes; pêcheurs, *pescadores.* Clergé régulier, prêtre de paroisse, ordres monastiques, frère de Saint-Antoine, dominicain, carme, bénédictin.

Mouchoir de tête, le *lenço;* manteau, *capa;* parasol, *chapeo de sol;* souliers, semelles de bois (v. pl. 483).

Manteau, *houra de miranda,* les *alpargatas.*

Barrette, soutane, *batina e capa.*

Pl. 483. — Portugal.

Joaillerie populaire. — Bijoux d'or, d'argent; paysanne parée de Vianna; le soulier féminin.

Pendants d'oreilles, colliers, broches, pendeloques, médaillons, cœurs, croix, forme rayonnante ou *astrale.*

Costume de la paysanne, le tablier, la sacoche.

Industries portugaises; les dentelles, le genre *honiton,* les *rendeiros;* les tissus : draps ordinaires, *serguilha,* ceux dits *saragoça.*

Populations rustiques; le sol, la *terre bienheureuse,* culture de la vigne, pâturages.

Pl. 484. — France; XIXe siècle.

Auvergnats. Limagniens, Vellaviens. *Podotes.* Bourbonnichonnes (v. pl. 487). Moulinoises. — Costumes populaires; tenue de travail; toilette du dimanche.

Chapeaux, la *cape,* capuchon, *capette,* bonnets, coiffes, bandeaux, cercles de laiton, le *serre-malice;* châles, fichus, corsage, brassards, tablier, la *pièce,* la robe relevée, *cape;* chaînes d'or, les *Saint-Esprit,* les *pendants.*

Chapeaux ronds, à grandes ailes, tricornes, bicornes; la *biaude* (l'ancien *bliaut*); la *casaque,* surtout; le *poulacre,* ceinturon, la *braye,* guêtres, manteaux, la *coubertie,* l'*argo peilloux;* sabots, la *recolle.*

Étoffes, le *raze,* la bure.

Couteaux, le *gougou,* le *tailladou,* la *coutelière;* bâtons ferrés.

Pl. 485. — France.

Bordelais, dix-neuvième siècle, première partie. — Costumes féminins, classes populaires. Les *coiffes.*

Grisettes. Femmes du peuple, la *portanière;* marchandes de volailles, de poissons, de pommes cuites; laitières, *fille de peine,* villageoises; fillettes de Laroque, de Cauderan, de Blaye.

Mouchoir béarnais, madras, bourrelet, le *capedur,* cols, collerettes, fichus, brassières, tablier, le *fripon,* les poches, le *clavier,* capes, châles; escarpins en *cothurne;* montres, chaînes en cheveux, croix *à la Jeannette.*

Les *Chartronnais.* Bordelais *francs-métis,* les *filleules de Bourdeaux.*

Pl. 486. — France; XIXe siècle, 1re partie.

Landes. Pyrénées occidentales. — Costumes populaires.

Les Landescots ou Lanusquets; accoutrement d'hiver, d'été; montagnards; population maritime. (Haute-Garonne, Hautes-Pyrénées, Basses-Pyrénées.) Le *capulet.*

Les *escasses* ou *tchanques,* échasses; capuchon, houppette, barrette, dolman, le *camauo,* pelisse, *capot, manteau de Charlemagne.*

Le poêlon *à cruchades.*

Les *cascarottes.*

Pl. 487. — France; XIXe siècle.

Paysannes *morvandelles,* du comté de Nice, du Dauphiné; montagnard savoisien (v. pl. 496), Bourbonnichonne, Mâconnaises, Bressanes, chapeau de grande parure, la *cape.*

Chapeaux de paille, la *capellina,* résille, la *scuffia;* robe de *poulan,* collerettes, vestes, brassards, mouchoirs de cou, fichu, *kaireu,* tabliers, cape, mitaines; souliers, galoches, chaussons. Pendants d'oreilles, colliers, chaînes de cou, ornements en jaseran.

Pl. 488. — France.

Alsace. — Coiffures diverses, le *bendel,* dix-septième siècle. — Costumes populaires, dix-neuvième siècle. Jardinière, paysannes; bonnets simples, à larges rubans; type moderne.

L'ancienne société alsacienne, classes de la population : les échevins, *ammeister,* les municipaux, *stadmeister,* bourgeois, campagnards; lois somptuaires; les modes françaises.

Pl. 489. — France; XVIIIe et XIXe siècles.

Littoral de la Manche. — Population maritime : pêcheurs dieppois. Les *Polletais,* costume de fête, de travail; paysannes, marchand ambulant.

Coiffes, barbes, col, fichu, corsage, jupe écourtée, brassards, mitaines, escarpins.

Bonnets, toques, aigrette, perruque, boucle d'oreilles, cravate, veste, casaque, culotte, cotillon, bas à coins, mules.

Les agrès de pêche.

Pl. 490. — France; XIXe siècle, 1re partie.

Normandie. — Costumes féminins. Les bonnets. Rouennaises, Havraises, Cauchoises, Bayeusaines, Caennaises, femmes de Pont-l'Évêque, de Varangeville.

Bonnet cauchois : le fond, la passe, bonnets en pointe; la *calipette,* voile; le *bavolet,* rubans, le bonnet de coton.

Cheveux en chignon, en bourrelet, épingles.

Le *juste-au-corps* ou casaquin, tabliers à bavette.

Équitation féminine, la planchette.

Pl. 491. — France; XIXe siècle.

Costumes bretons. — Département du Finistère, arrondissements de Quimperlé, de Châteaulin, de Lorient. Toilette de mariée. Jeune fille de l'île de Batz (v. pl. 482 et 486).

Pl. 492. — France.

Bretagne. — Costumes des départements du Morbihan et du Finistère. Arrondissements de Pontivy, de Quimper, de Châteaulin, de Quimperlé, de Morlaix. Femme de l'île de Batz.

Pl. 493. — France.

Département du Finistère. — Costumes habillés et costumes de travail; hommes des arrondissements de Brest, de Quimper, de Châteaulin.

Pl. 494. — France.

Bretagne, même département. — Costumes masculins et féminins; mariés de Kerfeunteun.

Chapeau, *toc,* gilet, *roqueden maoues,rokedennou,* ceinture, *gouriz,* veste, *corquen,* culottes, *bragou-braz,* houseaux. Coiffes; la chemise, *hirviz,* le corsage, *justin,* le tablier de pardon, *tavanger.*

Pl. 495. — France.

Bretagne, même département. — Costumes masculins. Les *Roscovites,* les « blancs » ou *Guenedouriens,* de Quimperlé.

Les souliers, *botou-lezr,* les galoches, *botou-coad;* bâton, *pen-bas.*

Pl. 496 — Bretagne.

Femmes Sablaises; poissonnière, maraîchère. Iliennes de Batz, les paludiers; mariés de Saillé.

Le manteau de relevailles, *ventel.* Costume féminin savoisien rapproché du breton. Coiffures, les *bigoudens,* la *coiffe frisée* ou *cabriole,* les *cabellous;* bonnets des enfants, du garçon.

La *pièce,* le *devantier,* la mante; les bas, *viroles,* ceux à coins dits *à fourchette;* sabots, *patines.*

Le chapeau *à trois pics;* la *chemisette.*

Pl. 497. — France; XIXe siècle.

Bretagne. — Broderies; objets de parure.

Cocardes de pèlerinage, cœurs, croix, agrafes, boucles, épinglettes, bagues.

Fibules antiques.

Broderies de *chupen,* de *corquen,* de *rokedennou,* de *justin;* ceinture, *gouriz;* bordure de pantoufle.

Le pays des bleus, *glazeiz,* des bruns, *ardaaeded,* des blancs, *guenedouriens;* les bonnets bleus et les bonnets rouges.

Costume féminin : la jupe de dessus, *bros-uhelen,* jupe intermédiaire, *lostenn-greiz,* jupe de dessous, *bros-guèleden.*

Pl. 498. — France.

Bretagne. — Mobilier rustique; *l'arche;* le caractère celtique de ses sculptures.

Pl. double 499-500. — Bretagne.

La maison de *demeurance;* intérieur. — Costumes populaires. (Finistère, Loire-Inférieure.)

La maison bretonne, *ti* ou *Kear; l'assié de hu;* la porte pleine, *hu;* la demi-porte, *contre hu;* la *place,* la cheminée, le foyer, les *chipots,* le *g'llaumé.*

Mobilier (le *malvunuzein*) : les lits, le *gwilé cloz,* les *gwiléou steng,* les coffres, *arch'iou, grinoliou,* vaisselier, les armoires : *l'armel,* la *presse;* la table à manger, *taol,* le porte-cuillers, *cliquet,* la chaise, *kador,* escabeaux à trois *quilles.*

Les *moques,* les *briques,* les *touques.*

La planche à pain, *râté.*

Apprêts d'une noce. La toilette de la mariée; confection des crêpes; paludier de Batz; le joueur de biniou, *kerniad.*

TABLE DES PERSONNALITÉS HISTORIQUES.

BIBLIOGRAPHIE DU COSTUME.

TABLE BIBLIOGRAPHIQUE

DES RECUEILS SPÉCIAUX, ÉTENDUE A UN CERTAIN NOMBRE D'OUVRAGES D'AGES DIVERS, LESQUELS, PAR LEUR NATURE, SONT UTILES A L'ÉTUDE DU COSTUME PORTÉ.

Nota bene. — Cette table, dont les éléments sont empruntés à la *Bibliographie méthodique et raisonnée des beaux-arts* par Ernest Vinet, est plus développée que ne le sont d'ordinaire les bibliographies particularisées. — L'éminent conservateur-fondateur de la bibliothèque de l'École nationale des beaux-arts avait des vues plus hautes que celle du simple collecteur d'étiquettes, formant une bibliographie étroitement confinée. Désireux de se rendre, avant tout, utile aux artistes, Vinet, dans la pleine maturité de l'expérience, s'était proposé de leur mettre en mains un guide sûr, et nul plus que lui n'était capable d'y réussir. Cette entreprise, dont la lecture de son programme suffit à faire apprécier les vastes proportions, a malheureusement été interrompue par sa mort; mais nous avons la fortune que, dans les deux seuls fascicules parus, ce qui concerne le costume se trouve traité avec l'ampleur que comportait le cadre.

Toutefois nous avons dû retrancher de cet intéressant travail les appréciations personnelles de l'auteur sur la valeur des publications citées, anciennes ou modernes; ces annotations sont assurément d'un grand intérêt, mais, s'il nous était facile d'avoir à répéter les éloges, d'autant plus précieux qu'ils sont rares de la part de Vinet, il ne pouvait en être de même dans le cas contraire; et, sous le couvert malsain de l'irresponsabilité, nous ne pouvions devenir les détracteurs d'un grand nombre de nos devanciers.

Vinet, dont la bienveillante estime pour nos travaux nous a valu plus d'un témoignage public, plus d'un encouragement précieux, alors que nous n'avions encore fait paraître que les trois premières livraisons du *Costume historique*, comprendrait assurément l'abstention qui nous est commandée au sujet de ses appréciations, si nettement exprimées, et que, d'ailleurs, on est à même de trouver dans les deux fascicules de la *Bibliographie méthodique et raisonnée des beaux-arts* (1874, 1877. Firmin-Didot, éditeur).

OUVRAGES D'UN CARACTÈRE PLUS OU MOINS GÉNÉRAL.

BRETON (Richard), éditeur.
Recueil de la diversité des habits qui sont de présent en usaige tant es pays d'Europe, Asie, Afrique et illes sauvaiges, le tout fait après le naturel. — Paris, 1562, pet. in-8°, 121 grav. sur bois. — *Ibid.*, 1564 ou 1567, petit in-8°, fig.

BRUYN (Abr. de)
Omnium pœne gentium imagines. — Cologne, 1577, in-fol., 50 pl. doubles. — Nouv. édit. : Anvers, 1581, in-fol., 500 fig.; Cologne, 1584, 2 part. in-fol., 74 pl. dont 16 doubles; Anvers, 1610, 2 part. in-fol., 84 pl.

BRUYN (Abr. de) :
Diversarum gentium armatura equestris, ubi fere Europae, Asiae, atque Africae equitandi ratio propria expressa est... — Cologne, 1577, in-4°, 52 pl. — Nouvelle édition; Amsterdam, 1617, in-4°, 79 gravures.

Vecellio (Cesare) :
Habiti antichi et moderni di tutto il mundo; Venise, 1590, in-8°, avec 420 pl. — Nouv. édit. : Venise, 1598, in-8°, avec 507 fig.; Venise, 1664, pet. in-8°, 415 fig.; Paris, Didot, 1859-63, 2 vol. in-8°, 513 fig.

Duplos le jeune :
Recueil d'estampes représentant les grades, les rangs et les dignités, suivant le costume de toutes les nations existantes, etc. — Paris, 1779-80, gr. in-fol., 264 pl.

Maréchal (Sylvain) :
Costumes civils actuels de tous les peuples connus, dessinés d'après nature, gravés et coloriés, accompagnés d'une notice historique. — Paris, 1788, 4 vol. petit in-4°, 305 pl. d'après Grasset de Saint-Sauveur, Desrais, etc.

Levacher de Charnois :
Recherches sur les costumes et sur les théâtres de toutes les nations tant anciennes que modernes. Ouvrage utile aux peintres, etc. — Paris, 1790, 2 vol. in-4°, 56 pl. au lavis, dess. par Chéry et grav. par Alix; — 2e éd., *ibid.*, 1802, 2 vol. in-4°, fig.

Spalart (Rob. von) :
Versuch über das Kostüm der vorzüglichsten Völker, etc. — Vienne, 1796-1811, 8 vol. gr. in-8°, et atlas in-fol. de 590 pl. — Trad. en franç. (par L. de Jaubert et M. Breton) : Tableau historique des costumes, des mœurs et des usages des principaux peuples de l'antiquité et du moyen âge; Metz, 1804-1809, 7 vol. in-8° et atlas in-4° (non terminé).

Anonyme :
Costumes de tous les peuples connus, avec une notice succincte de leurs mœurs et de leurs religions, etc. — Leipzig, 1802-3, 2 part. in-4°, fig.

Ferrario (Jules) :
Le Costume ancien et moderne, ou histoire du gouvernement, de la milice, de la religion, des arts, sciences et usages, de tous les peuples anciens et modernes, déduits des monuments, etc. — Milan, 1815-29, 17 vol. gr. in-4°, 1414 cartes et pl. — Édit. avec texte ital. : *Il Costume antico e moderno*, etc., *ibid.*, 1815-27, 17 gr. in-4°. — Nouv. édit. : Florence, 1823-38, 33 vol. gr. in-8°; — réimpr. : Livourne, 1830 et suiv., 100 vol. in-16, fig., et Naples, 1831-42, 21 vol. in-8°.

Eyriès (J.-B.-Benj.) :
Costumes, mœurs et usages de tous les peuples. Suite nombreuse de gravures coloriées, avec leurs explications par E... — Paris (1821-27), 8 part. gr. in-8°, 237 pl.

Menin (L.) :
Il Costume di tutte le nazioni e di tutti i tempi descritto ed illustrato, etc. — Padoue, 1833, gr. in-fol., 100 pl.

Anonyme :
Costümbuch für Künstler... Costumes pour les artistes. Collection des costumes les plus intéressants de toutes les époques et de tous les pays, *depuis l'ère chrétienne*, publiée par une société d'artistes. — Dusseldorf, 1839, gr. in-4°, 24 eaux-fortes.

Seyssel d'Aix (comte V.) :
Armeria antica e moderna di S. M. Carlo Alberto, etc. Turin, 1840, in-8°, fig.

Wahlen (Aug.) :
Mœurs, usages et costumes de tous les peuples du monde, d'après les documents authentiques et les voyages les plus récents, etc. — Bruxelles, 1843-44, 4 vol. gr. in-8°, 200 fig. color.

Weiss (Herm.) :
Kostümkunde. Handbuch der Geschichte der Tracht, des Baues, etc. La science du costume. Manuel de l'histoire du costume, de l'ameublement et des ustensiles, depuis les temps les plus anciens jusqu'à nos jours; illustr. d'après les dessins de l'auteur. — Stuttgart, Ebner et Seubert (1856-) 1860-72, 5 parties en 3 vol. gr. in-8°.

Lacombe (P.) :
Les armes et les armures. Paris, Hachette 1868, in-8°, 60 vign. — Trad. en anglais : *Arms and Armour* in antiquity and the middle ages..., Londres, 1869, gr. in-8°, 72 fig.

Demmin (Aug.) :
Guide des amateurs d'armes et armures anciennes, par ordre chronologique depuis les temps les plus reculés jusqu'à nos jours. 1700 reprod. d'armes et armures. Paris, Renouard, 1869, in-12°.

Kœhler (Karl) :
Die Trachten der Völker in Bild und Schnitt, etc. Le costume des peuples, aspect et coupe. Exposé historique et technique de la manière de se vêtir depuis les temps les plus reculés jusqu'au XIXe siècle. — Dresde (*Modenzeitung*), 1871-73, Tome I à III, in-8°, fig. planotyp.

Kretschmer (Alb.).
Die Trachten der Völker vom Beginn der Geschichte bis zum neunzehnten Jahrhundert, etc. Les Costumes des peuples depuis l'époque historique jusqu'au XIXe siècle. — Leipzig, J. G. Bach's Verlag.

Hottenroth (Fried.) :
Trachten der Völker alter u. neuer Zeit; Verlag v. G. Weise; Stuttgard.
Zur Geschichte der Costume; Munich, Braun et Schneider.

OUVRAGES PLUS OU MOINS SPÉCIAUX ET RECUEILS DE COSTUMES NATIONAUX.

ANTIQUITÉ.

Goltzius (Hubert) :
Icones, vitæ et elogia imperatorum romanorum. — Anvers, 1557, in-fol. — Édition avec texte français : Les images ou médailles de tous les empereurs depuis Jules César jusqu'à l'empereur Ferdinand, avec leurs éloges; Anvers, 1561, gr. in-fol., avec planches sur bois tirées en couleur. — D'autres éditions encore.

Montfaucon (D. Bernard de) :
L'Antiquité expliquée (en franç. et en latin) et représentée en figures. — Paris, 1719, 5 t. en 10 vol. in-fol. — Supplément; *ibid.* 1724, 5 vol. in-fol., fig. — Réimpr. en 1772, et le Supplément en 1757. — Trad. en angl. par Humphreys; Londres, 1721-25. — Réduction publiée sous ce titre : *Antiquitates græcæ et romanæ in compendium redactæ a* J.-Jak. Schatzio. *Notas criticas adjecit* J. Sal. Semler; Nuremberg, 1757, in-fol. fig.; nouv. éd., *ibid.* 1767, in-fol. fig.; — le même en allemand; Nuremberg, 1807, in-fol.

Mamachi (T.-M.) :
De' Costumi de' primitivi christiani libri III. — Rome, 1753-54, 3 vol. in-8°. — Nouv. édit.; Venise, 1757, 3 vol. in-8°, fig.

Dandré-Bardon (Michel-François) :
Costume des anciens peuples. — Paris, 1772, 3 vol. gr. in-4°, 364 pl. — Nouv. édit. : Costumes des anciens peuples à l'usage des artistes, contenant les usages religieux, civils, domestiques et militaires des Grecs, des Romains, des Israélites et des Hébreux, des Égyptiens, des Perses, des Scythes, des Amazones, des Parthes, des Sarmates et autres peuples; éd. rédigée par M. Cochin; *ibid.*, 1784-86, 4 part. en 2 vol. gr. in-4°, 351 pl. — Trad. en allem., par Becker : Leipzig, 1776-77, 5 part. in-4°, fig. (non terminé).

Lens (André-Corneille) :
Le Costume, ou essai sur les habillements et les usages de plusieurs peuples de l'antiquité, prouvé par les monuments. — Liège, 1776, gr. in-4°, 57 pl. — 2e éd. : Le Costume des peuples de l'antiquité prouvé par les monuments. Nouv. édit., corrigée, rectifiée et consid. augm. par G. H. Martini; 57 pl.; Dresde, 1785, gr. in-4°. — Trad. en allemand : *ibid.*, 1784, gr. in-4°, 19 vign. et 57 pl.

Mongez :
Dictionnaire d'antiquités (encyclopédie méthodique); 5 vol. in-4° de texte; 2 vol. in-4° de fig.; Paris, 1786-1794.

Willemin (N.-X.) :
Choix de costumes civils et militaires des peuples de l'antiquité, leurs instruments de musique, leurs meubles et les décorations intérieures de leurs maisons, d'après les monuments antiques, avec un texte tiré des meilleurs auteurs, dessiné, gravé et rédigé, par N.-X. Willemin. — Paris, an VI (1798) - 1802, 2 vol. gr. in-fol., 180 pl.

Rocchegiani (Lorenzo) :
Raccolta di cento (pour chaque volume) *tavole rappresentanti i costumi religiosi, civili e militari degli*

antichi Egiziani, Etruschi, Greci e Romani, tratti dagli antichi monumenti, etc. — Rome, 1804, 2 vol. in-fol. obl., 200 pl.; — nouv. édit. : *Raccolta di sessante tavole*, etc.; *ibid.*, 1806, in-4° obl.

MALLIOT (Jean) :
Recherches sur les costumes, les mœurs, les usages religieux, civils et militaires des anciens peuples, d'après les auteurs célèbres et les monuments antiques, etc. — Paris, imprimerie de P. Didot, 1804, 3 vol. in-4°, 296 pl. — Trad. en allemand; Strasbourg, 1812, in-4°, 296 pl.

HOPE (Thomas) :
Costume of the ancients, etc. — Londres, 1809, 2 vol. gr. in-4°, 200 pl. — Nouv. édit. : *ibid.*, 1812, 300 pl.; 1841, 2 vol. in-8°, 323 pl. — Édit. franç. : *Costumes des anciens*, Bruxelles, 1826, in-4°, 200 pl.

PINELLI (Bartolomeo) :
Raccolta di cento costumi antichi cavati dai monumenti e incisi all'aqua forte. — Rome, 1809, in-fol. obl., 52 pl.

JOMARD :
Description de l'Égypte, ou Recueil des observations et des recherches qui ont été faites en Égypte pendant l'expédition de l'armée française (ouvrage publié sous la direction de Jomard). — Paris, 1809-28, 10 vol. in-fol. de texte, et 12 vol. in-fol. de pl. — 2e éd., *ibid.*, 1820-30, 24 t. en 26 vol. in-8°, et 12 vol. in-fol. de pl.

BAXTER (Thomas) :
An illustration of the Ægyptian, Grecian and Roman Costume, etc. Illustration du costume égyptien, grec et romain. — Londres, 1810, in-4°; 40 fig.; trad. en allemand par Chr.-Fr. Michaelis; Leipsig, 1815, in-4°, 40 fig.

MEYRICK (Samuel-Rush) ET SMITH (Ch.-Hamilton) :
The Costume of the original inhabitants of the British Islands, etc. Le costume des habitants primitifs des Iles Britanniques depuis les temps les plus reculés jusqu'au VIe siècle; suivi du costume des peuples goths des côtes occidentales de la Baltique, ancêtres des Anglo-Saxons et des Anglo-Danois, etc. — Londres (1814)- 1815 (et aussi 1821), gr. in-4°, 24 pl.

FOSBROKE (Thomas-Dudley) :
Synopsis of ancient costume, egyptian, greek, etc. — Le costume ancien, égyptien, grec, romain, breton, anglo-saxon, normand et anglais. Extrait de sa *Encyclopedia of Antiquities*, etc. — Londres, 1825, in-4°, 71 fig.

CHAMPOLLION LE JEUNE :
Monuments de l'Égypte et de la Nubie. — Paris, Didot, 1835-45, 4 vol. gr. in-fol., 400 pl. — Monuments de l'Égypte et de la Nubie. Notices descriptives conformes aux notices autographes rédigées sur les lieux par Champollion; *ibid.*, 1844, pet. in-fol., avec lith.

PRISSE D'AVESNES (E.) :
Monuments égyptiens. Pour faire suite aux Monuments de l'Égypte et de la Nubie de Champollion le Jeune. — Paris, Didot, 1847, gr. in-fol., 52 pl. dont 11 color.

BOTTA (P.-E.) :
Monument de Ninive, découvert et décrit par P.-E. Botta, mesuré et dessiné par E. Flandin. Paris, 1849-50, 5 vol. gr. in-fol. 400 pl.

LAYARD (Austen-Henry) :
Nineveh and its remains, etc. Ninive et ce qui en reste. — Londres, 1849, 2 vol. in-8°, 98 pl. — 2e à 5e édit., ibid., 1850, 51, 52, 53, 2 vol. in-8°, fig. — Trad. en allemand par N.-N.-W. Meissner; Leipzig, 1850, gr. in-8°, 94 illustr., 6 plans et 1 carte; — nouv. éd. avec un appendice : les Antiquités égyptiennes à Nimroud et l'année de la destruction de Ninive, par G. Seyffarth; *ibid.* 1854, in-8°, fig. — Trad. en italien par le comte Tortorelli : *Delle Scoperte di Ninive;* Bologne, 1855, in-8°. — Abrégé de l'ouvrage original : *Popular account of discoveries at Nineveh*; Londres 1850, in-8°, fig.; trad. en allemand par Meissner, Leipzig, 1852, gr. in-8°, 22 fig.

PERRET (Louis) :
Catacombes de Rome. — Paris, 1851-55, 6 vol. gr. in-fol.

KRAUSE (Joh.-Heinr.) :
Plotina oder die Kostüme des Haupthaares, etc. — Plotine, ou la coiffure chez les peuples de l'antiquité, rapprochée de quelques coiffures modernes; 200 fig. sur 5 pl. — Leipzig, 1858, gr. in-8°.

PRISSE D'AVESNES :
Histoire de l'art égyptien d'après les monuments, depuis les temps les plus reculés jusqu'à la domination romaine. — Paris (1858 et suiv.), 36 livr. gr. in-fol.

KLEMM (H.) :
Versuch einer Urgeschichte des Kostums, etc. — Essai sur l'histoire des costumes dans l'antiquité, envisagée au point de vue de la civilisation des plus anciens peuples de la terre. — Dresde, 1860, in-16°, 6 pl.

PLACE (Victor):
Ninive et l'Assyrie. — Paris, Impr. imp., 1867-70, 2 vol. gr. in-fol., 87 pl.

MULLER (dr. Alb.) :
Die Trachten der Römer und Römerinnen nach Ovid und Martial, etc. Costume des Romains et des Romaines d'après Ovide et Martial. — Hanovre, 1868, gr. in-8°, 1 pl.

HUCHER (Eugène) :
L'Art gaulois ou les Gaulois d'après leurs médailles. — Paris, 1868-74, 2 vol. in-4°, 101 pl. et vign.

MONTELIUS (Oscar) :
Les Antiquités suédoises. — Stockholm, 1873-75.

MONTELIUS (Oscar) :
La Suède préhistorique. — Stockholm, 1874.

ANCESSI (l'abbé Victor) :
L'Égypte et Moïse. — Paris, 1875.

WILKINSON (John) :
The Manners and Customs of the ancient Egyptians, etc. Mœurs et coutumes des anciens Égyptiens, vie privée, gouvernement, lois, art, industrie, religion, etc. — Londres, 1837-41, 6 vol. gr. in-8°, 600 pl. — nouv. éd., *ibid.*, 1847, 6 vol. gr. in-8°, figures.

Terres cuites de Tanagra et d'Asie-Mineure (Catalogue de la collection de M. Camille Lécuyer). — Paris, 1883.

COSTUMES RELIGIEUX.

BRUYN (Abr. de) :
Imperii ac sacerdotii ornatus. Diversarum item gentium peculiaris vestitus. — Cologne, 1578, in-fol., 24 pl. de cost. civils et 26 de cost. religieux; nouv. édit., 1592, in-fol.

AMMAN (Jost.) :
Cleri totius Romanæ Ecclesiæ subiecti, seu Pontificiorum ordinum omnium omnino utriusque sexus, habitus, artificiosissimis figuris...... nunc primum a Judoco Ammano *expressi : neque unquam antehac similiter editi*, etc. — Francofurti, 1585, in-4°, 102 fig.; — édit. avec texte allem. par J.-A. Lonicer : *Stand und Orden der heiligen romischen catholischen kirchen*; etc.; *ibid.*, 1585, in-4°, 102 fig.; — nouv. édit. avec texte latin et allem.; *ibid.*, 1661, in-4°, figures.

FIALETTI (Odoardo) :
Degli abiti delle religioni, con le armi, e breve descrition di loro, etc. — Venise, 1626, in-4°, 74 pl.; — trad. en franç. par Dufresne : Briefve histoire de l'institution des ordres religieux; Paris, 1658, in-4°, 72 pl.; — autre édit. franç.; Histoire de l'institution des ordres religieux dispersés par tout le monde; *ibid.*, 1680, in-4°, 72 pl.

MOLINET (le père C. Du) :
Figures des différents habits des chanoines réguliers en ce siècle. — Paris, 1666, in-4°, 31 pl.

SCHOONEBEEK (Adrien) :
Afbeeldingen der eygene dragten van alle geestelyke orders, etc. — Amsterdam, 1688, in-8°, 78 pl. — trad. en franç. : Courte et solide histoire de la fondation des ordres religieux; *ibid.* 1688, in-8°. — *Afbeeldingen der eygene dragten van alle geestelyke vrouwen en nonnen orders*, etc.; Amsterdam, 1691, in-8°, 90 pl.; — trad. en franç. : Courte description des ordres de femmes et filles religieuses; *ibid.* (1691), in-8°, 86 fig. — (Refonte des deux ouvrages précédents :) Histoire des ordres religieux de l'un et de l'autre sexe, édit. augm. de 80 fig.; *ibid.*, 1695, 2 vol. petit in-8°.

HÉLYOT (P.) :
Histoire des ordres monastiques, religieux et militaires, et des congrégations séculières de l'un et de l'autre sexe (continuée à partir du tome VI par le P. Bullot). — Paris, 1714-1719, 8 vol. in-4°, 806 pl. — édit. success. : 1721, 1792 (812 fig.), 1829 (10 vol. in-8°), 1838 (8 vol. gr. in-8°); — trad. en allem. (par J.-J. Schwabe), Leipzig, 1753-56, 8 vol. in-4°, fig. — Abrégés : Histoire du clergé régulier, etc., Amsterdam, 1716, 4 vol. in-8, fig.; Histoire des ordres militaires, etc., Amsterdam, 1721, 4 vol. in-8°; Histoire abrégée et costumes coloriés des ordres monastiques..., d'après le P. Hélyot; Paris (1830), 2 vol. in-4°, 100 pl.; nouv. édit., *ibid.*, 1837, 2 vol. in-4°, fig.

BAR (Jacques-Charles) :
Recueil de tous les costumes des ordres religieux et militaires avec un abrégé historique et chronologique. — Paris, 1778 (ou 1786-) 98, 6 vol. in-fol., fig. col.

MAILLART (Ph.-J.) :
Collection de costumes de tous les ordres monastiques supprimés à différentes époques dans la ci-devant Belgique, etc. — Vilvorde, s. d. (1811), in-4°, 132 pl.

PINELLI (Bart.) :
Raccolta di costumi degl' ordini religiosi. Rome, 1828, in-4°, 60 pl. sans texte.

GUICCI (G.) :
Iconografia storica degli ordini religiosi e cavalereschi, etc. — Rome, 1838-43, 6 vol. in-fol., 287 pl.

CIBRARIO (Luigi) :
Descrizione storica degli ordini religiosi, compilata sulle opere di Bonani, d'Helyot, di Tiron ed altre si edite che inedite, etc. — Turin, 1845, 2 vol. gr. in-8°, pl., col.

PASCAL (l'abbé J.-B.) :
Institutions de l'art chrétien. — Paris, 1856.

MARTIGNY (l'abbé) :
Dictionnaire des antiquités chrétiennes, contenant le résumé de tout ce qu'il est essentiel de connaître sur les origines chrétiennes jusqu'au moyen âge exclusivement. — Paris, Hachette, 1865, gr. in-8°, 270 grav. sur b. — nouv. édit., *ibid.*, 1877, gr. in-8°, 675 grav.

WELBY PUGIN :
Glossary of ecclesiastical ornament and costume, etc. L'ornement et le costume ecclésiastique, d'après d'anciennes autorités et des exemples. — Londres, 1844, gr. in-4°, 70 pl. — 2e édit. revue par le R. B. Smith ; *ibid.* 1846, in-4°, fig. — 3e édit., *ibid.* 1868, gr. in-4°, 73 pl.

BOCK (Fr.) :
Geschichte der liturgischen Gewänder der Mittelalters, etc. Histoire des vêtements liturgiques au moyen âge, ou origine et développement des ornements et parements ecclésiatiques, etc. — Bonn (1856-) 1859-71, 3 vol. in-8°, 117 pl.

LINAS (Ch. de) :
Anciens Vêtements sacerdotaux et anciens tissus conservés en France. — Paris, Didron, 1860-63, gr. in-8°, avec pl.

DU MOYEN AGE AU XIXe SIÈCLE.

OUVRAGES SUR LE COSTUME EUROPÉEN, POUR LA PLUPART, ET D'UN CARACTÈRE PLUS OU MOINS COLLECTIF.

BERTELLI (Ferd.) :
Omnium fere gentium nostræ ætatis habitus nunquam antehac editi. — Vienne, 1563 ou 1569, in-4°, 60 planches.

FRONSPERGER (Leonh.) :
Kriegsbuch, etc. Livre de guerre. — Francfort-sur-le-Mein, 1573, 3 part. en 1 vol. in-fol., fig. par Jost Amman et autres ; — nouv. édit., *ibid.*, 1596, in-fol., fig.

AMMAN (Jost) :
Habitus præcipuorum populorum... Trachtenbuch. — Nuremberg, 1577, pet. in-fol., fig. ; — nouv. édit., Ulm, 1639, in-fol., fig.

BRUYN (Abr. de) :
Imperii ac sacerdotii ornatus. Diversarum item gentium peculiaris vestitus. His adiunxit commentariolos Cæsar. Pontif. ac Sacerdotum Hadr. Damman *Gand. Excudebat* Abr. Bruin. (Coloniæ, 1578) in-fol., 24 pl. de cost. civils, et 26 de cost. religieux ; — nouv. édit., 1592, in-fol.

BOISSARD (Jac.) :
Habitus variarum orbis gentium. Habitz de nations estrâges. *Trachten mancherley Vœlcker des Erdskreyss.* S. l., 1581, in-folio, 60 pl., offrant 179 costumes.

AMMAN (Jost) :
Gynæceum, sive Theatrum mulierum, in quo præcipuarum omnium, per Europam in primis, nationum, gentium, etc. — Francofurti ad Mœnum, 1586, pet. in-4°, 122 fig. — Édit. avec texte allemand : *Im Frauwenzimmer wird vermeldt von allerley schœnen Kleidungen unnd Trachten der Weiber*, etc., *ibid.*, 1586, in-4°, 121 fig.

BERTELLI (Petrus) :
Diversarum nationum habitus centum et quatuor iconibus in aere incisis diligenter expressi, etc. — Apud Alciatum Alcia et P. Bertellium, Patavii, 1589 1591, 1596, 3 part. in-8°.

FABRI (Alex.) :
Diversarum nationum ornatus cum suis iconibus. — Padoue, 1593, 3 parties in-8°, 104, 100 et 100 pl. grav.

AMMAN (Jost) :
Recueil contenant la représentation d'un grand nombre de personnages laïques et ecclésiastiques, Francfort, 1599.

GLEN (Jean de) :
Des Habits, mœurs, cérémonies, façons de faire anciennes et modernes du monde. — Liège, 1601, in-8°, 200 pl. grav.

ANONYME :
Album amicorum, habitibus mulierum omnium nationum Europæ tum tabulis ac sentis vacuis in æs incisis adornatum, etc. — Lovanii, apud Joannem Baptistam Zangrium, anno 1601, in-4° obl., 32 pl. de costumes.

HOLLAR (Wenceslas) :
Theatrum mulierum, sive varietas atque differentia habituum fœminei sexus, diversarum Europæ nationum hodierno tempore vulgo in usu à W. Hollar... *Bohemo delineatæ et aqua forti æri sculptæ.* — Londini, 1643 ; pet. in-8°, 36 pl. sans texte. — Nouv. édit. sous ce titre : *Aula veneris, sive varietas fœminini sexus, diversarum Europæ nationum, differentiaque habituum, ut in quâlibet provincia sunt, apud illas nunc ustitati, quas* Wencesl. Hollar, etc. ; Londini, 1644 ; pet. in-8°, 100 pl.

SCHOONEBEEK (Adrien) :
Historie van alle ridderlyke en krigsorders, etc. — Amsterdam, 1697, 2 vol. in-8°, 113 pl. — Trad. en franç. : Histoire de tous les ordres militaires avec les figures de leurs habits, armes et devises ; *ibid.*, 1699, 2 vol. petit in-8°, fig.

ANONYME :
Habillemens de plusieurs nations représentez au naturel en cent trente-sept belles figures. — Leyde (1710), in-4° obl.

BOYDELL, éditeur :
Recueil des habillements de différentes nations anciens et modernes..... d'après les dessins de Holbein, de Van-Dyck, de Hollar, et de quelques autres... — Londres 1757-72, 4 vol. gr. in-4°, 480 fig. Nouv. édit., *ibid.*, 1773, 4 vol. in-4°, et 1799, 8 vol. in-4°.

VIERO (Teodoro) :
Raccolta di stampe che rappresentano figure ed abiti di varie nazioni, secondo gli originali, e le descrizioni di piu celebri recenti viaggiatori, e degli scopritori di paesi nuovi. — Venise, 1783-90, 3 vol. gr. in-fol., 360 pl.

Costumes, being picturesque representations of the dress and manners, etc. Costumes, ou représentations pittoresques des vêtements et habitudes de la Suisse, de l'Autriche, de la Chine, de la Russie de la Turquie et de l'Angleterre, etc. — Londres, 1814-15, 7 vol. gr. in-8°, fig. color.

LANTÉ (et de LAMÉSANGÈRE) :
Costumes des femmes de Hambourg, du Tyrol, de la Hollande, de la Suisse, de la Franconie, de l'Espagne, du royaume de Naples, etc., dessinés, la plupart, par M. Lanté, gravés par Gatine, avec une explication pour chaque planche (par de Lamésangère). Paris, 1827, gr. in-4°, 100 pl. color.

BONNARD (Camillo) ET MERCURI (Paolo) :
Costumi ecclesiastici, civili e militari de' secoli XIII, XIV e XV, raccolti da C. B..., ed accompagnati da un testo istorico e descrittivo (en ital. et en franç.). — Rome 1827-28, 2 vol. in-4°, 98 et 100 pl. color. — Édit. franç. : Costumes des XIIIe, XIVe et XVe siècle. Première édit. franç. Paris 1828-30, 2 vol. gr. in-4°, 200 pl. ; — nouv. édit. : Costumes historiques italiens, français et allemands des XIIe, XIIIe, XIVe et XVe siècles, dessinés et gravés par Mercuri, avec un texte historique et descriptif par Camille Bonnard ; introd. par Charles Blanc ; *ibid.*, 1859-63, 3 vol. gr. in-4°, 200 pl. color.

WAGNER (H.) :
Trachtenbuch des Mittelalters, etc. Costumes du moyen âge. Recueil d'habillements, d'armures, de meubles, d'instruments, etc. — Munich, 1830-34 6 livr. in-fol. obl., 48 pl.

JUBINAL (A.) :
La Armeria real, ou Collection des principales pièces du musée d'artillerie de Madrid. Dessins de Gaspard Sensi, texte d'Achille Jubinal. — Paris (1837-39), 2 vol. in-fol., 40 et 41 pl. — Supplément, *ibid.*, (1842) in-fol., 40 pl. sans texte.

HEFNER-ALTENECK (J.-H. von) :
Trachten des christlichen Mittelalters, etc. — Manheim (puis Francfort), 1840-54, 3 vol. gr. in-4°, 96, 180 et 170 pl. — Édit. avec texte franç. : Costume du moyen âge chrétien, d'après des monuments contemporains, etc. — Manheim et Francfort, 1840-54, 3 vol. gr. in-4°, fig.

SHAW (H.) :
Dresses and decorations of the middle ages, etc. Costumes et décorations du moyen âge, depuis le VIIe jusqu'au XVIIe siècle, avec descriptions historiques, etc. — Londres, 1843, 2 vol. gr. in-8°, grav.

ANONYME :
Das Buch der Ritterorden. Abbildung und Beschreibung der Insignien aller Ritterorden, militair und civil-Ehrenzeichen, Medaillen, etc. Le Livre des ordres de chevalerie, ou représentation et description de tous les ordres de chevalerie et insignes militaires et civils, médailles, etc., avec un choix de costumes remarquables. — Bruxelles, 1846-48, in-8°, 82 pl. — 2e édit., 1852-56, in-8°.

ANONYME :
Costume du moyen âge d'après les manuscrits, les peintures et les monuments contemporains. — Bruxelles, 1847, gr. in-8°, 164 pl.

ALLOM (Thomas) ET REEVE (Emma) :
Character and Costume of Turkey and Italy, etc. Mœurs et costumes de la Turquie et de l'Italie. — Londres (1850), in-fol., 21 pl.

SERÉ (Ferd.) :
Histoire du costume et de l'ameublement en Europe, et des arts et industries qui s'y rattachent, par F. S..., avec la collaboration d'Aug. Racinet, et celles de Louandre et de Champollion-Figeac (pour le texte). — Paris, 1852 et suiv., gr. in-4°, fig.

HEWITT (John) :
Ancient Armour and Weapons in Europe, etc. Armures et armes anciennes en Europe, depuis l'âge de fer des nations septentrionales, jusqu'à la fin du XVIe siècle, illustrées par les monuments contemporains. — Londres, 1855-59, 3 vol. in-8°, fig.

SACKEN (D. Ed. Freih. von) :
Die vorzüglichsten Rüstungen und Waffen der K. K. Ambraser-Sammlung, etc. Les principales armures et armes de la collection impériale et royale d'Ambras. — Vienne, 1859-62, 2 vol. gr. in-4°, 128 pl. photogr.

FALKE (J.) :
Zur Costümgeschichte des Mittelalters. Histoire du costume au moyen-âge. — Vienne, 1861, gr. in-8°, 156 grav. s. b.

JACQUEMIN (Raphaël) :
Iconographie générale et méthodique du costume du IVe au XIXe siècle (315-1815). — Paris (1863-69), in-fol., 200 pl. à l'eau-forte.

PAUQUET :
Modes et costumes historiques, dessinées et gravées par Pauquet frères, d'après les meilleurs maîtres de chaque époque et les documents les plus authentiques. — Paris, 1864, in-4°, 96 pl.

PERINI (Ant.) :
Armeria reale di Torino, etc. — Venise, 1865, in-fol. 55 photogr.

DUPLESSIS (Georges) et LECHEVALLIER-CHEVIGNARD (E.) :
Costumes historiques des XVIe, XVIIe et XVIIIe siècles, dessinés par Lechevallier-Chevignard, gravés par Didier, L. Flameng, Fr. Laguillermie, etc. ; texte histor. et descript. par G. Duplessis. Ouvrage faisant suite aux Costumes des XIIe, XIIIe, XIVe et XV siècles, de Mercuri et Bonnard. — Paris (1864-) 1873, 2 vol. in-4°, 145 pl. en couleur.

PAUQUET :
Modes et costumes historiques étrangers, anciens e modernes, dessinés et gravés par Pauquet frères d'après les meilleurs maîtres de chaque époque et les documents les plus authentiques. — Paris (1875), in-4°, 96 pl.

JACQUEMART :
Histoire du mobilier. — Paris, 1876.

HEYDEN (A. von) :
Blätter für Kostümkunde. Historische und Volks-Trachten, etc. Costumes historiques et populaires En collaboration avec Brausewetter, Breitbach Burger, Defregger, etc. ; publié par Von Heyden. — Berlin, Lipperheide, 1881 ; 144 pl.

LE COSTUME,

PAR GROUPES NETTEMENT DISTINCTS, DES DIVERSES PARTIES DU MONDE, PRINCIPALEMENT DE L'EUROPE.

ALLEMAGNE.

Triumphwagen. Le char triomphal. Suite de grav. s. b., également désignée sous le titre de *Triomphe de Maximilien*. In-fol. obl. — Autre titre : *le triomphe de l'empereur Maximilien, en une suite de cent trente-cinq planches gravées sur bois, d'après les dessins de Hans Burgmair, accompagnée de l'ancienne description dictée par l'empereur à son secrétaire Marc Treitzsaurwein*. — Imprimé à Vienne chez Mathias-André Schmitt, 1796, gr. in-fol.

ANONYME :
Vorstellungen von deutschen National Trachten. — Augsbourg, 1800.

DULLER (E.) :
Das deutsche Volk in seinen Mundarten, Sitten, Gebraüchen, Festen und Trachten, etc. Le peuple allemand, ses idiomes, mœurs, usages, fêtes et costumes. — Leipzig, 1847, gr. in-8°, 50 pl. color.

FALKE (Jacob) :
Die deutsche Trachten und Modenwelt, etc. Histoire du costume et de la mode en Allemagne. 1re partie. L'antiquité et le moyen âge. 2e partie. Les temps modernes. — Leipzig, 1858, 2 vol. in-8°.

KRETSCHMER (Albert) :
Deutsche Volkstrachten, etc. Costumes du peuple en Allemagne, dessinés d'après nature, avec un texte explicatif. — Leipzig, Bach (1865-) 1870, gr. in-4°, 88 pl. chromolith.

Costumes des Provinces.

LIPOWSKY (Félix-Jos.) :
Sammlung bayerischer National-Costume, etc. Recueil des costumes nationaux de la Bavière, avec un texte historique. — Munich (1812), in-fol. 48 pl. color.

MERZ, éditeur :
Modes de la ville d'Augsbourg. — Augsbourg, s. d. in-4, 30 fig. color.

THEYER (Julius) :
Deutsche (Nürnberger), *Trachten aus dem sechzehnten Jahrundert*, etc. Costumes allemands à Nuremberg au seizième siècle. — S. l., 1827, 6 pl. in-4°.

VOELLINGER (Jos.) :
Grossherzoglich Badisches Militair, etc. L'armée du grand-duché de Bade. — Carlsruhe, 1824, in-fol. 30 pl. color.

BADER (J.) :
Badische Volkssitten und Trachten, etc. Mœurs populaires et costumes dans le grand duché de Bade. — Carlsruhe, 1843, 4 livr. in-8°, fig. sur acier et pl. color.

VALERIO (Th.) :
Costumes du grand-duché de Bade et des bords du Rhin. — Paris (1843), in-fol., 36 lith.

SUHR (C.) :
La Regratterie de Hambourg, représentée en 120 fig. color. — Hambourg, 1808, gr. in-8°. — Édit. avec texte allemand : *Der Ausruf in Hamburg*, etc. ; *ibid.*, 1808, gr. in-8°.

SUHR (C.) :
Costumes de Hambourg. — (Hambourg) 1812, in-fol. ; 45 pl. color.

BUEK (F.-Georg.) et BEER (C.) :
Album Hamburgischer National-Costume, etc. Album des costumes nationaux des Hambourgeois. — Hambourg (1843-) 1847, gr. in-8°. pl. color.
Das preussische Heer unter Friedrich Wilhelm IV, etc. L'Armée prussienne sous le règne de Frédéric-Guillaume IV. — Berlin, 1843-45, in-fol., 6 livr., 36 pl. color.

SCHINDLER (C.-F.).
Militar-Album des kæniglich Preussischen Heeres, etc. Album des troupes royales de Prusse. — Berlin, 1862, gr. in-fol., 50 pl. color., sans texte.

KRONBIEGEL (Karl.-Fr.) :
Ueber die Kleidertracht, Sitten und Gebraüche der altenburgischen Bauern, etc. Costumes, mœurs et

usages des paysans d'Altenbourg, etc. — Altenbourg, 1793 (nouv. titre : 1801 ou 1806), in-8°, 18 pl. grav. — 3e édit. complètement remaniée par C.-F. Hempel ; *ibid.*, 1889. gr. in-8°, avec 10 nouv. planches.

Abbildung der Churfuerstlich-Sæchsischen Armee Uniformen. Représentations des uniformes de l'armée de l'électorat de Saxe. — Dresde, 1789 (ou 1799), in-8°, 31 pl. color. — *Abbildung der Kursæchsischen Armee Uniformen*, etc. Dresde, 1805-1807, gr. in-fol., grav. color. d'après les dessins du peintre Hess. — *Abbildung der neuorganisirten sæchsischen Armee*, etc. Costume de l'armée saxonne depuis sa réorganisation. — Leipzig, 1811, in-4°, 74 fig.

Das deutsche Bundesheer, etc. L'Armée de la Confédération germanique... dessins d'après plusieurs artistes réunis par H. A. Eckert de Munich. Recueil de cost. milit. ; sans texte.

AUTRICHE-HONGRIE.

Brand (Ch.) :
Zeichnungen, etc. Études prises dans le bas peuple et principalement les cris de Vienne. — (Vienne) 1775, gr. in-fol., 40 pl., sans texte.

Adam (J.) :
Bildungen des gemeinen Volks zu Wien. Les portraits du commun (*sic*) peuple à Vienne, — S. l. n. d. (fin du XVIIIe siècle), pet. in-4°, 100 pl. grav. par Jacques Adam, sans texte.

Anonyme :
Schema aller Uniform der kaiserl-kœnigl. Kriegsvolkern. — Uniformes des armées autrichiennes. — Vienne, 1786, in-12, 142 pl. color.

Moleville (Bertr. de) :
Costume of the hereditary States of the house of Austria, etc. Costumes des États héréditaires de la maison d'Autriche ; 50 grav. color. avec descriptions par B. de Moleville, trad. par R. C. Dallas (texte angl. et franç.). — Londres, 1804, gr. in-4°, figures.

Anonyme :
Kleidertrachten der Kaiserl. König. Staaten. Habillements de S. M. l'Empereur-Roi (texte allem.). — Vienne, s. d. (vers 1808), in-4°, 50 pl. color.

Pettenkoffer (A.) et Strassgschwandtner (A.) :
Die K. K. Osterreichische Armee, etc. L'Armée impériale et royale d'Autriche. — Vienne, s. d. (v. 1852), gr. in-fol., 36 pl. color., sans texte.

———

Zaka :
Divers Costumes des peuples du Tyrol. — Augsbourg, 1813, in-4°, 16 grav. color.

The Costume of Illyria and Dalmatia. Les Costumes de l'Illyrie et de la Dalmatie. — Londres, 1824, 2 vol. in-4°, 36 pl. color.

Heimbucher de Bikessy (J.).
Pannoniens Bewohner, etc. Costumes des habitants de la Hongrie, avec un texte par J. H de B... — Vienne, 1820, in-4°, fig.

Valerio (Th.).
Souvenirs de la monarchie autrichienne. Suite de dessins d'après nature gravés à l'eau-forte par Th. V. — Paris, Goupil, s. d., 2 parties in-fol., 30 et 8 pl.

Osterreichisch-ungarische national-Trachten. — Costumes nationaux de l'Autriche-Hongrie, publiés à Vienne par R. Lechner.

Ornements de l'industrie domestique des paysans ruthéniens ; publication du Musée industriel de Léopold ; 1880-1882.

SUISSE.

Holbein (J.) :
Recueil de douze costumes suisses, civils et militaires, hommes et femmes du seizième siècle, gravés d'après les dessins originaux du célèbre Jean Holbein qui se trouvent à la bibliothèque publique de la ville de Basle. Publié par Chrétien de Méchel. — Basle, 1790, in-fol. front. et 13 pl. grav. à l'acquatinte.

Méchel (Chr. de) :
Costumes suisses, contenant 28 figures d'après nature. — Bâle, Chrétien de Méchel, s. d., in-4°.

Pfeffel (Jean-André) :
Le Cabinet de toutes les modes d'habits, lesquels on porte dans le louable canton de Suisse qui s'appelle Zurich, gravés en taille-douce. — Augsbourg, J.-A. Pfeffel, s. d., in-fol., 43 pl. grav. par J. Wolf.

Volmar :
Collection de costumes des cantons de la Suisse, dessinés par Volmar. — Berne, Lamy, s. d., in-4°, 16 pl. color.

Kœnig :
Nouvelle collection de costumes suisses, d'après les dessins de F.-N. Kœnig (texte franç. et allem.). — Zurich, 1803, in-12, 40 pl. color.
Collection de costumes suisses, tirés du cabinet de M. Meyer d'Aaran, par Kœnig. — Unterseen, 1804, in-8°, 24 pl. color.

Reinhard.
Costumes suisses, dessinés par Haegy d'après les tableaux de Reinhard. — Bâle (1810), in-fol., 44 pl. color.

Reinhard :
Costumes suisses d'après les dessins de R... (texte franç. et angl.). — Londres, 1822, gr. in-8°, 30 pl. color.

Pinelli (Bart.) :
Raccolta di quindici costumi li più interessanti della Suizzera. — Rome, s. d. (v. 1825), in-4°, 15 pl. color.

Pinoret (Ed.) :
Recueil de costumes suisses dessinés d'après nature et lithographiés par E. P. — Paris, Engelmann, s. d. (v. 1826), in-4°, 40 pl. color.

ANGLETERRE, ÉCOSSE, IRLANDE.

Hollar (Wenceslas) :
Ornatus muliebris anglicanus, or the several habits of English women, etc. L'ornement anglais féminin, ou costume des femmes anglaises, tant de la noblesse que du peuple, en 1640. — Londres, 1640, in-8°, 26 eaux-fortes, sans texte.

Lauron (M.).
The cryes of the city of London drawn after the life. Les cris de la ville de Londres dessynez après la nature. *L'Arti communi che vanno per Londra*. — S. l. n. d. (Londres, 1711), pet. in-fol., 74 pl. grav. par P. Tempest et J. Savage, avec légendes en angl., franç. et ital. ; — 2e édit., Londres, Overton, s. d., petit in-fol., 74 pl. grav. — Copie par Boitard avec pl. supplém.

Boydell, éditeur :
Recueil des habillements de différentes nations, anciens et modernes, et en particulier des vieux ajustements anglais, d'après les dessins de Holbein, de Vandyke (*sic*), de Hollar et de quelques autres, etc. (texte franç. et angl.). — Londres, J. Boydell, 1757-72, 4 vol. gr. in-4°, 480 fig. ; — nouv. édit., *ibid.*, 1773, 4 vol. in-4°, fig. ; — *ibid.*, 1799, 3 vol. in-4°, avec 360 fig.

Strutt (Jos.) :
The Regal and Ecclesiastical Antiquities of England etc. Antiquités royales et ecclésiastiques de l'Angleterre, offrant la représentation la plus authentique de tous les souverains anglais depuis Édouard le confesseur jusqu'à Henri VIII, etc. — Londres, 1773, in-4°, 60 pl., et supplément, 1792, 12 pl. — nouv. édit., *ibid.*, 1777 ou 1793, in-4°, 72 pl. — nouv. édit., revue et accompagnée de notes critiques et explicatives, par J.-R. Planché ; *ibid.*, 1842, gr. in-4°, 72 pl.

Strutt (Jos.) :
Horda Angelcynnan, or a complete view of the manners, customs, arms, habits, etc. — Londres, 1774-76, 3 vol. gr. in-4°, 157 pl. — trad. : Angleterre ancienne, ou tableau des mœurs, usages, armes, habillements, etc., des anciens habitants de l'Angleterre ; c'est-à-dire des anciens Bretons, des Anglo-Saxons, des Danois et des Normands. Ouvrage trad. de l'anglais de Joseph Strutt, par Boulard, et pouvant servir de suite aux recueils de Montfaucon et de Caylus ; Paris, 1789, 2 vol. in-4°, 77 pl. grav.

Strutt (Jos.).
A complete View of the Dress and habits of the people of England, etc. Tableau complet des costumes et vêtements des Anglais, depuis l'établissement des Saxons dans la Grande-Bretagne jusqu'au temps actuel, etc. — Londres, 1796-99, 2 vol. gr. in-4°, 143 pl. color. ; — nouv. édit. revue, corrigée et augmentée de notes critiques et d'éclaircissements par J.-R. Planché ; ibid., 1842, 2 vol. in-4°, 153 pl. col. ; — trad. en français : Tableau complet, etc. ; Londres, 1797, gr. in-4°, 68 pl. (un seul volume paru).

Atkinson (John-Aug.) :
A picturesque Representation of the naval, military and miscellaneous costumes of Great Britain, etc. Représentation pittoresque des costumes des armées de mer et de terre, et autres, de la Grande-Bretagne, etc. (texte angl. et franç.). — Londres, 1807, in-fol., 50 pl. color.

Pyne (W.-H.) :
The Costume of Great Britain, etc. Le Costume de la Grande-Bretagne, dessiné, gravé et décrit par W.-H. Pyne (texte angl. et franç.). — Londres 1808, pet. in-fol., 60 pl. color.

Smith (Ch.-Hamilton) :
Ancient costume of England, etc. Costumes de l'Angleterre (et de l'Irlande depuis le septième jusqu'au seizième siècle), etc. — Londres (1811-15), gr. in-4° et aussi in-fol., 60 pl. color.

Smith (Ch.-Hamilton) :
Costume of the army of the British empire, etc. Costumes de l'armée de l'Empire britannique, dessinés par un officier d'état-major, décrits par Ch.-H. S... — Londres, 1812, gr. in-4°, fig.

Anonymes.
Costume of the Army of the British empire, according to the last regulations, 1812. Uniformes de l'armée de l'empire britannique, conformes au dernier règlement en 1812. — Londres, 1818, petit in-fol., env. 75 pl. color.
Costume of the Army of the British empire, according to the regulations of 1814. — Londres, 1814, fig.

Meyrick (Samuel-Rush and Smith (Ch.-Hamilton) :
The Costume of the original inhabitants of the British Islands, etc. Le Costume des habitants primitifs des Iles Britanniques, etc. — Londres, (1814-) 1815, gr. in-4° et aussi in-fol., 24 pl. color.

Walker :
The Costume of Yorkshire, etc. — Les costumes du comté d'Yorkshire ; grav. en fac-simile des dessins originaux, etc. (texte angl. et franç. par Walker). — Londres, 1814, gr. in-4°, 40 pl. color.

Anonyme :
Picturesque representations of the dress and manners of the English, etc. Représentations pittoresques des costumes et mœurs des Anglais, illustrés par 64 gr. color. avec leurs descriptions. — Londres, John Murray, 1814.

Carter (John) :
Specimens of English ecclesiastical Costume, etc. Specimens du costume ecclésiastique en Angleterre, depuis les temps les plus anciens jusqu'au seizième siècle. — Londres, 1817, in-8°, fig.

Hull (E.) :
Costume of the British Army in 1828. — Londres, 1828, in-4°, 1re livr., 9 pl. lithog. par M. Gauci, d'après les dessins d'E. Hull.

Planché (J.-R.) :
British Costume. A complete history of the dress of the inhabitants of the British Islands, etc. Costume britannique : histoire complète du costume des habitants des Iles Britanniques. — Londres, 1834, in-12, fig. ; — nouv. édit., *ibid.*, 1846, petit in-8°, fig.

Martin (Charles et Léopold) :
The Civil Costume of England from the conquest to the present time, etc. Le Costume civil en Angleterre, depuis la conquête jusqu'au temps présent, etc. — Londres, 1842, gr. in-4°, 61 pl. color.

Mac-Jan (R.-R.) et Logan (James) :
The Clans of the scotish Highlands, etc. Les Clans des montagnes de l'Écosse..., leurs vêtements, leurs tartans, leurs armes, armoiries et occupations sociales. — Londres, 1845-47, 2 vol. gr. in-fol., 72 pl. color. ; — nouv. édit., *ibid.*, 1852, 2 vol. gr. in-4°, 72 pl. color.

Stolberg (John Sobiesky) et Stuart (Charles-Edward) :
The Costume of the Clans, etc. Les Costumes des clans, avec des observations sur la littérature, arts, manufactures, etc. — Edimbourg, 1845, gr. in-fol., 36 lithogr.

Fairholt (F.-W.) :
Costume in England. A history of dress, etc. Le Costume en Angleterre. Histoire de l'habillement depuis les temps les plus reculés jusqu'à la fin du dix-huitième siècle ; augmentée d'un glossaire illustré des noms de tous les articles d'utilité ou d'ornement portés sur le corps ; avec plus de 600 figures dessinées sur bois par l'auteur. — Londres, 1846, in-8, fig. ; — nouv. édit., *ibid.*, 1860, in-8°.

Day (T.-A.) et Dines (J.-H.) :
Illustrations of Mediaeval Costume in England, etc. Illustrations du costume du moyen âge en Angleterre, d'après les mss. du Musée Britannique, de la Bibliothèque nationale de Paris, etc. — Londres, s. d. (1851 et suiv.), in-4°, 19 pl. color.

BELGIQUE.

Madou (J.) :
Costumes belgiques, anciens et modernes, militaires, civils et religieux. — Bruxelles, 1830, in-4°, 124 planches.

Eeckhout (J.-J.) et Madou (J.) :
Costumes du peuple de toutes les provinces des Pays-Bas. — Bruxelles, 1825-28, gr. in-4°, 40 pl. color.

Madou (J.) :
Collection des costumes de l'armée belge en 1833. — S. l. n. d. (Bruxelles, 1833), in-fol. obl., 22 pl. color.

Vigne (Félix de) :
Vade-Mecum du peintre, ou Recueil de costumes du moyen âge pour servir à l'histoire de la Belgique et pays circonvoisins. — Bruxelles et Gand, 1835-40, 2 vol. gr. in-4°, 195 fig. grav. et color.

Vigne (Félix de) :
Recherches historiques sur les costumes civils et militaires des Gildes et des corporations de métiers, leurs drapeaux, leurs armes, leurs blasons, etc., par F. de V..., avec une introduction historique par J. Stecher. — Gand (1847), gr. in-8°, 35 pl. lithogr. et color. = Mœurs et usages des corporations de métiers de la Belgique et du nord de la France, pour faire suite aux Recherches, etc. — Gand, 1857, in-8°, 34 pl.

Vigne (J. de) et Busscher (E. de) :
Album du cortège historique des comtes de Flandre. Personnages et costumes dessinés par de V..., texte historique et descriptif par E. de B... — Gand, 1849, gr. in-8°, avec 80 pl.

Schaepkens (A.) :
Choix de costumes de l'époque de Charles V à sa joyeuse entrée à Maëstricht en 1520. — Bruxelles, 1851, in-fol., 11 pl. lith.

HOLLANDE.

Kuyper (J.) :
Afbeeldingen, etc. Tableaux de l'habillement, des mœurs et des coutumes dans la république batave au commencement du dix-neuvième siècle, etc., (texte franç. et holland.). — Amsterdam, Maaskamp, s. d. (1803-1805), in-4°, 16 pl. color. — nouv. édit. : Tableaux... dans le royaume de Hollande... ; *ibid.*, 1814, gr. in-4°, 20 pl. color.

Stemple (Miss) :
Costumes of the Netherlands. Costumes des Pays-Bas. — Londres, 1817, in-4°, 30 pl. color. d'après les dessins de miss S...

Teupken (J.-F.) :
Beschrijving hoedanig de koninklijke nederlandsche troepen en alle in militaire betrekking staande personen gekleed, geëquipeerd en gewapend zijn. Description des uniformes, équipements et armements des troupes royales des Pays-Bas et des personnes assimilées à l'état militaire. — La Haye et Amsterdam, 1823, in-fol., 09 pl. color., — nouv. édit. : *Beschrijving de Kleeding, équipement*, etc. ; Amsterdam, 1845, gr. in-4°, 63 pl.

Greuven (H.) :
Collection des costumes des provinces septentrionales du royaume des Pays-Bas, dessinés d'après nature par H. G..., lithogr. par Vallon de Villeneuve. — Amsterdam, 1828, in-4°, 20 pl. color.
Costumes des femmes de Hollande. Souvenirs. — Amsterdam (1850), in-4°, 17 cost.

Bing (V.) et Braet von Ueberveldt :
Costumes des Pays-Bas, dessinés d'après nature (texte franç. et holland.). — Amsterdam, 1857, gr. in-fol., 30 pl. chromolith.

ESPAGNE ET PORTUGAL.

Cruz (M. de la) :
Coleccion de trajes de España. Dibujado por D. Manuel de la Cruz, *y gravado por* D. Juan de la Cruz. — (Madrid, 1777), petit in-fol., 62 pl. sans texte.

Anonymes :
Coleccion general de los trages de España, segun se usan actualmente. — Madrid, s. d., petit in-8°, 112 pl. color.
Los Gritos de Madrid. — Madrid, s. d. (v. 1800), pet. in-8°, 72 pl. color.
Delineatione of the most remarkable costumes of the different provinces of Spain, etc. Représentation des principaux costumes de diverses provinces de l'Espagne, ainsi que des uniformes militaires, etc. — Londres, 1823, in-4°, 40 pl. color.

Pigal (Edme-Jean) :
Collection de costumes des diverses provinces de l'Espagne, lithographiés d'après des dessins originaux, par P... — Paris, s. d. (v. 1825), in-fol., 100 pl. color. sans texte.

Villegas (D.-J.) :
Album militar. Coleccion de uniformes del ejercito español pintados por D. J. V..., *y litografiados por* V. Adam. — Madrid, 1846, in-4° 25 pl., sans texte.

Ximenez :
Los Españoles pintados por si mismos, etc. — Madrid, 1852, in-8°, grav. sur bois.

Carderera y Solano :
Iconografia española. — Madrid, 1854, gr. in-fol.
Costumes populaires de l'Espagne ; collection de photographies publiée par Laurent.

Bradford (Rev. William) :
Sketches of the country, character and costume in Portugal and Spain, etc. Esquisses du pays, du caractère et du costume en Portugal et en Espagne, prises pendant la campagne et sur le parcours de l'armée britannique en 1808 et 1809, etc. Gravées et coloriées d'après les dessins du Rév. W. B... (texte angl. et franç.). — Londres, 1809, gr. in-fol., 39 pl. — Supplément : *Chronological and historical retrospect*, etc., *ibid.*, 1813, gr. in-fol., 16 pl. de cost. militaires ; — Revue historique et chronologique des événements mémorables de la guerre dans la Péninsule, etc. (texte français et anglais). — Paris et Londres, 1813, gr. in-folio, 54 pl. color (même ouvrage que le précédent).

Levêque :
Costume of Portugal. Costumes du Portugal (par M. L...), 50 grav. color. avec une description des mœurs et usages de ce pays ; texte angl. et franç. — (Londres, 1814), in-4°, fig.
The Costumes of Spain and Portugal. — Costumes de l'Espagne et du Portugal. — Londres, 1824, in-4°, 27 pl. color.
Costumes civils et religieux ; section portugaise ; exposition internationale de Paris, 1878.

FRANCE.

Saint-Igny (J. de) :
Le Théâtre de France contenant la diversitez des habits selon les qualitez et conditions des personnes. Dédié à messire Charles Perrochel, seigneur de Grandchamp, etc. — Paris, Estienne Dauvel, 1629, in-4°, 21 pl. grav. par Isaac Briot, d'après de Saint-Igny.

Saint-Igny (J. de) :

Le Jardin de la noblesse française dans lequel ce (sic) peut cueillir leur manierre de vettements. — Paris, M. Tavernier, 1629, in-4°, 18 pl. grav. par Abr. Bosse, d'après de Saint-Igny.

Recueil de gravures de Bonnard, Mariette, Trouvain, Bercy, etc.? Personnages de la cour; fin du dix-septième siècle.

Montfaucon (D. Bern. de) :

Les Monuments de la monarchie françoise qui comprennent l'histoire de France, avec les figures de chaque règne que l'injure des temps a épargnées... par le rév. p. D. B. de M..., religieux bénédictin de la congrégation de Saint-Maur (texte franç. et latin). — Paris, 1729-1733, 5 vol. in-fol., fig.

Bouchardon (Edme) :

Études prises dans le bas peuple, ou les cris de Paris. — Paris, 1737-46, 5 part. gr. in-fol., 60 pl. grav. par le comte de Caylus, sans texte.

Engelbrecht (collection dite d').

Dupin :

Costumes des diverses classes de la société française au dix-huitième siècle.

Eisen (Ch.) :

Nouveau Recueil des troupes qui forment la garde et la maison du Roy... dessiné d'après nature par E..., etc. — Paris, 1756, in-fol., 13 pl. gravées par Lebas.

La Rue (P.-B. de) :

Nouveau Recueil des troupes légères de France, etc. Paris (v. 1760), in-fol., 12 pl.

Montigny (de) :

Uniformes militaires, où se trouvent gravés en taille-douce les uniformes de la maison du Roy, de tous les régiments de France, les drapeaux, étendards et guidons, avec la datte de leur création, et les différentes figures de l'exercice tant de la cavalerie que de l'infanterie. Dessiné et gravé par le sieur de M... — Paris, 1772, in-12, 169 pl.

Molé :

Histoire des modes françaises, ou Révolution du costume en France, depuis l'établissement de la monarchie jusqu'à nos jours... etc. — Paris, 1773, in-12.

Poisson :

Cris de Paris, dessinés d'après nature par M. P... etc. — Paris (1774), in-8°, 48 pl., s. texte.

Freudenberg (S.) et Moreau le jeune :

Suite (1re, 2e et 3e) d'estampes pour servir à l'histoire des mœurs et du costume des Français (ou des modes du costume en France) dans le dix-huitième siècle. — Paris, Prault, 1775, 1777, 1783, gr. in-fol., 36 pl.; — nouv. édit. : Monuments du costume physique et moral de la fin du XVIIIe siècle, ou Tableaux de la vie, ornés de figures dessinées et gravées par M. Moreau le jeune et par d'autres célèbres artistes. — Neuwied-sur-le-Rhin, 1789, gr. in-fol., 26 pl.

Charpentier (Louis) :

Essais historiques sur les modes et le costume en France. Nouvelle édition pour servir de supplément aux Essais historiques sur Paris, de Sainte-Foix. — Paris, 1776, in-12.

Desnos, éditeur :

Recueil général de coiffures de différents goûts, où l'on voit la manière dont se coëffaient les femmes sous différens règnes, à commencer en 1589 jusqu'en 1778; suivi d'une collection de modes françaises, contenant les différents habillements et coëffures des hommes et des femmes, la plus complette qui ait paru en ce genre. — Paris, Desnos (1778), gr. in-8°, fig.

Anonymes :

Gallerie des modes et costumes français, dessinés d'après nature, gravée par les plus célèbres artistes en ce genre, et colorés avec le plus grand soin par Madame Le Beau, etc. — (Paris, 1778-85), in-fol., environ 318 pl.

Magasin des modes nouvelles françaises et anglaises. — 1778.

Cabinet des modes, 1785-89.

Carré (J.-B.-L.), de Clermont-sur-Meuse :

Panoplie, ou réunion de tout ce qui a trait à la guerre, depuis l'origine de la nation française jusqu'à nos jours. — Châlons-sur-Marne, 1795, in-4°, fig.

La Mésangère (P. de) :

Journal des Dames et des modes. — Paris, 1797-1829, 33 vol. in-8°, pl.; environ 2700 de ces dernières ont été réunies sous le titre de : Costumes parisiens de la fin du dix-huitième siècle et du commencement du dix-neuvième.

Garnerey (Jean-Franç.) :

Collection des nouveaux costumes des autorités constituées civiles et militaires. — (Paris, 1795), in-4°, 27 pl. dessinées par Garnerey et gravées par Alix, plus 3 ajoutées.

Grasset de Saint-Sauveur (J.) :

Costumes des représentants du peuple français, membres des deux conseils, du Directoire exécutif, des ministres, des tribunaux, etc., dont les dessins originaux ont été confiés par le ministre de l'intérieur au citoyen Grasset Saint-Sauveur, gravés par le cit. Labrousse, etc. · Paris, 1795, 15 pl. color. — Trad. en allemand : *Trachten von den Representanten des Franzœsischen Volks*, etc.; s. l. n. d., pet. in-8°, avec copies color. des gravures originales.

Maillart (Ph.-J.) :

Costumes des représentants du peuple français, membres des deux Conseils, du Directoire exécutif, etc., gravés et coloriés par Ph.-J. Maillart et Sœur (avec notices historiques). — Bruxelles (fin du dix-neuvième siècle), in-4°, 20 pl. color.

Anonymes :

Règlement sur l'uniforme des généraux, des officiers des états-majors des armées et des places, des officiers du corps du Génie, des Inspecteurs aux Revues, des commissaires des guerres, etc. 1er vendémiaire an XII. — Paris, imprimerie de la République.

Modes et manières du jour, à Paris, à la fin du XVIIIe siècle et au commencement du XIXe. Collection de 52 grav. color. — Paris (v. 1805), in-8°, sans texte.

Galerie des enfants de Mars. Offrande à S. M. impératrice et reine. — (Paris, Martinet, v. 1806) in-4°, 45 pl. grav., sans texte.

Willemin (N.-X.) :

Monuments français inédits, pour servir à l'histoire des arts depuis le VIe siècle jusqu'au commencement du XVIIe; etc.; dessinés, gravés et coloriés, d'après les originaux, par N.-X. Willemin. Classés chronologiquement et accompagnés d'un texte historique et descriptif, par André Pottier, conservateur de la bibliothèque de Rouen. — Paris, 1806-1839, 2 vol. in-fol., 302 pl. color.

Beaunier (F.) et Rathier (L.) :

Recueil des costumes français, ou Collection des plus belles statues et figures françaises, des armes, des armures, des instruments, des meubles, etc., dessinés d'après les monuments, manuscrits, peintures et vitraux, avec un texte explicatif, suivi d'une notice historique et chronologique devant servir d'histoire de l'art du dessin en France, depuis Clovis jusqu'à Napoléon premier inclusivement... rédigé, dessiné et publié par MM. F. B... et L. R... — Paris, 1810, 2 vol. in-fol., 204 pl. (cet ouvrage s'arrête au règne de Louis XII).

Tardieu (Ambr.) :

Galerie des uniformes des gardes nationales de France... publiée... par A. T... — Paris, 1817, in-8°, 27 pl. grav.

Charlet (N.) :

La Vieille Armée française. — (Paris, v. 1817), 2 part. in-fol., 38 pl. lithogr., sans texte.

Charlet :

Costumes militaires français. — (Paris, v. 1818), in-4°, 24 pl. lith. color., sans texte.

Lecomte (H.) :

Costumes civils et militaires de la monarchie française depuis 1200 jusqu'à 1820. — (Paris, Delpech, 1821), 3 vol. in-fol., 380 pl. lith. color., sans texte.

Vernet et Lami :

Collection des uniformes des armées françaises, de 1791 à 1814, dessinés par H. (et Carle) Vernet; et Eug. Lami. — Paris, 1822 (-1823), in-4°, 96 pl. color. = Collection raisonnée des uniformes français de 1814 à 1824, 2e partie de la collection générale. — *Ibid.*, 1825, in-4°, fig. color.

Picquet :

Collection des uniformes de l'armée française, etc. — Paris, 1823, gr. in-fol., avec 29 pl. color.

Leber (C.) :

Des Cérémonies du sacre, ou Recherches historiques et critiques sur les mœurs, les coutumes, les institutions et le droit public des Français dans l'ancienne monarchie. Paris, 1825, in-8°, 48 pl. gr.

La Mésangère (Pierre de) :

Galerie française des femmes célèbres par leurs talens, leur rang ou leur beauté. Portraits en pied, dessinés par M. Lanté, la plupart d'après des originaux inédits, gravés par M. Gatine et coloriés avec soin; avec des notices biographiques et des remarques sur les habillements; ouvrage édité par M. de La Mésangère. — Paris, 1827, gr. in-4°, 70 pl. color. — Nouvelle édit., *ibid.*, 1841.

Viel-Castel (le comte Horace de) :

Collection des costumes, armes et meubles, pour servir à l'histoire de France depuis le commencement du Ve siècle jusqu'à nos jours. — Paris, 1827-1832, 3 vol. gr. in-4°, 300 pl. lith. T. IV (Révolution française et Empire), *ibid.*, 1845, gr. in-4°, 120 pl.

Adam (V.) :

Collection des costumes militaires. Armée française, 1832. Représentés dans des sujets de genre, lithogr. par V. A... — Paris (1832), in-4° obl., 36 pl. color., sans texte.

Numa :

Costumes civils et militaires depuis le Ve siècle, origine de la monarchie française, jusqu'à nos jours. Lithogr. par Numa, d'après les dessins historiques de chaque règne. — Paris (1833-35), 96 pl. color., sans texte.

Raffet (Denis-Aug.-Marie) :

Collection des costumes militaires de l'armée et de la marine françaises, depuis août 1830, par R... — Paris, 1833, in-fol., 24 lith. color.

Clugny (de) et Mifliez (A.) :

Costumes français depuis Clovis jusqu'à nos jours, extraits des monuments les plus authentiques de sculpture et de peinture, avec un texte historique et descriptif, *etc.* — Paris, 1834-39, 4 vol. in-8°, 640 pl. dessin et grav. par L. et Alex. Massard, Lafosse, etc.

Hersé :
Costumes français civils, militaires et religieux, avec les meubles, les armes, les armures, l'architecture domestique, les ordres de chevalerie, les étendards et les blasons les plus historiques depuis les Gaulois jusqu'en 1834, etc. — Paris (1835), pet. in-fol., 95 pl. color. offrant 2500 fig.

Ambert (Joachim) et Aubry (Ch.) :
Esquisses historiques des différents corps qui composent l'armée française. — Paris, 1835, gr. in-fol., pl. lith.

Cogniet (Léon) et Raffet :
Illustration de l'armée française depuis 1789 jusqu'en 1832 d'après MM. Llanta et Ad. Midy. — Paris (1837), in-fol., 18 pl., sans texte.

Bellangé (H.) :
Collection des types de tous les corps et les uniformes militaires de la République et de l'Empire. — Bruxelles, 1843, in-8°, 44 pl. color.

Asselineau (Charles) :
Armes et armures, meubles et autres objets du moyen âge et de la Renaissance, dessinés d'après nature, et lith. par Asselineau. — Paris, 1842-44, 2 part. in-fol., 186 pl. lith.

Mérimée et Gérard Séguin :
Peintures de l'église Saint-Savin, texte de Mérimée; dessins de Gérard Séguin (costumes français du XIe siècle); 1844.

Janet-Lange :
Uniformes de l'armée française en (1816-) 1848. Dessinés d'après les ordres du ministre de la guerre, par J.-L... — (Paris, 1848), gr. in-fol., 64 pl.

Marbot (Alf. de) et Dunoyer de Noirmont :
Costumes militaires français depuis l'organisation des premières troupes régulières en 1439, jusqu'en 1789. Dessins et texte par MM. Dunoyer de Noirmont et Alf. de Marbot. — Paris, 1850, 3 vol. in-fol., 450 cost. color.

Marbot (Alf. de) :
Tableaux synoptiques de l'infanterie et de la cavalerie françaises et des régiments étrangers au service de la France, de 1720 à 1789. — Paris, 1854, in-fol., 12 pl.

Marbot (Alf. de) :
Costumes militaires français depuis 1789 jusqu'en 1814. — Dessins et texte par M. Alfr. de Marbot; (cet ouvrage est le complément des deux précédents).

Lacroix (Paul) :
Costumes historiques de la France, d'après les monuments les plus authentiques, statues, bas-reliefs, tombeaux, sceaux, monnaies, peintures à fresque, tableaux, vitraux, miniatures, dessins, estampes, etc., etc., avec un texte descriptif... par le Bibliophile Jacob (Paul Lacroix). — Paris (1852), 10 vol. in-8°, avec 640 grav. en bistre ou color.

Compte-Calix (F.) :
Album-keepsake des costumes de la cour française depuis Charles VII jusqu'à Louis XVI. — Paris, 1854, in-4°, 20 pl. color.

Viollet-le-Duc :
Dictionnaire raisonné du mobilier français de l'époque carlovingienne à la Renaissance. — Paris, Morel, 1858-74, 6 vol. gr. in-8°, fig. sur bois, sur acier et chromolith.

Compte-Calix (F.) :
Costumes historiques français. Dessins inédits gravés par Bracque, etc. — Paris, Philipon, 1864, gr. in-8°, 15 pl. color.

Armand Dumaresq :
Uniformes de la garde impériale en 1857, dessinés sous la direction du général de division Hecquet, d'après les ordres de M. le ministre de la guerre par A...-D... — Paris, Impr. impér. 1858, tr. gr. in-fol., 55 pl. color. et 5 tableaux. — Uniformes de l'armée française en 1861, dessinés par A...-D... — Troupes de ligne. — *Ibid.*, imprimerie Lemercier, 1861, tr. gr. in-folio, 54 pl. color.

Hefner-Alteneck (J.-H. von) :
Original-Entwürfe deutscher Meister für Prachtrüstungen französischer Könige, etc. Dessins originaux de maîtres allemands pour armures de luxe destinées à des rois de France, photographiés par Fr. Bruckmann, d'après les dessins originaux trouvés au Cabinet des Estampes de Munich (texte allem. et franç.). — Munich, Bruckmann, 1865, in-fol., 18 photogr.

Susane (le général) :
Musée rétrospectif de l'infanterie française. — Paris (1866), gr. in-8°, pl. grav. sur bois, sans texte. (Ces planches ont d'abord paru comme atlas de l'ouvrage du général Susane : *Histoire de l'ancienne infanterie française*; Paris, 1849-1853, 8 vol. in-8°).

Sorrieu (Fréd.).
Galerie des modes et costumes français dessinés d'après nature par les plus célèbres artistes dans ce genre — règne de Louis XVI — et dessinés d'après les originaux par F. S... — Paris, Leconte, 1867, in-4°, 24 pl. lith.

Moltzheim (A. de) :
Esquisse historique de l'artillerie française depuis le moyen âge jusqu'à nos jours. — Strasbourg; Paris, Rothschild, 1868, pet. in-fol., 64 pl. color.

Quicherat (J.) :
Histoire du costume en France depuis les temps les plus reculés jusqu'à la fin du XVIIIe siècle. 481 grav. sur bois par Chevignard, Pauquet et Sellier. — Paris, Hachette, 1875, gr. in-8°.

Costumes de l'empire français, publiés par Martinet au commencement du siècle.

Les Français peints par eux-mêmes, encyclopédie morale du dix-neuvième siècle. — Paris, Curmer.

Musée ethnographique du Trocadéro : costumes des provinces françaises.

Lanté (et de La Mésangère) :
Costumes des femmes du pays de Caux et de plusieurs autres parties de l'ancienne province de Normandie; dessinés, la plupart, par M. Lanté, gravés par M. Gatine, et coloriés, avec une explication pour chaque planche (par de La Mésangère). — Paris, 1827, in-4°, 105 pl. color. — Nouv. édit. : Cent cinq costumes des départements de la Seine-Inférieure, du Calvados, de la Manche et de l'Orne; Paris et Caen, s. d., in-4°, fig.

Perrin et Bouet :
Galerie bretonne, ou mœurs, usages et costumes des Bretons de l'Armorique, par feu O. Perrin, gravé sur acier par Réveil, avec texte explicatif par MM. Perrin fils et Alex. Bouet. — Paris, 1835-39, in-8°, 119 fig. — 2e édit., sous ce titre : Breiz-Izel, ou Vie des Bretons de l'Armorique, etc.; *ibid.*, 1844, 3 vol. in-8°, fig.

Charpentier :
Recueil de costumes de la Bretagne et de quelques autres départements de la France. — Paris, 1835, gr. in-4°, pl. color.

Lalaisse (Hipp.) :
Galerie armoricaine, costumes et vues pittoresques de la Bretagne, dessinés d'après nature et lithographiés, les costumes par Hipp. Lalaisse, les vues par Benoist. — Nantes et Paris (1848), in-fol., 125 pl. de costumes.

Muséum d'histoire naturelle de Nantes.

Galard (Gust. de) et Géraud (S.-E.) :
Recueil des divers costumes des habitants de Bordeaux et des environs. — Bordeaux (1818-19), pet. in-fol., 36 pl. grav. et color.

Johnson (J.) :
The Costumes of the french Pyrenees, etc. Les Costumes des Pyrénées françaises, gravés sur pierre par D. Harding, d'après les esquisses originales de J. J... — Londres, 1832, 6 part. gr. in-4°, 30 pl. color.

ITALIE.

Carracci (Annibale) :
Diverse figure al numero di ottanta, disegnate di penna nell'hore di ricreatione da A... C..., intagliate in rame... da Simone Guilino, *Parigino*. — Rome, 1646, in-fol., 80 pl. — Autre édit. : *Le Arti di Bologna originali*, etc. Rome, 1646, in-fol., 78 pl. — Autre édit., *ibid.*, 1660, in-fol., 41 ff. — Nouv. édit. : *Le Arti di Bologna disegnate da A. C..., ed intagliate da S. G..., coll' assistenza di* Alessandro Algardi. *Aggiuntavi la Vita di Annibale Caracci, etc.; ibid.* 1740, in-fol., 80 pl.

Greuze (Jean-Bapt.) :
Divers Habillemens suivant le costume de l'Italie : dessinés par Greuze, ornés de fonds par J.-B. Allemand, et gravés par P.-E. Moitte. — Paris, 1768, in-fol., 25 pl.

Vecellio :
Trages de Italia hasta el siglo XVI, diseñados por el gran Ticiano y por Cesar su hermano. — Madrid, 1794, 2 vol. in-12, fig. color.

Pinelli (Bartol.) :
Costumi diversi inventati et incisi da B... P... — Rome, 1822, in-fol. obl., 25 pl., sans texte.

Remond (C.) :
Costumes des différents peuples de l'Italie, dessinés d'après nature par C. R... — Paris (v. 1822), in-fol., 20 lith. color., sans texte.

Pinelli (Bartol.) :
Raccolta di costumi italiani i più interessanti, etc. — Rome, 1828, in-fol. obl., 50 pl., sans texte.

Boilly (Jules) :
Collection de costumes italiens, dessinés d'après nature en 1827 et lithographiés. — Paris (1829), in-4°, 48 pl.

Bosa (E.) :
Gridatori ed altri costumi popolari di Trieste, disegnati ed incisi all'acqua forte. — Milan, 1835, in-8°, 24 pl. color.

Franco (Giacomo) :
Habiti d'Huomeni et Donne venetiane, con la Processione della Ser. Signoria et altri particolari, cioè trionfi, feste, cerimonie publiche della nobil. città di Venetia. — Venetia (v. 1610), petit in-fol., 24 pl. grav., sans texte.

Franco (Giac.) :
Habiti delle Donne venetiane intagliati in rame nuovamente (texte italien et français). — (Venise, v. 1610), pet. in-fol., 20 pl.; — nouv. édit.; *ibid.*, 1614, 2 part. in-4°.

16

ZOMPINI (Gaetano) :
Le Arti che vanno per via nella città di Venezia, inventate et incise da G. Z. — Venise, 1785, in-fol., 60 pl. grav. à l'eau-forte.

MUTINELLI (F.) :
Del Costume veneziano sino al secolo XVII°. Saggio, etc. — Venise, 1831, in-8°, 19 pl. — Nouv. édit. : *Del Commercio e costume dei Veneziani libri II*, etc.; *ibid.*, 1835, gr. in-8°, 19 pl.

PINELLI (Bartol.) :
Raccolta di costumi pittoreschi incisi all'acqua forte da B... P..., Romano. — Rome, 1809, in-fol. obl., 50 pl., sans texte ; — nouv. édit. : *Raccolta di cinquanta costumi pittoreschi*, etc.; *ibid.*, 1809, in-fol. obl.

PINELLI (Bartol.) :
Raccolta di quattordici motivi di costumi pittoreschi di Roma da B. P... — Paris (v. 1814), 14 pl. grav. en 1813, sans texte.

PINELLI (Bart.) :
Nuova Raccolta di cinquanta costumi pittoreschi incisi all' acqua forte da B. P..., etc. — Rome, 1816, in-8° obl., 50 pl., sans texte.

PINELLI (Bart.) :
Nuova Raccolta di costumi de' contorni di Roma. — Rome, 1823, in-fol. obl., 50 pl., sans texte.

FERRARI (J.) :
Costumi ecclesiastici, civili e militari della corte di Roma, disegnati all'acqua forte, etc. Rome, 1823, gr. in-4°, 68 pl. color.

PINELLI (Bartol.) :
Raccolta di cinquanta costumi di Roma e sue vicinanze, etc. Rome, 1826, in-8°, obl., 50 pl. grav. par Cottafari, d'après B... P..., sans texte.

PERUGINI (G.) et PASCAL (l'abbé J.-B.-E.) :
Collection complète des costumes de la cour de Rome et des ordres religieux des deux sexes. *Collezione completa*..... Dessinée d'après nature par M. G. P.....; texte explicatif par M. l'abbé J.-B.-E. P... (texte français et italien). — Paris, 1852, in-4°, 80 lith. color.

PIERACCINI (Fr.) :
Collection de costumes de diverses provinces du grand-duché de Toscane (du duché de Gênes et du Tyrol), lith. d'après des dessins de François Pieraccini de Florence. — Paris (1826), gr. in-4°, 130 pl. color., dont 50 pour la Toscane, 40 pour le duché de Gênes et 40 pour le Tyrol.

FABRIS (P.) :
Raccolta di varii vestimenti ed arti del regno di Napoli, etc. — Naples, 1773, in-fol., 27 pl. grav. à l'eau-forte.
Raccolta di varie vestiture che costumano nelle città, terre e paesi in provincie diverse del regno di Napoli. — Naples, 1791-92, 2 part. in-fol., de 30 pl. chacune, grav. par S. Bianchi, Morghen, etc.
Raccolta delle diverse vestiture delle provincie del regno di Napoli. Naples, lith. — Cuciniello et Bianchi ; s. d.; gr. in-8°, env. 100 pl. color.

PINELLI (Bartol.) :
Raccolta di costumi del regno di Napoli, etc. Rome, 1814, in-fol., 50 pl., sans texte.

PINELLI (Bartol.) :
Raccolta di cinquanta costumi li più interessanti delle città, terre, e paesi, in provincie diverse del regno di Napoli, disegnati, ed incisi all'acqua forte da B... P... — Rome, 1817, in-8° obl., 50 pl., sans texte.

SGROPPO :
Royaume des Deux-Siciles. Costumes dessinés sur les lieux par S... — Paris (1826), gr. in-4°, 130 pl. color. dont 100 pour les Deux-Siciles et 30 pour les États romains.

BOUCARD (F. de) :
Usi e costumi di Napoli, etc. — Naples, 1853, gr. in-8°, 50 pl. color.

POLOGNE.

NORBLIN (J.-P.) :
Zbior wzorowy rozmaitych polskich ubiorow, etc. Collection de costumes polonais dessinés d'après nature par N..., et gravés par Debucourt. — Paris, 1817, petit in-fol., titre en polon. et en franç. 37 pl. color., sans texte.

GOLEBIOWSKI (Luc) :
Ubiory w Polszcze, etc. Costumes polonais, depuis les temps les plus reculés jusqu'à l'époque actuelle, décrits sous forme de dictionnaire. — Varsovie, 1830, in-8°, 1 pl. grav. — Nouv. édit., Cracovie, 1861, in-8°. — *Ludpolski*, etc. — Le peuple polonais, ses coutumes, préjugés, etc. — *Ibid.*, 1830, in-8°, 1 pl. grav. offrant 44 cost. d'après Norblin.

ZIENKOWICZ (Léon) :
Les Costumes du peuple polonais. — Paris, 1841, in-4°, 40 pl.

PRZEZDZIECKI ET RASTAWIECKI :
Monuments du moyen âge et de la Renaissance dans l'ancienne Pologne (texte français et polonais). — Varsovie, 1853-67, 3 vol. gr. in-8°, avec pl. en couleurs.

GERSON :
Costumes polonais dessinés d'après nature par G....., lithographiés par E. Desmaisons. — Varsovie (v. 1860), in-4°, 15 pl., sans texte.

MATEJKO (Jean) :
Ubiory w Polsce, etc. Costumes polonais de 1200 à 1795. — Cracovie, 1860, in-fol., obl. 12 pl. lith. et color., sans texte ; — 2e édit., *ibid.*, 1875, in-fol., obl., 12 pl.

LUCHS (Herm.) :
Schlesische Fürstenbilder des Mittelalters. L'Iconographie des ducs de Silésie au moyen âge. — Breslau, 1868-72 ; gr. in-8°, avec pl.
Ubiory ludu dawnej Polski. Costumes du peuple dans l'ancienne Pologne. — Cracovie, 1862, in-8°, 12 lith.

RUSSIE.

DAHLSTEIN (Aug.) :
Russische Trachten und Ausrüfer in St-Petersburg. Habillements moscovites et crieurs à St-Petersbourg. Inventés et faits à l'eau-forte par A. D... — Cassel, chés W.-C. Maïjr, graveur de la cour (v. 1760), titre et 49 pl., sans texte.

LE PRINCE (Jean-Bapt.) :
Divers ajustements et usages de la Russie... dessinés en Russie d'après nature et gravés à l'eau-forte par J.-B. Le Prince. — (Paris, 1763-65), in-4°, fig., sans texte.

GEORGI (J.-G.) :
Beschreibung aller Nationen des russischen Reiches, etc. — Saint-Petersbourg, 1776-80, 4 part. en 2 vol. in-4°, 95 pl. grav. — Trad. en français : Description de toutes les nations de l'empire de Russie, où l'on expose leurs mœurs, religions, usages, habitations, habillements, etc.; *ibid.*, 1776-77, 3 part. en un vol. in-4°, fig. color.

LE PRINCE (Jean-Bapt.) :
Œuvres, contenant plus de 160 planches gravées à l'eau-forte, et à l'imitation des dessins lavés au bistre, le tout représentant divers costumes et habillements de différents peuples du Nord, etc. — Paris, 1782, in-fol., fig., sans texte. (Costumes russes en majeure partie.)
Les Costumes des peuples de la Russie. — Berne, 1791, in-4°, 26 sujets grav.

GEISSLER (Ch.-G.-H.), et GRUBER (J.-G.) :
Costumes, mœurs et coutumes des Russes, dessinés à Saint-Petersbourg. *Sitten*, etc. (texte franç. et allem.). — Leipzig (1801-1803), in-4°, 60 pl. color

ATKINSON et WALKER :
A Picturesque Representation of the manners, customs, and amusements of the Russians, etc. Représentation pittoresque des mœurs, coutumes et amusements des Russes, etc. (texte angl. et franç.). — Londres, 1803-1804, 3 part. gr. in-fol., avec 3 portraits et 100 pl. grav. et color.

HARDING :
The Costume of the Russian Empire, etc. Costumes de l'empire de Russie. — Londres, 1803, in-fol., 70 grav. color. — Nouv. édit., *ibid.*, 1810, in-fol., fig.

MILLER :
The Costume of the Russian Empire, etc. Costumes de l'empire de Russie, illustrés par 73 grav. (texte angl. et franç.). — Londres, 1803, gr. in-4°, fig.

RECHBERG (Charles, comte de) :
Les Peuples de la Russie, ou Description des mœurs, usages et costumes des diverses nations de l'empire de Russie, accompagnée de figures coloriées. — Paris, 1812-13, 2 vol. in-fol., 96 pl. color.

MARTINET :
Recueil de costumes militaires et autres de l'empire de Russie. — Paris, 1815, in-8°, 62 fig. color.

HOUBIGANT (A.-G.) :
Mœurs et costumes des Russes, représentés en 50 pl. color. — Paris, 1817 (ou 1821), in-fol., pl. lithogr.

KOLLMAN :
Collection de costumes et de monuments... de Saint-Pétersbourg ; — Saint-Pétersbourg, 1822, in-4 obl., 12 lithogr.

FEDOROV et BELOUÇOV :
Collection des uniformes de l'armée impériale russe. — (Saint-Pétersbourg, v. 1835), in-fol., 41 pl. color., sans texte.

SOLNTZEV :
Antiquités de l'empire de Russie; grand ouvrage publié par ordre de l'empereur Nicolas, avec un texte russe et 523 pl. en couleurs, dessinées par Solntzev et lithographiées par Dreger. — Moscou, 1849-53, texte in-4°, et 7 vol. de planches in-folio.

PAJOL (le lieut.-colonel comte) :
Armée russe, 1856. — Paris, 1856, 2 part. gr. in-fol., 78 pl.

PAULY (Théod. de) :
Description ethnographique des peuples de la Russie. Publié à l'occasion du jubilé millénaire de l'empire de Russie, etc. — Saint-Pétersbourg, 1862, gr. in-fol., 1 carte et 62 chromolith.

Exposition ethnographique de la Société de Géographie, faite à Paris en 1875 ; section russe.
Quelques types des peuples de la Russie ; collection photographique publiée à Odessa par M. J. X. Raoult.

SUÈDE-NORVÈGE.

FORSSELL (C.) :
Ett ar i Sverige. — Une Année en Suède. — Stockholm, 1836.

FORSSEL (C.), premier graveur du roi :
Album pittoresque du Nord. Tableaux des costumes, mœurs et usages des paysans de la Suède. — Londres et Berlin, 1838, in-fol., 15 pl. color.

DUBEN (Gustaf von) :
Om Lappland och Lapparne;...

—

Musée d'ethnographie scandinave de Stockholm.
Expositions universelles de Paris en 1867 et 1878; musée ethnographique : section suédoise.

PRINCIPAUTÉS DANUBIENNES.

VALERIO (TH.) :
Les Populations des provinces danubiennes en 1854. Suite de dessins d'après nature gravés à l'eau-forte par Th. V... — Paris, Goupil, v. 1855, in-fol., 18 pl.

TURQUIE.

NICOLAY (Nic. de) :
Plusieurs descriptions des accoustrements, tant des magistrats et des officiers de la Porte du grand seigneur que des peuples assujectis à son empire, etc. — S. l. n. d., in-fol., 60 pl. grav.

LORICHIUS [Lorich] (Melchior) :
Figure disegnate, e intagliate a piedi, e a cavallo con parecchi degli Edificj alla maniera Turca, etc. — Hambourg, M. Hering, 1626, in-fol., 118 pl. grav. — 2e édit., *ibid.*, T. Gundermau, 1641, in-fol., 122 fig. — 3e édit., *ibid.*, 1646, in-fol., 122 fig.; table explicative en allemand.

LA CHAPPELLE (G. de) :
Recueil (*sic*) de divers portraits de principales dames de la Porte du Grand-Turc tirés au naturel sur les lieux et dédiez à madame la comtesse de Fiesque par Georges de la Chappelle, peintre de la ville de Caen. — Paris, 1648, in-fol., 12 pl. grav.

LE HAY :
Recueil de cent estampes représentantes (*sic*) différentes nations du Levant, gravées sur les tableaux peints d'après nature en 1707 et 1708 par les ordres de M. de Ferriol, ambassadeur du roi à la Porte, et mis au jour en 1712 et 1713 par les soins de Le Hay. — Paris, 1714, in-fol., 100 pl. color.; — nouv. édit., *ibid.*, 1715, gr. in-fol., 102 pl.

ANONYME :
Recueil des différents costumes des principaux officiers et magistrats de la Porte; et des peuples sujets de l'empire ottoman, tels que les Grecs, les Arméniens, les Arabes, les Égyptiens, les Macédoniens, les Juifs, etc. — Paris, Onfroy (v. 1780), in-fol., 16 pl. grav. d'explications et 96 pl. de costumes.

MOURADJA D'OHSSON :
Tableau général de l'empire ottoman. — Paris, Didot, 1790, in-fol.

DALVIMART :
The Costume of Turkey, etc. Costumes de la Turquie illustrés de 60 grav. color. (texte angl. et franç.). — Londres, 1802, gr. in-4°.

ANONYME :
The Military Costume of Turkey, etc. — Les costumes militaires de la Turquie (texte angl. et franç.). — Londres (1818), gr. in-4°, 30 grav. color.

LACHAISE :
Costumes de l'empire turc, avec des notes explicatives; vues de Constantinople, des Dardanelles et de Smyrne, prises de 1817 à 1820, etc. — Paris, 1821, in-4°, 61 pl.

BRINDESI (Jean) :
Elbicei Atika. Musée des anciens costumes turcs de Constantinople, etc. — Paris, Lemercier (1855), 22 pl. chromolith.

ARIF-PACHA :
Les Anciens Costumes de l'empire ottoman, depuis l'origine de la monarchie jusqu'à la réforme du sultan Mahmoud, recueillis par S. Ex. le Muchir Arif-Pacha. — Paris, 1864, in-fol., avec lith. noires ou color.

HAMDY-BEY et LAUNAY (Marie de) :
Les Costumes populaires de la Turquie en 1873. Ouvrage publié sous le patronage de la commission impériale ottomane pour l'Exposition universelle de Vienne. Texte par S. E. Hamdy-Bey, commissaire général, et Marie de Launay, membre de la Commission impériale du jury international. Phototypie de Sébah. — Constantinople, 1873, 3 part. in-fol., 74 pl.

PÉCHEUX et MANZONI :
Costumes orientaux inédits, dessinés d'après nature en 1796, 1797, 1798, 1802 et 1809; gravés à l'eau forte, terminés à la pointe sèche, et coloriés. — Paris, 1813, in-4°, 25 pl. grav. par Gatine, d'après Pécheux et Manzoni.

GRÈCE.

CARTWRIGHT :
Selections of the Costume of Albania and Greece, etc. — Choix de costumes des Albanais et des Grecs, avec des légendes explicatives d'après lord Byron, etc. — Londres (1822), gr. in-fol., 11 pl. color.

STACKELBERG (Otto-Magnus, baron von) :
Trachten und Gebraüche der Neugriechen, etc. Costumes et mœurs des Grecs modernes. — Berlin, 1831, in-fol., 30 pl. grav.

ASIE, AFRIQUE, AMÉRIQUE ET OCÉANIE.

Muséum de Paris : section anthropologique.
Musée ethnographique du Louvre; section de la marine.
Musée des colonies installé au palais de l'Industrie par les soins du ministère de la marine :
Musée ethnographique du Trocadéro.
Collection des costumes de guerre organisée au Musée d'artillerie de Paris, par M. le colonel Leclercq.

ASIE.

ANONYME :
Asiatics Costumes, etc. Costumes asiatiques; suite de 44 gravures reproduisant les originaux dessinés d'après nature avec une description de chaque sujet. — Londres, 1828, in-8°.

PERSE.

ORLOWSKI (A.) :
The Costume of Persia drawn from nature, etc. Costumes de la Perse dessinés d'après nature par A. O...., et sur pierre par Hulman, Dighton, etc. (texte angl. et franç.). — Londres, 1820, gr. in-fol., 25 pl. color.

AFGHANISTAN.

HART (Capt. L. W.) :
Character and Costumes of Afghanistan, etc. Mœurs et costumes de l'Afghanistan. — Londres, 1843, in-fol., 26 pl.

INDE.

Portraits de souverains mogols descendants de Tamerlan; peintures originales formant une collection faite à Delhi en 1774 par le colonel Gentil, bibliothèque de M. Ambr. Firmin-Didot.
Peintures persanes et mogoles; même bibliothèque.
Peintures exécutées par des mains indoues au commencement du siècle et provenant de Pondichéry où elles ont été annotées; propriété de MM. Didot.

SOLVYNS (Balth.) :
A collection of two hundred and fifty coloured Etchings descriptive of the manners, customs and dresses of the Hindoos, etc. Collection de 250 grav. coloriées représentant les mœurs, coutumes et costumes des Hindous, etc. — Calcutta, 1799, gr. in-fol.

SOLVYNS (Balth.) :
The Costume of Hindostan, etc. Costumes de l'Indostan, dessinés dans l'Inde en 1798 et 1799, et représentés en 60 planches enluminées, avec explications en angl. et en franç. par B. S..., de Calcutta. — Londres, 1804, in-fol., fig.

SOLVYNS (Balth.) :
Les Hindous, ou Description de leurs mœurs, coutumes, cérémonies, etc., dessinés d'après nature dans le Bengale, et représentés en 292 pl., texte angl. et franç. — Paris, 1808-12, 4 vol. gr. in-fol., fig. color. réduites d'après le grand recueil ci-dessus.

JAMES (Captain) :
The Military Costume of India, etc. Le Costume militaire de l'Inde. — Londres, 1813, in-4°, pl. color.

BROUGHTON (Thomas Duer) :
The Costume, character, manners, domestic habits and religious ceremonies of the Mahrattas, etc. — Costume, caractère, usages, coutumes privées et cérémonies religieuses des Mahrattes, 10 grav. color. — Londres, 1813, in-4°.

JACQUEMONT (Victor) :
Voyage dans l'Inde, Paris, Firmin-Didot, 1841, 4 vol. de texte et 2 vol. contenant 295 pl.; ensemble 6 vol. gr. in-4°.

CHINE.

BOUVET (J.) :
L'Estat présent de la Chine en figures. — Paris, 1697, in-fol., 43 pl. gravées par P. Giffart.

Du Halde (J.-B.) :
Description géographique, historique, chronologique, politique et physique de l'empire de la Chine et de la Tartarie chinoise. — Paris, 1735, 4 vol. gr. in-fol., fig., atlas de 42 cartes par d'Anville. — Nouv. édit. : La Haye, 1736, 4 vol. in-4°.

Mason :
The Costume of China, etc. Le Costume des Chinois, illustré de 60 pl. color., texte angl. et franç. — Londres, 1800, gr. in-4°, fig.

Pu-Qua :
Tableaux de Pu-Quà, peintre à Canton ; Cabinet des estampes de la Bibliothèque nationale de Paris.

Grohmann (J.-God.) :
Mœurs et coutumes des Chinois et leurs costumes en couleur, d'après les tableaux de Pu-Quà, peintre à Canton, etc. *Gebrauche und Kleidung der Chinesen*, etc. (texte franç. et allem.). — Leipsig (1803), gr. in-4°, 60 pl. color.

Mason :
The Punishments of China, etc. Les Châtiments usités chez les Chinois, etc. (texte angl. et franç.). — Londres, 1801, gr. in-4°, 22 pl. color.

Hempel (Fréd.) :
Die Strafen der Chinesen, etc. Châtiments usités chez les Chinois, représentés dans 22 gravures enluminées, etc. (texte franç. et allem.). — Leipsig, 1804, in-4°. (Copies des planches de l'ouvrage précédent).

Alexander (William) :
The Costume of China, etc. Le Costume des Chinois, illustré de 48 pl. color. par W. A. (texte angl. et franç.). — Londres, 1805, gr. in-4°, fig. — Nouv. édit. : *Picturesque representations of the dress and manners of the Chinese*, etc. ; *ibid.*, 1814, in-4°, 50 pl. color.

Malpière (D. Bazin de) :
La Chine, mœurs, usages, costumes, arts et métiers, peines civiles et militaires, cérémonies religieuses, monuments et paysages, d'après les dessins originaux du P. Castiglione, du peintre chinois Pu-Quà, de W. Alexander, etc., par MM. Devéria, Régnier, Schaal, Schmit, Vidal, etc. ; notices explicatives et introduction par D. B... de M... — Paris, Didot, 1825-27, 2 vol. gr. in-4°, 180 pl. color.

JAPON.

Humbert (Aimé) :
Le Japon illustré. — Paris, Hachette, 1870, 2 vol. in-4°.

Beauvoir (le comte de) :
Pekin, Yedo, San-Francisco, etc... — Paris, Plon.

AFRIQUE.

Costumes algériens et tunisiens ; documents photographiques provenant de chez MM. Boutet et Boyer, d'Alger ; Prod'hom, de Bône ; et Garrigues, de Tunis.

Griffon du Bellay :
Le Gabon (Tour du monde, année 1865).

Lejean (Guillaume) :
La Queue des Niams-Niams (Tour du monde, 1861).

Lejean (Guillaume) :
Voyage en Abyssinie (Tour du monde, 1865).

Livingstone :
L'Afrique australe (Tour du monde, 1866).

Fleuriot de Langle (vice-amiral) :
Croisière à la côte d'Afrique (Tour du monde, 1872).

Schweinfurth (docteur) :
Au cœur de l'Afrique (Tour du monde, années 1874 et 1875).

Hartmann :
Les Peuples de l'Afrique. Paris, Germer-Baillère, 1878.

AMÉRIQUE.

Neu-Wied (prince de) :
Reise nach Brasilien in den Jahren 1815-1817. Voyage au Brésil dans les années 1815 à 1817. — Francfort, 1819-1820, 2 vol. in-8° et atlas in-folio.

Neu-Wied (prince de) :
Reise durch Nordamerika. — Voyage à travers l'Amérique du Nord. Coblentz, 1838-1843, 2 vol. in-4° et atlas de planches.

Linati (C.) :
Costumes civils, militaires et religieux du Mexique, dessinés d'après nature par C. L., etc. — Bruxelles, Sattanino (1828), in-4°, 48 pl. color.

Charnay (Désiré) :
Le Mexique (Tour du monde, année 1863).

Charnay (Désiré) :
A travers la Pampa et la Cordillère (Tour du monde, 1867).

Simonin (L.) :
Le Far-west américain (Tour du monde, 1867).

Dixon (H.) :
La Conquête blanche (Tour du monde, 1876).

OCÉANIE.

Freycinet (L. Cl. Desaulses de) :
Voyage autour du monde, entrepris par ordre du roi, exécuté sur les corvettes de S. M. l'Uranie et la Physicienne pendant les années 1817, 1818, 1819, 1820 ; publié par L. de F... — Paris, 1824-1844 ; partie historique, 5 vol. in-4° et atlas de 112 pl. par J. Arago, Pellion, etc.

Dumont d'Urville :
Voyage de la corvette l'Astrolabe, exécuté par ordre du roi pendant les années 1826, 1827, 1828 et 1829. Histoire du voyage. Paris, 1832, 10 vol. in-8° et atlas.

Dumont d'Urville :
Voyage au pôle sud et dans l'Océanie sur les corvettes l'Astrolabe et la Zélée pendant les années 1837 à 1840. Publié sous la direction de M. Jacquinot, capitaine de vaisseau. — Paris, 1841-1854.

Temminck :
Coup d'œil général sur les populations néerlandaises de l'Inde archipélagique. — Leyde, 1846-1849, 3 vol. in-8°.

Charnay (Désiré) :
Six mois en Australie (Tour du monde, année 1880).

Charnay (Désiré) :
Six semaines à Java (Tour du monde, 1880).

OBSERVATIONS SUR LE GLOSSAIRE.

Les diverses tables qui précèdent se complètent par un *Glossaire* des termes employés dans l'ouvrage, où le lecteur trouvera à leur ordre alphabétique les noms tant français qu'étrangers soit des costumes, fragments ou pièces de costumes représentés, soit des accessoires du costume (coiffures, bijoux, armes, moyens de transport etc.) ainsi que des dispositions d'intérieur ou des objets mobiliers qui lui servent de cadre, avec l'indication des qualités, professions, usages caractéristiques de ceux qui le portent.

Il est superflu de faire remarquer de quelle utilité sera, pour la consultation et l'usage du recueil, ce répertoire alphabétique permettant de trouver rapidement, par le renvoi des termes aux planches et notices qui en traitent, le renseignement désiré.

Les chiffres qui suivent chaque mot et sa définition indiquent le numéro d'ordre (d'après le tableau de concordance des signes et des numéros), des diverses planches et notices où ce mot trouve son emploi, chacune séparée par une virgule. Dans le cas où deux planches n'ont qu'une notice commune, cela est indiqué par le mot *et* placé entre les deux chiffres. Ex. : 65 et 66, 207 et 208. — Quant aux planches doubles, elles sont indiquées par un trait d'union. Ex. : 56-57, 63-64 etc...

Ce glossaire a lui-même pour appendice un *Index Géographique*, indiquant les diverses races et nationalités, considérées au point de vue du Costume, et les principales contrées qu'elles ont occupées ou occupent encore.

GLOSSAIRE.

A

Aalim. — Ulémas qui se livrent à l'enseignement; Turquie, 464.

Aanspreker. — « Prieur d'enterrement »; il fait part des décès aux habitants et assiste aux cérémonies funèbres; Hollande, 421 et 422.

Aba. — Étoffe de feutre; Turquie, 165, 177, 179, 464.

Abaia. — Veste brodée; Maures tunisiens, 159.

Abarcas. — Espèce de guêtres; Galiciens; Espagne, 476.

Abattus (cheveux). — Coiffure féminine; France, règne de Louis XIII, 328.

Abbé, c'est-à-dire *père*. — Nom d'abord réservé aux titulaires d'abbayes, aux chefs d'ordres religieux, puis donné aux supérieurs de communautés et aux simples ecclésiastiques. Les abbés étaient ou *mitrés* ou *crossés*, ou bien encore possédaient les deux prérogatives à la fois. Il y avait aussi les abbés *réguliers* et les abbés *commendataires*; les premiers devaient être des religieux, les autres des membres du clergé séculier ou même des laïques, 181, 284.

Abbé perruquet. — L'abbé de cour, des hautes sociétés, coiffé de la perruque particulière aux ecclésiastiques pendant la seconde partie du règne de Louis XIV, 352, 354.

Abbé (petit). — L'abbé mondain du dix-huitième siècle, 372, 398. *Voir* COLLET (PETIT).

Abdari. — Porteur d'eau persan, 141.

Abnet. — Ceinture des prêtres israélites, 13.

Aboukal. — Pot à eau; Kabylie, 155.

Aboyeurs. — Individus qui appelaient les porteurs de chaises à la sortie des assemblées. France; dix-huitième siècle, 374.

Abracadabra. — Mot magique, considéré comme un préservatif par les Romains; 42.

Abraxa. — Pierre gravée; amulette, talisman; Romains, 42.

Acatia. — *Voir* MAPPA.

Acbeh. — Fichu de soie des femmes fellahs; Égypte, 160 et 161.

Acémètes ou **Studites** (moines chrétiens dits). — Ordre religieux fondé au commencement du cinquième siècle; Syrie, 147.

Acercomes. — Littéralement, qui porte des cheveux longs, flottants; femmes gauloises, 56-57.

Acerra. — Boîte contenant l'encens des sacrifices chez les Romains, 38, 39.

Acham Namazy. — Prière dite lorsque le soleil se couche; religion musulmane, 145-146.

Achmoukl. — Cruche à eau; Kabylie, 155.

Achouzou thabenikt. — Coiffure de la femme mariée; Kabylie, 155.

Acieres ou **Secures.** — Haches de cuivre; sacrifices romains, 38.

Acroama. — Nom donné par les Grecs et les Romains à un divertissement qui avait lieu pendant le repas, au moment du troisième service; 23.

Adoubement ou **harnois.** — Mot désignant les harnais de mailles ou les harnais mixtes composés de mailles et des plates adoptées pendant le cours du quatorzième siècle; France, moyen âge, 219.

Aferrah. — Casserole pour la cuisson des galettes; Kabylie, 155.

Affabeh. — Aiguière et son plateau; Perse, 138.

Affique. — Bijou que l'on plaçait sur le *chapel;* France, moyen âge, 210, 224.

Agha. — Chef des janissaires; Turquie, 169. *Agha-Babassi. Voir* BABA.

Agitator equorum (ἡνίοχος.) — Cocher ou conducteur de char; Grèce, 16.

Agnus Dei. — Médaille d'argent; parure féminine; Suisse, 434, 435.

Agrafe. — Bijou orné d'un crochet et d'un anneau, servant à maintenir le manteau ou la robe, 21, 52, 53, 54, 55, 58, 140, 154, 224, 417, 423, 460, 483, 497. *Voir* BROCHE, FERMAIL, FIBULE, IBESIMEN, TCHAPRASS.

Aigle (*aquila*). — Enseigne principale de la légion romaine, 34, 35, 36-37. *Voir* AQUILIFER.

Aigrette. — Faisceau de plumes effilées et droites; ornement du casque ou de toute autre coiffure militaire. — L'homme d'armes de l'époque carolingienne porte une aigrette de cuir; celui du treizième siècle a son grand heaume surmonté de l'*aigrette des batailles*, plumail en forme d'éventail. — Les radjahs indous enrichissent cette parure de perles ou de pierres précieuses. — 25-26, 36-37, 48-49, 60-61, 63-64, 65, 110, 111, 112, 113, 114, 115, 116, 119, 122, 202, 204, 453, 454. *Voir les mots* CRÊTE, CRISTA, PANACHE, PHALOI, PLUMAIL, PLUME, PLUMET.

Aigrette ou *Esprit*. — Coiffure féminine; France, Consulat, 406.

Aiguière (*aiguier*). — Vase de métal, à anse et à bec, reposant sur un plateau ou cuvette, et destiné à contenir de l'eau. Au moyen âge, l'or, l'argent, les émaux contribuaient à la décoration de l'aiguière, affectée au service de la table ou à plusieurs autres usages, 232, 309.

Aiguillette. *Costume militaire.* — Tresse ou lacet formé d'un tissu d'or, d'argent, de soie ou de laine, dont les bouts sont en pointe de métal. Dans le moyen âge, et depuis l'usage des armures complètes, on donna le nom d'*aiguillettes* ou cordons à ferrets aux lacets qui en liaient les différentes parties. Dans la suite, on en fit une espèce d'ornement qui servit à distinguer les différentes armes et les différents grades; 53, 54, 386, 387.

Costume civil. — Cordon terminé par un ferret ou une pointe de métal, afin de faciliter le passage de ce lien à travers un ou plusieurs œillets. On voit les aiguillettes adoptées pour attacher entre elles les diverses pièces des vêtements dès le treizième siècle; 268, 285, 327, 328, 336, 340.

Aile. — Partie de l'atrium romain. *Voir* ALA.

Touffes de côté; perruques du dix-huitième siècle, 367.

Aile de papillon (vêtement en). — Robe diaphane portée par les dames françaises de l'époque du Directoire, 404.

Aileron ou *mancheron*. — Espèces d'ailes en étoffe tombant des épaules, en usage dans le costume des dames comme dans celui des hommes, pendant la seconde moitié du seizième siècle; 254, 264, 274, 275, 276 et 277, 278, 280.

Ailette. — Pièce d'armure qui, vers la seconde moitié du treizième siècle, fut posée sur les épaules de l'homme d'armes, afin de garantir cette partie du corps contre les coups de masse que le camail et la cotte de mailles ne protégeaient pas suffisamment; 202, 217.

Aïvas. — Cuisinier turc, 175.

Ajote. — Sandale de peau; chaussure des Araucans; Chili, 78.

Akal. — Corde en poil de chameau que les *Bedewi* ou Bédouins du Liban enroulent autour de leurs turbans, 178.

Akindy Namazy. — Prière de l'après-midi; religion musulmane, 145-146.

Akkja. — « Bateau de neige »; nom particulier du *pulke*, traîneau d'hiver des Lapons; 411, 412.

Aklouka Kébéci. — Vêtement de dessus des *Arnaout* ou Albanais; Turquie, 464.

Ala (aile). — Vaste pièce de la maison romaine destinée à recevoir les visiteurs. Il y avait généralement deux *alæ*, une de chaque côté de l'ATRIUM (voir ce mot); 33, 46.

Alabastra, Alabastron (ἀλάβαστρα, ἀλάβαστρον). — Vase dans lequel les Grecs renfermaient des onguents ou des parfums; il avait parfois la forme d'une poire, d'un pendant de perle ou d'un bouton de rose (*alabastri*); 18, 25-26.

Alarakia. — Bonnet en calicot qui se met sous la CHECHIA (voir ce mot); Maures tunisiens, 159.

Alaouzi. — Noix donnant une couleur noire dont les indigènes de l'île Viti (Océanie) font usage pour se peindre le corps, 62.

Albarcas. — Chaussure en peau de bœuf; Aragon, Espagne, 475.

Albornoz. — Le burnous des Maures d'Espagne, 156.

Alcandora. — Haut bonnet de toile en forme de mitre. Mauresques d'Espagne, 200.

Alcôve. — Réduit pratiqué dans une chambre à coucher pour y placer un lit; les riches alcôves des chambres de parade du dix-septième siècle formaient plutôt comme une seconde pièce, 190-191, 347.

Alderman. — Magistrat municipal; Angleterre, 430.

Al-dyônan. — Divan conseil de chefs; Maures d'Espagne, 156.

Alenas. — Épée fine et tranchante en usage pour combattre de près dans la mêlée; on la portait par devant, au milieu de la ceinture; France, fin du douzième siècle, 203.

Alfange. — L'épée des Maures d'Espagne, 156.

Algensis. — Pourpre fournie par un coquillage que les anciens pêchaient au milieu des algues marines, 25-26.

Alguacile. — Agent de l'autorité participant de l'officier de police et de l'huissier; Espagne, 470 et 471.

Alipilus. — Épileur, esclave attaché aux bains romains, 45.

Aliptes (ἀλείπτης). — Chez les Grecs, celui qui avait le double emploi d'*unctor* et de maître de gymnastique. — Chez les Romains, l'esclave chargé de frotter ceux qui sortaient du bain, 45.

Almaire. — *Voir* ARMOIRE.

Almofar. — Capuchon; Maures d'Espagne, 156.

Almohadas. — Coussins; mobilier mauresque, 156.

Alpargatas, Espardenas. — Chaussure de chanvre tressé que l'on attache au moyen de rubans; Espagne, 472, 474 475, 476, 477-478.

Aluta. — Cuir pour chaussure que les anciens préparaient avec de l'alun (*aluminata*) pour le rendre doux et souple.

Aluta laxior. — Chaussure large ne prenant pas exactement la forme du pied, 47.

Amaboutou. — Porteur zoulou; Afrique, 67-68.

Amadis. — Du nom d'un opéra de Lulli: garniture galonnée ou brodée décorant le revers de la *manche à bottes* France, dix-septième siècle, 354.

Amadis (manches). — Celles de l'*anglaise*, redingote des dames de l'époque Louis XVI, 389.

Amadis (caraco à l'). — Modes féminines de l'année 1791; France, 399.

Amandille. — Coiffure plate des paysannes du Cassinum; Italie, 468.

Amapagatis. — Vétéran zoulou; Afrique, 67-68.

Amazones. — Race fabuleuse de femmes guerrières de l'Asie, 14, 20.

Amentum. — Courroie attachée au bois d'une lance ou d'une javeline, vers le centre de gravité, et dans laquelle le guerrier, au moment de lancer l'arme, engage les deux doigts de la main droite, de manière à augmenter la force d'impulsion, 25-26, 60-61.

— Courroie plate de la *crépide*, 25-26.

Amict. — Linge bénit que le prêtre catholique met sur ses épaules avant de monter à l'autel, 181, 182, 189, 193, 194.

Amictus. — Terme général employé par les anciens pour désigner tous les vêtements de dessus dans lesquels on *s'enveloppait* (de *amicire*), par opposition aux vêtements de dessous que l'on *mettait* (de *induere*), 20.

Amin. — Celui qui exerce l'autorité dans le *déchéra* ou village kabyle, 152, 153.

Amkas. — Grande cour réservée aux audiences dans les résidences des souverains mogols, 115, 117-118.

Ammeister. — Échevins de l'ancienne Alsace, 488.

Amolimenta. — Préservatif, talisman en usage chez les Romains, 42.

Amorçoir. — *Voir* Flasque.

Amphiphalos (ἀμφίφαλος). — Casque orné de deux crêtes; antiquité grecque, 25-26.

Amphore (ἀμφορεύς). — Vase de terre cuite à deux anses. — *Amphore non sessile*. L'amphore terminée en pointe, celle qui ne pouvait s'asseoir d'elle-même et qu'on était obligé de poser sur un trépied ou d'enterrer à moitié dans le sable des caves; Égypte, 7.

Ampoule. — Burette ou fiole dans laquelle les anciens conservaient les huiles de toilette et les parfums; Égypte, 7.

Ampo. — Sorte d'argile que la Javanaise emploie comme aliment pour arriver à la maigreur; Océanie, 63-64.

Amschir. — Encensoir de bronze; Égypte, 8.

Amycléides ou **Laconiques.** — Chaussures des Spartiates. Les *amycléides* tiraient leur nom d'une ancienne ville de Laconie, Amyclæ, 47.

Anabole (ἀναβόλαιον). — Manteau court. Manière particulière, chez les Grecs et les Romains, de porter tout vêtement de dessus, qu'il appartienne aux hommes ou aux femmes. — *Anabole diploïdion*, c'est-à-dire replié sur lui-même, devenu double. — *Hemidiploïdion*, l'anabole simple non replié, 19.

Anadêma (ἀνάδημα), **Anadêmata**, **Anadésmé.** — Bandelettes, liens servant à contenir la chevelure des dames grecques, 21, 66-67. — *Anamaschalistères*, *Maschalistères*. — Bandelettes ou colliers qui passaient sur les épaules, 18.

Anaxyrides. — Pantalons larges, longs et plissés que, sur les monuments grecs et romains, on voit aux Phrygiens, aux Perses et aux autres peuples de l'Orient, 14.

Anaya. — Sauf-conduit du voyageur; Kabylie, 150.

Andabata. — Gladiateur romain combattant à cheval et les yeux bandés, 36-37.

Andron (ἀνδρών). — L'une des deux divisions principales de la maison grecque, celle réservée aux hommes, 27-28. *Voir* Gynécée.

Angarkah. — Chemise courte; Inde, 130.

Anglaise. — Robe en redingote ouverte; modes féminines; France, règne de Louis XVI, 389.

Angon. — L'arme des Francs; lance ayant beaucoup de rapports avec le *pilum* romain, 48-49, 56-57.

Angusticlave (*clavus angustus*). — Tunique des chevaliers romains, ornée de deux bandes de pourpre, marque distinctive de l'ordre équestre. — *Angusticlavus*, celui qui avait le droit de porter l'angusticlave, 40. *Voir* Clave, Laticlave.

Anilik. — Ruban d'or élastique, espèce de couronne; parure féminine; Turquie, 179.

Anneau (*annulus*). — Bague.

Anneau de fer, insigne des citoyens romains et plus tard des plébéiens, seuls. — *Anneau d'or*, insigne des patriciens et des chevaliers. — *Anneau* celtico-scandinave, 51, 53, 55. — *Anneau épiscopal*, gage de l'alliance spirituelle que les évêques contractent avec l'Église, 182, 193.

Anneaux branlants, à perles, unis. — Pendants d'oreilles; France, règne de Louis XVI, 391-392.

Anneaux du nez (moncauly). — Parure des femmes indoues, 123, 124, 125, 126, 127, 128, 129.

Anneaux de jambes. — Océanie, Afrique, Asie, 60-61, 63-64, 67-68, 71, 72, 73, 123, 125, 126, 127, 129, 150, 154, 165, 463. *Voir* Khatkhal, Periscelides.

Anneaux de cheville. — *Voir* Compedes, Periscelides.

Ansa. — Le trou ou l'œil par lequel on passait la courroie ou le lacet de la *crépide* (voir ce mot), 47.

Antarawasaka. — L'une des robes de couleur jaune, la couleur sacrée, des prêtres kandiens; île de Ceylan, 132.

Antithalamus. — Chambre de la maison grecque, 27-28.

Aou ou **Alikira.** — Chefs kanaques; Océanie, 60-61.

A'oualem ou **Ghaouâzy.** — Danseuses arabes qui vont dans les harems et qui parcourent les places publiques; Algérie, 164.

Apanage. — Nom donné à un certain genre de breloques; bijouterie-joaillerie du dix-huitième siècle; France, 380.

Aphaloi ou **Alophoi.** — Casques sans visière, ni cimier; Grèce, 25-26.

Apodesme (ἀπόδεσμος). — Lien du sein, que dans la suite on nomma *stéthodesme*, *tænia* et *strophium*; costume féminin; Grèce, 19.

Apparat (coiffure d') dite aussi **Loge d'opéra.** — Modes féminines, règne de Louis XVI, 389.

Appui-lance. — *Voir* Faucre.

Appelant (l'). — Le seigneur qui envoyait le défi; tournois du moyen âge, 221.

Aquila. — *Voir* Aigle.

Aquilifer. — Officier romain porteur de l'aigle, 34. *Voir* Signifer.

Ara. — *Voir* Autel.

Arabaji. — Cocher turc, 177.

Arbalète. — Arme de jet dérivée de l'arc (arc-baliste), composée d'un arc fait de nerf, de corne ou de métal, d'un arbrier ou corps de bois destiné à fixer l'arc et à recevoir le projectile, et d'une noix avec la détente.

Arbalète à cry. — Celle dont l'arc d'acier, était bandé à l'aide d'un cric à manivelle; *à pié*, celle dont l'arbre était pourvu d'un étrier (*Voir* Chanequin); *à tour* ou *à moufle*, celle munie d'un treuil à poulies appelé aussi *moulinet*; Europe, moyen âge, 218, 219, 220.

Arbalétrier. — Homme de guerre de l'infanterie soldée ou des milices communales, armé de l'arbalète; Europe, moyen âge, 218, 219, 220. *Voir* Chanequin.

Arc. — Arme de jet datant de l'antiquité la plus reculée; toutes les races humaines en ont fait usage; en Europe, elle ne fut abandonnée dans les armées, que longtemps après l'invention des armes à feu; 1, 2, 14, 15, 25-26, 48-49, 50, 60-61, 67-68, 73, 94-95, 96-97, 122, 218, 220. *Voir* Archer.

Arc-en-ciel (rubans à l'). — Modes féminines; France, dix-huitième siècle, règne de Louis XVI, 391-392.

Arca. — Le coffre-fort romain, 44.

Arcantodon. — Titre porté par le chef des *cent-têtes*, chez les Véliocasses, peuple gaulois, 56-57.

Arcelets. — Petits cercles de fer servant à relever les cheveux au-dessus des tempes; modes féminines; Europe, seizième siècle, 277.

Arche. — Grand coffre rustique, meuble bas, portatif; France, 231, 498, 499-500. *Voir* Senndoux.

Archer (τοξευτής, *sagittarius*). — Combattant armé de l'arc, 15, 25-26, 94-95, 96-97.

Archers (France). — Milice française créée en 1448 par Charles VII; ce corps était formé par les différentes paroisses du royaume; chacune fournissait un homme qui était affranchi de toute subside, de là leur nom; 218-220.

Arch'iou. — Nom donné en Bretagne à l'*arche* ou bahut rustique; France, 498, 499-500.

Arçon. — La partie de la selle élevée en arc devant et derrière sous les bâtes du troussequin, 202.

Arcuatus currus. — Char antique à deux roues, avec une tente demi-circulaire au-dessus; 218.

Arestoel. — Le fer court de la lance de combat; France, troisième siècle, 204.

Argo pellioux. — *Voir* Couberte.

Arisaid. — Le grand plaid des Écossais, 427.

Arkalitch. — Veste de cuir du *sakka* (porteur d'eau) turc, 175.

Arma (ἅρμα). — Char de guerre à deux roues; Grèce, 16.

Armarium. — *Voir* Armoire.

Armel. — Armoire; mobilier rustique breton; France, 499-500.

Armet. — Corruption du vieux mot français *heaumet*, petit heaume. Ancien casque des milices adopté par les hommes d'armes du XVe siècle. Il se composait du *timbre*, avec ou sans crête, de la *vue*, du *nasal* et du *ventail*, pièces mobiles dont l'ensemble est souvent désigné par les noms de *mézail* et de *gorgerin*. — France, moyen âge et seizième siècle, 202, 217, 218, 253, 254, 260, 261, 262.

Armilla (ψέλλιον). — Bracelet d'hommes composé de trois ou quatre tours massifs d'or ou de bronze qui couvraient une grande partie du bras; antiquité, 31.

Armoire (*almaire, amaire, armarium, aumaire, aumoire*). — Chez les Romains, l'*armarium* sert d'armoire, de cabinet ou de buffet. Au moyen âge, les mots *almaire, aumire*, sont employés pour désigner un meuble fermé, peu profond, haut et large, à un ou plusieurs vantaux, destiné à renfermer les objets précieux comme ceux d'un usage journalier; 33, 44, 46, 229, 230, 375.

Armoire artistique; seizième siècle. — *Voir* Kunstschrank.

Armoudié. — Ornement d'or de forme allongée, qui orne parfois le *puskul* des Turcs; 176.

Armoyés (vêtements). — Invention du treizième siècle qui permit aux gentilshommes de faire figurer sur leurs habits les emblèmes héraldiques de leur maison. Il y avait des robes *parties* et *écartelées*, c'est-à-dire dont chaque face représentait l'accouplement de deux ou quatre blasons; Europe, moyen âge, 211, 212.

Aropstara (balle agissante). — La boule creuse en bronze remplie de pièces de métal, attachée à l'extrémité de l'*aseth*, arme de jet des Pictes; 425 et 426.

Ar'ouati. — Marchand d'huiles; Algérie, 163.

Arpides (ἀρπιδες). — Crépide à semelle fortement cloutée portée par le soldat grec; 47.

Arquebuse. — Arme à feu de la longueur d'un fusil : commença à être en usage dans les armées françaises vers l'époque de Louis XII.

Arquebuse à croc. — La plus longue de ces armes, au canon d'une longueur de 1m20 à 1m71, et que l'on plaçait, au moment de tirer, sur un chevalet où elle était retenue par un croc. On enflammait la poudre à l'aide du *boute-feu*.

Arquebuse à mèche. — Celle munie d'une platine portant à son extrémité inférieure un chien nommé *serpentin*, lequel était garni d'une mèche allumée qui s'abaissait sur le bassinet et mettait le feu à l'amorce.

Arquebuse à rouet. — Arme dont le chien était muni d'une pierre; lorsqu'on appuyait sur la détente, cette pierre frottait sur un rouet d'acier cannelé et produisait des étincelles qui mettaient le feu à l'amorce. Cette invention eut lieu dans la seconde moitié du seizième siècle et précéda de peu de temps celle des *mousquets* (voir ce mot).

Arquebusiers. — Soldats d'infanterie armés de l'arquebuse, 256, 257, 283, 301.

Arrêt-ferme. — *Voir* Faucre.

Arrière-bras, garde-bras. — Pièce séparée de l'armure garantissant l'arrière-bras contre les grands coups d'épée et le choc des masses d'armes; Europe, moyen âge, 209, 217, 218.

Arriero. — Muletier espagnol, 477-478.

Arson. — L'archet des instruments à cordes du moyen âge, 210.

Arsoulètes. — Les *gamaches* du paysan français du seizième siècle, 331.

Artémise (toilette à l'). — Modes féminines, époque de Louis XIII, 328.

Artichaut (barbe en feuille d'). — Dix-septième siècle, 361.

Artillier. — En France, au quinzième siècle, on appelait ainsi ceux qui fabriquaient les *engins* ou machines et les armes de guerre; 220.

Asaba. — Voile de tête des femmes *Bedoui* ou Bédouines; Turquie, 180.

Asagoum. — Cruche à eau; Kabylie, 155.

Aseth. — Lance à main; arme de jet des Pictes, 425 et 426.

Aspersoir. — Objet employé par les anciens pour distribuer l'eau lustrale dans les cérémonies publiques, 39.

Aspès (*clipeus*). — Grand bouclier grec, 25-26.

Assa. — Longue canne en bois de merisier; Turquie, 178.

Asseïra. — Natte d'alfa ou de diss sur laquelle dorment les Arabes, 155.

Assié de hu. — Le seuil de la maison bretonne; France, 499-500.

Atchat. — Demi-noble mariannais; Océanie, 63-64.

Ateuchus. — Bague étrusque, 31.

Atew. — Haute mitre; Égypte, 4.

Atrium. — Partie principale de la maison romaine, pièce rectangulaire recouverte d'un toit, avec une ouverture au centre (*compluvium*); un bassin (*impluvium*) y correspondait.

Atrium corinthium. — Celui composé de portiques en colonnades d'ordre corinthien; c'était le plus riche de tous.

Atrium displuviatum. — Atrium avec un toit dont la pente, allant dans une direction opposée au *compluvium*, chassait l'eau dans les gouttières du dehors.

Atrium testudinatum. — L'atrium couvert sans compluvium.

Atrium tetrastylum. — Celui dont le toit était supporté par quatre colonnes, une à chaque angle de l'*impluvium*.

Atrium tuscanicum. — L'atrium d'ordre toscan.

Atriensis. — Esclave des grandes maisons romaines à qui le soin de l'atrium était spécialement confié ; 33, 46.

Attila. — Redingote des magnats ; Hongrie, 458 et 459.

Aube. — Tunique blanche à manches, portée, dans les premiers siècles du moyen âge, par les laïques et par les clercs, mais qui, dès le treizième siècle, ne fut plus considérée que comme vêtement sacerdotal, 181, 182, 193, 194, 198.

Auctorate (*auctoratus*). — Gladiateur libre ; Romains, 36-37.

Augurale. — Place à droite de la tente du général, dans un camp romain, où l'on prenait les auspices, 38.

Augustines (ordre des). — Ordre de religieuses institué, dit-on, à Hippone, par saint Augustin, 332.

Aula (αὐλή). — Cour intérieure de la maison grecque, 27-28.

Auléios thura (αὔλειος θύρα). — Porte, entrée principale sur la rue ; maison grecque, 27-28.

Aultier. — *Voir* Autel.

Aumaire. — *Voir* Armoire.

Aumônière (*aumosnière, aumoisnière, aloière*). — Bourse que les dames du moyen âge attachaient à leur ceinture, et qui contenait la menue monnaie destinée aux aumônes.

Aumônières sarrasinoises. — Empruntées à l'Orient, elles s'introduisirent en France à l'époque des croisades, 189, 200, 213.

Aumusse (*aumuce, almuche*). — Mantelet garni d'un capuchon ; ancien vêtement propre aux deux sexes, mais qui, dès le onzième siècle, fut spécialement affecté aux chanoines réguliers, 188, 200, 210, 215.

Auriga (ἡνίοχος). — Conducteur de char ; Grèce, 16.

Auriphrygiata. — Mitre de soie et d'or ; moyen âge, 193.

Austrasienne (vêtement à l'). — Modes féminines ; France, règne de Louis XVI, 389.

Autel (Antiquité : *ara*, θυτήριον, βωμος). — Construction élevée en terre, en gazon, en pierre, en briques, ou marbre sculpté, sur laquelle on plaçait ou on brûlait les offrandes faites aux dieux. — *Ara thuricrema*, celui sur lequel on brûlait et on répandait de l'encens, 33.

(Moyen âge : *aultier, auter*). — Outre les autels fixes qui, depuis que la religion chrétienne avait ses temples, étaient toujours en forme de tombeaux, on se servait, pendant le moyen âge, d'autels portatifs. Ces autels étaient transportés pendant les voyages, et, une fois consacrés, permettaient de célébrer la messe en tous lieux, 231.

Avant-brassards. — Pièce de l'armure des bras ; Europe, moyen âge, 202, 217, 218, 222.

Avantail. — *Voir* Ventail.

Avena. — La flûte de Pan ; antiquité, 43.

Awenydd. — Élève barde inspiré par Awen, esprit de la poésie ; Grande-Bretagne, époque romaine, 425.

Ayah. — Gouvernante indoue, 124.

Ayn-el-hor. — La gemme appelée « œil de chat » ; préservatif que les Arabes croient devoir employer contre les mauvais coups du sort, 162.

Aziar. — Cruche à eau ; Kabylie, 155.

Azizié (fez de forme dite). — C. à. d. légèrement conique ; Turquie, 178.

B

Baba. — Huissiers du sérail ou *capoudjis* postés à l'entrée du harem impérial ; leur capitaine porte le titre de *agha babasi* ; Turquie, 168.

Babouche (*paboudj*). — Pantoufle orientale, 112, 113, 150, 160, 175, 176, 177, 178, 179, 180, 182.

Babra. — Souliers minces, à semelles souples ; Maures tunisiens, 159.

Bab-us-Selam. — « Porte des salutations » ; seconde porte du sérail impérial ; Constantinople, 172-173.

Baccarin. — Parfum en usage dans les bains romains, 45.

Bachelier (*bas-chevalier*). — Le chevalier pauvre n'ayant pour enseigne que le pennon, ou, aussi, le jeune chevalier qui n'avait pas encore le droit de bannière. France, moyen âge, 202. *Voir* Bannière.

Bach-eurtussu. — Vêtement de dessus ; dames turques, 179.

Bachlik. — Plaque d'orfèvrerie ornant le sommet de la coiffure ; parure féminine ; Turquie, 177. — Coiffure consistant en une pièce d'étoffe retombant sur les épaules ; femmes grecques, bulgares, 461, 462.

Bachmaqliq. — « Argent des pantoufles », l'équivalent des « épingles » en français ; somme que reçoit une odalisque, lorsqu'elle donne un enfant au Grand Seigneur, ce qui lui fait obtenir le titre de *Khassequi* ; Turquie, 172-173.

Bacinet (bassinet). — Casque dont l'origine remonte au commencement du quatorzième siècle. — *Bacinet à museau, à bec d'oiseau* ; Europe, moyen âge, 202, 217, 219.

Baculus pastoralis. — Nom donné à la crosse par les anciens, 193.

Badé-badé. — Couteau d'usage courant aux Célèbes, 65.

Badelaire (*baselaire*). — Poignard suspendu au pourpoint ; costume civil ; France, quatorzième siècle, 206.

Badjæ-lalie. — Cuirasse de peau de buffle, ou tressée de filaments végétaux ; Célèbes, 66.

Bagali. — Vêtement croisé sur la poitrine et se boutonnant d'un côté jusqu'à la hanche ; Perse, 141.

Bagnolette. — Coiffure d'hiver : capeline couvrant légèrement les épaules ; modes féminines ; France, première moitié du dix-huitième siècle, 368.

Bague (*annulus*). — Anneau de métal, avec ou sans pierre enchâssée, que l'on met au doigt. Les bagues orientales portent le nom de *khatims*, de *dibleh*, 31, 51, 53, 67-68, 108, 110, 113, 114, 123, 127, 128, 129, 154, 165, 177, 180, 380, 411, 417. — Sous Charles VIII et Louis XI, *bague* ou *diamant* signifiait aussi un joyau à pendre au cou ou à coudre sur le retroussis du chapeau ; France, moyen âge, 246. *Voir* Dactylion, Enseigne, Pentacol.

Baguier. — Écrin pour les bagues, 231.

Bahut (*bahu, bahur*). — Meuble domestique le plus usuel du moyen âge, servant à la fois de coffre (ce qu'il était primitivement), de huche, de banc, de lit, et même parfois d'armoire ou de trésor, 190-191, 230, 294, 295. — *Bahutier*, nom de l'ouvrier dont le métier était de faire des bahuts, des coffres, des valises, etc., 295.

Baigneurs (maîtres). — Nom donné aux barbiers-étuvistes ; France, dix-huitième siècle, 397.

Baigneuse (*coiffure en*). — Modes féminines ; France, époque de Louis XVI, 389, 391-392.

Baignoire à la Dauphine. — Type de baignoire dont l'idée a été donnée par Marie-Antoinette, lorsqu'elle était dauphine ; France, dix-huitième siècle, 397.

Baila. — Nom que les Galiciens donnent à leur danse ; Espagne, 476.

Baïonnette ou couteau bayonnais. — Arme inventée à Bayonne en 1671 ; ce n'est que vers 1703 que toute l'armée française en fut armée, 343, 385.

Bakkal. — Épicier turc, 178.

Bakkum. — Demi-pique ; arme offensive des Hottentots, 73.

Baklappen. — Mouchoir servant d'enveloppe de livre ; Suède, 412.

Balagnie (manteau à la). — Cape que les gentilshommes de l'époque de Louis XIII portaient drapée sur le bras ou autour du buste ; France, dix-septième siècle, 327, 328.

Balalaika. — Guitare à deux cordes ; Russie, 444.

Balandrau ou Balandras. — Manteau de campagnard ; France, seizième siècle, 274.

Balantine. — L'escarcelle des dames du Directoire ; France, fin du dix-huitième siècle, 404. *Voir* Réticule.

Balastre. — Corbeille plate en usage chez les marchandes bordelaises ; France, commencement du dix-neuvième siècle, 485.

Balatte. — Pierre employée dans les constructions de l'Égypte antique, 9.

Baldaquin. — Dais d'étoffe élevé au-dessus d'un lit ou d'un trône, 314, 322, 344-345, 397.

Balsa. — Radeau fait avec des bottes de roseau ; Indiens de la Californie, 82.

Balta. — Hache à lame d'acier en forme de large croissant ; Druses du Liban, 179.

Balteus ou Balteum (τελαμών). — Baudrier du soldat romain, 34, 36-37. — Le pli de la toge qui va de dessous le bras droit jusque sur l'épaule gauche, en décrivant la même courbe qu'un baudrier ; costume civil ; Romains, 40.

Balzo. — Espèce de bourrelet, coiffure féminine ; Italie, quinzième et seizième siècle, 243, 244, 252.

Bambarra. — Chapeau cylindrique à haute forme et à larges bords ; Sénégal, 67-68, 72.

Banarach. — Laitière écossaise, 427.

Banc (*forme, fourme*). — Dans les premiers siècles de la monarchie française, le banc était autant une table qu'un siège. Le mot *forme* ou *fourme* s'emploie quelquefois comme *chaire*, mais plus généralement comme banc divisé en stalles avec appuis, dossier et dais. — *Banc de chœur, de confrérie, à dais, familial* ; Europe, moyen âge, 190-191, 216, 227, 233.

Banquier. — Pièce d'étoffe tendue sur le dossier et le siège d'un banc ou d'une chaire ; au seizième siècle, on donne également ce nom aux coussins placés sur les escabeaux, 227, 298.

Bandes. — Troupes de l'armée française soldées par les rois, et primitivement composées de gens venus de toutes les parties de l'Europe. Depuis Philippe-Auguste jusqu'à Charles V, on donna à ces réunions de mercenaires les noms de *routiers, cottereaux, brabançons, grandes compagnies*, etc. Sous Louis XI et ses successeurs, elles reçurent une organisation et constituèrent l'infanterie française.

Bandes (*vieilles*). — Nom donné, sous Henri II, à celles dont l'organisation remontait aux rois Louis XII et François 1er.

Bandes (*nouvelles*). — Bandes levées au fur et à mesure des besoins et congédiées à la fin de chaque guerre, tandis qu'on conservait ordinairement les anciennes.

Bandes de Picardie ou *bandes de deçà les monts.* — Vieilles bandes qui furent la souche de l'infanterie française ; milices reconstituées des *francs archers*.

Bandes du Piémont ou *bandes de delà les monts.* — Fondées par Louis XII en 1507 ; 254, 256.

Bandelette. — Toilette féminine ; Grèce. *Voir* Anadéma, Apodème, Strethodesme et Strophion.

Banderillas. — Petits bâtons enjolivés de papier frisé et terminés par des hameçons que l'on enfonce dans la peau du taureau ; *fiestas de toros*, Espagne. — *Banderillos*, ceux qui excitent le taureau à l'aide des banderillas, 471.

Bandoulière. — Large baudrier de cuir auquel les mousquetaires suspendaient leurs étuis de charge (*voir* Coffin) ; lorsque la cartouche fut inventée, en 1633, la bandoulière ne servit plus qu'à soutenir la giberne. Armées françaises ; seizième, dix-septième et dix-huitième siècles, 257, 301, 342, 343, 381, 383, 384, 386.

Bandyn ou Bendyn. — Grand tambour de basque ; Perse, 139.

Bangle. — Bateau indou servant aux transports du riz, 131.

Banneret (Chevalier). — *Voir* Bannière.

Bannière. — Petit drapeau carré. Il y avait en France, au moyen âge, la bannière royale, les bannières féodales et celles des communes. Au seizième siècle, la bannière prend le nom de cornette, et au dix-huitième celui d'étendard.

Banneret (*chevalier*). — Celui qui portait bannière et qui avait à sa solde une troupe d'au moins cinquante hommes ; 202, 222. *Voir* Bachelier.

Banerolle ou *Banderole.* — Pièce d'étoffe carrée, ornée d'armoiries ou de devises, liée par un clou à la trompette des hérauts d'armes ; France, moyen âge, 218.

Banquier. — *Voir* Banc.

Baptisterium. — Bassin placé au milieu du *frigidarium*, bains romains, 45.

Barbe. — Collerette droite et fermée ; dames, costume de deuil ; France, seizième siècle, 273.

— Nœud de la ceinture en écharpe ; modes féminines ; France, fin du règne de Louis XVI, 398.

— Brides du bonnet féminin ; dix-huitième et dix-neuvième siècle ; France, 367, 490.

Barbette. — Sorte de mentonnière qui apparaît sous la guimpe des dames du treizième au quinzième siècle ; Europe, moyen âge, 251.

— La barbe et la perruque, dix-septième et dix-huitième siècle, 361.

Barbitos ou Barbiton (βάρβιτος, βάρβιτον). — Instrument à cordes du genre de la lyre, mais un peu plus grand ; Grèce, 22.

Barbote. — *Voir* Botoque.

Barbuquejo. — Large ruban passant sous le menton et attaché aux côtés de la tiare des dames espagnoles du treizième siècle, 200.

Bardach. — Vase de terre spongieuse ; Égypte, 7.

Bardes. — Pièces d'armure en lames de fer couvrant le poitrail, la croupe et les flancs du cheval. On commence à voir les chevaux bardés de fer, avec les hommes d'armes de l'époque de Charles VII ; cette carapace chevaleresque entre dans sa période de décadence vers le règne d'Henri II. Europe, quinzième et seizième siècles ; 220, 258, 260, 261.

Barde. — Chantre guerrier ; Écosse et Irlande, 425 et 426.

Bardocucullo. — Manteau avec capuchon (*cucullus*) ; Gaulois, 56-57.

Barillets. — Boîtes rondes en ivoire dans lesquelles on mettait des parfums ; Europe, seizième et dix-septième siècles, 282.

Baris (βᾶρις). — Bateau à fond plat ; Égypte, 8.

Barnus. — Le burnous des Maures tunisiens, 159.

Barrad. — Capuchon conique ; coiffure des *Ottomans* [illegible], 423.

Barrés (les). — Nom que l'on donnait aux anciens Carmes, à cause de leur *kappa* (manteau) largement rayé ; 147.

Barrotte. — Originairement, un bonnet de toile mince ajusté sur la tête; transformée en une coiffure rigide, la barrette était, au moyen âge, l'insigne des lettrés; France, quatorzième et quinzième siècles, 214.
— Bonnet plat en laine tricotée; coiffure des bergers landais; France, 486.
Barrettino. — Bonnet des paysans de la province d'Ancône; Italie, 467 et 468.
Barretto. — Coiffure féminine; Italie, seizième siècle, 244.

Barrow-woman. — Marchande à la brouette; Londres, commencement du dix-neuvième siècle, 429.

Bas. — On ne connaissait en France, au quinzième siècle, que les bas d'étoffe de soie ou de laine; on les appelait *chausses*. Henri II est le premier roi de France qui ait porté des bas de soie tricotés. — Quant à la fabrication des bas au métier, elle date de 1656.
Bas d'attache. — Ceux maintenus au moyen d'aiguillettes et jarretés au-dessus du genou; Europe, seizième siècle, 268, 274.
Bas de Barbarie. — Bas de coton, probablement originaires des États barbaresques, que l'on commença à fabriquer en France vers 1684; 351.
Bas de bottes ou *bas à bottes*. — Garniture de genouillères accompagnée d'un mug de dentelle retombant sur le revers abaissé de la botte; France, époque de Louis XIII, 326, 327, 329.
Bas d'estame. — Bas de laine tricotés avec des aiguilles; Europe, seizième siècle, 280.
Bas de chausses. — *Voir* Chausses.

Bas de jupe. — La jupe de dessous des dames de l'époque de Louis XIII; France, dix-septième siècle 328. *Voir* Corps de jupe.
Bas de saie. — Jupon d'étoffe à gros plis ronds couvrant le *tonnelet*, partie de l'armure qui succéda aux *tassettes*; Europe, seizième siècle, 261.

Bashic-Kiaeschie. — Place occupée par le mari et la femme dans l'intérieur de la tente laponne; Suède, Norvège, 411. *Voir* Kata.

Basilic. — Espèce de canon ou de bombarde; artillerie, quinzième et seizième siècles, 220, 255.

Basquine ou **Vasquine**. — Corset de fil de laiton ou de forte toile, garni sur le devant d'un busc de baleine. La basquine avait la forme d'un entonnoir renversé. Modes féminines; France, seizième siècle, 264, 266. *Voir* Vertugade.
— Nom donné au volant d'étoffe accompagnant la ceinture du corsage; toilette féminine; règne de Louis XIV, 353, 355.

Bassibier. — Gardeur de brebis; paysans français; moyen âge, 209.

Bastarde. — Pièce de canon dont le calibre changea selon les époques; artillerie française, quinzième et seizième siècles.
— *Bastardeurs*; nom donné, sous Charles VIII, à tous les canonniers de profession, 255, 257.

Bastardeau. — Petit couteau juxtaposé sur la gaine d'une dague; Europe, seizième siècle, 262.

Batave (à la). — Les dames romaines se teignaient les cheveux en jaune, *à la batave*; cette lessive des cheveux est encore en usage chez les Scheklandaises et les Markenaises qui ont conservé l'antique tradition de leur pays. Hollande, 420.

Bâtes. — Parties élevées de la selle servant à emboîter les cuisses du cavalier et l'empêcher de glisser; 200, 202. *Voir* Arçon, Troussequin.

Bateau renversé (chapeau en). — Modes féminines; France règne de Louis XVI, 390.

Batina e capa. — Soutane du clergé catholique, au Portugal; 482.

Battant-l'oeil. — Coiffure plate et négligée; costume de déshabillé des dames de l'époque de Louis XIV, 354.

Baudré ou **Baudréer**. — Crochet que l'arbalétrier portait à sa ceinture pour bander son arme. Dans la suite, on remplaça le *baudré* par le *pied-de-biche*. France, moyen âge, 220.

Baudrier. — Courroie servant à attacher l'épée. Au moyen âge, le baudrier ne se portait point en sautoir, mais autour de la taille comme un ceinturon; c'était un insigne de chevalerie. Pendant les treizième, quatorzième et quinzième siècles, on les fabriquait en peau de cerf et on les brodait d'or et de soie. 201, 202, 217, 254, 327, 328, 340, 342, 343. *Voir* Baltheus.

Bavière. — Pièce d'armure adaptée au casque pour préserver le bas du visage et le cou. La bavière apparait vers le milieu du quatorzième siècle, lorsque les plates commencent à être adoptées dans l'*adoubement* de l'homme d'armes. Europe, moyen âge, 202, 217, 218, 219.

Bavolet. — Voile accompagnant le derrière du chapeau ou du bonnet; France, 490.

Bavolette. — Espèce de petit drapeau qui pendait derrière la coiffe des servantes, sous Louis XIII; c'était le signe distinctif de leur condition. France, dix-septième siècle; 322.

Baxea. — Chaussure légère; simples semelles attachées avec des bandelettes. Romains, 47.

Bayadères. — Du portugais *bailadeira*, danseuse. Le mot *bayadère* désigne certaines femmes de l'Inde qui s'adonnent au chant et à la pantomime. On distingue parmi elles, celles qui sont consacrées au culte, les *devaddses*; celles qui accompagnent les processions, *narinchis*, *vestchatri*, *carungana*, *suarim*; celles qui font partie de toutes les fêtes, les *concenis*, les *nautch-girls*, 124, 125, 128, 129.

Baylets. — Gens de service; le menu peuple des domestiques paysans du moyen âge, France, 209.

Bazelaire. — *Voir* Badelaire.

Beatach. — C'est-à-dire *noble*: premiers temps de la royauté en Écosse, 425 et 426.

Bec de cane (chaussure en). — Modes françaises de la fin du quinzième siècle et du commencement du seizième, 247 et 248, 253.

Bec de corbin (gentilshommes à). — Compagnie de la grand'garde du roi, instituée en 1474 par Louis XI; les gentilshommes qui la composaient étaient armés d'une hallebarde au fer transversal en forme de bec de faucon ou de corbin; France, du quinzième au seizième siècle, 255, 372.

Bechicka. — Vêtement de dessus d'origine hongroise; Pologne, 452.

Begoum. — Nom donné aux princesses Indoues, 117-118.

Bechmet. — Gilet boutonné haut; Bulgares du gouvernement de Kherson; Russie, 445.
— Espèce de justaucorps agrafé depuis le menton jusqu'à la ceinture; Kalmouks, 446.

Beguin. — Coiffe de toile munie de brides, 413, 496. *Voir* Cabellou.

Behourt. — Variante du tournoi : simulacre d'attaque d'un fort ou tout au moins d'un ouvrage palissadé; France, moyen âge, 219.

Bektachi. — Ordre de derviches; Turquie, 175.

Belgha. — Savates jaunes en cuir du Maroc (*filali*), chaussure arabe; Afrique, 150.

Belhourdeis, **Belhourdis**. — Tournois qui pouvaient être tenus à toute occasion et sans être annoncés. Il suffisait que des chevaliers fussent rassemblés et eussent quelques loisirs pour organiser un de ces exercices guerriers; France, moyen âge, 219.

Belle (la) [καλή]. — La robe de pourpre proprement dite; antiquité, 25-26.

Belle-Poule (coiffure à la). — Modes féminines; règne de Louis XVI; France, dix-huitième siècle, 389.

Belleville (la). — Danse française de l'époque de Louis XIII; France, dix-septième siècle, 328.

Bendel. — Espèce de tiare; coiffure alsacienne du dix-septième siècle, 488.

Bénédictins. — Ordre fondé au sixième siècle par saint Benoît de Nursie, qui en établit le siège principal à l'abbaye du Mont-Cassin, 482.
Bénédictines. — Les religieuses qui suivirent la règle de saint Benoît, 232.

Benna. — Mot gaulois désignant un char d'osier à quatre roues, 216.

Berceau. — *Voir* Bers.

Bères. — Ordre religieux d'ancienne institution et d'origine inconnue; Géorgie et Mingrélie, 147.

Béret. — Coiffure basque; Espagne, 475.

Berrettino. — Petit bonnet rond à l'usage des hommes; Italie, moyen âge, 199, 238, 239.

Bers. — Nom donné au berceau, en France, au moyen âge, aux seizième et dix-septième siècles, 231.

Besague. — *Voir* Fauchard.

Beskir. — Tissu léger encadrant le visage; femmes Kabyles, 160 et 161.

Beslik. — Voile dont les Mauresques se couvrent le visage pour sortir; Afrique, 160, 161.

Besmak. — Savates sans talons; chaussure des Maures tunisiens, 159.

Besogneurs. — Les ouvriers du moyen âge; France, 281.

Bétos. — Nom donné aux coolies des grandes villes japonaises, 96-97.

Beuraktar-Gourouji. — Porte-enseigne des janissaires de la garde des rois de Pologne, 454.

Beurundjuk. — Chemise de soie bouillie; modes féminines; Turquie, 170, 175, 176, 177, 178, 179, 180.

Biagga-gallas. — Bonnet lapon; Suède, 411.

Biaude. — L'ancien bliaut; blouse des Auvergnats de la Limagne, 481.

Bibil. — *Voir* Oya.

Bicoquet. — Calotte à l'usage des hommes; France, quinzième-seizième siècle, 221, 246, 249 et 250.

Bidag. — Dague écossaise, 425 et 426, 427.

Bidens (δίκελλα). — Houe forte et pesante, armée de deux fourchons, et qui servait à différents usages de la culture des champs; antiquité, 29.

Biele pohlavie. — « Sexe blanc »; nom donné aux femmes slovaques à cause de leur costume complètement blanc, 458.

Biforis. — Les sons des *tibiæ conjunctæ*; antiquité, 48.

Bifrons (διμέτωπος). — Figures disposées dos à dos; décoration antique, 7.

Bige. — Char tiré par deux animaux attelés de front; Égypte, 2.

Bigonia. — L'arc du Botocudo; Amérique du Sud; 76.

Bigotère. — Petit instrument à l'aide duquel la moustache prenait le pli qu'on voulait lui donner; commencement du règne de Louis XIV; France, dix-septième siècle, 340.

Bigouden. — Coiffure des femmes du Pont-l'Abbé; Bretagne, 496.

Bijoux rustiques. — Nom donné aux bijoux d'acier en usage sous le règne de Louis XVI; France, dix-huitième siècle, 380.

Bijoutiers faussetiers. — Ceux qui exerçaient l'industrie du *strass* en vogue au temps de Louis XIV; France, dix-huitième siècle, 380.

Bille de chape. — Agrafe de la chape sacerdotale; Europe quinzième, seizième siècle, 187.

Billiopassi. — Capitaine commandant les mousquetaires de la garde des rois de Pologne; dix-septième-dix-huitième siècle, 454.

Bintings. — Retranchements, fortifications des villages dayas; Bornéo; Océanie, 63-64.

Binich. — Manteau; Turquie, 178, 462, 464.

Birre. — Étoffe en usage dans la confection des costumes ecclésiastiques; Europe, moyen âge, 194.

Biruni. — Ample vêtement aux larges manches; Perse, 141.

Bisellium. — Fauteuil sans dossier ni bras; antiquité et moyen âge, 32, 181.

Bisette. — Galon, passementerie mêlée de fils d'or; Europe, moyen âge. — Dentelle au fuseau; Europe, seizième siècle, 276-277.

Bischack. — Couteau turc, 179.

Biva ou **Kokiou**. — Instrument de musique japonais, 103.

Blanc agate, fond jaune, de lait. — Nuances de perruques; France, dix-septième siècle; époque de Louis XIV, 351.
— d'Espagne. Fard employé par les dames du temps de Louis XIII, 328.

Blanket. — Manteau de laine; Peaux-Rouges, Amérique, 80, 81.

Blaoutai, **Blautæ** (βλαῦται). — Semelles de liège employées soit pour se préserver de l'humidité, soit pour se grandir; antiquité, 47.

Bleu-de-roi, **Turquin**. — Nuances de bleu en usage dans les armées françaises du dix-septième et du dix-huitième siècle, 343, 344, 381, 382, 383, 384, 385, 386.

Bliaut (*Bliult*, *bliat*). — Robe de dessus, longue, tenant à un justaucorps ou corset. Ce nom s'appliquait aux robes de dessus des hommes et des femmes pendant les onzième, douzième et treizième siècles. *Bliaud* ou *Bliad* devenu *bliaude* a donné naissance au mot *blouse*; Europe, moyen âge, 188, 189, 200, 428. *Voir* Loba.

Bloeld-Koraal (« corail de sang »). — Collier de corail; parure féminine; Hollande, 419, 420, 421 et 422, 423.

Bohis. — Porteurs de palanquins; Inde, 124.

Bohorder. — Jouter à la lance; France, moyen âge, 219.

Bokolokolo. — Peau de buffle dont les Bassoutos font leur boucliers; Afrique, 67-68.

Boïar. — Seigneur russe (du mot *boï*, bataille); Russie, 438 et 439.

Boite à canon. — Celle dont on chargeait les bombardes, les serpentines, les basilics, les courtauds, de la fin du moyen âge. On l'introduisait dans la pièce par la culasse, 220.

Bolas. — Boules réunies par les cordes du lasso et servant à enlacer les jambes des animaux; Gauchos; Amérique du Sud, 77, 78.

Boleras. — Danseuses galiciennes; Espagne, 476.

Bombarde. — Canon de fer à bossages ou cercles disposés de distance en distance. Les premières bouches à feu, qu'on appela *bombardes*, parurent vers l'an 1380, sous Philippe de

Valois; elles cessèrent d'être en usage vers la fin du quinzième siècle; France, moyen âge, 220.

— Instrument de musique; espèce de chalumeau. En perfectionnant ce dernier avec la bombarde, on en a fait la *clarinette*; Europe, moyen âge, 192.

— *(manches à la)*. Les longues manches déchiquetées du surcot qui flottaient jusqu'à terre; France, quinzième siècle, 210.

Bombardelle. — La couleuvrine à main; Europe, moyen âge, 220.

Bonald-gorm. — Bonnet rond; costume écossais, 425 et 426.

Bonnet (hommes). — Coiffure d'étoffe, de tricot, de feutre, de fourrure. Pendant le moyen âge, le bonnet était la coiffure du peuple, des gradués et du clergé. Les petits bonnets de toile à l'usage des hommes portaient le nom de *coiffes*. *Bonnets ronds, carrés, à quatre brayettes, d'intérieur.* 11, 18, 21, 23, 48-49, 56-57, 60-61, 63-64, 66, 67-68, 70, 72, 81, 85, 88, 94-95, 96-97, 108, 135, 188, 199, 200, 213, 221, 238, 239, 247 et 248, 249 et 250, 269, 284, 352, 413, 422, 438, 445, 446, 447, 448. *Voir* Barrette, Bendel, Bonaid-gorm, Caciola, Causia, Corno, Glengarry, Gorro, Kalpak, Konfederatka, Krakouska, Kucsma, Mitre, Montera, Mortier, Pileus, Sarmah, Shite, Také, Takie, Uskiep, Yelkem, Zarcola.

Bonnets bleus, rouges. — Surnoms donnés aux paysans bretons de Kerlouan et de Plougastel; France, 497.

Bonnets d'ourson ou *à poils.* Coiffure militaire dont l'invention est due à Frédéric Guillaume de Prusse, père du grand Frédéric. En France, les premiers bonnets d'ourson furent portés par les grenadiers à cheval; chez les grenadiers des troupes de ligne, ils ne parurent que vers 1756; 384, 385, 400.

Bonnelo. — Turban légèrement ovoïde; coiffure des savants turcs, 178.

Bonnette. — Drap de laine dont on faisait les bonnets d'hommes au moyen âge, 213.

Bonnet. — Coiffure féminine faite de toile, de gaze, de tulle, de dentelle, de broderie, d'étoffe, de fourrure, etc. 124, 125, 128, 274, 322, 353, 354, 355, 403, 408-409, 412, 413, 414, 415, 419 et 420, 421 et 422, 432, 436, 458 et 459, 484, 485, 486, 487, 488, 489, 490, 491, 492, 494, 496, 499-500.

Bonnet attristé, au bandeau, à la captif, aux cerises, de l'esclavage brisé, à la fanfan, à la Figaro, à la fusée, à la Gertrude, à la Henri IV, à la laitière, aux navets, à la paresseuse, des sentiments repliés. Modes féminines de l'époque Louis XVI; France; fin du dix-huitième siècle, 389, 390, 391-392, 405. *Voir* Béguin, Bigouden, Cabriolet, Calipette, Chaperon, Coiffe, Cornette, Dormeuse (la), Fichu en marmotte, Fontange, Kokoschnik, Papillon, Pelzkappe, Pouf, Tschepatz, Volosnik.

Bonnet-calotte. — Dames de l'époque du Consulat; France, commencement du dix-neuvième siècle, 406.

Bonnette à l'anglomane. — Dames de l'époque de Louis XVI; France dix-huitième siècle, 390. *Voir* Chapeau-bonnette.

Bonze. — Nom générique donné par les Européens aux prêtres de la Chine, de la Cochinchine et du Japon, sans distinction des sectes nombreuses dans lesquelles ils se partagent, 92-93, 102.

Borceguies. — Bottines de cuir teint; Maures d'Espagne, 156.

Bordrok. — Gilet sans manches du paysan hollandais. *Borstrokken*, gilet à manches, 421 et 422.

Borquo. — Longue bande de crêpe noir couvrant la figure à l'exception des yeux, et retombant assez bas; fellahines d'Égypte, 160 et 161.

Botier. — C.-à-d. bouvier; France, moyen âge, 209.

Botoque, *batoque, barbote.* — Ornement de la lèvre chez les Botocudos; Amérique du sud, 76.

Botou-coad. — « Souliers de bois »; galoches du paysan breton. *Botou-lezr*, souliers des jours de fête, 495.

Botte. — Haute chaussure de cuir enfermant le pied et la jambe, 83-84, 86, 108, 169, 170, 177, 179, 180, 445, 458 et 459.

Botte à entonnoir, botte mignonne: France, époques Louis XIII et Louis XIV, 326, 327, 328, 329, 340. *Voir* Bas de bottes ou Bas à bottes.

Botte forte, chaussure de la cavalerie française pendant les dix-septième et dix-huitième siècles, 343, 349, 381, 383, 384. *Voir* Bottine de dragon.

Botte à revers; chaussure civile et militaire; France, fin du dix-huitième siècle et commencement du dix-neuvième, 400, 408-409.

Botte à la Russe, à la Souvarow; costume civil; France, époque du Consulat, 408-409.

Botte à la tartare, Russie, 438, 439. *Voir* Tcheliк et Vintersko. — La botte des jours de fête des femmes hongroises, 458 et 459.

Bottes (manches à), habit à manches. France, dix-septième siècle, 351.

Botters. — Petites barques des pêcheurs de l'île Marken; Hollande, 419 et 420. *Voir* Buiden, Doggerbau.

Bottine. — Petite botte de cuir mince, 11 et 12, 29, 48-49, 56-57, 87, 181, 414. *Voir* Borceguies, Laptchin, Tcherik.

Bottine de dragon. — Chaussure spéciale des dragons, devenue, vers 1745, celle d'une partie de la cavalerie; France, dix-huitième siècle, 384.

Boubou. — Espèce de dalmatique; Sénégal, 67-68, 72.

Boucle. — Anneau de métal muni d'un ardillon et qui sert à tendre à volonté une ceinture, une courroie, etc. *Boucle de ceinture*, 31, 52, 53, 55, 58, 224.

Boucles d'oreilles. — Anneau orné ou non de pendants; parure féminine, 31, 91, 140, 417, 423, 453, 483, 497. *Voir* Elenchi, Nounel, Thigléne, Triopis, Trioffis, Tutulati, Zerouiah.

Boucles de souliers. — Parure masculine; France, dix-huitième siècle et Hollande, 391-392, 419.

Bouclette. — Petite mèche de cheveux que les dames portant le hennin laissaient apercevoir au front ou à la tempe; France, quatorzième et quinzième siècles, 211.

Bouclier. — La plus ancienne de toutes les armes servant à s'abriter des coups et des traits de l'ennemi. On les faisait, soit de cuir, de bois ou de métal; leur forme a présenté de nombreuses variétés, 1, 10, 11 et 12, 15, 48-49, 50, 56-57, 59, 60-61, 63-64, 65, 67-68, 69, 70, 75, 79, 110, 111, 122, 201.

Bouclier béotien, argien; Grèce, 10, 25-26.

Bouclier de poing; France, quatorzième siècle, 202. *Voir* Écu, Enarme, Guige, Parma, Pavois, Pelta, Rondache, Rondelle à preuve, Scutum, Umbo.

Boudin. — Coiffure féminine: boucle placée derrière l'oreille; France, dix-huitième siècle, 397. *Voir* Favoris de boucles.

Bouffons. — Cheveux massés en petites frisures réparties sur les tempes et les oreilles; modes féminines. France, époque Louis XIII, 328.

Bougette. — Nom donné à la sacoche pendant le moyen âge, 56-57.

Boujon. — Flèche dont le fer donnait une section triangulaire ou carrée; cette désignation s'appliquait le plus souvent aux carreaux d'arbalètes ainsi ferrés; France, quinzième siècle, 219.

Boumerang. — Arme de chasse des Australiens, 60-61.

Bouracan. — Étoffe, sorte de gros camelot en usage dans la classe bourgeoise; France, dix-huitième siècle, 367.

Bourdalou. — Le cordon du chapeau; France, dix-huitième et dix-neuvième siècles, 398, 403.

Bourdon. — Bâton de pèlerinage; France, treizième et quatorzième siècles, 202.

Bourdonasse. — Lance de tournoi; France, quinzième et seizième siècles, 254.

Bourgogne (bordures à la). — Espèce de galon large dont on ornait l'habit militaire; France, époque Louis XVI, 386.

Bourguignotte. — Armure de tête composée d'une calotte, d'un couvre-nuque et de deux oreillères; France, seizième siècle, 254, 255, 257, 261, 262, 283.

Bouriagre. — Maître valet; paysans français du moyen âge, 209.

Bourrelet. — Coiffure masculine et féminine. Cette coiffure, chez les dames du quinzième siècle, remplaçait le hennin; Europe, moyen âge, 212, 223, 247 et 248, 252. *Voir* Balzo.

Bourse (*bourcée, boursette à cul de vilain*). — Petit sac destiné à contenir des pièces de monnaie; Europe, moyen âge, 220, 246.

Bourse. — Le petit sac de taffetas contenant les cheveux de la tête, nommés *derrière de bourse*; coiffure masculine; France, dix-huitième siècle, 366.

Boursevons. — Petits sacs contenant des reliques; on les portait sur la poitrine; France, dix-septième siècle, 352.

Bout-de-rat. — Natte tombant dans le dos; perruques du dix-huitième siècle; France, 366.

Boute-en-train. — Nœud de brillants suspendu au collier; on l'appelait encore le *Tâtez-y*; toilette des femmes de la fin du dix-septième siècle, 354.

Boute-feux. — Soldats ayant pour fonction de mettre le feu aux pièces d'artillerie; France, seizième siècle, 255.

Bouterolle. — Garniture placée au bout d'un fourreau d'épée, 64, 202.

Boutschouk. — Étendard à queue de cheval; Pologne, 455.

Bouton. — C'est dans les dernières années du règne de Louis XIV, que les boutons détrônèrent les attaches d'aiguillettes et de rubans; France, dix-septième siècle, 351

Bracca, Braccata (gens). — *Voir* Braies.

Bracelet. — Ornement du bras, parure civile et militaire; 3, 4, 10, 11 et 12, 20, 25-26, 31, 48-49, 51, 53, 55, 56-57, 58, 60-61, 63-64, 67-68, 71, 73, 85, 91, 110, 112, 124, 125, 126, 127, 129, 140, 164, 158, 160 et 161, 164, 177, 330, 463. *Voir* Armilla, Brachiale, Brachiones, Dah, Dextrale, Haldjal, Pericarpies, Spinther, Torques brachialis.

Brachiale (περιβραχιόνιον). — Nom que les Latins donnaient au bracelet, 31.

Braconnière. — Pièce de l'armure attachée à la plastron, et à laquelle on suspendait les tassettes. La braconnière recevait aussi le nom de *faulde* ou *flancar*. Europe, moyen âge et seizième siècle, 202, 217, 219, 258.

Bractéate. — Pièce faite avec des feuilles de métal en creux d'un côté et en relief de l'autre; orfèvrerie antique, 55.

Bragard. — Sobriquet appliqué aux jeunes gens qui laissaient sortir leur chemise entre le pourpoint et le haut-de-chausses; France, quinzième siècle, 238, 246.

Bragou braz. — La culotte bouffante des paysans bretons, 494, 495.

Braguesques (*culottes*). — Chausses à l'usage des dames; Europe, seizième siècle, 289.

Braguette ou **Brayette.** — L'ouverture placée sur le devant des braies. Vers le milieu du quinzième siècle, elle était attachée par deux boutons ou deux aiguillettes. La braguette a plus de saillie dès le commencement du seizième siècle, époque où le haut-de-chausses prend un grand développement. Dans l'armée, les gens de pied avaient la braguette de fer. Europe, moyen âge et seizième siècle, 238, 264, 285.

Brahmanes. — Prêtres et docteurs de la religion de Brahma; ils forment la première caste parmi les Indous, 122, 123, 126.

Brahmina-Wansé. — Caste brahmine de l'île de Ceylan, 132.

Braie (*bracæ* ou *braccæ*, ἀναξυρίδες). — Culotte, caleçon; vêtement des peuples de l'Orient adopté par les Gaulois, ce qui valut à ces derniers, de la part des Latins, le surnom de *gens braccata*. Dans le costume militaire des Romains, les *bracæ* étaient des culottes étroites descendant jusqu'aux genoux. Pendant les neuvième, dixième et onzième siècles, les braies étaient encore, en France, une partie du vêtement de toutes les classes; on les retrouve, de nos jours, chez certains paysans, en Bretagne et en Auvergne notamment. 34, 36-37, 56-57, 181, 188, 201, 484, 491, 492, 493, 494, 495. *Voir* Anaxyrides, Bragard, Bragou-braz, Braguette, Breches, Chausse, Feminalia ou Femoralia, Haut-de-chausses, Sarabella, Trews.

Brandebourg. — Ornement en broderie, en tresse ou en galon, qui entoure les boutonnières de certains habits; costume hongrois, 387, 458 et 459.

Branle. — Danse française; époque de Louis XIII, 328.

Bras (garde). — Pièce d'armure. *Voir* Cubitière.

Brasero. — Grande bassine de cuivre posée sur un trépied et remplie de braise; en Espagne, le brasero remplace les cheminées pour chauffer les appartements, 104, 477-478.

Brassard (*brachiale*). — Pièce d'armure préservant le bras; on la voit figurer chez les Grecs, chez les gladiateurs romains. Pendant la seconde moitié du treizième siècle, en France, la manche du haubert de mailles est parfois recouverte d'un brassard. Mais ce nom n'est vraiment appliqué qu'à l'armure du bras articulée de l'épaule au poignet, c'est-à-dire vers la fin du quatorzième siècle, époque où les armures complètes sont entièrement faites de lames d'acier, 25-26, 36-37, 202, 217, 218.

Brassière (*bracière*). — Au quatorzième siècle, le mot *bracière* s'applique aux manches de peau ou de velours portées sous la maille avant l'adoption des brassards. — Sorte de camisole que les hommes, pendant les seizième et dix-septième siècles, revêtaient la nuit. — Épithète donnée au pourpoint raccourci des premières années du règne de Louis XIV. — La brassière appartient au costume des paysannes de l'Auvergne, du Bordelais, de la Bresse, du Mâconnais, etc. — Dans l'Hindoustan, elle fait aussi partie de la toilette des femmes, et particulièrement de celle des bayadères. — 123, 124, 125, 126, 127, 129, 340, 352, 484, 485, 487. *Voir* Camisia.

Breacan. — Dessin du tartan spécial à chaque clan écossais. — *Breacan dearg na Stiubartich*; le plaid couleur rouge des Stuarts. — *Breacan fheile*; le plaid porté en sautoir, 425 et 426, 427.

Breeches, Brecks. — Noms anglais et écossais du mot *braie*, 34.

Brechet. — Le fer particulier de la lance de joute; Europe, moyen âge, 253.

Bricolier. — Nom donné aux porteurs de chaises; France, dix-huitième siècle, 374.

Brigandine, Brigantine. — Vêtement de guerre dérivé de la broigne et du gambison, et fait de peau renforcée de lames d'acier. Portée par les gens de pied, la *brigandine* prend son nom de ces sortes de troupes mercenaires désignées, dès le quatorzième siècle, sous le nom de *brigands* ou *brigants*. Europe, moyen âge, 202, 218, 219, 220.

Broche. — Bijou servant d'agrafe, 52, 91, 201, 399, 417, 423, 483, 497. *Voir* Fermail, Fibule.

Brodequin. — Chaussure couvrant le pied et une partie de la jambe. — *Brodequin de théâtre*; soulier chinois haut et court ayant pour but de procurer au pied de grandeur naturelle la physionomie du pied qui a subi la réduction, 36-37, 89, 199. *Voir* Calceus, Mulleus.

Broigne (*brogne, broine, bronie, brunie*). — Espèce de cuirasse de peau garnie d'anneaux de fer très rapprochés les uns des autres. — Il est question de la broigne dès le douzième siècle. — Europe, moyen âge, 201, 202, 204, 217.

Bros-gueledon. — Jupe de dessous des paysannes bretonnes. — *Bros-uhelen*, jupe de dessus, 407.

Brud. — Nom de la fiancée laponne. *Brudgom*, celui du fiancé. — Suède, Norvège, 411.

Bruighnib. — Noble des premiers temps de la royauté écossaise, 425 et 426.

Brutsfleck. — Gilet croisé ; Tyrol, 433.

Buccin. — Coquillage plus petit que la *pourpre pélagienne* et qui fournissait une couleur d'un rouge plus clair ; antiquité, 25-26.

Buccule. — Jugulaires du casque romain, 36-37. *Voir* Cassis.

Buccine (*bucina* ou *buccina*, βυκάνη). — Trompette militaire ; Romains, 217. — *Bucinator*, le joueur de trompette. *Voir* Busine.

Buck en Kleuren. — Le plastron de dentelle des Zélandaises ; Hollande, 421 et 422.

Buffet. — Au moyen âge, ce mot désigne la chambre où l'on renfermait la vaisselle et les objets précieux. Aux quatorzième et quinzième siècles, on donne le nom de *buffet* au meuble placé, pendant les repas de cérémonie, au milieu de l'espace réservé au milieu des tables en fer à cheval ; on y rangeait les pièces d'orfèvrerie, ainsi que les épices et les confitures. La destination de ce meuble n'a pas changé dans les usages domestiques des temps modernes. 227, 230, 231, 294, 304, 340, 375. *Voir* Dressoir, Crédence.

— Vieux mot désignant l'ustensile qui sert à activer le feu et appelé aujourd'hui *soufflet*. Europe, moyen âge, 245, 292.

Buffle, Buffletin. — Peau chamoisée qui remplaçait le corselet d'acier ; costume militaire ; France, dix-septième siècle, 301, 321, 323, 328, 336, 342.

Buffleterie. — Partie de l'équipement du soldat : harnais, ceinturon, faits en buffle ; Europe, dix-septième et dix-huitième siècles, 342, 343, 381, 383, 384, 385, 386.

Buiden. — La grande barque des pêcheurs de l'île Marken. Hollande, 419 et 420. *Voir* Botters, Dougerrau.

Buink oda aghassy. — Surveillant de la grande chambre des femmes ; harem impérial ; Turquie, 172-173.

Buire (*buie, buye*). — Vase en manière d'amphore, avec ou sans pied, propre à contenir des liquides ; Europe, moyen âge et seizième siècle, 231.

Buku ou **Bucku.** — Parfum en usage chez les Hottentots, 73.

Bulga. — Petite sacoche ; dames gauloises, 56-57.

Bulle (*bulla*). — Ornement en or que les jeunes Romains de famille patricienne portaient suspendu au cou jusqu'à ce qu'ils prissent la robe virile, 31.

— Clou de métal attaché comme ornement à un ceinturon ou à un baudrier ; Romains, 36-37.

Bungalow. — Maison indoue n'ayant qu'un rez-de-chaussée. — *Traveller's bungalow*, sorte de villa pour les voyageurs, 131.

Buni. — Harpe égyptienne, 6.

Bure (*bureau, buriau, burel*). — Étoffe de laine grossière laissée au bas-peuple, à dater du treizième siècle ; 331, 484.

Burgerweeshuis. — Orphelinat de la Kalver-Straat, à Amsterdam, destiné aux enfants des *oude-poorters*, vieux bourgeois de la ville ; Hollande, 421 et 422.

Burnous. — Manteau arabe ayant la forme d'un cercle, au milieu duquel est un capuchon qu'on peut mettre par-dessus le turban. *Le burnous* sans le capuchon peut être comparé au *pallium*, et avec capuchon, au *bardocucullc*. — Afrique septentrionale, 150, 151, 155, 156, 157, 158, 159, 160, 161, 162, 163. *Voir* Albornoz.

Busc apparent. — Busc adapté sur le devant du corsage ; modes féminines du seizième siècles, 273.

Busine, Buisine. — Grande trompe légèrement recourbée ; on les fabriquait en bois, en cuir bouilli, et le plus souvent en laiton. — *Bustneor*, joueur de trompe ; armées françaises, quatorzième et quinzième siècle, 217.

Bustuaire (*bustuarius*). — Gladiateur qui combattait autour du bûcher, *bustum*, dans les funérailles ; Romains, 36-37.

Byssus. — Matière que les Romains prenaient pour une variété du lin et qui était notre coton blanc, 25-26.

C

Caba. — Vêtement persan se serrant sur les reins et qui se boutonne d'un seul côté, 141.

Cabaie. — Veston des femmes malaises des Célèbes et de Java, 63-64.

Caban, Gaban. — Manteau à manches ; France, époque Louis XIII, 327.

Cabasset. — Casque sans visière ni gorgerin et qui n'est guère usité qu'à dater du seizième siècle, 253.

Cabellou. — Nom donné, en Bretagne, aux bonnets d'enfants ; 496.

Cabinet. — Buffet à plusieurs *layettes* ou tiroirs ; meuble d'apparat ; Europe, seizième et dix-septième siècles, 298, 316. *Voir* Kunstschrank.

— Chambre des petits appartements servant aux réceptions journalières ; maisons seigneuriales ; France, dix-septième siècle. — (*arrière*), pièce où se trouvaient le bureau, les livres ; — *des bains* ; — (*grand*), pièce précédant la chambre à coucher ; — *paré*, où étaient rassemblés les tableaux et les collections ; 348, 357.

Cabriole ou **coiffe frisée.** — Bonnet des femmes sablaises ; Bretagne, 496.

Cache-folie. — Perruque féminine ; France, époques du Directoire et du Consulat, 408-409.

Caciola. — Bonnet de peau d'agneau ; coiffure des Roumains, 448.

Cadeby. — Habit d'hiver long et pourvu de manches ; Perse, 147. *Voir* Courdy.

Cadenet (gants à la). — France, époque Louis XIII, 329.

Cadenette. — Mèche de cheveux pendant sur le côté de la tête et nouée à son extrémité avec un ruban de couleur : le *galant*. Cette coiffure, due au seigneur de Cadenet, était à l'usage des deux sexes ; France, époque Louis XIII, 325, 327, 328, 329. *Voir* Chevelure a la comète, Moustache.

— Les deux touffes de côté ; perruques du dix-huitième siècle, 366.

— Coiffure militaire donnée à l'infanterie française vers 1767 : tresse partant du milieu du crâne et se retroussant sous le chapeau, 400.

Cadi. — Ministre de la justice ; cour du grand mogol ; Inde, 115.

— Juge civil turc.

Cadinn. — Nom donné aux épouses du sultan choisies dans le harem, 172-173.

Cadrys (secte des). — L'une des douze sectes nées de l'islamisme ; Turquie, 169.

Caducée (*caduceus*, κηρύκειον). — La baguette attribuée par les anciens à Mercure, comme héraut ou messager des dieux ; 29.

Cæsarien (*cæsarianus*). — Gladiateur romain entretenu aux frais du trésor public, 36-37. *Voir* Auctorate.

Cæstus (ἱμάντες, μύρμηξ). — Gantelet pour le pugilat ; antiquité, 25-26.

Caftan. — Pelisse ; vêtement d'origine orientale ayant fait partie de l'ancien costume des Russes et des Polonais, 438 et 439. *Voir* Khalat.

Cage pullaire. — Cage dans laquelle les Romains gardaient les poulets sacrés pour les porter à l'endroit où l'on prenait les auspices, 39.

Cagliostro (Épingles de cheveux à la). — Modes féminines ; règne de Louis XVI, 391-392.

Cagou. — Marteau d'armes en forme de pic ; Néo-Calédoniens, 60-61.

Caïkdji. — Batelier turc, 175.

Cairn. — Sépulture recouverte de pierres et de cailloux ; Age du bronze, 50.

Calantica (*calautica, calvatica*, κρήδεμνον). — Espèce de coiffe ; modes féminines ; Italie, commencement du seizième siècle, 244.

Calasiris. — Vêtement militaire ; Égypte, 2, 6, 8.

Calcar (ἐγκεντρίς). — Éperons ; antiquité, 25-26, 36-37.

Calceus (*cavea*). — Soulier fermé ; chaussure des hautes classes ; Romains, 36-37.

— *auratus.* — Chaussure dorée, 47.

— *fenestratus.* — Chaussure à bandelettes croisées sur les jambes, et dont on comparait à des fenêtres les intervalles carrés ou en losanges qu'elles laissaient entre elles, 47.

patricius. — Chaussure des patriciens, 40, 47.

— *repandus.* — Soulier à pointe recourbée, 47.

— *talaris, subtalaris.* — Chaussure ne renfermant pas le pied, n'ayant qu'un quartier élevé pour le talon, et, vers le milieu, une simple courroie attachée des deux côtés pour maintenir le pied ; 47.

Calcearium. — Petite somme donnée au soldat romain pour l'entretien de ses *caligæ* ; — *Calceolarius*, le cordonnier romain ; — *Calceolus*, diminutif de *calceus*, petit soulier ou brodequin ; — *Calceos mutare*, expression latine : « changer de calceus, » pour changer de condition, 47. *Voir* Discalceatus.

Calculensis. — Pourpre marine dont on trouvait le coquillage dans des fonds de mer caillouteux ; antiquité, 25-26.

Caldarium. — Salle où l'on prenait des bains de vapeur ; Romains, 45.

Cale. — Calotte ou serre-tête en usage chez les dames du seizième siècle, 252.

Caleçon. — Nom donné à un haut-de-chausses ajusté selon l'usage masculin et porté par les dames sous leurs vertugades ; Europe, seizième siècle, 273, 289. *Voir* Jangrib, Libas et Séroual dakhelani.

Calesera. — Veste andalouse ; Espagne, 470.

Calèche. — Haute coiffure de gaze ; modes féminines France, époque Louis XVI, 389.

Caliendrum. — Perruque des dames romaines, 41.

Caliga. — Chaussure à l'usage des soldats romains, y compris les centurions, mais non les officiers supérieurs ; — *Caliga speculatoria*, chaussure moins épaisse portée par les *speculatores*, soldats d'infanterie légère chargés d'éclairer la marche de l'ennemi ; — *Caliga* (*milites*), fantassin du dernier ordre, 34, 36-37, 47. *Voir* Clavarium, Clavata et Clavi caligares.

Calipette. — Coiffure des Caennaises ; Normandie, 490.

Callé (καλή). — Robe de pourpre, la « belle » par excellence ; antiquité, 25-26.

Calotte. — Espèce de petit bonnet de cuir, de laine, de satin ou d'autre étoffe ; coiffure à l'usage des ecclésiastiques. En France, sous Charles VIII et Louis XII, la calotte, façonnée à la mode italienne, prit l'importance d'une coiffure à part. Sous Louis XIV, le poids des perruques généralement en crin occasionnant de la transpiration, on mettait dessous des calottes de toile ou de serge. 48-49, 63-64, 91, 124, 127, 136, 150, 169, 194, 247 et 248. *Voir* Chachia, Fez, Ichaoun, Libdeh, Paschaly-carvouk, Perruque a calotte, Sermah, Tarbouch, Toque.

— Casque à timbre plat ; Europe, moyen âge, 202.

Caltchoun. — Chausses ; Arnautes, Turquie, 464.

Calyptra (καλύπτρα). — Vêtement de la famille du *peplos* : pièce d'étoffe fine et transparente enveloppant la tête et le corps ; dames grecques, 24.

Calzar. — *Les gumaches* du paysan ; France, dix-septième siècle, 331.

Calzoneras. — Caleçons ; Chili et Mexique, 78, 78.

Camail. — Manteau court, ne dépassant pas la ceinture, et garni d'un capuchon. Le camail, pendant le moyen âge, était à l'usage des laïques et des ecclésiastiques, 213, 223, 284. *Voir* Aumusse, Bardocucullе, Caratouk.

— Partie de l'armure recouvrant la tête et les épaules, et faite de toile double ou de peau renforcée de plaques de fer rivés, ou d'anneaux cousus, puis composée de mailles. A dater de 1440, le camail ne paraît plus que rarement dans l'armure. Europe, moyen âge, 119, 135, 201, 203, 205, 217.

— (ordre du). — Institution de Charles d'Orléans ; France, quinzième siècle, 217.

Camasia. — Longue chemise de lin aux larges manches ; femmes valaques, 458 et 459. *Voir* Camisia.

Camauo. — Peau de brebis dont les Landais se garantissent les jambes ; France, 486.

Cambuta. — Nom que les anciens donnaient à la crosse, 193.

Camelot. — Gros drap en usage dans la classe bourgeoise du dix-huitième siècle ; France, 367.

Camillus. — Assistant du grand prêtre, chez les Romains ; 38.

Camisia. — Espèce de camisole que les Grecs portaient la nuit (de *cami*, chambre). — Tunique à manches des femmes de la province romaine ; Italie, dix-neuvième siècle, 468.

Campagus (*campagium*). — Demi-brodequin laissant, comme la *caliga*, les doigts à découvert ; sa semelle avait une empeigne qui couvrait le cou de pied et le talon. Le campagus des empereurs était de pourpre et parfois brodé d'or ou enrichi de pierres fines et de perles. Dans le bas empire, cette chaussure devint celle des sénateurs romains, 36-37, 47.

Campestre. — Sorte de jupon attaché autour des reins et descendant environ jusqu'aux deux tiers des cuisses ; soldats romains, 34, 36-37.

Campyla. — Soulier crochu ; chaussure grecque, 47. *Voir* Uncinatus.

Cancenis. — Troisième classe des danseuses indoues ; ce sont celles qui parcourent librement le pays. 125. *Voir* Nautch-Girls.

Candale (mode à la). — France, dix-septième siècle, 340.

Candeur (la). — Coiffure de grande parure; dames de l'époque Louis XVI; France, dix-huitième siècle, 390.

Candidatus. — Le Romain portant la toge blanche, pour se présenter à l'élection du peuple; 40.
Candidus color. — Le blanc des étoffes lustrées, ou de celles dont on avait augmenté la blancheur ou l'éclat par quelque préparation.

Candys (χάνδυς). — Robe médo-persique, 11 et 12, 14.

Canezou. — Corps de robe sans manches; femmes de l'île de Ceylan; dames du Directoire et du Consulat; France, dix-huitième et dix-neuvième siècles, 132, 133, 407, 408-409.

Cange. — Embarcation légère; Égypte, 8.

Cango. — Palanquin en forme de panier et n'exigeant pas plus de deux porteurs; Japon, 106.

Canso, Cannac. — Collier, parure des paysannes de la province romaine; Italie, dix-neuvième siècle, 468.

Canne. — En Égypte, la canne était un insigne de commandement ou de distinction. En France, l'usage de la canne commença à se répandre vers la fin du dix-septième siècle, époque où elle acquit une extrême importance dans l'attirail des gens qui suivaient le goût du jour, 2, 4, 178, 351, 355, 364, 368, 369, 391-392, 404, 405, 408-409, 410. *Voir* Onoukhi, Pouvoir exécutif.

Cannetille. — Agréments d'or et d'argent. Costumes civils et militaires; France, seizième et dix-septième siècles, 320, 343.

Canon, Quennon. — Nom donné aux premières bouches à feu; Europe, quinzième siècle, 220, 255, 257, 384. *Voir* Basilic, Bastarde, Bombarde, Courtaud, Crapaudeau, Couleuvrine, Faucon, Fauconneau, Hacquebute à croc, Passevolant, Pierre à canon, Plommée, Serpentine, Spirole, Trait à poudre.
— *à main.* — Le fusil primitif : arme à canon très court, emmanché au bout d'un morceau de bois ou d'une tige de fer; Europe, quinzième siècle, 220.
— Nom donné aux brassards d'acier complets; France, quatorzième siècle, 206, 217.
— Ornement de dentelle attaché au-dessus du genou; hommes de cour de l'époque de Louis XIV; France, dix-septième siècle, 340.

Cap d'escouade. — Caporal, infanterie française du seizième siècle; 256.

Capan. — L'ombilic du *targaid*; Écosse, 427.

Cape (*chape, planète, pluvial*). — Vêtement de dessus destiné à garantir de la pluie; la *pænula* des anciens, manteau à capuchon, cape de voyage; — *tracée* sur les bords; — *à collet rabattu*; — *à collet droit*; — *à capuchon* ou *cape de Béarn*, manteau de l'époque de Henri IV, emprunté aux montagnards pyrénéens; — *écourtée*, conservée sous le nom de *collet*. — France, moyen âge, seizième et dix-septième siècles, 247, 268, 269, 270, 271, 272, 273, 274, 275, 280, 285, 311. *Voir* Balagni (manteau à la), Capitium, Manteau.
— L'écharpe des dames du dix-septième siècle; France, règne de Louis XIV, 354, 355.
— Manteau des Bourbonnichonnes; France, 484.
— La coiffure des Mâconnaises, des Bressanes, 487.
Capa. — Manteau portugais, 482.
Capa de Muestra. — Manteau du Valencien; Espagne, 474, 477-478.

Capedur. — Le bourrelet qui garantit la tête chez les porteuses de fardeaux du Bordelais; France, dix-neuvième siècle, 485.

Capel de fer ou **chapeau de Montauban.** — *Voir* Chapeau.

Capeline. — Le chaperon des femmes du moyen âge : coiffe repliée, avançant sur le front et retombant à hauteur de l'épaule; France, quinzième siècle, 213, 215.
— Nom donné au *bacinet*, 219.
Capellina. — Chapeau de paille des femmes de l'ancien comté de Nice, 487.

Capette. — Capuchon des femmes de la Haute-Auvergne; France, 484.

Capis. — Burette à vin; antiquité, 23.

Capitao. — Expression portugaise désignant le chef d'une tribu; Indiens de l'Amérique du Sud, 76.

Capitium. — La cape féminine, chez les Latins, 244.

Caporal. — *Voir* Cap d'escouade, Onbachi.

Capot. — Espèce de pelisse aussi nommée *manteau de Charlemagne*; bergers landais; France, 486. *Voir* Kapout.

Capote. — Chapeau féminin; France, époque du Consulat, 406, 408-409.

Capoudji. — Huissier du sérail; harem impérial; Turquie. — *Capoudji-bachi*; premier capitaine des huissiers et maréchal de la cour, 169.

Captif (bonnet à la). — Modes féminines; France, époque Louis XVI, 391-392.

Capuce. — *Voir* Capuchon.

Capuchon, Capuce (*cucullus*). — Vêtement de tête à l'usage des laïques et des ecclésiastiques; Europe, moyen âge, 198, 201, 202, 212. *Voir* Almofar, Aumusse, Bardocucullus, Camail, Carapoue.
Capulatus. — Capuchon surmonté d'une houppe ou d'un gland; Romains, 244.
Caputet. — Capuchon des Pyrénéennes; France, 486.

Capucines. — Ordre de femmes placé sous la direction des capucins; ces dernières devaient leur nom à la forme particulière du *capuce* ou capuchon qu'ils portaient, 147.

Carabiniers. — Corps de grosse cavalerie dont l'institution remonte à l'époque de Louis XIV; France, dix-septième siècle, 381.

Caracalla. — Manteau gaulois muni d'un capuchon; introduit à Rome par l'empereur Antonin Bassianus, d'où son nom de *Caracalla*; Strabon l'appelle *palla gallica*, 56-57.
— (*cheveux à la*). — Coiffure des hommes; France, époque du Consulat, 408-409.

Caraco. — L'un des noms que porta, au dix-huitième siècle, la veste de femme à grandes basques. *Caraco à la Arlaise*, *à l'innocence reconnue* ou *à la Cauchoise*, *à la Pierrot*, *à la Suédoise*. France, règne de Louis XVI, 389, 390, 391-392, 398.

Caracol ou **Limaçon.** — Manœuvre des reîtres allemands; Europe, seizième siècle, 271.

Carapoue. — Capuchon des paysans français du moyen âge, l'ancien *bardocucullus* des Gaulois; 209, 210.

Caratou. — Hache de pierre des Botocudos; Amérique du Sud, 76.

Carbatine (καρβάτινη). — Chaussure de peau fraîche; antiquité, 47.

Carcan. — Le collet de la robe serré et montant. Dames du seizième siècle; France, 267, 276 et 277. — (Collier, dit), 260.

Carcas. — Carquois en peau de *taisson* ou blaireau, à l'usage de l'arbalétrier; France, quinzième siècle, 220.

Cardines. — Les gonds de la porte; maison romaine, 33.

Carlins. — Anneaux de pied; modes féminines; France, époque du Directoire, 406.

Carmagnole (de *Carmagnola*, nom d'une ville italienne de la province de Turin). — Veste courte; costume des Transtévérins et des ouvriers français pendant la Révolution, 466.

Carmes. — Ordre religieux qui prit naissance sur le mont Carmel (Palestine), vers 1105. Les Carmes portaient pardessus leur robe brune une chape de couleur tannée rayée de blanc, ce qui les fit appeler *barrés*, 147, 482.
Carmélites. — Religieuses assujetties à la même règle que les Carmes; introduites en France vers 1452; 334.

Carnarium. — Dépendance de la cuisine où se trouvaient des crocs de suspension pour la viande; maison gréco-romaine, 33.

Carnyx. — La trompette de guerre des Gaulois, 56-57.

Carpentum. — Voiture à deux roues pourvue de rideaux; Romains, 216.

Carpetta. — Nom que les Vénitiennes du seizième siècle donnaient à la *cotte* ou *cotillon*, 280.

Carquois. — Étui à flèches. Chez les archers français, le carquois disparaît au quatorzième siècle; on le remplace par un sac de cuir fermé dont, au moment de combattre, on extrayait un certain nombre de flèches qu'on passait dans la ceinture. 1, 2, 10, 11 et 12, 14, 25-26, 48-49, 50, 63-64, 67-68, 119, 218, 219, 220. *Voir* Carcas.

Carreau (*boujon, quarrias, quarrel*). — Flèche très courte; trait de l'arbalète à main ou de la grande arbalète à tour; Europe, moyen âge, 218, 219, 220. — Siège bas. *Voir* Coussin.

Carrosse (de l'italien *carroccio*, char). — Voiture à quatre roues, suspendue; 310, 320, 343. *Voir* Char branlant.
Carruca ou *carrucha*. — Voiture introduite à Rome sous les empereurs, 216.

Cartouche. — La charge des armes à feu portatives. C'est en 1683 qu'on fit usage des premières cartouches, mais pour la charge seulement; ce ne fut que pendant la guerre de 1744 que l'on commença à faire servir la cartouche à la charge et à l'amorce. 343. *Voir* Coffin.
Cartouche. — Nom de la petite giberne introduite dans l'infanterie française vers le milieu du dix-huitième siècle, 383. *Voir* Giberne.

Casaca. — Jaquette, casaque; paysannes des provinces romaines; Italie, dix-neuvième siècle, 467, 468.

Casaque. — Costume militaire; vêtement de dessus, à pans prolongés, et à manches longues et fermées. Les mousquetaires du roi, créés en 1622, eurent la casaque bleue ornée de croix d'argent; France, seizième, dix-septième et dix-huitième siècles; 381, 382, 384. *Voir* Hongreline, Hoqueton, Mandille, Soubreveste, Surtout, Tabard.
— La veste des paysans de l'Auvergne; France, 484.
Casaquin, pet-en-l'air. — Veste à basques se mettant par-dessus le corsage; toilette de ville; France, dames du dix-septième siècle et du dix-huitième, 355, 367, 369. *Voir* Caraco.

Casas de pupillos ou **de huespedes.** — Pensions bourgeoises; Espagne, 477-478.

Cascarottes. — Porteuses de poissons entre Bayonne et Saint-Jean-de-Luz; France, dix-neuvième siècle, 486.

Casque. — Arme défensive faite de cuir, de bois ou de métal. 1, 2, 4, 14, 15, 16, 17, 25-26, 29, 34, 36-37, 48-49, 50, 56-57, 60-61, 63-64, 66, 96-97, 119, 121, 185, 201, 202, 204, 205, 206, 207, 208, 216, 217, 218, 219, 220, 253, 254, 256, 257, 258, 259, 260, 261, 262, 263, 271, 283, 301, 342, 382, 383, 387, 400. *Voir* Armet, Avantail ou Ventail, Bacinet, Bavière, Bourguignotte, Cabasset, Calotte, Capeline, Cassis, Cervelière, Chapel de fer ou Chapeau de Montauban, Cimier, Collétin, Couvre-nuque, Crête, Hanepier, Heaume, Mentonnière, Mézail, Morion, Nasal, Salade, Secrète, Timbre, Viaire, Visière, Vue.
— dit *de Berru*, dit *de Falaise*; Gaulois, 56-57.
— *à chenille.* — Infanterie française; fin du dix-huitième siècle, 400.
— *à grille.* — Casque de joute; France, quinzième siècle, 219.
— Coiffure féminine : *casque à la Bellone, à la Romaine*; France, époque Louis XVI, 391-392, 405.
— (*voor-hoofden*). — Coiffure des femmes hollandaises, 419, 421 et 422, 423.
Casquet. — Petit casque à l'usage des officiers; France, seizième siècle, 275.

Cassis. — Casque de métal; arme défensive des Romains, 34, 36-37.

Castanuelas. — Castagnettes espagnoles, 476. *Voir* Crotale.

Castellani. — Gondoliers vénitiens, 239.

Castisa. — Le descendant d'un Espagnol et d'une femme métisse; Mexique, 79.

Castor à la cordelière. — Chapeau masculin; France, époque Louis XIII, 327, 328.

Castula. — Espèce de jupon; dames grecques, 19, 20.

Catastictos ou **Zodiote.** — Robe mouchetée; dames grecques, 17, 19.

Catervares (*catervarii*). — Gladiateurs combattant par troupes; Romains, 36-37.

Cathedra (χαθέδρα). — Chaise à dos, mais sans bras; — *cathedra stata*; chaise couverte d'un coussin; Gréco-Romain, 32. — Chaire épiscopale, 227.

Catogan (coiffure en). — Chevelure dont la touffe de derrière est serrée par un ruban; à l'usage des deux sexes; France, dix-huitième siècle, 391-392, 398, 405.

Catrintia. — Tablier à longues franges; femmes valaques, 458 et 459.

Cattuma. — L'une des deux semelles de la *crepida*, l'autre était l'*emblema*; chaussure antique, 47.

Caunace. — Surtout à franges, appelé aussi la *persane*; Assyrie, 11 et 12.

Cauris. — Coquillages servant de parure et de monnaie; Afrique, 67-68, 71, 154.

Causeuse à la Turque. — Lit de repos; mobilier Louis XVI; France, dix-huitième siècle, 391-392.

Causia (χαυσία). — La coiffure des Macédoniens; du temps de Caligula, le peuple romain portait la *causia*, surtout au théâtre; antiquité, 25-26, 41.

Cavalier grec. — *Voir* Hippeus.

Cavalier romain. — *Voir* Eques.

Cavalière ou **carrée** (perruque). — Modes masculines; France, époque Louis XIV, 351.

Cavœdium. — Cour découverte autour de laquelle sont disposées les chambres; la partie creuse de la maison romaine, 33.

Cearnaich. — Archer écossais du seizième siècle, 425 et 426

Cecryphale. — Réseau ou filet dont les dames grecques enveloppaient leur chevelure; les Athéniens l'appelaient *cecryphante*, 21.

Ceinture. — *Voir* Arnet, Anamakhalister, Apodesme, Cinctorium, Cingulum, Commerbund, Derrai, Fundoshi, Kemer, Obi, Quinno-balte, Samla, Sembong, Silahlik, Stéthodesme, Strophion, Surceinte, Tirador, Zona.
Ceinture à la gabienne (*cinctus gabinus*). La toge disposée de manière à former voile et ceinture.
Çainture, saincture; moyen âge. Le port de la ceinture était alors pour les femmes une marque honorable; elles l'ornaient d'or, d'argent, de perles, de pierres précieuses. Pendant les quatorzième et quinzième siècles, plusieurs édits royaux défendirent aux femmes de mauvaise vie d'en porter, mais celles-ci n'en usurpèrent pas moins la « ceinture dorée ». — *Demi-ceint.* La ceinture des bourgeoises du seizième siècle; elles y suspendaient leur bourse et leur miroir.

Ceinture orfévrie. — Costume masculin, commencement du quatorzième siècle. Espèce de boudin rembourré placé au-dessous des hanches, et sur la face extérieure duquel étaient cousues des plaques d'or ciselées, souvent avec accompagnement d'émaux et de pierreries. On y pendait la bourse et un poignard nommé *badelaire*. La ceinture orfévrie se portait aussi sur la cotte d'armes.

Ceinture de chevalerie. — Ceinture militaire que les chevaliers seuls avaient le droit de porter, et qui ne fut adoptée que vers 1340.

Ceinture à la tunisienne. — Costume oriental : pièce de soie ceignant les hanches et nouée sur le côté. C'est une parure que l'on rencontre également en Kabylie, où elle entre dans les atours féminins, 40, 157, 176, 177, 178, 180, 189, 211, 216, 217, 278, 328.

Ceinturon porte-giberne. — Infanterie française; dix-huitième siècle; règne de Louis XV, 342.

Cella, Cellæ. — Les chambres composant les bains romains.

Cella frigidaria. — Première salle de bain, 45.

Cella ostiarii. — Loge du portier; maison romaine, 33.

Cellæ vinariæ. — Magasins pour le vin, 33.

Celt. — Espèce de hache, 48-49, 50.

Celtibérienne ou **Espagnole** (Épée). — *Voir* Épée.

Cendal. — Étoffe de taffetas de couleurs unies et parfois rayées de deux ou trois nuances. — *Cendal tiercelin*, le plus épais; on peignait dessus des armoiries. — *Cendal à or battu*, celui recouvert de feuilles d'or découpées et collées sur l'étoffe au moyen d'un mordant; Europe, moyen âge, 200.

Cent-Suisses. — Compagnie d'infanterie d'élite faisant autrefois partie de la maison militaire des rois de France; institué par Charles VIII en 1496; 256.

Centurion (*centurio*). — Officier de l'armée romaine d'un rang inférieur à celui du tribun par qui il était nommé, 36-37.

Cervelière. — Coiffure de mailles ou de plaques de fer enveloppant exactement la partie supérieure du crâne, comme une calotte; Europe, moyen âge, 202, 217, 219.

Cestas. — Les paniers du Brésil, 77.

Chabinto. — Service de thé complet; Japon, 106.

Chabraque. — Ornement de selle importé en France par les hussards hongrois que Louis XIV enrégimenta vers 1692; 400.

Chachia ou **Chechia.** — Calotte de feutre de fabrication tunisienne, autour de laquelle on enroule un turban; coiffure en usage chez les peuples de l'Orient et du nord de l'Afrique, 70, 157, 158, 159, 160, 161, 163. *Voir* Fez, Tarbouch.

Chaconne. — Air de danse qui servait de final à un ballet ou à un opéra; née en Italie, la chaconne était fort en vogue, en France, sous les règnes de Louis XIV et de Louis XV. En 1693, on appela *chaconne* un long ruban qui fut ajouté au col de la chemise; ce ruban tombait plus bas que la cravate et flottait hors de l'habit, 351, 362.

Chaîne. — Insigne de chevalerie; marque d'honneur. — Parure à l'usage des deux sexes, sous les règnes de Louis XI et de Charles VIII; les riches seigneurs portaient de grosses chaînes aux lourds anneaux; ce luxe existait également chez les hommes d'armes. *Chaîne d'honneur, de grâce.* Europe, quinzième et seizième siècles, 221, 246, 247 et 248, 249 et 250, 251. *Voir* Collier, Patenôtre.

Chainse. — Tunique de dessous, à manches, faite de toile de lin ou de chanvre, et même de soie. Vers la fin du quatorzième siècle, le nom de *chainse* est remplacé par celui de robe-linge; France, moyen âge, 188.

Chaire (*chaière, chaise, forme, fourme*). — Siège fixe garni de bras et d'un haut dossier, exclusivement réservé au maître de la maison ou à l'étranger de distinction que l'on recevait. *Chaise curiale, Chaire épiscopale, Chaire seigneuriale.* Europe, moyen âge et seizième siècle, 190-191, 215, 227, 294, 298, 306.

Chaise. — Au dix-septième siècle, la chaire ou la chaise à haut dossier fut remplacée par le fauteuil, lequel devint la place d'honneur du chef de la famille. Ce que l'on appelle alors plus particulièrement la *chaise*, avait encore un dossier, mais était dépourvu de bras. Dans la hiérarchie des sièges, ce meuble occupait le rang immédiatement après le fauteuil; le pliant, le *placet* ou tabouret, et l'escabeau venaient ensuite. Europe, dix-septième et dix-huitième siècles, 305, 313, 315, 374.

Chaise curule (*sella curulis*, δίφρος ἀγκυλόπους); le siège des rois, puis celui des consuls, des préteurs, des édiles curules de la république, de tous les grands magistrats, y compris les sénateurs romains, 44, 181.

Chaise à porteurs (*sella gestatoria*, δίφρος κατάστεγος); celui qui l'occupait était assis et non couché, comme cela se faisait dans la litière (*lectica*); elle servait surtout aux femmes, ce qui lui fait donner aussi le nom de *sella muliebris*.

— Siège fermé et couvert dans lequel on se faisait porter par deux hommes ayant sur les épaules des bricoles qui soutenaient deux longs leviers placés sur les côtés de la chaise.

Chaises bleues, chaises de la maison du roi de France au service de la cour, et qui, en 1667, furent mises en régie pour être en même temps à la disposition du public; leurs porteurs avaient la livrée bleue. *Chaises dorées*, celles exclusivement affectées aux membres de la famille royale. Europe, dix-septième et dix-huitième siècles, 374, 396.

Chaises de poste; Angleterre, commencement du dix-neuvième siècle, 431.

Chakal. — Petit sac de peau enveloppant les parties sexuelles; Cafres; Afrique, 71.

Châle, Schall. — Longue pièce d'étoffe du Levant dont les Orientaux s'enveloppent la tête et qui entre aussi, de diverses manières, dans leurs vêtements, soit comme écharpe, soit comme ceinture; les châles les plus renommés sont ceux de l'Inde. En Europe, et plus particulièrement en France depuis la fin du dix-huitième siècle, le châle est devenu une pièce importante du costume féminin; il consiste en une pièce d'étoffe longue ou carrée, ornée dans le genre des tissus orientaux, que les femmes portent sur les épaules, 122, 123, 137, 169, 170, 175, 176, 177, 180, 406, 407, 408-409.

Chaleco. — Le gilet brodé des *toreros* espagnols, 470 et 471.

Châli. — Tissu confectionné avec le poil de la chèvre; Turquie, 176.

Châlong. — Tissu suédois, espèce de tapis rayé; 412.

Chalumeau (*chalemie, chalemelle, chalemiau*). — Instrument à vent de haute antiquité, primitivement composé d'un roseau ou d'une écorce de branche d'arbre dont le bois a été extrait. Le chalumeau du moyen âge est garni d'une anche et percé de trous permettant d'obtenir plusieurs notes; 192. *Voir* Syrinx, Fistula.

Chalwar. — Pantalon large, flottant; Turquie, 169, 170, 175, 176. 177, 178, 179, 180, 402, 464. *Voir* Potour.

Chamarre. — Veste très ample, formée de bandes d'étoffes réunies par des galons; costume masculin; France, seizième siècle, 274. *Voir* Mandille.

Chambre d'honneur, du lit, de parade, des parements. — Pièce du château ou de la maison seigneuriale où se faisaient les grandes réceptions; France, moyen âge, seizième et dix-septième siècles, 293, 344-345, 347.

Chambre à coucher. — Europe, dix-septième siècle, 313 et 314, 318-319, 322.

Chancelière (boucles de cheveux à la). — Toilette féminine; France 1786; 391-392.

Chandelier. — Porte-lumière. Ce mot signifiait aussi candélabre, porte-bougie ou porte-chandelle, porte-lampe, etc. Les termes qui servent à désigner cet objet sont nombreux : *tortis, torche, chandélabre, flambiau, cierge, etc.*

Chandelier à platine. — Celui composé d'un plateau circulaire surmonté d'une longue pointe sur laquelle on fichait le cierge de cire; ce n'est guère qu'au quatorzième siècle que la pointe est remplacée par une douille. 200, 322, 376.

Chanfrein. — Harnais du cheval, pièce de fer qui garantit le front, l'entre-deux des yeux et les narines de la bête. Il ne paraît pas que les chevaux fussent armés avant la fin du treizième siècle; Europe, moyen âge et seizième siècle; Japon; 96-97, 220, 221, 261.

Chanoine. — Membre du chapitre d'une église cathédrale ou collégiale. *Chanoine régulier*, celui qui faisait des vœux et vivait en communauté, 147, 188, 284.

Chaparreros. — Espèces de houseaux allant en s'élargissant sur la chaussure qu'ils couvrent complètement; Mexique, 79.

Chape. — Synonyme de *cape*, vêtement sacerdotal; manteau muni, à l'origine, d'un capuchon. On en usait surtout pour les processions lointaines, afin de pouvoir se garantir de la pluie; de là le nom de *pluvial* qui lui est aussi donné; — (*bille de*), grosse broche qui maintenait la chape; Europe, moyen âge et seizième siècle, 197, 198, 200, 284.

Chapeau (*capel, chapel, chapelet, chapriau, couvre-chef*). — Le mot *chapel*, au moyen âge, a d'abord désigné les couronnes de métal ou de fleurs considérées comme couvre-chefs. Des fabricants de chapels de fleurs est venu le nom de *chapeliers*, donné aux faiseurs de chapeaux d'hommes. En France, c'est sous le règne de Charles VI que l'on voit les chapeaux succéder aux chaperons. Ils commencèrent à être en usage à la campagne, puis à la ville, mais seulement les jours de pluie. La mode d'alors leur donne des formes pointues, rondes, cylindriques; quelques-uns n'ont presque pas de bords. Une infinité d'agréments y prennent place : plumes, houppes, *branlants, affiques*, cercles d'orfèvrerie, etc. *Chapel à bec, conique, hémisphérique, orfévri*; Europe, moyen âge, 209, 210, 211, 212, 214, 216, 221, 222, 253.

Chapel de fer (*chapeline, hanepier, chapel de Montauban*). — Coiffure militaire. Espèce de cervelière avec bord plus ou moins saillant autour du crâne. Au commencement du quinzième siècle, la visière du chapel est percée de deux trous, pour permettre de voir en abaissant cette coiffure sur le visage; ce chapel prend alors le nom de *chapel de Montauban*. — *Chapel de heaume*, coiffure posée sur le heaume de tournoi et ayant pour objet de préserver ce casque des rayons du soleil; Europe, moyen âge et seizième siècle, 202, 217, 219, 220, 301.

Chapeau à l'Albanaise. — Coiffure des Estradiots ou Albanais incorporés dans l'armée française, puis celle des « catholiques zélés » du temps de la Ligue. — *Chapeau français* ou *à la Henri IV*, castor de forme basse et à larges bords; — *chapeau à la Huguenote*, coiffure de feutre aux bords splatis. — Europe, seizième siècle, 255, 283, 285. *Voir* Sombrero.

Chapeau à l'espagnole, en cuvette renversée. — Modes féminines du seizième siècle, 266, 280.

Feutre à la Bassompierre, Castor à la cordelière. — Chapeaux à larges ailes et empanachés, portés par les élégants du temps de Louis XIII; Europe, dix-septième siècle, 321, 326, 327, 336.

Chapeau empanaché ou *à plumes, à trois gouttières*, c'est-à-dire à bords triangulaires; époque de Louis XIV, 340, 342, 343, 344-345, 349, 351, 352, 360, 364. *Voir* Tricorne.

Chapeau à l'anglaise, à la duchesse, d'un nouveau-goût, du héron, à la Malborough, à la Maltaise, au Palais-Royal, à la Tarare, à la Théodore, au transparent, Chapeaux-bonnettes; modes féminines de l'époque Louis XVI; France, fin du dix-huitième siècle, 390, 391-392, 398.

Chapeau à l'Andromane, à l'Anglaise, en jockey, à la Suisse. Chapeaux-claques à la Russe, à Vintimille. Coiffures masculines du règne de Louis XVI et de l'époque du Consulat; France, fin du dix-huitième siècle et commencement du dix-neuvième, 391-392, 405, 408-409.

Chapelet. — Diadème ou ruban servant à maintenir les cheveux; parure masculine; treizième et quatorzième siècles, 209. — Chapelet de bois pour la prière; Kabylie, 154.

Chapeo de sol. — Parasol; Portugal, 482.

Chaperon (*cappron*). — A l'origine, une petite cape, une aumusse qui, par suite des transformations de la mode devint un bonnet. C'est au commencement du quatorzième siècle que la mode des chaperons est générale chez les nobles et les bourgeois; pendant les guerres civiles de cette époque, leur couleur eut une signification politique. Cette coiffure fit place au bonnet et au chapeau vers 1449.

Chaperon à cornette, à patte. — Longue bande d'étoffe roulée autour de la tête et retombant sur l'épaule; le bout de la partie roulée que l'on retroussait sur la tête, était appelée *patte*; la partie retombante se nommait *cornette*. Le chaperon à cornette était une des marques de la dignité de docteur, et, au quinzième siècle, régnait encore concurremment avec la barrette et le bonnet.

Chaperon à bonnet, celui qui formait turban et n'avait pas de partie pendante.

Chaperon embronché, costume de deuil; capuchon dont la coiffe s'avançait de manière à cacher le visage, 202, 206, 210, 211, 212, 214, 215, 221, 223, 241-242, 269, 286.

Chaperon féminin. — Les dames portaient cette coiffure en manière d'aumusse, ou comme la capeline actuelle. — *Chaperon à templette*, celui garni d'un tour de visage qui est la *templette* proprement dite; la *coiffe* était l'espèce de béguin que l'on mettait dessous. — *Chaperon à la française*, réduction de l'antique chaperon. — Europe, moyen âge, seizième et dix-septième siècles, 213, 245, 246, 247 et 248, 249 et 250, 251, 264, 265, 266, 268, 269, 273, 274, 278, 283, 328 329.

Chapô. — Espèce de chape, Arméniennes; Turquie, 180.

Char, Chariot. — Mot qui, dans l'antiquité, sert à désigner diverses sortes de voitures employées soit pour combattre, soit pour participer à des courses de vitesse, soit encore pour figurer dans des cérémonies religieuses et profanes; 1, 2, 11 et 12, 16, 29. *Voir* Arma, Bige, Quadrige, Trige.

Chariot à faux et à éperon; Gaulois, 56-57.

Char ou *chariot branlant*; moyen de transport du moyen âge, 216, 310.

Charlakana-mossa. — Bonnet féminin; Suède, 413.

Charmes de la Liberté (coiffure aux). — Modes féminines; France, époque Louis XVI, 388.

Charo ou **Scharo.** — Coiffure des jours de fête; chefs Camacans; Amérique du Sud, 76.

Charpenterie. — Assemblage de madriers, espèces d'affûts dans lesquels on encastrait les bombardes; artillerie française du moyen âge, 220.

Charpentiers de la petite coygnée; nom que l'on donne aux *huchiers* du moyen âge, 316.

Chasseurs à cheval, à pied. — (Armée française) Institution qui date de 1776 : un escadron de chasseurs à cheval fut affecté à chaque régiment de dragons; des chasseurs à pied furent introduits dans les bataillons d'infanterie. Ces derniers donnèrent lieu à la création de régiments d'infanterie légère, 400.

Charros salamanquinos. — Fermiers de la province de Salamanque; Espagne, 472.

Chartres (garniture à la). — Les volants de la robe *à la circassienne*; modes féminines de l'époque Louis XVI; France, 389.

Chasuble (de *casula*, petite case ou demeure). — Vêtement sacerdotal consistant, au moyen âge, en une longue robe sans manches et sans autre ouverture que celle par où le prêtre passait la tête. — A dater du treizième siècle, la forme de la chasuble commença à se modifier, pour en arriver insensiblement à celle qui la caractérise de nos jours, 181, 182, 193, 194. *Voir* PHENOLIUM.

Châtelaine. — Bijou de ceinture servant à la suspension de la montre; Europe, dix-huitième siècle, 380.

Chauffe-doux. — Espèce de poêle, appareil de la famille des *braseros* espagnols. — *Chauffe-pieds*, chaufferette en bois. — Europe, moyen âge, seizième et dix-septième siècles, 236, 318-319.

Chaupal. — Palanquin des mariages, des processions, et en général des grandes cérémonies; Inde, 125.

Chausses. — C'est à la fin du quinzième siècle que les braies furent remplacées par les chausses, pantalon collant auquel, au moyen d'aiguillettes, était attaché le pourpoint. — *Chausses semelées*, celles qui dispensaient de mettre des souliers. — 205, 206, 210, 211, 212, 213, 214, 215, 222, 238 233.

Chausses ou *braies de mailles*; vêtement adopté pendant la première moitié du quatorzième siècle. — L'armure des jambes ne se compose encore, à cette époque, que des grèves; mais, dès qu'elle se complète de la molletière et des cuissots, les chausses de mailles disparaissent et sont remplacées par des chausses de peau avec partie de mailles au défaut des jarrets, 202, 203, 204, 207 et 208, 209.

Chausses (Haut-de-). — A la fin du quinzième siècle, le haut-de-chausses est un caleçon court garni d'une brayette; il prend de l'ampleur sous François Ier et devient, à la fin du seizième siècle, une espèce de bourrelet taillade qui, dans la suite, s'affaisse et s'allonge jusqu'au-dessus du genou; ce sont alors les *canons* du milieu du dix-septième siècle. A la brayette, se substitue la *petite-oie* de rubans. Les canons disparaissent dans la seconde moitié du règne de Louis XIV et la culotte les remplace. — *Haut-de-chausses en bourse*, celui qui allait en s'élargissant vers le bas; France, seizième siècle; — *à chiquetades*, haut-de-chausses taillade (il y avait la *grande* et la *petite chiquetade*), France, seizième et dix-septième siècles.

Bas-de-chausses, partie des chausses enveloppant la jambe et le pied; ce que l'on appelle, en termes abrégés, les *bas*, 254, 255, 256, 257, 266, 267, 268, 269, 270, 271, 272, 273 274, 275, 278, 280, 283, 285, 289, 301, 311. *Voir* CANON, CULOTTE, GRÈGUE, PANTALON, RHINGRAVE, TROUSSE.

Chebka. — Nom que porte l'ensemble de la parure chez les femmes du Sahara algérien; Afrique, 165.

Chechia. — *Voir* CHACHIA.

Chef-d'argent. — Ruban entrant dans l'arrangement de la coiffure *à l'antique*; modes féminines; France, Consulat, 408-409.

Chelana. — Pantalon; Malais; Océanie, 63-64. *Voir* SARRONG.

Chelauk. — Le *Berrani* qui exerce le métier de charbonnier ou celui de manœuvre; Algérie, 163.

Cheloulha. — Chemise de laine; femmes Kabyles, 160 et 161.

Cheminée. — Architecture intérieure. La construction des véritables cheminées ne date guère que de la fin du treizième siècle; elles étaient larges et hautes, afin qu'une famille pût s'y tenir. Le blason peint et sculpté, la statuaire, décoraient le devant de ces cheminées à l'ornementation desquelles contribua toute la richesse de l'architecture du moyen âge. Les grandes proportions des cheminées se perdirent au dix-septième siècle, époque où la fabrication des glaces d'appartement commença à se développer, 190-191, 232, 235, 236, 245, 290 et 291, 292, 299, 302-303, 312, 322, 348, 356-357, 377, 378, 393.

Chemise. — *Voir* CHAINSE.
(*Robe en*). — *Chemise à la grecque*. — Robes de déshabillé; modes féminines; France, époque Louis XVI, 391-392, 398. *Voir* ANGARKAR, BECHONDJUK, CHELOULHA, COURTAH, DERBAL, DJABOLI, GANDOURA.

Chemsé. — Pièce de coton pliée carrément sur la tête; coiffure des musulmanes des environs de la Mecque, 139.

Chenets (*chiennets*). — Ustensiles de cheminée presque toujours en fer; ceux du seizième siècle étaient parfois de véritables chefs-d'œuvre de sculpture, 292.

Cheval (grand). — Cheval de tournoi; Europe, moyen âge, 222.

Chevaleresque (armure dite). — L'armure complète du quinzième siècle, 254.

Chevalier. — Nom donné, au moyen âge, au noble qui avait reçu l'ordre de chevalerie. Dès le temps de saint Louis, on distingua les *chevaliers de noblesse* et les *chevaliers de robe ou ès lois*. Au seizième siècle, où le titre de chevalier fut conféré même à ceux qui étaient simplement revêtus d'emplois civils, il devint synonyme de *noble*, et fut le signe d'une distinction quelconque, 201, 202, 203, 204, 205, 206, 207, 208, 209, 210, 216, 217, 218, 221, 222, 253, 254, 258, 260, 261, 324, 325, 328, 364. *Voir* BACHELIER, BANNERET (CHEVALIER), PAGE.

Chevaliers de la noce, les jeunes gens qui accompagnent et protègent le cortège nuptial; Norvège, 413.

Chevau-légers. — Ce mot désigna d'abord toute espèce de cavalerie légère, puis fut appliqué, sous Louis XII, à des compagnies spéciales montées sur des courtauds et armés à la légère. Henri IV forma les *chevau-légers du roi*; Louis XIII les enrégimenta en cavalerie de ligne, et leur enleva le nom de chevau-légers qui ne fut conservé que dans la maison du roi pour une compagnie de 150 hommes environ, tous nobles; France, dix-septième et dix-huitième siècles, 353.

Chevelure à la comète. — Les cheveux séparés vers l'occiput et ramenés en mèches inégales sur l'une et l'autre épaule; coiffure des hommes; France, époque de Louis XIII, 337, 326. *Voir* CADENETTE, MOUSTACHE.
Cheveux en cadenette. — Cheveux tombant droit sur le front et coupés horizontalement au-dessus du sourcil; France, quinzième et seizième siècles, 247 et 248.
Cheveux à la provençale, c'est-à-dire ras sur le dessus de la tête, touffus derrière et sur les côtés; France, onzième siècle, 188.
Cheveux tirés. — Garniture de cheveux ajoutés à certaines toques de la fin du quinzième siècle pour donner une chevelure fournie aux hommes qui s'en coiffaient; Europe, quinzième-seizième siècle, 238.
Cheveux blanc agate, blanc de lait, blanc fond-jaune, quart blanc, châtain, châtain clair, châtain brun, gris de Maure, noir, petit noir, noir jais. Nuances de perruques à l'usage des hommes; France, règne de Louis XIV, 351.

Chibouk, Tchibouk. — La pipe ordinaire; Orient, 142, 144, 176, 177, 179.

Chieftain, Laird. — Seigneur écossais, chef de clan; 425 et 426.

Chien-manchon. — Le petit chien favori que les femmes tenaient dans leur manchon; Europe, dix-septième siècle, 389.

Chi-Fou. — Concubines impériales du troisième rang; Chine, 86. *Voir* FOU-GIN, PIN, YU-NU.

Chignon. — Nom donné à la perruque féminine; France, dix-huitième siècle. — *Chignon plein*, celui monté comme la perruque à *oreilles des hommes*, 397. — *Chignon en dessous, en poire*; coiffures en cheveux; dames de l'époque de Louis XV, 391-392, 398, 405.

Chintyan. — Robe d'indienne des fellahines; Égypte, 160 et 161.

Chipot. — Siège que l'on introduit sous le manteau de la cheminée; mobilier rustique de la Bretagne, 499-500.

Chiquetade. — *Voir* TAILLADE.

Chiravaris. — Pantalon large; Russie, 445.

Chiripa. — Pièce d'étoffe tenant lieu de pantalon; Gauchos; Amérique du Sud, 77.

Chiton (χιτών). — Tunique de laine ou de lin. — *Chitonisque* (χιτωνίσκος) ou *Cypassis*, tunique courte et étroite, réduction du *chiton*; Grec, 18, 20, 24. *Voir* PODÈRE, TUNICA TALARIS.

Chlæne (χλαῖνα). — Manteau parfois doublé pour garantir du froid; son ampleur le rendait propre à servir aussi de couverture pour la nuit. — *Chlanidion, chlaniscos, chlanis*; manteaux de femmes, chlænes courtes et légères; Grec, 15, 17, 20. — Modes féminines; France, Consulat, 406.

Chlamyde, *chlamyda, chlamys* (χλαμύς) ou *Ephestride*. — Manteau léger et court, vêtement de cheval des jeunes gens d'Athènes. — Vêtement militaire des Grecs adopté par les Romains; il était quadrangulaire et s'attachait sur l'épaule droite. — *Chlamydion, chlamydula*; chlamydes réduites, 15, 17, 20, 25-26, 40, 183, 193, 209.

Chochocol. — Cruche de fortes dimensions que l'*aguador* mexicain porte à dos, 79.

Choli. — La petite jaquette à manches courtes des femmes indoues, 123, 124, 129, 132, 130.

Chouba (*szuba*). — Pardessus d'origine turque; Pologne, 451, 452.

Choures. — Éventails en plumes de paon; Inde, 110.

Chulos ou **Capeadores.** — *Toreros* espagnols, 470 et 471.

Chupen. — Veste de dessus, sans manches; Bretagne, 497.

Cidaris. — Coiffure persane en feutre et de forme conique. La *cidaris* était aussi une coiffure arménienne, 141.

Ciel. — Le haut d'un lit, d'un carrosse, 210, 227, 230, 232, 203. *Voir* DAIS.

Cimier. — La partie supérieure du casque, ornée d'aigrettes, de plumes, de crins, etc. — En terme de blason, le cimier est tout objet posé sur le timbre du casque qui surmonte les armoiries, 16, 17, 25-26, 36-37, 48-49, 56-67 202, 205, 206, 217, 219.

Cinctorium. — Ceinturon des officiers romains; 34, 36-37.
Cinctus gabinus. — *Voir* CEINTURE À LA GABIENNE.

Cingatoria. — Ceinture de laine des femmes valaques, 458 et 460.
Cingulum (ταινία). — Ceinturon de soldat fait de métal ou de cuir plaqué de métal; Grecs et Romains, 25-26 34, 36-37.

Cinnamominum. — Parfum en usage dans les bains romains, 45.

Ciogni. — Nom que les anciens Araucaniens donnaient au *poncho*; Amérique du Sud, 78.

Circassienne (robe à la). — Modes féminines; France, règne de Louis XVI, 389.

Ciseaux (*cisiax, chisel, cisailles, cisel, escherpie, force, forcesses, forcettes, forghes, forseilles, fort, sistres*). — Les ciseaux à deux branches tranchantes réunies par un axe et terminées par deux anneaux dans lesquels on passe les doigts, étaient déjà en usage, au dixième siècle; Europe, 399.

Cisme ou **Ciobote.** — Chaussure valaque, 458 et 459.

Cisterciennes (religieuses). — Celles appartenant à l'ordre de Cîteaux ou des Cisterciens, fondé en France, vers 1098 par saint Robert, abbé de Molesmes. Pologne, treizième et quatorzième siècles, 443.

Cistre. — Instrument à cordes pincées, et de forme triangulaire; on le posait sur la poitrine; Europe, du douzième au treizième siècle, 192.
Citole ou *cuitole*. — Réduction du cistre.

Cithare (*cithara*, κιθάρα, κίθαρις). — Instrument à cordes; au moyen âge, la cithare semble se confondre avec la *rote* ou *rotte*, instrument à cordes frappées ou pincées ayant primitivement la forme du Δ grec. — *Cithara anglica*, nom donné à la harpe du neuvième siècle; antiquité et moyen âge, 22, 43, 192.

Citole. — *Voir* CISTRE.

Civis inquilinus. — Loueur en garni; Romains, 33.

Claft. — *Voir* KLAFT.

Claidheamb. — Épée écossaise, 426. *Voir* CLAYMORE.

Clairon (*clarion, claro, claroins, clarain*). — Trompette à tube étroit et dont le son est aigu et perçant; Europe, moyen âge, 192.

Clan. — De l'écossais *Klaan*, race, famille. Nom donné aux tribus des montagnes de l'Écosse, dont les membres croyaient descendre du même ancêtre que leur chef, 425 et 426, 427. *Voir* CHIEFTAIN ou LAIRD.

Clarine. — Joueur de clarinette; Espagne, 460.

Clavain. — Pèlerine de mailles; France, quinzième siècle, 210.

Clave (*clavus*). — Bandes d'étoffes de couleurs différentes du fond, appliquées sur les vêtements soit comme ornements, soit comme marque de distinction; Romains. — Insigne des empereurs byzantins, 40, 181, 182, 183. *Voir* ANGUSTICLAVE, LATICLAVE.
— *Clavi caligares*, clous très fort dont la semelle de la *caliga* était garnie. — *Clavarium*; distribution gratuite de clous que les empereurs faisaient aux soldats pour la garniture de leur *caliga*. — *Clavata*; nom donné à la caliga munie de *clavi*. — Romains, 47.

Clavecin (*clavicembalum*). — L'invention du clavecin et ses premiers essais remontent au quinzième siècle; c'était alors un petit instrument ayant trois octaves et une tierce, 192. *Voir* CLAVICORDE.

Clavicorde. — Instrument à cordes de laiton frappées par des petites lames de métal; sa forme était celle d'une caisse oblongue et rectangle; on le posait sur une table. Europe, moyen âge, 192.

Clavier. — Longue chaîne d'argent à laquelle les *paysannes* de Bordeaux, suspendaient leurs ciseaux, leurs clés, leurs pelotes, etc.; France, commencement du dix-neuvième siècle, 485.

Claymore. — Épée écossaise, 425 et 426, 427. *Voir* CLAIDH.

Cléopâtre. — Grosse pierre bleuâtre ornant les pendants d'oreilles; parure féminine; France, époque Louis XVI, 391-392, 398. *Voir* MIRZA.

Cliabh. — La garde en forme de panier de la claymore; Écosse 425 et 426.

Clipeus. — Bouclier grec. *Voir* ASPIS.
— Bouclier de petites dimensions et orné du portrait d'une divinité ou d'un personnage important; les enseignes de l'armée romaine étaient surmontées de plusieurs *clipei*. 33, 36-37.
— Appareil employé pour régler la température du *laconicum* ou bain de vapeur; il consistait en un disque de métal placé dans une ouverture du plafond, et qu'on levait ou qu'on abaissait à volonté; Romains, 45.

Cliquet. — Porte-cuillers suspendu, comme un lustre, au milieu de la chambre; maisons rustiques de la Bretagne, 499-500.

Clismos. — Siège à dossier; antiquité, 33.

Clistérique (petit manteau à la). — Manteau court coupé à l'espagnole; on le nommait aussi *frisque mantelin*. France, seizième et dix-septième siècles, 328.

Cloche. — Long manteau dont l'ouverture était par devant; Europe, quatorzième siècle, 208. *Voir* Tintinnabulum.

Clogaid. — Casque écossais, 425 et 426.

Closier. — Vendangeur; paysans français du moyen âge, 209.

Clôtet. — Sorte d'alcôve ou de cabinet clos par des tapisseries; Europe, moyen âge, 185.

Clunaculum. — Poignard placé dans la ceinture du légionnaire romain, 34. *Voir* Parazonium.

Cnémide (κνημίς). — Pièce d'armure couvrant le tibia jusqu'un peu au-dessous du genou; Grecs et Romains, 15, 16, 25-26, 36-37. *Voir* Ocrea.

Cocarde. — Insigne militaire porté au chapeau. La cocarde fut longtemps un nœud de ruban de couleurs indéterminées. *Cocarde tricolore.* France, dix-septième et dix-huitième siècles, 342, 343, 381, 382, 383, 384, 385, 386, 387, 400.

Cocarde de Sainte Anne d'Auray. — Bretagne, 497.

Cocoos. — *Voir* Pourpoint.

Cochal. — Long manteau à capuchon; Offaulhs [?] irlandais, 425 et 426.

Cocie. — Morceau de peau rattaché avec des bandelettes, espèce de carbatine formant la chaussure des montagnards des provinces romaines; Italie. — *Cociare*, nom donné aux montagnards chaussés de *cocie*, 467. *Voir* Scarpes.

Coffin. — Nom désignant la cartouche en bois ou en cuir contenant un coup de poudre, que les mousquetaires suspendaient à leurs bandoulières. Armée française, dix-septième siècle, 343.
— *à rouptes*; le masque des dames du seizième siècle, 273. *Voir* Touret de nez.

Coffre. — Nom donné dans la suite au bahut primitif, celui qui, renfermant les hardes, était transporté à la suite du seigneur, en voyage ou dans quelque expédition lointaine. Le nom de *bahut* fut conservé au coffre jusqu'à la fin du quinzième siècle. Europe, moyen âge, 190-191. *Voir* Bahut, Huche.

Coffre de mariage. — Meuble destiné à contenir tous les menus objets de la toilette des dames; il faisait quelquefois partie de l'apport de la mariée, Europe, moyen âge et seizième siècle, 233, 293. *Voir* Arca.

Coffret. — Petit coffre parfois en ivoire, en argent ou même en or. On y renfermait des bijoux de prix, des titres. En voyage, ils étaient confiés à la garde des écuyers, 230, 231, 233.

Cohanim. — Prêtre israélite, 13.

Cohorte (*cohors*). — Dixième partie de la légion romaine, 35.

Coiffe. — Bonnet de toile, de laine ou de soie, juste à la tête, que les nobles, les bourgeois, les gens de métier du moyen âge portaient sous le chaperon, et les hommes d'armes sous le heaume; 219, 223.
— *Les femmes portaient des coiffes sous les hautes coiffures du quatorzième et du quinzième siècle*; à la fin de cette dernière époque, la coiffe consiste en un petit béguin ou calot. Au dix-septième siècle, les femmes du peuple et les servantes portent la coiffe garnie du *bavolet*, 213, 246, 247 et 248, 322, 336, 338 et 339, 484, 485. *Voir* Bigouden, Cornette, Dormeuse.

Coiffe de réseau. — Celle dont le devant est relevé en diadème, les côtés formant *templettes*; Europe, seizième et dix-septième siècles, 280.

Coiffe frisée ou cabriole. — Coiffure des Sablaises; Bretagne, 498.

Coins. — Portions de perruques que l'on introduisait dans la chevelure naturelle pour la fournir; hommes de l'époque Louis XIII. France, dix-septième siècle, 327.
— (bas à); Europe; dix-septième et dix-huitième siècles, 392.

Col en rotonde. — Col de gaze empesée et à armature d'archal; France, époques Henri IV et Louis XIII, 311, 327, 338.

Col vidé. — Col rabattu à l'usage des hommes; France seizième et dix-septième siècles, 326.

Collerette en éventail. — Celle qui s'élevait de l'encolure de la robe; elle était à un seul rang et soutenue par un appareil en fil d'archal. Dames du seizième siècle; Europe, 275, 276 et 277, 289, 311.

Collerette en rabat. — Hommes; seizième et dix-septième siècle, 311.

Collerettes à tuyaux. — Dames du seizième siècle, 275 et 277. *Voir* Fraise, Rabat.

Coleta. — Petite tresse de cheveux; coiffure des *toreros*. Espagne, 470 et 471.

Coletos. — Le pourpoint galicien; Espagne, 476.

Colinette (*cornisole en*). — Modes féminines; France, règne de Louis XVI, 389, 391-392.

Colisée (coiffure au). — Dames de l'époque de Louis XVI, 390.

Collerette. — *Voir* Col.

Collet. — Partie du vêtement qui entoure le cou. *Voir* Yaka.
— Nom donné, sous Henri IV, à la cape écourtée. *Voir* Manteau.
— (*petit*), surnom désignant les abbés mondains du dix-septième siècle, porteurs du manteau à petit collet; France, époque Louis XIV, 352, 354.

Colletin. — Pièce de l'armure de plates qui couvre le cou et à laquelle s'attache souvent la bavière; France, moyen âge, 216, 219, 253.

Collier (*monile*, μάννος). — Objet de parure ou marque de distinction. 1, 3, 4, 20, 21, 25-26, 31, 36-37, 48-49, 51, 53, 55, 56-57, 60-61, 63-64, 65, 66, 67-68, 70, 71, 72, 73, 91, 110, 111, 112, 113, 114, 115, 116, 117-118, 122, 123, 124, 125, 126, 127, 128, 129, 139, 140, 154, 158, 166, 170, 176, 177, 178, 180, 210, 211, 212, 243, 264, 265, 266, 267, 268, 273, 274, 276 et 277, 278, 279, 287, 288, 328, 330, 340, 341, 353, 354, 355, 369, 388, 417, 421, 423, 441, 442, 445, 462, 463, 468, 472, 483, 487, 489. *Voir* Biard-koraal, Carcan, Cannac, Deraia, Esclavage de perles, Egide, Guerdanlik, Hormos, Hypoparides, Isthmia, Malla, Maschalistères, Monile, Orge, Peridraia, Peritrachelia, Taïtoun, Tharath, Torques.

Collier de chevalerie. — 222, 223, 224, 253, 254, 301, 387, 425.

Collier orfèvri. — France, moyen âge, 210.

Colobium. — Tunique à manches courtes et l'un des vêtements les plus usités dans les villes romaines, 40.

Colonel (*coulonnel, couronnel*). — L'officier supérieur qui commande un régiment; les rois instituèrent aussi les titres de *colonel général de l'infanterie, de la cavalerie, des Suisses et Grisons, des dragons, des hussards*, etc. France, seizième, dix-septième et dix-huitième siècles, 301, 381, 385.

Colonel-général (régiment). — Le premier de la cavalerie française; fondé en 1635, il était le seul qui eût douze compagnies formant trois escadrons. France, dix-septième et dix-huitième siècles, 381, 382.

Colonelle (*compagnie*). — La première compagnie d'un régiment; elle n'avait pas d'autre capitaine que le colonel. 361.

Combats à la foule. — *Voir* Tournoi.

Comboye. — Pièce d'étoffe enroulée autour des hanches et qui, en tombant, affecte la forme d'un jupon; Cinghalais, 182, 183.

Comète. — *Voir* Chevelure a la comète.

Commerbund. — La ceinture des *bohis*, porteurs de palanquins; Inde, 124.

Commissaire à la conduite. — Celui chargé de recevoir le serment de fidélité à la personne du souverain des officiers et des soldats appartenant à la gendarmerie du roi; France, dix-huitième siècle, 383.

Commode. — Mot désignant l'édifice entier de la coiffure, *à la Fontange*; modes féminines; France, dix-septième siècle, 353.

Commodité (robe à la). — Toilette féminine; France époque Louis XIII, 328, 329.

Compagnie. — Division du bataillon ou de l'escadron; autrefois, ce mot s'appliquait aussi aux corps de troupes dont le chef avait le titre de capitaine, quel que fût le nombre d'hommes.

Compagnie-colonelle. — *Voir* Colonel.

Compagnies d'ordonnance. — Corps de cavalerie organisés par Charles VII; France, quinzième siècle, 218.

Compagnies des princes, du roi. — Gendarmerie de France; dix-huitième siècle, 383.

Compedes. — Anneaux de cheville; antiquité, 31. *Voir* Periscelides.

Compluvium. — Large ouverture carrée, pratiquée au centre du toit de l'atrium de la maison romaine, qui rejetait dans l'*impluvium* l'eau du comble en appentis couvrant le *cavædium*; 33.

Concordia. — Enseigne militaire surmontée d'une main; Romains, 35, 36-37.

Condottiere. — Nom donné à des aventuriers italiens du quinzième siècle; ils louaient leurs services à qui les payait le mieux, 238.

Coniopodes (κονιόποδες). — Chaussures d'intérieur; Grecs, 47.

Connétablie. — Ancienne juridiction dont le connétable du royaume était le chef, et qui subsista après la suppression de la charge de connétable; France, 381.

Conseillère (cheveux pendant derrière, à la). — Modes féminines; France, époque Louis XVI, 391-392.

Considérations. — Les petits *paniers* que l'on portait le matin; dames de l'époque de Louis XV. France, dix-huitième siècle, 367.

Consul. — L'un des deux magistrats qui détenaient le pouvoir civil et militaire pendant la république romaine. Sous l'empire, le rôle des consuls se borna aux affaires d'administration intérieure; il devint purement honorifique, à l'époque du bas empire, 181.

Contadini. — Paysans italiens, 467.

Contenance. — Les miroirs, les flacons à parfums, les cachets, les clés, les éventails, etc., suspendus à la ceinture et que les dames tenaient à la main pour se donner une *contenance*; France, seizième siècle, 264, 266, 267, 269, 276 et 277. *Voir* Ceint (demi-), Patenôtre, Postes.

Contus (κοντός). — Pique de cavalerie longue et pesante; Grecs, 25-26.

Coolie. — Porteur japonais. *Coolie* ou *couli* dérive de *Koli*, habitants du Guzerate méridional, gens de travail, dont le nom a été attribué à tous les émigrants indous et chinois transportés dans les diverses parties du monde, 106.

Copon. — Tampon de bois à l'aide duquel on refoulait la poudre dans la chambre des premiers canons; artillerie française du moyen âge, 220.

Coqueluchon. — Espèce de cape munie d'un capuchon dames bourgeoises du dix-huitième siècle; France, 373.

Coquille ou **Cale.** — Coiffure ronde enveloppant étroitement la tête; modes féminines. France, seizième siècle, 292.
— (*Moustache à*). — Moustaches à pointes retroussées et bouclées; Europe, dix-septième siècle, 340, 361. *Voir* Bigotère.

Cor (*cornu*). — Instrument à vent de forme circulaire.

Cor de pin ou des Alpes (*Alp-horn*). — Le porte-voix des pâtres suisses.

Cor sarrasinois. — Nom que l'on donnait à l'oliphant du moyen âge.

Corne, cornet (*cor d'ivoire, olifant, trompe de chasse*). — Les premiers cornets du moyen âge étaient faits avec des cornes d'animaux; on les portait en bandoulière, 43, 199, 201. *Voir* Olifant.

Cornemuse (*tibia utricularis*). — Instrument à vent propre à la musique champêtre, composé d'une outre gonflée et d'un ou plusieurs tuyaux; 43, 192, 425 et 426, 468, 475, 499-500. *Voir* Gaitero gallego, Kerniad, Pifferaro, Piper.

Corner l'eau. — Au moyen âge, le moment du repas s'annonçait au son du cor ou de la corne, ce qui s'appelait *corner l'eau*, parce qu'avant de s'asseoir, les convives se lavaient les mains dans le bassin que leur présentaient les valets; 216.

Cornicen. — Le joueur de cor, chez les Romains, 43.

Cornes. — Frisons formant des pointes *en cornes*; coiffure féminine; Italie, seizième siècle, 289.

Cornette. — Étendard militaire consistant en une bande de taffetas portée au bout de la lance; c'était l'enseigne de tout corps de cavalerie, surtout de cavalerie légère; l'officier à qui elle était confiée s'appelait *cornette*; Europe, moyen âge, seizième et dix-septième siècles, 224-226.

Cornette posée sur le chapel de fer : enseigne des Français pendant la guerre de cent ans; commencement du quinzième siècle, 217.

Cornette blanche. — Étendard du régiment *Colonel-Général*, armée française, 381.
— La partie non pendante du chaperon; l'extrémité en évidence sur le haut de la coiffure. La cornette était dite *à la coquarde*, lorsque le bord en était dentelé ou à *crête de coq*. Europe, moyen âge, 210, 211, 212, 221.
— Les pattes pendantes du bonnet *à la Fontange*; modes féminines; France, dix-septième siècle, 354, 355.
— Nom donné aux bonnets de négligé; sous Louis XIV, la cornette consistait en un petit bonnet de dentelle dont les barbes en pointe retombaient par devant jusqu'à la ceinture. France, dix-septième et dix-huitième siècles, 367, 371 373.

Cornicen. — *Voir* Cor.

Corno. — Le bonnet des doges et des dogaresses de Venise 199, 359.

Cornu. — *Voir* Cor.

Coroplastes. — « Modeleurs de poupées »; Grèce, 24.

Corpino. — Le spencer des Aragonaises; Espagne, 474.

Corps. — Corsage de robe taillé sur une armature emprisonnant la taille; c'est au seizième siècle que le *corps* est substitué au corsage souple. *Corps piqué*; seizième siècle. *Corps de jupe*: le corsage à armature de la robe, dix-septième siècle. Au dix-huitième siècle, le *corps* formant gaine est en bougran baleiné, 273, 276 et 277, 322, 328, 330, 370, 371, 388.

Corquen. — Veste des paysans bretons; France, 494, 495, 496.

Corsage. — Partie du vêtement féminin qui embrasse la taille. Souple qu'il était pendant le moyen âge, le corsage, au seizième siècle, devient une sorte de cuirasse; il est alors décolleté *à l'italienne* ou en carré, mode qui subsista pour

Crobyle (*crobylus*, κρωβύλος). — Cheveux relevés et noués en masses sur le derrière de la tête; manière d'arranger les cheveux particulière aux femmes d'Athènes. Grèce, 24.

Croc de cornac. — L'instrument dont le cornac fait usage pour conduire l'éléphant; Inde, 121.

Crochets. — Boucles de cheveux; dames; France, dix-septième siècle, 369.

Croissant (cheveux en). — C'est-à-dire avec des frisons formant des pointes *en cornes*. Italie; modes féminines du seizième siècle, 289.

— Toupet de devant ayant la forme du croissant; coiffure féminine; France, dix-huitième siècle, 397.

Croix. — Insigne; décoration; ornement.

Croix blanche. — Celle que les Français portaient sur leurs surcots d'armes pendant la guerre de cent ans; France, quatorzième et quinzième siècles, 217, 220.

Double croix de Lorraine. — Croix blanche portée par les Ligueurs; fin du seizième siècle, 288.

Croix branlante. — Bijou féminin; France, dix-huitième siècle, 380.

Croix dite *immissa*. — La croix latine proprement dite Byzantine, 181.

Croix à main. — Celle que les patriarches d'Orient portent toujours avec eux, 182.

Croix de Malte (croix pattée). — 364.

Croix papale. — 285.

Croix pectorale. — Insigne des évêques, 182.

Croix processionnelle. — 195.

Croix rouge. — Celle que les Français des croisades portaient sur leurs cottes d'armes; moyen âge, 202.

Croix du Saint-Esprit. — France, seizième, dix-septième et dix-huitième siècles, 208, 273, 311, 328, 351, 352. — Les paysannes de l'Auvergne donnent le nom de *Saint-Esprit* à leurs croix de suspension, 484.

Croix de Saint-Louis (croix pattée). — France, dix-septième et dix-huitième siècles, 364.

Croix de suspension. Croix à la Jeannette. — France, Hollande, Norvège et Portugal, 417, 422, 483, 484, 488, 489, 490, 491, 492, 494, 496, 497.

Cromlech. — Chambre sépulcrale; âge de la pierre; Scandinavie, 50.

Cromorne (*krumhorn*). — Instrument à vent; Europe, moyen âge, 192.

Crosse. — Bâton recourbé, insigne de la dignité épiscopale et abbatiale. — *Crosses latines*, 182, 193, 194, 195 et 200. — *Crosses byzantines*, 182.

Crotales (*crotalum*, κρόταλον). — Instrument de percussion; pièces creuses de bois ou de métal réunies par une poignée; antiquité, 43.

Crouth. — Instrument à cordes et à archet. Excepté en Angleterre où le crouth était national, il ne subsista pas au-delà du onzième siècle et fut remplacé par la rote; Europe, moyen âge. *Voir* Rote.

Croyables. — Nom donné aux tripoteurs qui se tenaient au perron du Palais-Royal, à Paris; époque du Directoire, 401.

Cruchade. — Farine de maïs cuite dans l'eau; un des aliments des bergers landais; France, 486.

Cruches. — Petites boucles de cheveux placées sur le front; coiffure féminine; France, dix-septième siècle, 353.

Cuadrilla. — Quadrille; la réunion des picadores, des banderilleros, des chulos et des espadas; courses de taureaux; Espagne, 470 et 471.

Cuarans. — Brodequins en peau de daim; Écosse, 425 et 426.

Cuari. — La hutte de verdure des Puris; Amérique du sud, 76.

Cubiculum. — Petite chambre munie d'un sofa ou d'un lit; maison romaine, 33.

Cubitière ou **Coudière.** — Partie de l'armure qui couvre le coude. Les premières cubitières apparaissent vers le milieu du treizième siècle; Europe, moyen âge, 202, 217, 218, 219, 222, 253.

Cucharon (del). — Le « jeu de la cuiller »; Espagne, 469.

Cuchillos. — Couteaux fabriqués à Albacète; Espagne, 475. *Voir* Navaja, Puñale.

Cucullus. — Le capuchon gaulois, 56-57.

Cuerdas. — Ganses retenant le palio ou pallium sur les épaules; Espagne, treizième siècle, 200.

Cuiller (*cochlear*, κοχλιάριον). — Ustensile de la plus haute antiquité. Au moyen âge, il y avait des cuillers destinées à plusieurs usages : les cuillers propres à servir les mets liquides, les cuillers-passoires, les cuillers à manger, etc., 84, 96, 83-84, 121, 399, 418. *Voir* Kokse af bjork, Skedans.

Cuir de roussy. — « Cuir de Russie »; celui avec lequel on faisait les bottes longues de la fin du règne de Henri IV; France, dix-septième siècle, 311.

Cuirasse (*lorica*, θώραξ). — Arme défensive qui fut d'abord de cuir (d'où son nom), puis de lin, de bronze, etc. Les Grecs et les Romains se servaient de cuirasses de métal ou de peau, ou bien encore de tissus croisés, doublés et feutrés. Chez les hommes du moyen âge, la cuirasse ne reparut définitivement que vers 1400; elle était faite de deux pièces : le *plastron* et la *dossière*. A dater du seizième siècle, on ne voit plus cette armure défensive que chez les piquiers et les officiers de toutes armes, 15, 16, 25-26, 34, 36-37, 48-49, 56-57, 217, 218, 219, 220, 253, 254, 257, 258, 259, 260, 261, 262, 301, 342, 343, 381, 383, 384. *Voir* Braconnière, Brigandine, Broigne, Buffle, Bufflein, Collerin, Corselet, Faldes ou Faudes, Haubergeon, Jacques, Lorica, Pansière, Pectoral, Tassettes.

Cuirie (*quirie*). — On désignait par ce mot, du douzième au quinzième siècle, les courroies, les doublures, les gambisons et toutes les parties de l'armure faite de cuir; Europe, moyen âge, 200, 202, 217.

Cuissots (*cuissards*, *cuiseaux*). — Harnais des cuisses seulement adopté vers le milieu du quatorzième siècle; Europe, moyen âge. 119, 202, 217, 219, 220, 222. *Voir* Genouillère, Grève.

Cul postiche. — La tournure des dames de l'époque Louis XVI; France, fin du dix-huitième siècle, 398.

Culbute. — Nœud de ruban posé dans le chignon; coiffure féminine de l'époque de Louis XIII. France, dix-huitième; siècle, 328.

— Fond du bonnet *à la Fontange*; règne de Louis XIV, 364.

Culotte. — Nom donné aux anciennes *chausses*.

Culotte à la révillane. — Europe, du dix-septième au dix-huitième siècle, 280.

Culotte à fond de cuve. — Gentilshommes de l'époque de Louis XIII; France, dix-septième siècle, 327, 328.

— Mot désignant les *grègues* des pages devenues d'une grande exiguïté; première partie du règne de Louis XIV, 340.

Culotte in-folio. — Celle des petits-maîtres de l'époque de Louis XIV, 351.

Culotte de daim serrée à l'écuyère. — Costume militaire de la fin du dix-huitième siècle, 400.

Culottes marinesques, provençales, grèguesques, brayuesques. — Chausses prolongées jusqu'aux genoux; à l'usage des courtisanes vénitiennes; Europe, seizième siècle, 280.

Cultrarius. — L'assistant du prêtre romain qui officie; il immolait la victime en lui coupant la gorge avec le *culter*, 38.

Cuman. — Vase pour le lait; Écosse, 427.

Curie (*curia*). — Salle d'assemblée où les citoyens romains se réunissaient, 33.

Custode. — Le petit pavillon mis sur le saint ciboire où l'on garde les hosties consacrées. Reliquaire en forme de *custode*; Europe, moyen âge, 231.

Cuvette renversée (chapeau en forme de). — Modes féminines; Europe, seizième et dix-septième siècles, 280, 321.

Cyclade (*cyclas*). — Cotte d'origine visigothe; costume féminin; Espagne, treizième siècle, 200.

Cymbalum (κύμβαλον). — Instrument de percussion; antiquité, 43.

Cyprinum. — Parfum liquide composé avec le troène; bains romains, 45.

Cyrbasie (*cyrbasia*). — Coiffure persane dans le genre de la *cidaris* et de la *tiare*, 11 et 12.

Cyzicènes. — Salle à manger d'apparat; maison grecque, 27-28.

Czarda. — Danse hongroise, 458 et 459.

D

Dabieh. — Bateau à grande vergue; Égypte, 8.

Dactylion, Dactylidion. — Ornement des doigts; nom générique que les Grecs donnaient aux bagues, 31.

Dague (*daguette* [dague courte], *cope-gorgiase*, *gannivete*). — Arme de main, courte, que l'on portait, à dater du quatorzième siècle, à la ceinture, du côté droit, la poignée en avant; Europe, moyen âge et seizième siècle, 201, 210, 211, 212, 217, 218, 238, 239, 249 et 250, 253, 254, 256, 257, 260, 261. *Voir* Bastardeau, Langue de bœuf, Main gauche, Miséricorde.

Dah. — Bracelet en argent; bijouterie kabyle, 154.

Daïmio. — « Prince »; Japon, 96-97, 99.

Dais. — Châssis recouvert d'étoffe et quelquefois accompagné de courtines, que l'on plaçait au-dessus d'un siège d'honneur ou d'un lit; beaucoup de chaires avaient un dais en bois sculpté, 186, 213, 214, 215, 223, 227. *Voir* Ciel.

Dalmatique (*dalmatica*). — La longue blouse des Dalmates; costume militaire romain, 36-37.

— Costume ecclésiastique; vêtement que portent sur leur aube les diacres et les sous-diacres, quand ils assistent le prêtre officiant. Les évêques ont le privilège de porter la dalmatique sous la chasuble, 181, 182, 193, 194, 284.

— Costume civil; Europe, moyen âge, 209, 211.

Damas (ouvrages de), **d'Inde, sarrasinois.** — Étoffes, bijoux, meubles de provenance orientale; France, du douzième au treizième siècle, 189.

Dangat. — Le masque de guerre du Néo-Calédonien; Océanie, 60-61.

Danseurs, Danseuses. — *Voir* A'oualem ou Ghaouazy, Bayadère, Cancknis, Devadase, Nartachis, Nautchgirl, Tschengui, Veschatri.

Danneman. — « Paysan libre »; Suède, 412.

Danumer malekani. — Étoffe des marchés fundjés; Sénégal, 72.

Darâboukkêh. — Tambour de basque; Algérie, 164.

Dard (*darde*, *dart*, *algier*). — Arme de main, et, pendant l'époque carolingienne jusqu'au douzième siècle, une sorte de javelot empenné. A dater du douzième siècle, le dard est une sorte de vouge à manche court, muni d'un fer effilé et tranchant; c'est alors une arme de piéton, du genre de la baïonnette, 202.

Dari. — Présents de noces; Russie, 444.

Dari seadet aghassy. — « Chef de la maison de félicité »; l'un des titres du chef des eunuques noirs, le *Kizlar Aghassy*, 172-173.

Défendant (le). — Celui auquel on adressait un défi; tournois; Europe, moyen âge, 221.

Dehera. — Village kabyle, 152-153.

Deïnos ou **Deinos.** — Petit bassin pour la toilette des pieds; Gréco-Romain, 32.

Délia. — Vêtement d'origine turque; habit d'apparat de la noblesse polonaise, 451, 452.

— *Déliutka* ou *Déliura*, variété de la *délia*, 451, 453, 454.

Demi-ceint. — Ceinture de dessous des dames du moyen âge, 226, 246, 251, 273.

Dengue. — Fichu ou mantelet des Galiciennes et des Asturiennes; Espagne, 473, 476.

Deraia. — Parure féminine; colliers ornant la partie supérieure de la poitrine; Grèce, 25-26.

Derbal. — Chemise de laine; Kabyles, 150.

Derviches. — C.-à-d. « pauvres »; moines musulmans. La Turquie, l'Égypte, Tripoli, le Maroc, la Perse, la Boukharie, l'Inde, ont plusieurs sectes de derviches indigènes, 135 et 136, 141, 169, 175. *Voir* Bektachi, Cadry.

Déshabillé. — Expression générique appliquée à plusieurs variétés de la mode féminine offrant toutes le type adopté en France à dater de 1783, c'est-à-dire celui de la « simplicité » qui succéda aux fantaisies exagérées du commencement du règne de Louis XVI, 390, 398. *Voir* Caraco, Fourreau, Négligé, Robe en chemise, Robe négligente, Demi-négligente.

Despote (δεσπότης). — Titre qui remplaça celui de César chez les empereurs du Bas-Empire, 183.

Devadâses. — Classe de danseuses consacrées au culte; Inde, 125.

Devants. — Bouillons de gaze ornant l'encolure de la robe du décolleté; modes féminines; France, époque Louis XIII, 328.

Devant à la Fontange. — Le toupet élevé de la perruque des hommes du temps de Louis XIV; mode imaginée par le marquis de Fontange, 361.

Devantier. — Pièce de corsage des femmes des provinces romaines et de l'ancien comté de Nice, 467, 498.

Dextrale. — Bracelet porté sur la partie charnue du bras droit; antiquité, 31.

Dhaman. — Le représentant de chaque famille kabyle dans les assemblées municipales, 152-153.

Dhoti. — Longue bande d'étoffe formant caleçon; Indous, 122, 123, 126, 127, 129, 130.

Diacre. — Dignitaire ecclésiastique, dont le nom vient du grec διάκονος, serviteur; sa principale fonction est de servir le prêtre ou l'évêque à l'autel. Diacres latins, 189, 194. Diacres orthodoxes, 182.

Diadème (*diadema*, διάδημα). — Bandelette dont on se ceignait la tête comme du *crédemnon*, et qui devint le signe distinctif de la royauté ou du rang suprême. Les rois de Perse et d'Arménie joignaient cet ornement à leurs *cydaris* et à leurs *tiares*. Le diadème des empereurs romains était de laurier naturel ou de feuilles d'or imitant le laurier. Dans la suite des temps, on chargea le diadème de broderies, de perles, de diamants; puis il devint une parure de métal.

Les souverains des époques modernes ont adopté de préférence la couronne, dont la base représente le diadème primitif. Le diadème était aussi une parure civile : les dames grecques et romaines en ornaient leurs fronts ; et, de nos jours, on le voit encore figurer parmi les bijoux particuliers à quelques nations. Chez les chefs de certaines tribus indigènes de l'Amérique et de l'Océanie, le diadème est formé de plumes, de graines, etc., 14, 24, 24-26, 41, 51, 53, 60-61, 79, 85, 86, 183, 423. *Voir* CHAPELET, THACKET, TRESSOIR.

Diane (mis à la). — Toilette féminine ; France, règne de Louis XIII, 328.

Diapasma (διάπασμα). — Poudre fine dont on se frottait le corps ; antiquité, 18.

Dibleh. — Bague dépourvue de pierre ; bijouterie orientale, 463. *Voir* KHATIM.

Dicorde, Diacorde. — Espèce de guitare à deux cordes ; antiquité. Long instrument monté de deux cordes. Pour en jouer, l'exécutant appuyait sur les cordes vers le bas et faisait agir l'archet vers la partie supérieure ; moyen âge, 43, 210.

Diffa. — Plat de viande de mouton ; Kabyles, 152-153.

Dilaiz. — Muet du harem impérial ; Turquie, 169.

Dimachère (*dimachœrus*). — Gladiateur romain qui combattait avec une épée dans chaque main, 36-37.

Dinanderie. — Les ouvrages de chaudronnerie historiée qui se fabriquaient à Dinant, en Belgique, et à Lyon. La corporation des *dinans* existait dès le douzième siècle ; Europe, moyen âge, 232.

Diota (διώτη). — Oreilles de l'amphore ; Égypte, 7

Diphros (δίφρος). — Pliant ; antiquité, 32.

Diploïdion. — *Voir* ANABOLE.

Diptyque. — Chez les anciens Romains, tablettes à écrire composée de deux feuilles ; on y inscrivait les noms des consuls, des magistrats. L'Église fit également usage de diptyques pour y inscrire des noms d'évêques, de bienfaiteurs. Les diptyques donnèrent naissance aux *triptyques* et aux *retables*, qui, d'une forme plus architecturale, servirent aussi à la décoration des autels ; antiquité, moyen âge, 181, 228. *Voir* IMAGE A VOLETS.

Discalceatus. — « Déchaussé » ; les Romains considéraient comme tel celui qui était chaussé de la *solea*, 47. *Voir* SOLEA, SOLEATUS.

Dispensator. — Secrétaire intendant d'une maison romaine, 38.

Divan. — *Voir* AL-DYONAN.

Dizlik. — Guêtres brodées ; Épirotes ou Albanais, 464.

Djaboli. — Chemise de soie ; femmes mauresques de l'Algérie, 160 et 161.

Djamadan. — Gilet croisé ; Turquie, 170, 177, 178.

Djemala. — Turban des Maures tunisiens, 159.

Djilbend. — Le sac de cuir des derviches Bektachi ; Turquie, 175.

Djinn-baori. — Manteau flottant que les chefs japonais portent sur la cuirasse, 96-97.

Djiurikaha, Jiurikiska. — Espèce de cabriolet suspendu et traîné à bras ; Japon, 98, 102.

Djubbé. — Long manteau à manches qu'on laisse ordinairement flotter, à l'usage des deux sexes ; Turquie, 175, 176, 177, 178, 179, 180, 182.

Dogaline. — Manteau court ; Italie, seizième siècle, 199.

Doge (*dux*). — Nom donné aux chefs des républiques de Venise et de Gênes, 199.

Doggereau. — Grande barque des pêcheurs de l'île Marken ; Hollande, 419 et 420. *Voir* BOTTERS, BUIDEN.

Dolabra. — La petite lame affilée de la *secna* ; sacrifices romains, 38.

Dolama. — Manteau long, parfois sans manches ; costume masculin ; Turquie, 462.
— La veste des janissaires des rois de Pologne, 454.

Dolman. — Nom donné par les Hongrois à la *dolama* turque, qu'ils transformèrent en un court paletot aux manches flottantes. Le *dolman*, en subissant de nombreuses modifications, est devenu le vêtement des hussards français et étrangers, 387, 458 et 459.

Dôli. — Palanquin des femmes riches ; Inde, 124. *Voir* BOHS.

Dolkknif. — Le couteau des paysans suédois et norvégiens, 414.

Dolman. — *Voir* DOLAMA.

Dolmen. — « Table de pierre » ; monument druidique composé de pierres plantées en terre verticalement et supportant une autre pierre en forme de table, 50.

Domestica vestis. — Vêtements d'intérieur ; Romains, 40.

Dominicains. — Ordre religieux fondé en 1215, par saint Dominique, 241-242, 482.

Domus. — Maison, habitation particulière des Romains ; celle occupée par un seul propriétaire et sa famille, 33. *Voir* INSULA.

Dormeuse. — Nom donné à une coiffe en usage chez les femmes du peuple ; France, dix-huitième siècle, 369, 371.

Dossière. — Partie de l'armure de plates protégeant le dos, et qui, réunie au plastron et à la pansière, composait l'habillement désigné depuis sous le nom de *cuirasse* ; Europe, moyen âge, 204.

Dosso. — Pelleterie de couleur cendrée ; Venise, seizième siècle, 288.

Douar. — Réunion de tentes arabes, 155.

Doublier. — Nappe de table ; France, moyen âge, 231.

Douchegreïka. — Mantelet en forme de casaquin ; dames russes, 438 et 439, 440.

Doulx-filet. — Dentelle, tissu transparent de fil ou de soie dont on confectionnait la gorgerette des dames du quinzième siècle ; Europe, 246, 249 et 250, 251.

Doumaci. — Étoffe de lin ; Afrique, 165.

Dragon (*draco*). — Enseigne d'une cohorte, empruntée aux Parthes et introduite dans l'armée romaine vers le temps de Trajan, 35.

Dragons. — Corps de cavalerie créé, en 1558, par le maréchal de Brissac sous le nom d'*arquebusiers à cheval* ; ils combattaient aussi à pied ; France, 381, 382.

Dragonne. — Boucle de cheveux ; dames ; France, dix-huitième siècle, 769

Drapeau. — Mot qui, depuis le seizième siècle, désigne l'enseigne des fantassins ; celle des cavaliers est l'*étendard*. France, seizième et dix-septième siècles, 275, 342. — *Drapeau tricolore*, 400.

Drawing-room. — Pièce de réception ; Angleterre, 209.

Drayman. — Charretier anglais, 428.

Dressoir (*dressouer, dreçouer*). — Meuble en forme d'étagère, garni de nappes, et sur lequel on rangeait de la vaisselle de prix, des pièces d'orfèvrerie, etc. ; Europe, moyen âge, 190-191, 227, 365.

Drinkhoorn. — Hanap ; Hollande, dix-septième siècle, 323.

Droguet. — Gros drap en usage dans la classe bourgeoise ; France, dix-huitième siècle, 307.

Drougeki. — Assistants qui soutiennent les couronnes au-dessus des fiancés dans les cérémonies du mariage russe, 444.

Droujka. — Paranymphe ; mariage russe, 444.

Drover. — Conducteur de bétail ; Angleterre, 428.

Druine-usual. — Gentilshommes des premiers temps de la royauté écossaise, 425 et 426.

Dubliten. — Jupe des femmes bulgares, 462.

Ducale (costume à la) — Celui des dogaresses.
— (manches à la). — Venise, 199.

Ducales. — Peaux de martre et d'hermine, formant la doublure des vêtements de cérémonie ; noblesse vénitienne, seizième siècle, 288.

Duchesse (chapeau à la) — Modes féminines ; France, époque de Louis XVI, 390.

Duduk. — La paire de flûtes des bergers bulgares, 462.

Dulbend. — Mousseline employée dans la confection des turbans ; Orient, 135 et 136.

Dura. — Cabane des Australiens ; Océanie, 60-61.

Durbakka. — Grande mandoline arabe, 160 et 161.

Durbar. — Salle d'audience des souverains indous, 114.

Dustman. — « Homme de la poussière » ; Angleterre, 430.

E

Eau d'ange ou **de Chypre.** — Eau de senteur ; toilette féminine ; France, règne de Louis XIII, 328.

Eau de chair. — Dames du dix-huitième siècle ; France, 370.

Ébène. — Nom générique appliqué à tous les bois fermes employés dans la fabrication des meubles du dix-septième siècle ; France, 358. — *Ébénistes*, ceux qui travaillent ces bois ; les anciens *huchiers* du moyen âge.

Écarlate. — Drap pour les chausses ; France, quatorzième siècle, 206.

Écharpe (*escharpe, escherpe, escrepe, escerpe, escherpette, eskerpe*). — Bande d'étoffe portée en sautoir. Les pèlerins portaient l'écharpe et le bourdon ; Europe, moyen âge, 200. *Voir* FAJA.
— En France, sous Louis XIV, les dames faisaient usage de l'écharpe dans leurs toilettes de ville ; dans les dernières années du dix-huitième siècle, les premiers châles furent de longues écharpes de cachemire ou de taffetas, 354, 355, 401. *Voir* CAPE, CHALE, MANTE.
— Dans l'Inde, les deux sexes s'enveloppent le buste dans une écharpe de gaze ou de soie ; les femmes en ramènent une des pointes sur la tête, 122, 123, 126, 127, 128, 130.
— L'écharpe militaire est un insigne de commandement, une marque de distinction et un signe de ralliement ; on la porte en bandoulière ou en ceinture ; Inde, Europe, seizième, dix-septième et dix-huitième siècles, 110, 111, 112, 257, 261, 266, 268, 275, 301, 311, 342, 349, 364, 387.

Échelles. — Nœuds étagés des deux côtés du busc, sur le devant du corsage ; modes féminines ; France, règne de Louis XIV, 353.

Eckd. — Collier arabe ; parure des classes pauvres, 463.

Écossaise (compagnie). — Corps d'élite institué par Charles VII, en 1445, en reconnaissance des services que quelques troupes écossaises lui avaient rendus pendant la guerre contre l'Angleterre. Jusqu'au dix-septième siècle, cette compagnie de la maison militaire des rois de France fut toujours commandée par des gentilshommes écossais, 256, 388.

Écu (*scutum*). — Nom que prend le bouclier à partir du douzième siècle. Le noble faisait peindre sur son écu ses armoiries ou sa devise ; Europe, moyen âge, 202, 203, 204, 205, 206, 207 et 208, 210, 217.

Écuelle (*escuelle*). — Plat profond avec rebords ou oreilles dans lequel, avant le quinzième siècle, mangeaient habituellement deux personnes. L'écuelle a précédé l'assiette ; elle était faite de terre cuite vernissée, d'étain, de cuivre ou d'argent. Dans nos campagnes, on se sert encore d'écuelles, 227 499-500.

Écuyer (*scutifer*). — Officier de livrée chargé de la direction des écuries. C'était, au moyen âge, un degré de noblesse inférieur à celui de chevalier. Il se prenait comme synonyme de bachelier, damoiseau, etc. C'était seulement à l'âge de quatorze ans, et après être sorti des pages, que l'enfant noble pouvait être admis au nombre des écuyers. — *Grand écuyer* ; charge de la cour des rois de France. — *Écuyer d'écurie* ; celui chargé de dresser les chevaux, 218.

Effrontée (l'). — Variété de la coiffure *à la Fontange* ; ainsi nommée parce que, rejetée en arrière, elle dégageait l'oreille. — On nommait aussi *l'effrontée* la mouche placée sur le nez ; modes féminines ; dix-septième siècle, 354.

Égée. — Peau de chèvre que les Lybiennes portaient par-dessus leurs vêtements ; antiquité, 25-26. *Voir* ÉGIDE.

Égide, Ægis (αἰγίς). — Vêtement de peau ayant l'*égée* pour origine. En représentant Minerve, on a fait de l'*égide* tantôt une peau écailleuse couvrant les épaules, la poitrine et le bras gauche ; tantôt une cuirasse en deux parties réunies par la tête de Méduse ; antiquité grecque, 25-26.
— Grand collier féminin ; Grèce, 25-26.

Egossier. — Paysan qui gardait les juments ; France, moyen âge, 209.

Eider. — Oiseau des régions polaires dont le duvet est employé par les Esquimaudes à confectionner des chaussettes des tapis, etc., 83-84.

Ekandae. — Villages fortifiés, chez les Zoulous ; Afrique, 67-68.

Élégants hors de pair. — Époque de Louis XIII ; France dix-septième siècle, 327-328.

Elenchi, Tutulati. — Perles longues qui avaient la forme des vases nommés *alabastra* ; Grèce, 25-26.

Elmâs. — Nom du diamant considéré, chez les Arabes, comme un spécifique contre certaines maladies ; Afrique, 162.

Elæothesium. — Salle des parfums ; pièce des bains romains où les baigneurs recevaient des onctions d'huiles et d'essences parfumées ; antiquité, 45.

Émail. — Insigne fleurdelisé que les hérauts d'armes de France portaient sur leur poitrine, 218.

Émail de Transylvanie. — Joaillerie hongroise, 460.

Emareth-Berathy. — Diplôme que le sultan envoie, en même temps que le manteau d'investiture, au schérif de la Mecque ; Turquie, 169.

Embira. — Écorce filamenteuse dont les Puris font leurs hamacs ; Amérique du Sud, 76.

Emblema. — L'une des deux épaisseurs de la semelle de la *crépide* ; chaussure antique, 47. *Voir* CATTUMA.

Émouchoir. — *Voir* FLABELLUM.

Enam Kécesst. — La boîte de dépêches que portent avec eux les Zeïbek ; Turquie, 177.

Enarmes. — Jeu de courroies qui maintenait le bouclier sur l'avant-bras et la main ; antiquité et moyen âge, 15 25-26. 201. *Voir* GUIGE.

Encensoir (*turibulum, thuribulum*). — Cassolette suspendue à des chaînes, 13, 196. *Voir* AMSCHIR.

Endéroum. — Habitation réservée aux femmes ; Perse, 138, 143.

Endromis (ἐνδρομίς). — Brodequins ; chaussure grecque, 86-37.

Enfant d'honneur. — Nom donné aux pages du roi ; France, quinzième siècle, 218.

Enfant (coiffure à l'). — Dames de l'époque Louis XVI ; France, fin du dix-huitième siècle, 389.

Enfantement (bague à l'). — France, règne de Louis XVI, 391-392, 398.

Engageantes. — Larges manchettes de lingerie à un seul rang. modes féminines ; France, dix-septième siècle, 354, 355, 371.

Engano. — Leurre d'étoffe rouge destiné à effrayer le taureau ; *fiestas de toros* ; Espagne, 470 et 471.

Enmorache, Morache. — Nom donné, pendant le moyen âge, à la *guitare moresque*, 192.

Enseigne. — Signe militaire sous lequel se rangent les soldats selon les corps ou les partis auxquels ils appartiennent. Son usage remonte aux premiers temps historiques. Les Égyptiens avaient pour enseignes les images de leurs dieux ; chez les Grecs des temps héroïques, c'était un bouclier, un casque, une cuirasse portée au bout d'une lance. Les Romains eurent plusieurs enseignes dont l'aigle fut la principale. Au moyen âge, le mot était appliqué non seulement aux différentes espèces de drapeaux, mais aussi au cri d'armes, à la bande, à la croix, au bijou fixé sur le chapel, à toute marque distinctive. — Titre autrefois donné à tout officier portant une enseigne, drapeau ou cornette, 1, 4, 15, 34, 35, 36-37, 56-57, 202, 275, 342, 455. *Voir* AIGLE, AQUILIFER, BANNIÈRE, BOUTSCHOUK, CONCORDIA, CORNETTE, DRAGON, DRAPEAU, ÉTENDARD, FLAMMULA, GONFANON, GUIDON, IMAGINARIUS, LABARUM, MANIPULE, PENNON, SANGLIER, SIGNIFER, SIGNUM, VEXILLUM, VEXILLARIUS.

Enseigne du mal de dents. — Mouche grande comme un emplâtre que les dames de l'époque de Louis XIV s'appliquaient à la tempe ; France, dix-septième siècle, 354.

Entari. — Robe de dessus à l'usage des deux sexes ; Turquie. — *Entari de koutnou.* — Celui fait d'une solide étoffe de soie, 175, 176, 177, 178, 179, 180, 182, 462.

Entoilage simple. — Réseau de dentelle dont on faisait le voile des dames veuves ; France, seizième siècle, 273.

Entresolées (pièces). — Architecture intérieure du dix-septième siècle ; France, 348.

Entrichon. — Cheveux postiches que l'on plaçait dans les parties de la tête qui en étaient dépourvues ; dames grecques, 21.

Eoud. — Instrument à cordes pincées, transporté en Espagne, au huitième siècle, par les Maures et que les croisés répandirent en Europe pendant le douzième siècle ; *l'eoud* est devenu le *luth*, 192.

Épaulette. — Costume civil ; couture, galon, partie saillante placée sur l'épaule. *Pourpoint, surcotte à épaulettes* ; hommes et femmes des seizième et dix-septième siècles ; France, 258, 273, 276 et 277, 278, 280, 287, 289, 311, 327, 328. *Voir* AILERON, MANCHERON.

— Costume militaire ; ornement et marque distinctive du grade. C'est en 1762 qu'on la donna aux officiers ; ceux-ci, qui l'accueillirent mal, lui donnèrent le nom de « guenille à la Choiseul ». Les épaulettes n'étaient alors que des pattes ; elles devinrent à franges sous le règne de Louis XVI ; France, dix-huitième siècle, 383, 385, 386, 400.

Épaulière. — Pièce d'armes qui relie les brassards à la cuirasse, couvre l'épaule et complète la défense du corps. Dans la seconde moitié du quinzième siècle, l'épaulière de droite, chez les hommes d'armes, est raccourcie pour leur permettre de coucher plus facilement le bois de la lance sur *l'arrêt-ferme* de la cuirasse. — Chez les chevau-légers, ainsi que chez les hommes de pied du moyen âge, la défense des épaules est assurée par de petites épaulières, par des rondelles ou des pièces de mailles ou *goussets*. Antiquité ; Europe, moyen âge, seizième et dix-septième siècles, 25-26, 36-37, 94-95, 96-97, 217, 219, 253, 254, 256, 257, 258, 259, 260, 262. *Voir* PASSE-GARDES ou GARDE-COLLET.

Épée (*gladius*, ξίφος). — Arme offensive et défensive. Chez les anciens, l'épée était généralement courte ; les Grecs la portaient du côté gauche et les Romains du côté droit. Les épées des chevaliers du moyen âge étaient fortes et longues, et, la plupart du temps, se maniaient à deux mains. — Au seizième siècle, elles affectent des formes diverses, surtout dans la poignée, qui devient très compliquée avec ses *gardes*, ses *contre-gardes*, ses *pas-d'âne*, etc. — C'est à partir du règne de Louis XIII qu'on adopte l'épée d'escrime ; on eut alors des *épées en pistolet, à coquille, à garde-en croix, en panier, en grille, en miséricorde, en spatule, à l'espagnole, à la suisse*. C'est aussi au dix-septième siècle que vint l'habitude de porter l'épée en tout temps et en tous lieux, usage qui subsista jusqu'au commencement du dix-neuvième siècle, époque où *l'épée de parade* faisait encore partie du costume d'étiquette, 15, 16, 25-26, 34, 36-57, 48-49, 50, 54, 55-57, 59, 69, 156, 201, 202, 203, 204, 205, 206, 207 et 208, 209, 210, 211, 217, 218, 219, 220, 222, 238, 253, 254, 255, 256, 257, 258, 260, 261, 262, 268, 270, 271, 272, 273, 275, 278, 280, 283, 285, 286, 301, 311, 320, 321, 327, 328, 336, 340, 342, 343, 351, 352, 354, 359, 360, 361, 368, 370, 372, 380, 381, 382, 383, 384, 385, 386, 387, 391-392, 400, 425 et 426, 449, 450, 451. *Voir* ALFANGE, CLAIDHEAMH, CLAYMORE, COUSTEL A PLATES, ESPADON, FLAMBERGE, GLADIUS, RAPIÈRE, SABRE, SCAMASAXE.

Épée d'arçon ou *de grand estoc.* — Elle se suspendait à l'arçon, du côté droit ; l'homme d'armes avait en même temps son épée de ceinturon qu'il portait du côté gauche. Europe, quinzième et seizième siècle, 262.

Épée de connétable. — Épée de cérémonie ; France, moyen âge, 218.

Épée ibérique, épée à l'espagnole. — Épée d'origine celtibérienne, à lame courte, droite et plate. Romains, 34, 36-37.

Épée à deux mains ou *grande épée.* — France, moyen âge, 317.

Joueurs d'épée. — Nom donné à l'infanterie suisse et aux lansquenets armés de la lourde épée à deux mains. France, seizième siècle, 256, 257.

Pendant d'épée. — Europe, dix-septième siècle, 301, 311.

Épée rabattue. — Celle au tranchant émoussé, arme de tournoi ; France, moyen âge, 219.

Épée en verrouil. — L'épée portée horizontalement ; France, dix-septième siècle, 301, 311, 320.

Deux-Épées (ordre des). — Ordre militaire spécialement destiné aux vétérans. France, dix-septième et dix-huitième siècles, 364.

Éperon (*espouron, esporon, esperon*). — Pièce de l'équipement du cavalier. Les Grecs et les Romains n'en portaient qu'au pied droit. Au moyen âge, les éperons étaient à pointe conique ou à molette ; ceux cambrés furent surtout en usage au dix-septième siècle, 25-26, 36-37, 56-57, 201, 202, 205, 206, 209, 211, 217, 218, 219, 220, 222, 253, 254, 255, 260, 261, 271, 272, 311, 321, 327, 340, 343, 383, 384, 387, 449, 450, 451, 454.

Épervier. — Emblème du pouvoir souverain ; antiquité égyptienne, 1, 2.

Éphod. — Corselet muni de bretelles ; costume du grand prêtre. Hébraïque, 13.

Épi de front. — Joaillerie ; parure des femmes de la Hollande, 423.

Épi antique. — Coiffure féminine ; France, Consulat et Empire, 410.

Épinette. — Petit clavecin ; Europe, dix-septième siècle, 326.

Épingle crochet. — Kabylie. *Voir* IBESIMEN.

Épinglette. — Parure des paysans bretons ; France, 497.

Épinglier. — Pelote suspendue au *demi-ceint* des dames du moyen âge, 226, 246.

Épitoge. — Espèce de manteau que les Romains portaient sur la toge. — Souvenir du chaperon pendant sur les épaules qui consiste, chez les magistrats et les gens de robe en général, en une bande d'étoffe garnie de fourrure, 212, 268.

Epitrachelium. — *Voir* ÉTOLE.

Eques. — Cavalier romain, 36-37.

Ergastulum. — Logement des esclaves maison romaine, 33.

Ergots du diable. — Nom donné aux souliers à la poulaine ; France, moyen âge, 217.

Erkaling. — Vêtement de dessous ; Perse, 141.

Escabeau (*escame*). — Petit banc sans dossier, bas et étroit. L'escabeau est plus bas que le banc et la chaise ; l'inférieur, auquel on permettait de s'asseoir, prenait un escabeau, 298.

Escabeau à trois quilles. — Mobilier rustique de la Bretagne ; France, 499-500.

Escablon, Guène. — Piédestal de menuiserie en forme de gaine ; Europe, dix-septième siècle, 358.

Escadrons rouges. — Nom donné aux escadrons de la maison royale ; France, dix-septième et dix-huitième siècles, 383.

Escame. — *Voir* ESCABEAU.

Escarcelle (*escar, escharcelle, escacel*). — Le sac suspendu à la ceinture ; dans le vieux langage, *escar* voulait dire avare. L'escarcelle, plus particulièrement réservée aux messagers et aux pèlerins, était, d'ordinaire, accompagnée de la *miséricorde* ; France, moyen âge, 207, 213, 226. *Voir* AUMONIÈRE.

Escarpins. — Genre de chaussures consistant en souliers de satin ou de velours, très couverts et crevés ; France, seizième siècle, 268.

— Soulier léger, à simple semelle ; France, fin du dix-huitième siècle et commencement du dix-neuvième, 404.

Escasses ou **Tchanques.** — Les échasses des bergers landais ; France, 486.

Esclavage de perles (l'). — Le collier de perles des dames de l'époque de Louis XIII et de Louis XIV ; France, dix-septième siècle, 328, 354, 355.

Esclavine (*esclave*). — Vêtement de chevauchée, sorte de casaque empruntée aux Orientaux (Sarrazinois), et que les pèlerins paraissent avoir adoptée dès le douzième siècle ; Europe, moyen âge, 200.

Esclavons (ordres des). — Ordre de moines institué par Wladislas V, roi de Pologne, vers 1390 ; 198.

Escoffion. — Coiffure féminine qui naquit vers la fin du quatorzième siècle ; c'était un bourrelet couvert d'une résille enrichie de passementeries et de perles. — *Grand escoffion. Escoffion à cornes*, 208, 213, 214, 243, 246, 247 et 248, 251.

Escoffle. — Vêtement de peau que l'on endossait pour aller à la chasse ; espèce de courte blouse ; Europe, moyen âge et seizième siècle, 270 et 271.

Esophorium. — Tunique intime ; Grèce antique, 19.

Espada. — Celui des *toreros* qui donne le dernier coup au taureau, au moyen de l'épée ; Espagne, 470 et 471.

Espadon. — Épée à deux tranchants ; Europe, moyen âge et seizième siècle, 258.

Espagnole (chapeau à l'). — Modes féminines ; France, seizième siècle, 267.

Espagnol vermillon. — L'un des « fardements » des dames sous Louis XIII ; France, dix-septième siècle, 328.

Espagnole (perruque à l'). — Hommes de l'époque de Louis XIV, 351.

Espardilles, Espardenas, Espardines. — Chaussure tressée ; Espagne, 472, 473, 474, 475, 476, 477-478. *Voir* ALPARGATAS.

Espartos. — Spartes d'Albacète et de Murcie employés pour la fabrication des sandales, des nattes, des paniers, etc. Espagne, 475.

Esponton. — La demi-pique des officiers ; France, dix-septième et dix-huitième siècles, 342, 343, 385.

Esprit. — *Voir* AIGRETTE.

Essédaire (*Essédarius*). — Gladiateur romain combattant sur des chariots, 36-37.

Estame. — *Voir* BAS D'ESTAME.

Estivaux. — Bottes collantes de cuir souple, parfois garnies de fourrure. On mettait des estivaux dans les appartements ; France, moyen âge. *Voir* GAMACHE, HEUSE, HOUSEAUX.

Estoc (grand). — *Voir* ÉPÉE D'ARÇON.

Estoc (frapper d'). — Pointer ou pousser l'épée pour la faire entrer par la pointe ; *frapper de taille*, donner des coups avec le tranchant de l'arme ; Europe, moyen âge, 204.

Estoffade (chevelure en). — C'est-à-dire flottante ; femmes baléariotes ; Espagne, 481.

Estradiots. — Cavaliers grecs et albanais, appelés, pour cette raison, *chevau-légers albanais*. Louis XII les employa dans son expédition d'Italie ; France, seizième siècle, 255.

Estudiantes de la Tuna. — Espagne, 477-478.

Étendard. — Enseigne formée d'une grande pièce d'étoffe fendue au milieu et terminée par deux longues pointes. Au commencement du seizième siècle, l'étendard ne fut plus en usage que dans la cavalerie ; sa forme changea : après avoir été une enseigne de la plus grande *étendue*, l'étendard devint un drapeau carré de médiocre grandeur ; Europe, moyen âge, 202, 218. *Voir* CORNETTE.

— Étendards japonais, indous, de l'archipel asiatique, 96-97, 119, 134.

Étoile (ordre de). — Ordre de chevalerie institué en 1352, par Jean le Bon, roi de France, 364.

Étole. — Ornement ecclésiastique qui tire son origine de l'antique *stola* ; il consiste en une longue bande d'étoffe terminée par deux extrémités plus larges ornées de croix. Pendant les huit premiers siècles, l'étole porta le nom d'*orarium*. *Epitrachelium.* — L'étole du clergé orthodoxe, 181, 182, 193, 194.

— L'étole, privilège de noblesse chez les Vénitiens ; Italie, seizième siècle, 289.

Étrier (*estrief, estref, estrier, estreu*). — L'étrier primitif, nommé *sautoir*, fut simplement formé d'une corde pliée en deux ; plus tard, il fut de fer massif. Les Gaulois, les Grecs, les Romains, les Francs, les Germains, ne semblent pas avoir connu l'étrier ; mais les nations modernes en ont toutes fait usage. Au moyen âge, la forme la plus simple de l'étrier consiste en un triangle suspendu à une courroie ; puis, à l'avènement de l'armure en fer, les étriers prirent mille formes, furent travaillés avec recherche et devinrent de véritables objets d'art, surtout au seizième siècle, 84, 96-97, 149, 219, 222, 255, 258, 260, 261.

Eunapius. — Nom que Xénophon donne à la tiare, 182.

Eunluk. — Tablier ; Turquie, 176, 179, 180.

Eunuques. — *Voir* ITSCH-AGHASSYS, KIZLAR-AGHA.

Euskara. — Langue des Basques ; les Espagnols l'appellent *vascuence* « langue obscure et confuse » ; Espagne, 475.

Éventail (*flabellum, esventour, éventoir à plumes*). — L'usage de l'éventail, si répandu chez les anciens, ne l'a pas moins été dans l'Europe du quatorzième, du quinzième et du seizième siècle, où trois genres se partagèrent la vogue pendant cette longue période : les éventails de plumes, ceux en forme de drapeau, et les éventails plissés. Ces derniers étaient aussi dans les mains de toutes les dames du dix-septième siècle; ils étaient d'une peau très mince, dite *ocnigude*, c'est-à-dire parfumée, ou de papier, de taffetas ou d'autre étoffe légère. Le dix-huitième siècle, en France, vit des éventails empruntant leurs noms aux événements de l'époque; il y en eut *du combat naval;* d'autres furent *à la Montmédy*. En Chine et au Japon, l'éventail est une partie indispensable de la toilette, 85, 87, 88, 89 et 90, 99, 102, 108, 121, 126, 132, 162, 163, 244, 264, 265, 280, 287, 289, 311, 329, 337, 338 et 339, 340, 354, 355, 388, 389, 398. *Voir* FLABELLUM.

Éventail. — Insigne de chefs ; Amérique, Océanie, 60-61, 81.

Éventails de guerre. — Japon, 96-97.

Évèque (*episcopus*). — Chef et premier pasteur d'un diocèse dans l'Église chrétienne. Ses insignes sont la mitre, la crosse, la croix pectorale et l'anneau, 185, 181, 182, 189, 194, 200.

Expeditus. — Le soldat romain légèrement armé et débarrassé de son bagage pour effectuer une marche rapide, 36-37.

F

Fafioles, Fanfioles. — Expression du dix-huitième siècle : petits bijoux de suspension portés en breloques; par extension, les menus ornements de la toilette féminine. France, 360, 388.

Faja. — Écharpe, ceinture; Espagne, 209, 471, 475, 477-478.

Falbalas. — Volants, garnitures plissées de la robe; les écharpes avaient aussi des falbalas. Ce ne fut que vers 1787 que l'on abandonna les falbalas et les bouillons; ils furent remplacés par les fronces. Modes féminines; Europe, dix-septième et dix-huitième siècles, 352, 353, 354, 355, 371, 388, 389, 391-392. *Voir* PRÉTINTAILLES.

Faldes, Fauldes, Flancars. — Court jupon de mailles recouvert de lames articulées; France, quinzième siècle, 219. *Voir* BRACONNIÈRE.

Faldistorium. — Siège en forme de pliant. Europe, moyen-âge, 231.

Fanchon. — Sorte de petite cape; toilette féminine; France, dix-huitième siècle, 373.

Fanfioles. — *Voir* FAFIOLES.

Fanfreluches, Freluches. — Houppes de soie garnissant la robe; dames de l'époque de Louis XIV; France, dix-septième siècle, 355.

Fanons. — Les pendants de la mitre épiscopale, 193.

Fard (*fucus*). — Chez les anciens, le mot *fucus* est un terme générique désignant les fards blancs et rouges. Les dames grecques, romaines, celles du Bas-Empire, se fardaient, et, de plus, se noircissaient les yeux, usage qu'elles tenaient de l'Orient. Dans les temps modernes, le fard fait sa réapparition en Europe au seizième siècle; Catherine de Médicis, arrivant en France, en propage l'usage de telle sorte qu'il devient inséparable de la toilette féminine et même masculine. Chez les dames du dix-septième et du dix-huitième siècle, il devient un véritable habillement du visage. En Chine, les femmes ont fait, de tout temps, un usage immodéré du fard, 18, 24, 88, 89 et 90, 273, 354, 398. *Voir* HENNÉ, KOHOL.

Fardements. — Mot du dix-septième siècle désignant à la fois les fards, les eaux de senteur, et les morceaux de taffetas gommé appelés *mouches*, dont les dames de l'époque de Louis XIV étaient dans l'usage de se couvrir le visage, 354.

Farmla. — Veste de dessous; Maures tunisiens, 159, 160, 161.

Fascelete. — Fichu de tête ou mouchoir de cou; paysannes de Loreto, province d'Ancône. Italie; 468.

Fascelettone. — Châle des paysannes de la province de Rome; Italie, 468.

Fascia. — Dans un sens général, toute bande d'étoffe longue et étroite.

Fascia cruralis. — Bande d'étoffe roulée autour de la jambe depuis le genou jusqu'à la cheville; antiquité, 16, 40.

Fascia mamillaris. — Ceinture placée sous le sein; dames grecques et romaines.

Fasciolæ. — Petites ceintures.

Fatihah. — Premier chapitre du Coran dont le musulman récite toujours au moins trois versets ou *ayat* dans ses prières, 148 à 149.

Fauces. — Couloirs de la maison romaine, 33, 46.

Fauchart (*faussart, fauzart, fauchon*). — Arme d'hast : grand coutelas emmanché au bout d'un bâton. Il est question de fauchart dès le commencement du treizième siècle; France, moyen âge, 202.

Fauchon. — *Voir* GUISARME.

Faucon, Fauconneau. — Pièces d'artillerie en usage depuis Charles VIII jusqu'au dix-huitième siècle; on les nommait aussi *fauconnel, falconnel, bombarde allongée;* France, 237.

Faucre ou Arrêt-ferme. — Arrêt fixé au plastron de fer pour recevoir le bois de la lance quand on chargeait à cheval; Europe, moyen âge et seizième siècle, 204, 217, 259.

Faudesteuil. — *Voir* FAUTEUIL.

Fauldes. — *Voir* FALDES.

Faussart. — L'épée de la fin du douzième siècle; Europe, moyen âge, 203.

Fausse-robe. — *Voir* ROBE.

Fauteuil (*faudesteuil, faudesteil, faudestuef, faudestuel*). — Pliant de bois ou de métal qui, recouvert d'un coussin ou d'une tapisserie, servait de siège aux souverains, aux évêques, aux seigneurs; Europe, moyen âge, 186, 231, 241-242, 243. Fauteuils du dix-septième, du dix-huitième siècle (chaises à bras), 305, 313, 315, 348, 394, 395.

Faveurs ou Galants. — Nœuds de rubans; toilette féminine; France, dix-septième siècle, 340.

Favoris ou Favoris de boucles. — Boucles disposées de façon à dessiner sur le front un croissant renversé; dames du dix-huitième siècle, 372, 397.

Fazzuolo. — Robe des épousées; Italie, seizième siècle, 245.

Felidj, Feldja. — Bandes tissées de laine et de poils de chameau dont la réunion forme la couverture de la tente arabe; Afrique, 155.

Female shrimper. — Vendeuse de crevettes; Londres, commencement du dix-neuvième siècle, 429.

Feminalia, Femoralia. — Culottes courtes ou caleçons qui couvraient les cuisses (*femora*); elles tombaient un peu au-dessous du genou. Les *femoralia* furent particulièrement adoptés par les troupes romaines qui combattaient dans le nord de l'Europe, 34, 36-37, 40. *Voir* ANAXYRIDES, BRAIES.

Fenêtres d'enfer. — *Voir* COTTE HARDIE.

Fers. — Pièce d'orfèvrerie; parure de tête des Hollandaises. Les fers sont oblongs ou plats, en spirales ou en forme de drapeau, selon les provinces, 419 et 420, 421 et 422, 423. *Voir* HOOFDNALD, HOOFD-DIZER, VOOR-HOOFDEN.

Fer-à-cheval. — Le haut toupet des perruques du dix-huitième siècle; France, 367.

Ferdah. — Le manteau des Bedjas et des Fundjés; Sénégal, 72.

Feredjé. — Robe de dessous; Maures d'Espagne, 156.

— Manteau; Turquie, 170, 175, 177.

Ferezya, manteau de la noblesse polonaise jusqu'au dix-septième siècle, 451.

Ferez, vêtement de dessus; Russie, 438 et 439.

Fermail (*frémail*). — Broche de grandes dimensions; l'un des bijoux les plus fréquemment adoptés pendant le moyen âge. On avait des fermaux pour attacher les manteaux, les chapes, les robes; pour suspendre les aumônières, les cassolettes, etc. En France, sous Charles V, ce bijou reçoit parfois le nom d'*attache*, 189, 224.

Fermoir. — Ornement de chapeau des gentilshommes de l'époque de Charles VII; France, quinzième siècle, 212. *Voir* AFFIQUE.

Ferméné. — Veste courte; Turquie, 180.

Ferronnière. — Ornement de tête consistant en une étroite bandelette se fermant au milieu du front par une pierre précieuse; parure féminine; France, seizième siècle, 248, 252.

Ferula, Nartex. — Sceptre des empereurs d'Orient, 188.

— Nom que les anciens donnaient à la crosse des évêques, 194.

Feuillantines. — Ordre de religieuses fondé en France en 1590; 335.

Fez. — Coiffure orientale consistant en une calotte de laine foulée, terminée par un *puskul*, flot de soie plus ou moins fourni. Le *fez* est plus élevé et plus cylindrique que le *tarbouch;* Turquie, 135 et 136, 169, 175, 176, 177, 178, 179, 180.

Fheile-beag. — *Voir* KILT.

Fibule (*fibula*, περόνη). — Agrafe ou broche en usage pour maintenir le manteau sur les épaules; antiquité, 31, 48-49, 51, 52, 53, 54, 55, 58, 407.

Fichu. — Réduction de la *mantille:* pièce d'étoffe qui se plie en deux par les angles et dont les dames s'enveloppent le cou. L'apparition du fichu en France, date de la seconde partie du règne de Louis XV, 371, 390, 391-392.

Fichu-pèlerine, toilette féminine de l'époque Louis XIII; France, dix-septième siècle, 328.

Fichu en chemise, ample fichu couvrant la poitrine et garni d'un col tuyauté; 1786-1792. *Fichu* (*demi-*); 1791. *Fichu à jabot;* 1787. *Fichu en marmotte*. *Fichu menteur*, vaste fichu amplifiant la poitrine. Modes féminines du règne de Louis XVI et de l'époque de la Révolution; France, fin du dix-huitième siècle, 389, 391-392, 398, 403, 405.

Fiestas de toros. — Divertissement populaire de l'Espagne, 470 et 471.

Figaro (bonnet de gaze à la). — Coiffure féminine de l'époque Louis XVI; France, 1785; 391-392.

Figurées (les). — Pas français; dix-septième siècle, 328.

Filo d'oro. — Nuance de cheveux à la mode chez les Vénitiennes du seizième siècle, 243, 288.

Financière (perruque à la). — *Voir* PERRUQUE.

Firmaments. — Épingles à têtes de diamant de la coiffure *à la Fontange;* modes féminines du règne de Louis XIV. France, dix-septième siècle, 354, 355.

Firmament (bague à). — Époque Louis XVI, 398.

Fiscales. — Gladiateurs romains entretenus aux frais du trésor public, 36-37.

Fistan. — Longue blouse; Turquie, 169.

— La jupe blanche à tuyaux raides et évasés des Grecs modernes, 164.

Fistula. — *Voir* FLUTE.

Flabellifère. — *Voir* FLABELLUM.

Flabellum (ῥιπίς). — Éventail de feuille de lotus, de plumes de paon, garni d'un long manche; antiquité 8, 18, 24, 32.

Flabellifères. — Esclaves dont l'emploi était d'éventer leurs maîtres au moyen du *flabellum*, 8, 32.

Flagellum (μάστιξ). — Fouet à une ou plusieurs lanières. Chez les Égyptiens, le *flagellum* ou *nekhekh* était un insigne de souveraineté et de protection placé dans la main d'Osiris et des rois; antiquité, 4.

Flambeau (*flambiau*). — Jusqu'à la fin du seizième siècle, le mot flambeau, dont l'étymologie se trouve dans *flamma*, flamme, désignait la *chandelle de cire* elle-même. Ces chandelles étant venues à diminuer assez de grosseur pour être portées à la main, on fabriqua alors des *chandeliers à flambeaux* qui, par abréviation, ne furent bientôt plus désignés que sous le nom de *flambeaux*, 376.

Flamberge. — Épée d'escrime à poignée sans branche; Europe, seizième siècle, 263.

Flamine (*flamen*). — Titre donné à tout prêtre romain attaché au service d'une divinité, 38.

Flammula. — Bannière militaire; variante du *vexillum;* Romains, 35.

Flancards. — Tassettes articulées; armures du moyen âge, 222. *Voir* BRACONNIÈRE.

Flançois. — Pièce d'armure protégeant les flancs du cheval; Europe, seizième siècle, 260.

Flasque. — De l'italien *fiasco*, flacon. Nom donné, pendant le seizième siècle, à la boîte de bois, d'ivoire, de corne ou de métal, destinée à contenir la poudre dont on chargeait les armes à feu portatives; 254, 263. *Voir* AMORÇOIR, POIRE A POUDRE, PULVÉRIN.

— Partie de l'affût : le dessous des madriers de côté; artillerie française du quinzième siècle, 220.

Fléau. — Insigne de la divinité chez les Égyptiens, 4.

— Arme des gens de pied, composée d'une masse de fer retenue à l'extrémité d'un bâton par un bout de chaîne ou une bande de cuir; France, moyen âge, 218.

Flèche (*sagitta*, τόξευμα ou τόξον). — Chez les Grecs et les Romains, la flèche était ordinairement armée d'un fer ovale, sans crochets; la flèche à fer crochu, *sagitta hamata* ou *adunca*, était en usage chez les peuples du nord et les Asiatiques. Au moyen âge, la flèche prenait son nom du fer qui y était attaché. *Voir* BARBILLON, BOUJON, CARREAU, DARD, RAILLON, SAGETTE, VIRETON, 1, 2, 11 et 12, 25-26, 48-49, 50, 64, 67-68, 76, 94-95, 96-97, 113.

Flibots. — Petits bâtiments des pêcheurs de Scheveningen; Hollande, 419 et 420.

Flissi. — Sabres kabyles; Afrique, 150.

Floqué. — Espèce de collerette rappelant les anciennes fraises; femmes baléariotes; Espagne, 481.

Flûte (*tibia*, αὐλός). — La flûte a eu pour premier type le chalumeau champêtre, simple tige de blé ou de roseau percée de quelques trous. Plus tard, on en fit de formes et de matières très différentes.

Variétés de la flûte antique :

Fistula. — Flûte en tige de roseau ou de canne.

Tibiæ conjunctæ. — Paire de flûtes à embouchure unique

Tibiæ curvæ. — Celles aux bouts recourbés en forme de corne.

Tibiæ gingrina. — Petite flûte aux sons aigus, comme dans le *fifre* moderne.

Tibiæ impares. — Flûtes de longueur inégale.

Tibiæ longa. — La longue flûte employée dans les temples pendant les sacrifices.

Tibia obliqua. — Flûte fourchée assez semblable au *basson*.

Tibiæ pares. — Paire de flûtes de même longueur et de même diamètre.

Tibia utricularis. — La musette.

— Au moyen âge on connaissait la *flûte simple*; la *flûte double*, composée de deux tiges dont la gauche, plus courte, et nommée *féminine*, donnait des sons aigus, tandis que la droite, ou *masculine*, rendait des sons graves; la *traversière*; la *flûte d'Allemand*, garnie de neuf trous; la *flûte brehaigne* ou *bohémienne*; le *chalumeau*; la *pipe* ou *pipeau*; le *flajos* ou *flageolet*; le *flûtel* ou *galoubet*, encore si usité dans nos campagnes du midi de la France; et le *frestel* ou *frétiau*, qui n'était autre que la *syrinx* antique, 22, 28, 29, 38, 43, 192, 209.

Focale. — Cravate portée par les soldats des armées de Trajan, de Marc-Aurèle et de Septime-Sévère; Romains, 34, 36-37.

Follette. — Touffes de plumes blanches ornant le chapeau; modes féminines du règne de Louis XVI; France, 1786; 391-392.

Fond de cuve. — *Voir* CULOTTE.

Fonda. — Auberge espagnole, 477-478.

Fong. — Animal fabuleux que l'on a donné comme insigne aux impératrices de Chine, 86.

Fong-hoan. — Ornement de tête en forme d'oiseau; coiffure des dames chinoises, 87, 89 et 90.

Fontange. — Bonnet garni d'une haute passe façonnée en rayons; du nom de Madame de Fontange. Modes féminines du règne de Louis XIV; France, fin du dix-septième siècle. — *Altière fontange* (l'), 352, 353, 354, 355, 360. *Voir* COMMODE, CORNETTE, CULBUTE, EFFRONTÉE (l'), MONTÉ-LA-HAUT, PALISSADE.

Fontange (devant à la). — Toupet élevé et partagé; perruques des hommes du règne de Louis XIV, 351.

Forces, Forceps, Forsetes. — Nom donné aux ciseaux pendant le moyen âge, 399.

Fores. — Les battants de la porte; maison romaine, 33.

Forme, Fourme. — *Voir* BANC.

Forminga ou **Phorminga.** — Grande lyre; Grèce, 22.

Forskinn. — Le tablier du mineur dalécarlien; Suède, 414.

Fou-Gin. — Femmes de l'empereur, épouses du second ordre; Chine, 86. *Voir* CHI-FOU, PIN, YUTSI.

Foudre (*fulmen*). — Faisceau de petits dards disposés en zigzag. Le foudre était le symbole particulier des légions *fulminante* (*fulminatrix*) et *jovienne*; Romains, 35.

Fouet. — *Voir* FLAGELLUM.

Fourche à croc. — Arme à branches quadrangulaires très longues et à double crochet; grenadiers du régiment Dauphin et sous-officiers du régiment du Perche; France, dix-huitième siècle.

Fourche fière. — Arme de la fin du quinzième siècle, 381.

Fourchette (*furchette*). — On avait, dès le treizième siècle, des fourchettes pour quelques mets exceptionnels; on n'en avait pas pour la règle commune. Objet de luxe, la fourchette, emmanchée de cristal, ivoire ou pierre dure, n'avait parfois que deux dents. Cet instrument ne devint commun qu'à partir du seizième siècle, 399.

Fourchette (bas à coins, dits à). — Bretagne, 496.

Fournier. — Homme de service chargé de la confection du pain; paysans français du moyen âge, 209.

Fourquine. — La fourche d'appui du mousquet; Europe, seizième et dix-septième siècles, 267, 266, 275, 301, 342.

Fourreau. — *Fausses robes*, c'est-à-dire n'ayant pas de queue. — *Fourreau en col de canard*, — *fourreau à la lévite*. — Dames du dix-huitième siècle, 371, 389, 391-392.

Fourrure. — Les fourrures étaient d'un usage général chez la noblesse française du moyen âge, surtout pendant les quatorzième et quinzième siècles. L'hermine, la martre zibeline, le gris (petit gris), le menu vair et le gros vair étaient réservés aux princes et aux seigneurs de haute naissance. Les fourrures les plus ordinaires portées par la petite noblesse et la bourgeoisie étaient l'écureuil, le lièvre, la genette, l'agneau noir et le renard. Les gens du peuple portaient des fourrures d'agneau, de chat, de loup, de chèvre, de chien, etc., 203, 208, 210, 211, 212.

Foutah. — Nom du tablier en Turquie, 178.

Frac. — Mot polonais introduit dans la langue pour désigner une sorte d'habit plus dégagé que l'habit de cour; France, fin du dix-huitième siècle, 391-392, 400, 403, 408-409.

Fraise (*frèse*). — Col en linge fin plissé à tuyaux, formant plusieurs rangs; mode importée d'Italie en France et en Espagne au seizième siècle. Elle a été en usage chez les deux sexes depuis Henri II jusqu'à Louis XIII. — *Fraise à la confusion*, — *Fraise godronnée*. — Europe, seizième et dix-septième siècles, 266, 268, 272, 274, 275, 276 et 277, 279, 280, 285, 311, 320 321, 325, 326, 329. *Voir* COL, COLLERETTE.

Framée. — Lance ayant une hauteur d'homme; arme des Germains, également en usage pendant l'époque mérovingienne, 48-49, 56-57.

Francs-Taupins. — Nom donné jadis dans les armées, aux ouvriers mineurs qui fouillaient la terre à la façon des taupes, et sapaient la base des murs et des tours avec des machines de fer appelées *talpæ*. Le nom de *taupin* fut aussi une injure adressée par la noblesse aux milices des campagnes; France, moyen âge, 228.

Franciscains. — Membres de l'ordre religieux fondé en 1208 par saint François d'Assise, 198.

Francisque. — Hache à un ou deux tranchants dont le fer était épais et acéré, et le manche très court; on la lançait de loin contre l'ennemi. Arme des Francs, 48-49, 56-57.

Freluches. — *Voir* FANFRELUCHES.

Freluquets, Fresques, Fringants. — Noms donnés aux rois de la mode, en France, vers la fin du quinzième siècle, 246.

Frigidarium. — Première salle des bains romains, 45.

Fripon. — Le tablier des Bordelaises; France, commencement du dix-neuvième siècle, 485.

Friponne. — Nom donné, dans le langage précieux, à la jupe de dessous placée entre la *secrète* et la *modeste*; toilette féminine de l'époque Louis XIII; France, dix-septième siècle, 328.

Frisons d'ébène. — Coiffure féminine de l'époque du Directoire; France, dix-huitième siècle, 400.

Frisure à l'angle, frisure sur rien. — Perruques du dix-septième siècle, 351.

Frisure à la Chartres, à la physionomie. — Dames du règne Louis XVI, 388, 390.

Frisure à ondes longues. — Espèce de coiffure en *oreilles de chien*; Perse, 135 et 136.

Fronde. — Arme consistant en une double lanière de crin avec laquelle on lance des pierres ou des balles de plomb 63-64.

Fronde (mode à la). — France, minorité de Louis XIV 340.

Frontal. — Espèce de diadème en usage parmi la haute noblesse; France, moyen âge, 210.

— Parure des Asiatiques, des Africains et des Océaniens; 60-61, 129, 165. *Voir* THIBEZIMEN.

Fronteau. — Bandeau des Altembourgeoises; Allemagne, 432. *Voir* HORNIT.

— Partie de la têtière qui couvre le front et les yeux; harnais du cheval de guerre; Europe, seizième siècle, 261.

Fulminante (légion) ou *fulminatrix*. — Surnom donné, vers 174 de notre ère, à une légion romaine; cette légion, composée de chrétiens, avait obtenu en Germanie, par ses prières, une pluie abondante qui sauva l'armée près de périr de soif; ce miracle, accompli au moyen d'un violent orage, valut à la légion le surnom de *fulminante*, 35.

Fundoshé. — Écharpe roulée en ceinture; *bêtos* japonais 96-97.

Funzioni. — Offices religieux; Italie, 467.

Fuscina. — Grande fourche à trois branches; arme des *retiarii*, gladiateurs romains, 36-37. *Voir* TRIDENS.

Fusil. — De l'italien *fucile*, pierre à feu; les premiers fusils eurent effectivement une platine à silex. La première arme analogue au fusil fut l'*arquebuse*, dont l'usage parmi les troupes françaises ne date que du règne de Louis XII. A l'arquebuse succéda, vers la fin du seizième siècle, le *mousquet*. Au mousquet, on commença, dès 1671, à substituer le fusil; cependant, il ne le remplaça tout à fait dans nos armées, non plus que dans celle des autres États de l'Europe que de 1701 à 1704; 342, 343, 384, 385, 386, 400.

— Asie, Afrique; 67-68, 72, 120, 177.

Futaine (*fustaine*). — Étoffe de coton croisée; on en faisait autrefois des couvertures de carreaux et aussi des pourpoints; France, 209, 210.

Fyl-t-chiarra « tête d'éléphant ». — Bateau de plaisance des gens riches; la proue de ce bateau porte l'image d'une tête d'éléphant, d'où le nom de *fyl-t-chiarra*; Inde, 131.

G

Gaard. — Réunion de demeures rustiques; Norvège, 418. *Voir* SAETER.

Gaban. — *Voir* CABAN.

Gabienne (ceinture à la). — *Voir* CEINTURE.

Gabrielle de Vergy (coiffure à la). — Modes féminines du règne de Louis XVI; France, dix-huitième siècle, 390.

Gaça. — Grand plat en bois de hêtre dans lequel les Kabyles apprêtent leur mets national, le *couscoussou*; Algérie, 154.

Gai. — Danse française en vogue sous Louis XIII; France, dix-septième siècle, 328.

Gais. — Bâton gaulois, 56-57.

Gaita. — La cornemuse des Galiciens; Espagne. *Gaitero gallego*; joueur de cornemuse galicien, 476.

Galants, Galands. — Coques de rubans qui servaient, chez les deux sexes, à nouer les *bouffons*, les *cadenettes*, les *moustaches* ou les *serpenteaux*. Pendant le règne de Louis XIV, on attachait des galants à l'épaule, aux poignets, à la ceinture du haut-de-chausses; France, dix-septième siècle, 328, 340, 354.

Gallegada. — La danse des Galiciens; Espagne, 476.

Gallica. — *Voir* GALOCHE.

Galoche (*gallica*). — Chaussure à semelle de bois que les Gaulois portaient en temps de pluie. Les Romains adoptèrent la *gallica* pour la campagne, ainsi que la *pænula*, 47, 56-57.

Galoubet. — Flûte provençale à trois trous. — (joueurs de); France, moyen âge, 209. *Voir* FLUTE, FLUTET.

Gamaches. — Fourreaux de jambes. Paysans français du moyen âge, du seizième et du dix-septième siècles, 209, 222, 274, 331.

Gambeto. — Le pardessus des Catalans; Espagne, 474.

Gambison (*gambais, gamboison, gambeson, wambison, wamboison*). — Vêtement que les hommes d'armes portaient le plus souvent sous le haubert de mailles pendant les douzième, treizième et quatorzième siècles. Le *gambison* était fait de peau ou d'étoffe piquée et rembourrée; certains d'entre eux pouvaient être considérés comme des justaucorps; d'autres descendaient jusqu'au genou. On donnait aussi à ce vêtement le nom de *cotte gamboisée*. Europe, moyen âge. — *Gambois*; La bourre dont était garni le *gambison*, 201, 202, 203, 204, 253.

Ganaderias. — Les troupes de taureaux qui participent à un combat; Espagne, 470 et 471.

Gandoura. — Chemise de laine ou de cotonnade; vêtement ordinaire du Kabyle; Afrique, 151, 157, 160 et 161, 163, 165. *Voir* DERBAL.

Gants. — Les gants firent leur apparition chez les Gallo-Romains; ils étaient d'un usage général pendant la période carlovingienne et on en portait en toutes saisons; ceux d'hiver, n'ayant pas de doigts, s'appelaient *mouffles*. Pendant le moyen âge, le gant fut considéré comme symbole: jeter son gant, c'était provocation; le présenter, c'était soumission. Au quinzième siècle, commence la vogue des gants d'Espagne; elle se maintient pendant les seizième et dix-septième siècles; ils étaient alors frangés, *chiquetés*, coupés. Leur réputation fut détrônée par celle des gants français, au dix-huitième siècle. *Gants à la Cadenet, à la frangipane, à la nécessité, à l'occasion, à la Phyllis*; France, époque Louis XIII, 273, 274, 280, 329, 338 et 339, 340, 353, 354, 365, 391-392.

Gants de chasse. — Moyen âge et dix-septième siècle, 200, 211, 328.

Gants liturgiques, 193.

Gantiers-parfumeurs. — La communauté des maîtres-gantiers de Paris, 397.

Gantelet, gants de plates. — Pièce d'armure ordinairement cousue sur un gant de peau. Le gantelet change de formes à différentes époques: au treizième siècle, c'est le prolongement du haubert qui le fournit sous forme de sac, le pouce est séparé; au quatorzième, les doigts sont isolés et couverts d'écailles d'acier; au siècle suivant, une nouvelle espèce de gantelet, le *miton*, ne présente plus de doigts séparés et se trouve seulement formé de lames disposées dans le sens des grandes divisions de la main; au milieu du seizième siècle, le *pistolet* fait son apparition, ce qui exige le retour du gantelet à doigts séparés. C'est la dernière forme de cette pièce de l'armure, 1, 3, 12, 36-37, 94-95, 96-97, 201, 202, 205, 207, 208, 217, 218, 219, 220, 253, 254, 258, 260, 261.

Garcettes. — Rang de cheveux coupés courts et couchés à plat; modes féminines de l'époque Louis XIII; France, dix-septième siècle, 328.

Garde. — Nom donné aux plaques articulées formant le prolongement des diverses parties de l'armure; hommes d'armes du quinzième siècle; Europe, 222.

Garde-aisselle. — Armure du seizième siècle, 261.

Garde-bras. — Armure spéciale de l'avant-bras et du coude, destinée, à droite, au combat à la lance, et à gauche, à tenir lieu d'écu ou de targe; Europe, quinzième siècle, 203.

Garde-nuque. — La partie du casque qui se prolonge derrière le cou, 217.

Garde (passe-) ou *Garde-collet*, 253, 260.

Garde-reins. — *Voir* HAGUINE.

Gardes du corps. — Garde de la personne des rois de France; moyen âge, seizième, dix-septième et dix-huitième siècles, 255, 256, 382, 383. *Voir* ARCHERS, CHEVAU-LÉGERS, CRENEQUINIERS, ÉCOSSAISE (COMPAGNIE).

Garde « en dehors du Louvre ». — Dans la maison militaire des rois de France, on comprenait dans la garde « en dehors du Louvre », parmi la cavalerie, les compagnies de gendarmes, de chevau-légers, de mousquetaires et de gentilshommes à bec de corbin ; parmi l'infanterie, les régiments de gardes françaises et de gardes suisses. — *Garde « du dedans du Louvre »* ; les quatre compagnies des gardes du corps, les Cent-Suisses, les gardes de la porte et la compagnie de la prévôté de l'hôtel, 383.

Gardes françaises. — Régiment d'infanterie de la maison du roi, créé par Charles IX en 1563 ; France, seizième, dix-septième et dix-huitième siècles, 342, 385.

Gardes de la marine. — Compagnies de jeunes nobles parmi lesquels se recrutaient les officiers de la marine royale, établies en 1670 par Colbert ; France, 386.

Gardes du pavillon amiral. — Institution de Louis XIV ; les gardes du pavillon amiral et les gardes de la marine formaient la première classe des *élèves de marine* ; ils reçurent dans la suite le nom d'aspirants. France, dix-septième et dix-huitième siècles, 386.

Gardes de la porte. — Corps de la maison militaire des rois de France, créé en 1261 par Louis IX, 384.

Gardes-suisses. — Corps d'infanterie créé en 1573 par Charles IX, pour remplacer les gardes françaises qu'on venait de licencier. L'organisation des gardes-suisses en régiment date de 1616 ; chaque compagnie était recrutée dans un canton suisse particulier, 385.

Garravaches. — Les hautes guêtres du paysan français ; dix-septième siècle, 331. *Voir* GAMACHES.

Garotte. — Le gourdin des Galiciens ; Espagne, 473.

Gatyen. — Pantalon de toile ; Croates, 458 et 459.

Gaunacum. — Tunique féminine ; *Britanni*, 59.

Gausape (γαυσάπης). — Sorte de *pænula* à franges, faite d'une étoffe chaude et légère, le *gossypium* ou *byssus* ; antiquité, 45.

Gavardina. — Veste courte ; Italie, moyen âge, 199, 238.

Gavotte. — Danse française ; dix-septième et dix-huitième siècles, 362.

Gefara. — Burnous d'été ; Maures tunisiens, 159.

Gellâbys. — Marchands qui traversent le Sahara par caravanes ; Afrique, 149.

Gendarmerie. — Nom par lequel on désignait, au seizième siècle, la cavalerie d'élite que Charles VII avait formée sous le nom de *compagnies d'ordonnance* : la *gendarmerie de France* subsista jusqu'en 1788. — *Gendarmerie de la garde* ; compagnie de la maison du roi organisée par Henri IV en 1609 ; elle fut supprimée en 1787. — Depuis 1791, on nomme *gendarmerie* le corps militaire appelé autrefois *maréchaussée*. — 381, 382, 388.

Genipaba. — Arbre dont les fruits procurent au Botocudo une teinture noire pour le corps ; Amérique du Sud, 76.

Génoise (costume à la). — Dames de la fin du quinzième siècle ; Europe, 247 et 248.

Genouillères (*genouilles*). — Pièces d'armure protégeant le genou. On voit apparaître les premières genouillères vers le milieu du treizième siècle ; elles étaient placées sur des chausses de mailles ou de peau, lesquelles ne préservaient pas suffisamment les articulations. Europe, moyen âge, 202, 204, 217, 219, 220, 222.

Gentildonne. — Les dames italiennes des seizième et dix-septième siècles, 288, 330.

Gewin a-bragaivd. — Boisson galloise, 125 et 126.

Ghamma. — Nom d'un manteau porté par les femmes du Sahara algérien ; Afrique, 165.

Ghsoufzy. — Danseuses publiques ; Algérie, 164.

Ghekos. — Musiciens japonais, 101.

Gheeuzluk. — Sorte de bavette qui couvre entièrement la poitrine, costume féminin ; Turquie, 180.

Ghort. — Purification ; immersion totale du corps dans l'eau ; religion musulmane, 145 et 146.

Gigue (*gigle*). — Instrument à cordes et à archet ; un de ceux que préféraient les ménestrels. Avec la gigue, la rubèbe et le monocorde, on avait un dessus, un alto et une basse. Europe, moyen âge, 192.

Gilet. — Terme créé en même temps que celui de *veston*, pour désigner les vestes à mettre sous les redingotes. En 1779, le gilet fut donné à toute l'armée française, l'artillerie et les chasseurs exceptés. En 1786, la mode des hommes s'étant introduite dans le costume féminin, les dames joignirent à la redingote le gilet, la cravate et le jabot. Vers la fin du dix-huitième siècle (règne de Louis XVI), le gilet était le plus souvent orné de broderies en soie de couleur, 385, 386, 391,392.

Gippon. — *Voir* JUPEL.

Gitanos. — Bohémiens espagnols, 177-178.

Giucann. — Gaine protégeant les parties sexuelles du Botocudo ; Amérique du Sud, 76.

Gladiateur. — *Voir* GLADIUS.

Gladius (ξίφος). — L'épée du soldat romain, 36-37.

Gladiator (l'homme du *gladius*). — Gladiateur, combattant du cirque ; antiquité, 36-37. *Voir* ANDABATE, AUCTORATE, BUSTUAIRE, DIMACHÈRE, ESSÉDAIRE, FISCAL, HOPLOMAQUE, MIRMILLON, RÉTIAIRE, SAMNITE, THRACE.

Glaive. — Nom de la lance chevaleresque pendant les douzième et treizième siècles, devenu celui de l'épée vers la fin du quatorzième. — *Glaivelot*, petite lance. — Europe, moyen âge, 202, 217.

Glengarry. — Bonnet écossais qui ne remonte pas au delà des premières années du siècle, 425 et 426.

Gleucin. — Parfum en usage dans les bains romains, 45.

G'llaumé. — Morceau de bois articulé faisant l'office d'un bras, dans lequel on fiche la chandelle de *rosine* (résine), maison bretonne, 499-500.

Gnimato. — Ornement de la lèvre ; nations indigènes du Brésil et du Paraguay ; Amérique du Sud, 76.

Godendart (*godendag, godendaz*). — Nom de la pique flamande ; sorte de vouge ou de fanchart avec pointe latérale perpendiculaire au fer ; Europe, moyen âge, 202.

Gombo. — L'outre qui contient l'hydromel ; équipement du soldat abyssin ; Afrique, 67-68.

Gonelle. — *Voir* GONNE.

Gonfalon ou **Gonfanon.** — Bannière quadrangulaire à plusieurs queues et assujettie au bout de la lance ; Europe, moyen âge, 202, 203, 222.

Gonfalonier. — « Porte-étendard de la justice » ; magistrature populaire créée à Florence en 1292 ; Italie, 365.

Gonfanon. — *Voir* GONFALON.

Gonga. — Bateau indien en usage pour la pêche au filet, 131.

Gonggrifter. — Sépulture à galerie ; Scandinavie, âge de la pierre, 50.

Gonne. — Robe de dessous ; Europe, treizième et quatorzième siècles, 209.

Gounel. — Petit sayon des paysans du moyen âge, 209, 222.

Gonnelle (*gonelle, gonnile*). — Manteau de chevauchée garni d'un capuchon ; vêtement du moyen âge à l'usage des deux sexes, 200.

Gopijantar. — Cimbales en usage dans l'Inde, 123.

Gorge anglaise. — Nom donné à la collerette à plusieurs rangs de la chemise bouffant sur la poitrine ; modes féminines. France, fin du règne de Louis XVI, 398, 405.

Gorgerette (*gorgière*). — Fichu d'étoffe fine et transparente en usage dans le costume féminin dès le quatorzième siècle. *Gorgerette de doulx fild* ; Europe, quinzième-seizième siècle 246, 249 et 250, 251.

Gorgerin (*gorgery, gourgerit, gorgerete*). — Petit camail de mailles attaché au bacinet ; il couvrait le cou et atteignait à peine les épaules. Europe, moyen âge, 202, 203, 209, 217, 218, 220, 253, 254.

Gorgière. — *Voir* GORGERETTE.

Gorriers. — Nom donné, en France, aux rois de la mode vers la fin du quinzième siècle. *Voir* BRAYARDS, FRETIQUETS, FRESQUES, FRINGANTS.

Gorro. — Bonnet de laine des Catalans. Espagne, 471.

Goseyens. — Nom générique sous lequel les Indous désignent ceux qui appartiennent aux ordres monastiques, 127.

Gottestischrock (der). — « Redingote de la sainte Table » : redingote aux pans descendant jusqu'aux pieds et que les paysans silésiens revêtent surtout les jours où ils se rendent à l'église. Allemagne, 433.

Gottô. — Grande harpe ; Japon, 103.

Gougou. — Le long couteau à gaine des Auvergnats, 484.

Goujat. — Valet d'armée ; France, seizième siècle, 275.

Goundoura ou **Koundoura.** — Souliers communément noirs ; Turquie, 176, 182.

Gourbi. — L'habitation kabyle ; Afrique, 152-153.

Gourgandine. — Corsage allongé, entr'ouvert par devant et lacé ; dames de l'époque Louis XIV, France, dix-septième siècle, 352, 355, 367.

Gourgoury houkka. — Pipe à eau de la famille du *kaléan* ; Inde, 109, 144.

Gouriz. — Ceinture avec plaques ajourées et ciselées ; paysans bretons, 492, 494, 495, 497.

Gouttière. — Bande d'étoffe entourant le *poêle* du lit ; Europe, moyen âge, 227.

Graab ou **Paal.** — Navire à trois mâts avec une proue en pointe ; Inde, 131.

Graine d'épinard. — Poudre pour les cheveux ; France, dix-huitième siècle, 360.

Grand'garre (manches à la). — Les larges manches des dames de la fin du quinzième siècle, 249 et 250, 251.

Grand'mère (coiffure à la). — Modes féminines du règne de Louis XVI ; France, dix-huitième siècle, 389.

Grappe de billettes. — Rangs de billettes de fer en pointe de diamant, placés en arrière de la rondelle d'acier pour empêcher le bois de la lance de glisser sur le *fauere* au moment du choc ; hommes d'armes du quinzième siècle, 217.

Grecque (costume à la). — Modes féminines du règne de Louis XII ; France, quinzième-seizième siècle, 247 et 248.

Grègues. — Haut-de-chausses bouffants descendant jusqu'à mi-cuisse ; Europe, seizième et dix-septième siècles, 274, 280, 311, 340. *Voir* TROUSSES.

Grenadiers. — Nom donné en 1667 aux anciens *Enfants perdus* qui, pendant les sièges, jetaient des grenades à mains. Les grenadiers conservèrent cette spécialité jusqu'en 1678, année où ils reçurent des fusils. Toujours disséminés dans les régiments, ce n'est qu'en 1745 qu'ils formèrent un corps spécial auquel on donna le nom de *Grenadiers royaux*, puis celui de *Grenadiers de France*. A dater de 1791, chaque bataillon d'infanterie eut sa compagnie de grenadiers ; pendant l'époque impériale, la garde en réunit plusieurs régiments qui servaient de réserve. — *Grenadiers à cheval* ; troupe d'élite attachée à la maison militaire du roi ; créée par Louis XIV en 1676, elle fut supprimée en 1775. Il y eut des grenadiers à cheval dans la garde des consuls, ainsi que dans la garde impériale de Napoléon Ier. — France, dix-septième, dix-huitième et dix-neuvième siècles, 343, 384, 385, 400.

Grenadière. — La gibecière remplie de grenades portée par les grenadiers du dix-septième siècle, 343.

Grèves. — Pièces d'armes destinées à la défense des jambes. Europe, moyen âge et seizième siècle, 202, 217, 219, 220, 222, 258, 261, 260.

Grinoliou. — Coffre pour serrer les grains ; mobilier rustique de la Bretagne, 499-500.

Griots. — Bouffons africains, 72.

Grivoises. — Nom donné aux râpes à tabac du dix-septième siècle, en raison des sujets habituellement traités dans leur décoration ; France, 358.

Guarde-pits. — Le gilet des Baléariotes ; Espagne, 481.

Guedeklis. — Femmes attachées au service particulier du sultan ; Turquie, 172-173.

Guéguesques ou **Grèguesques** (culottes). — Chausses à l'usage des dames du seizième siècle ; Europe, 289.

Guènes. — *Voir* ESCARLONS.

Guenille à la Choiseul. — *Voir* ÉPAULETTE.

Guenina. — La tasse dont se servent les Arabes pour traire leurs vaches ; Afrique, 155.

Guêpes. — Épingles à tête de diamant de la coiffure *à la Fontange* : dames du règne de Louis XIV ; France, dix-septième siècle, 354.

Guerdanlik. — Collier oriental, 140, 170, 176, 180, 463.

Guéridon (panier à). — *Voir* PANIER.

Guessaa. — Le plat de bois des Arabes ; Afrique, 155.

Guêtre. — Habillement de la jambe couvrant en même temps le dessus du soulier ; la guêtre se ferme ordinairement avec des boutons d'étoffe ou de métal. Europe, costume civil et militaire, dix-huitième et dix-neuvième siècles, 385, 400, 484, 486, 487, 491, 493, 495.

Guetta. — Patins de bois ; Japon, 101, 102, 105.

Gueuchluk. — Corsage collant ; Turquie, 462.

Gueuse (*beggars lace*). — Dentelle grossière du seizième siècle, 270 et 277, 340.

Guhzla. — Instrument à archet d'origine arabe, 160 et 161.

Guidon. — Petit étendard devenu, vers le milieu du quinzième siècle, l'enseigne de la gendarmerie et plus tard celle des dragons ; un officier le portait, et, par extension, était aussi appelé *guidon* ; France, 201, 202.

Guige (*guiche*). — La courroie du bouclier qui sert à le suspendre au cou de l'homme d'armes. Antiquité et temps modernes, 15, 25-26, 36-37, 56-57, 111, 201, 202, 217, 254.

Guimbarde (rabat à la). — Toilette féminine ; règne de Louis XIII ; France, dix-septième siècle, 328.

Guimpe. — Sorte de voile en toile ou en mousseline, en usage chez les dames des treizième et quatorzième siècles ; on le conserva plus tard dans la toilette des religieuses, des veuves ou des dames qui menaient une vie retirée, 147, 208, 243, 252, 332, 333, 334, 335.

Guinée. — Toile de coton bleue dont sont faits les vêtements au Sénégal ; Afrique, 67-68, 72.

Guipure. — Dentelle de fil ; Europe, seizième siècle, 270 et 277.

Guisarme (*gisarme*). — Arme d'hast composée d'un tranchant long, recourbé, et d'une pointe droite, d'estoc. Europe, moyen âge, 202, 218.

Guisarmier. — *Voir* COUSTILLIER.

Guitare (*guiterne, quiterne*). — Instrument à cordes pincées, dérivé de la *cithare* et de la *rote*, et particulièrement employé pour accompagner la voix; Europe, moyen âge, 192.

Gunia. — Le manteau de poils de chèvre du *gorals* (montagnard) hongrois, 458 et 459.

Gwilé. — Lit rustique de la Bretagne. — *Gwilé clos*; lit clos dit à *hussiaux*, c'est-à-dire fermé par des portes ou panneaux glissant l'un sur l'autre. — *Gwiléou-steny*; lit à colonnes, 499-500.

Gymnosophistes. — « Philosophes nus »; nom donné par les anciens Grecs à une secte de philosophes indous, 117-118.

Gynécée (*ginæconitis*, γυναικωνῖτις). — Partie de la maison grecque réservée aux femmes, 27-28.

Gypsati. — Individus aux pieds marqués de craie, procédé employé par les anciens pour signaler dans les marchés les esclaves qui étaient à vendre, 47.

H

Habit. — Vêtement de dessus, d'abord en usage dans le costume militaire de l'époque de Louis XIV; il s'introduit dans le costume civil vers 1670. Le justaucorps ou habit, la veste ou gilet, ainsi que la culotte, forment les bases du costume moderne.

Habits militaires : *habits bleu de roi, bleu turquin, gris blanc, gris bleu, rouge, habit dit à la française.*

Habits civils : *habit à pans bouillonnés ou à panier, complet européen, habit carré*, 342, 343, 351, 354, 360, 362, 367, 368, 369, 372, 373, 383, 384, 386, 390, 387, 391-392, 404, 410. *Voir* Frac, Redingote, Surtout.

Hache. — Instrument tranchant à large fer et à manche. — *Hache d'armes, hache de guerre*, Hache à un seul tranchant, avec marteau à l'opposite, 2, 12, 14, 25-26, 48-49, 80, 81, 119, 187, 201, 202. *Voir* Celt, Francisque, Marteau d'armes.

Hache (pipe-); Peaux-Rouges, 80.

Hache de Créqui. — Hache d'armes munie d'une pointe élevée qui lui donnait l'aspect d'une hallebarde; France, quinzième siècle, 220.

Hache danoise. — Arme à tranchant convexe, avec ou sans pointe au talon, importée en France au commencement du quatorzième siècle par les mercenaires, cavaliers et fantassins émancipés sous le nom de *sergents*, 202.

Haches de sacrifices; antiquité. *Voir* Acinace, Dolabra, Secena, Securis.

Haches de travail; haches-marteaux; 46-49, 50, 56-57. *Voir* Herminette.

Hache (ordre de la). — Ordre espagnol particulièrement institué pour les femmes vers le treizième siècle, 364.

Hackerry. — Petite voiture traînée par des bœufs; Inde, 131.

Hacquebute. — Nom donné à une pièce d'artillerie du seizième siècle; France, 257.

Hadida. — Pâte dont se servent les Kabyles pour noircir les cheveux; Afrique, 155.

Hadjar-ed-dam. — « Pierre du sang »; cornaline ou sardoine réputée, chez les Arabes, comme excellente contre les flux de sang et les hémorragies; Afrique, 162.

Hadjieh. — Le serpent figuré dans les coiffures de l'Égypte antique, 3.

Haguine. — Pièce de l'armure préservant les reins; France, seizième siècle, 296.

Haham-bachi. — Docteur juif ès-sciences religieuses; Turquie, 178, 464.

Haïk. — Grand vêtement de laine, ou pièce de mousseline, dont les Arabes s'enveloppent la tête et le corps; Afrique, 157, 158, 159, 160 et 161. *Voir* Burnous.

Halhal. — Bracelet oriental, 140.

Hallebarde. — Arme d'hast introduite en France par les Suisses et les Allemands au commencement du quinzième siècle; la hallebarde ne parait toutefois avoir été adoptée d'une manière régulière, pour les troupes à pied, que sous Louis XI. Par la forme de son fer, façonné d'un côté en hache et de l'autre en dard, cette arme frappait à la fois d'estoc et de taille, 203, 218, 219, 255, 256, 257, 260. *Voir* Corsèque, Esponton, Faussard, Guisarme, Pertuisane, Ronconne, Vouge.

Hallecret. — Léger corselet couvert de lames en fer battu; France, quinzième siècle, 222.

Hallristningar. — Grandes sculptures en creux faites dans le roc. Age de bronze; Scandinavie, 50.

Haltia. — *Scie* ou bonnet lapon en forme de vase, 411.

Hammal. — Portefaix turc, 175.

Hanap (*henap*). — Vase à boire souvent d'une capacité assez vaste pour permettre à plusieurs personnes de boire à la même rasade. Europe, moyen âge, seizième et dix-septième siècles, 306, 323.

Han-chaol. — Chemisette qui se boutonne sur le côté; dames chinoises, 87, 89 et 90.

Hanepier. — Couvre-chef de fer; France, commencement du quinzième siècle, 217.

Hanum, Hanoum. — Nom de la dame, chez les Turcs, 171, 175.

Haol. — Robe de dessous; Chine, 85, 86, 89 et 90. *Voir* Ma-coual.

Harbi. — Les baguettes de pistolet que le Zeibek met à même dans sa ceinture ou *silahlik*; Turquie, 177.

Harem. — L'appartement des femmes; Orient, 171, 172-173.

Harnais. — Pendant le cours du moyen âge, on désignait par ce mot non seulement l'habillement du cheval, mais l'équipement de l'homme de guerre, et même le mobilier transportable dans les camps.

Harnais blanc. — Celui de fer ou d'acier poli; on le préférait pour combattre, 206, 217.

Harnas. — L'armure des jambes, 218.

Harpe (de ἅρπη). — Instrument à cordes dont la forme antique présentait un dos recourbé comme une faucille. La harpe anglaise (*cithara anglica*) du neuvième siècle diffère à peine de la harpe moderne. L'usage en fut très grand au moyen âge; mais au seizième siècle, elle tomba en décadence, on lui préféra le luth, 6, 22, 43, 192. *Voir* Buni, Sambuca, Trigone.

Harper. — Le joueur de harpe écossais, 425 et 426.

Harpé. — L'épée à crochet des anciens Grecs, 15.

Harzkappe. — « Chape du Harz », manteau à manches pendantes; Allemagne, seizième siècle, 270 et 271.

Hasta (ἔγχος). — Lance du légionnaire romain.

Hastati. — Soldats romains armés de la lance, la première des trois classes de l'ancienne légion romaine, 34, 36-37. *Voir* Pilum.

Hast (armes d'). — Nom donné à toute arme composée d'un fer tranchant ou aigu et emmanchée au bout d'un bâton plus ou moins long, comme la *pique*, la *lance*, le *javelot*, le *fauchard*, la *guisarme*, la *hallebarde*, etc.

Haubert. — Tunique de mailles à capuchon et à manches. — *Grand haubert, haubert blanc*; l'armure complète de mailles que les chevaliers seuls avaient le droit de porter; Europe, douzième, treizième et quatorzième siècles, 201, 202, 203, 209, 210.

Haubergeon. — Légère cotte de mailles par-dessus laquelle on revêtait parfois la cuirasse; Europe, quatorzième et quinzième siècles, 202, 217, 218, 220, 222.

Haussart. — Nom donné à l'épée de la fin du douzième siècle; France, moyen âge, 203.

Hausse-col. — Le hausse-col fut primitivement un collet de fer remplaçant le gorgerin. Au dix-septième siècle, ce n'était plus qu'une petite plaque de fer poli, de cuivre doré ou d'argent, servant d'insigne aux officiers d'infanterie, ainsi que l'épée et l'esponton. Le hausse-col s'est longtemps conservé dans les armées modernes; les officiers le portaient lorsqu'ils étaient de service ou en grande tenue; France, 275, 301, 349, 381, 385.

— Hausse-cols en nacre, en plumes, en bronze; indigènes de l'Océanie et de l'Afrique, 60-61, 67-68, 72.

Haut-de-chausses. — *Voir* Chausses.

Hautbois. — Instrument à vent et à anche; au moyen âge, le hautbois se nommait *douçaine*; la *demi-douçaine* était à l'octave au-dessus; Europe, moyen âge, 192.

Hauze. — Siège avec dais soutenu par des colonnettes; trône portatif des souverains mogols; Inde, 116.

Heaume (*helme, elme, hiaume, yaume*). — Le heaume était le casque noble par excellence, réservé aux chevaliers seuls. Il était en fer mince et battu, de forme ovoïde ou conique, et enveloppait la tête entière; la *visière* ou *ventail* donnait du jour et de l'air pour la respiration. Le heaume devint un casque de parade que les nobles réservaient pour les jours de revues et de tournois, tandis que leur coiffure habituelle fut la *cervelière* ou le *bacinet*. — *Heaume en façon de pot, à tête de crapaud*; Europe, moyen âge, 201, 202, 203, 204, 217, 219.

Hegabs. — Amulettes renfermées dans des étuis; Égypte moderne, 463.

Heiduques. — Domestiques costumés à la hongroise; Europe, dix-septième et dix-huitième siècles, 360.

Héliostérès (ἡλιοστερής). — Chapeau de paille de jonc des paysans de la Thessalie; antiquité, 24.

Hembra. — Instrument de musique de la Galice; Espagne, 476.

Hémidiploïdion. — *Voir* Anabole.

Henné. — Arbrisseau dont les feuilles desséchées et réduites forment une poussière de couleur orangée; en Orient, les femmes de toutes les classes, chrétiennes comme musulmanes, s'en servent pour se teindre les ongles et la paume de la main, 3, 4, 138, 175.

Hennin. — Haute coiffure, soit en pointe, soit à doubles cornes, recouverte de drap, de velours, de satin, et surmontée d'un voile de mousseline légère; modes féminines; Europe, moyen âge, de 1395 à 1470; 207 et 208, 211.

Héraut d'armes. — Officier et commensal du roi, dans l'ancienne monarchie française. Au moyen âge, les hérauts étaient généalogistes jurés et justiciers en matière héraldique; on les employait dans des missions diplomatiques, à la guerre et dans les tournois, 218, 222.

Herculéenne (légion). — Romains, 35.

Hérisson. — Coiffure en cheveux; *hérisson (demi-), hérisson à crochets*. Dames de l'époque Louis XVI; fin du dix-huitième siècle, 390, 391-392.

Herminette. — Hache de cultivateur, de charpentier, de menuisier, etc., 56-57.

Herme (Ἑρμαῖ). — *Mercures* ou Hermès; espèces particulières de statues dans lesquelles on ne sculptait que la tête et quelquefois le buste; le reste formait un poteau nu à deux ou quatre faces; antiquité, 33.

Héron (chapeau du). — Dames du règne de Louis XVI; France, 390.

Hetman ou **Attaman.** — Chef des Cosaques; titre créé, en 1576, par Étienne Batory, roi de Pologne; 438 et 439, 452.

Hettas. — Descendants des anciens chrétiens établis au Japon; classe hors caste, 99.

Heuses. — Bottes de fatigue, étroitement ajustées et à hautes tiges; Europe, moyen âge, 211, 222. *Voir* Houseaux.

Hien-thioun-paé. — Portrait du défunt; funérailles; Chine 92-93.

Himation (ἱμάτιον). — Manteau de la famille du *peplos*; dames grecques, 24.

Hippeus (ἱππεύς). — Cavalier. — *Hippocomos*; casque au cimier garni d'une crinière de cheval. — *Hippouris*; casque dont le cimier était orné d'une queue de cheval; Grèce antique, 25-26.

Hirviz. — La chemise des paysannes bretonnes; France, 494.

Hoâng-heou. — Nom de l'impératrice, en Chine, 85.

Hodja. — Membre du corps des ulémas livré à l'enseignement; Turquie, 462, 464.

Hogbon. — L'habitant des *tumuli*, 53.

Homophore. — Le *pallium* du clergé grec, 181, 182.

Hongreline. — Casaque féminine; France, première partie du dix-septième siècle, 322, 327, 328, 337.

— Vêtement militaire de la fin du règne de Louis XIII, 342.

Honiton. — Dentelle portugaise, imitation de guipure et de Chantilly; Portugal, 483.

Hoofdnaald. — Plaque ciselée; parure du front des dames hollandaises, 419 et 420, 421 et 422, 423.

Hoof-dyzer. — Bandeau plat, en métal, que les poissonnières de Scheveningen posent droit sur leur tête; Hollande, 423.

Hoop petticoat. — Jupon à cerceaux; le commencement des paniers; Angleterre, dix-huitième siècle, 367.

Hoplite. — Le fantassin lourdement armé, chez les anciens Grecs, 25-26.

Hoplomaque (*hoplomacus*, ὁπλομάχος). — Le gladiateur qui combattait armé de pied en cap; antiquité, 36-37.

Hoqueton, Auqueton. — Pourpoint rembourré; plus tard, le nom de hoqueton fut donné à une espèce de casaque; vêtement militaire; France, moyen âge, seizième et dix-septième siècles, 202, 218, 220, 238, 254, 255, 256.

Hormbt. — Couronne de mariée; Saxe-Altenbourg, 432.

Hormos. — Mot dont se sert Homère pour désigner les colliers en général, 25-26. *Voir* Deraia, Hypoderaia, Hypoderides, Isthmia, Maschalistères, Perideraia, Peritrachelia.

Horreum. — Dépendance de la cuisine où l'on gardait les provisions d'hiver; maison romaine, 33.

Hoschen. — Le pectoral du grand prêtre des Israélites, 13.

Hospitia. — Chambre de la maison romaine réservée aux étrangers de passage, 38.

Hoste sarken. — Blouse, chemise d'automne; vêtement des moissonneuses suédoises, 415.

Hottoz, ou **Hotoz.** — Ensemble de la coiffure des femmes kurdes et des juives de Brousse; Turquie, 175, 177, 178, 180.

Houkka, Hokka. — Pipe à eau consistant en un vase ayant la forme d'une cloche ; sur cette cloche, deux tuyaux, celui du fourneau et celui pour aspirer, sont adaptés l'un à côté de l'autre ; Orient, 109, 144.

Houma. — Ornement de l'oreille chez les Botocudos ; Amérique du sud, 76.

Houppe. — Détail de la coiffure des Mâconnaises, des Bressanes ; France, 487. — *Voir* les dames *houppées*, dix-septième siècle ; bassin du Rhin, 338 et 339.

Houppelande. — Surtout doublé de fourrure ; vêtement de ville, de chevauchée et de cérémonie. Ce vêtement, qui apparut en France vers 1350, resta très usité jusqu'à la fin du règne de Charles VI ; Europe, moyen âge, 212, 215.

Hour ou Hourd. — Partie de la selle destinée à protéger le ventre et les cuisses du tournoyeur ; Europe, moyen âge, 219.

Hours. — Échafauds disposés en gradins ; tournois, 221.

Houra de miranda. — Manteau portugais, 482.

Houseaux, Housels, Houziaulx, Estivaux. — Bottes qu'on portait à cheval aussi bien qu'à pied, et qui étaient communes à toutes les classes, aux nobles comme aux vilains. Au quinzième siècle, les houseaux sont parfois portés par les coustilliers et les archers ; Europe, moyen âge, 209, 217, 222.

Housse. — Surtout en forme de dalmatique ; vêtement en usage chez les hommes de l'époque de Charles V ; France, moyen âge, 211, 212.
— Habillement d'étoffe du cheval de guerre et de tournois, 204, 221, 222.

Hu. — *Voir* Huis.

Huche (*huceau, hucheau, huchel, hucellus*). — Meuble en forme de coffre, monté sur quatre pieds, avec dessus formant couvercle. — *Huchier, hucher* ; l'ouvrier du moyen âge qui faisait les huches, les portes, les fenêtres, les armoires, les bancs. Les mots *ébéniste* et *menuisier* ont remplacé, à dater du seizième siècle, l'appellation de *huchier* ; Europe, moyen âge, 230, 295.

Hucque. — *Voir* Huque.

Huespedes. — *Voir* Casas de pupillos.

Huiken. — La cape des Néerlandaises et des Brabançonnes ; Europe, seizième et dix-septième siècles, 338 et 339, 487.

Huis. — Vieux mot français qui signifie « porte ».
Huis verts. — Portières ou tapisseries ; France, dix-septième siècle, 322.
Hu. — La porte pleine de la maison rustique, en Bretagne.
Hu (contre-). — Demi-porte.
Husseaux. — Les portes ou panneaux du lit, 499-500.

Huque (*hucque*). — Vêtement militaire : cotte d'armes flottante. — *Huque de brigandine* : corselet d'étoffe rembourrée ; Europe, moyen âge, 217, 253. *Voir* Journade, Mantelline, Paletot, Tabard.

Humiliés (ordre des). — Fondé à Milan, en 1134 ; 332.

Hussards. — Corps de cavalerie d'origine hongroise. On voit les hussards pour la première fois en France vers 1637 ; ils sont constitués en régiments à dater de 1692.
Hussards de Bercheny. — Régiment levé en Turquie, en 1716 ; 383.
Hussards de Ratky. — Régiment sous les ordres d'un officier hongrois, M. de Ratzky, 1707 ; 383.
Hussards de la Liberté, de la Mort. — Régiments créés en 1792 ; 400.
Hussars. — Armée polono-lithuanienne ; dix-septième et dix-huitième siècles, 454.
Husars. — Armée autrichienne, 387.

Hussiaux. — *Voir* Huis.

Hyâder. — Long voile porté par les dames persanes, 137, 138.

Hyao-i. — Habits de grand deuil ; Chine, 92-93.

Hydre (*hydria*, ὑδρία). — Vase antique en forme d'aiguière et ayant le même usage, 23.

Hydrobaphès, Psychrobaphès. — Étoffe teinte à froid ; antiquité, 25-26.

Hypocaustum (ὑπόκαυστον). — Pièce des bains romains, dont la température était élevée à l'aide d'un fourneau et de tuyaux placés dans les dessous, 45, 188.

Hypodêma. — Nom générique que les Grecs donnaient aux chaussures ; antiquité, 47.

Hypoderaia, Hypodarides. — Parure féminine : colliers descendant jusqu'au bas de la poitrine ; Grèce, 25-26.

Hyponogation. — Petit sac en losange, tombant à la hauteur du genou ; costume du clergé grec, 181, 182.

Hypospeiron, Speiron. — Cheveux noués, coiffure de caractère bachique ; dames grecques de l'antiquité, 21.

Hyrka. — Veste turque, 175, 177, 178, 180.

Hysginus. — Couleur ponceau obtenue au moyen de la pourpre de Tyr et du *coccus* ; antiquité, 25-26.

I

Ibérique (épée dite). — *Voir* Épée.

Ibesimen. — Double broche ; bijoux kabyles ; Afrique, 151, 154, 155, 160 et 161, 165.

Ichella. — Manteau des Araucaniennes ; Amérique du Sud, 77.

Ichaoun. — Calotte des femmes kabyles ; Afrique, 150, 160 et 161, 165.

Ié. — Sorte d'osier dont on fait une coiffure ; îles Sandwich. Océanie, 63-64.

Ielech. — La grande robe des Fellahines ; Égypte, 160 et 161.

Ignispicium. — Branche de l'art de la divination chez les Romains, 38.

Ihram. — Manteau de pèlerinage à l'usage des hommes ; Turquie, 170.

Ikona. — Image sainte placée dans l'intérieur de la maison du paysan russe, 443.

Ilbreachta. — Loi écossaise qui remonte aux premiers siècles de notre ère, 425 et 426.

Image (*ymage*). — On donnait ce nom, pendant le moyen âge, à toute représentation sculptée ou peinte qui décorait l'extérieur des monuments et des habitations privées. Les images d'appartements étaient le plus souvent enfermées dans des sortes de petites armoires dont les vantaux étaient décorés de peintures et de sculptures. Dans les chambres à coucher, il y avait toujours une image de Notre-Seigneur ou de la Vierge, ou du patron de la maison. Les vantaux qui le cachaient ne s'ouvraient qu'au moment de la prière du matin ou du soir, ou lors de quelque solennité de famille.
Image à volets ; Europe, moyen âge, 228.
Imagiers (*ymagiers*). — Les artistes peintres ou sculpteurs chargés d'exécuter les *ymages*, 228.
Imagines majorum. — Portraits ou bustes des ancêtres ; intérieur de la maison romaine, 33.
Imaginarius. — Porte-étendard de la légion romaine dont l'enseigne était surmontée d'images des empereurs, 35.

Iman. — Prêtre musulman, 172-173.

Imbrex (καλυπτήρ). — Tuile faîtière d'une forme demi-cylindrique, par opposition à la *tegula* qui était plate ; antiquité, 477-478.

Immissa (croix dite). — *Voir* Croix.

Immolatus. — « Saupoudré de farine » (*mola salsa*), victime destinée au sacrifice ; antiquité, 38.

Impeditus. — Le soldat romain chargé de ses armes, de ses provisions et de son bagage personnel ; antiquité, 36-37. *Voir* Expeditus.

Imperator. — Titre honorifique que les soldats romains donnaient par acclamations et sur le champ de bataille à leurs généraux victorieux, 36-37.

Impérial. — Nom donné au baldaquin placé au-dessus des baignoires ; Europe, fin du dix-huitième siècle, 397.

Impilia. — Chaussure de feutre montant à mi-jambes ; Grèce, 17.

Impluvium. — Large bassin carré s'enfonçant dans le plancher de l'*atrium* ; il recevait les eaux pluviales qui tombaient par le *compluvium*. Maison romaine, 33.

Impossibles (les) ; **Inconcevables** (les). — Nom donné aux femmes légèrement vêtues de l'époque du Directoire ; France, fin du dix-huitième siècle, 404, 408-409. *Voir* Merveilleuses.

Incroyables (les). — Classe de jeunes gens affectant une mise exagérée et un parler dans lequel se présentait fréquemment l'expression : « c'est incoyable » ; France, Directoire, 404. *Voir* Muscadins.

Indague. — Le gentilhomme qui sortait sans poignard ; France, seizième siècle, 263.

Inde (ouvrage d'). — Étoffes, bijoux, meubles de goût oriental ; France, dix-septième siècle, 199.

Indounas. — Officiers de l'armée zoulou ; Afrique, 67-68.

Induku. — *Voir* Kerri.

Ingénue (coiffure à l'). — Dames de l'époque de Louis XVI ; France, dix-huitième siècle, 391-392.

Inquilini. — Les locataires de la maison romaine ; antiquité, 33.

Instita. — Large bande d'étoffe cousue au bas de la *stola* ; dames romaines, 40.

Insula. — Maison romaine occupée par plus d'une famille ; antiquité, 33. *Voir* Domus.

Iphicratides. — Sandales militaires dont l'innovation est attribuée à Iphicrate, général athénien ; Grèce, 25-26.

Isimpartlos. — Recrues de l'armée zoulou ; Afrique, 67-68.

Iskemlé-agha. — Officier porte-tabouret de la maison du sultan ; Turquie, 169.

Isthmia. — Collier dont les dames grecques paraient le haut de leur poitrine, 25-26.

Istigfar. — Demande de pardon ; prière musulmane, 145 et 146.

Itimad-oud-Deulet. — Premier ministre du grand mogol ; Inde, 115.

Itsch-Aghassys. — Officiers de l'intérieur du sérail ; Turquie, 169, 172-173.

Izba. — La maison du paysan russe, 443.

J

Jabot. — Bouillon de chemise que l'ouverture du pourpoint laissait paraître sur la poitrine. France, dix-septième et dix-huitième siècles, 340, 369, 391-392.

Jacque, Jaque. — Pourpoint gamboisé, vêtement de guerre adopté par les archers et les gens des communes ; France, moyen âge, 217, 218, 220.
Jacquet, Jaquette. — Étroite et courte camisole portée par les hommes du quatorzième siècle ; le jacquet ou jaquette devient, au quinzième siècle, un vêtement de dessus consistant en une robe courte qu'il était d'usage de porter avec une ceinture. Costume civil ; Europe, moyen âge, 206, 221, 246, 247 et 248.

Jaez. — Mot espagnol qui signifie *harnais*, 200.

Jâlledar. — Le palanquin des rajahs et des grands seigneurs ; Inde, 126, 127.

Jambières. — Plaques de métal couvrant le devant de la jambe ; antiquité, 15, 16, 17, 25-28, 36-37, 48-49, 56-57. *Voir* Cnémides, Ocrea.
Jambières de laine ; Kabyles, 150.
Jambières de mailles ; Japon, 96-97 ; France, treizième et quatorzième siècles, 202.
Jambières de plates. — *Voir* Grèves.

Janghir. — Caleçon collant à l'usage des hommes ; Inde, 130.

Janissaires. — Corps d'infanterie turque formant la garde des sultans, institué par Orkhan en 1350 ; 169.
Janischars. — Janissaires de la maison militaire des rois de Pologne ; dix-septième et dix-huitième siècles, 454.

Jansénistes. — Nom donné, vers 1765, aux *demi-paniers* ; toilette féminine, France, dix-huitième siècle, 367.
Janséniste (*robe à la*). — Dames de l'époque Louis XVI, 391-392.

Janua (αὔλειος θύρα). — La porte extérieure d'une maison particulière chez les Romains, 33. *Voir* Ostium.

Jardinière. — Nom de la seule patte qu'avait une variété du bonnet *à la Fontange* ; France, dix-septième siècle, règne de Louis XIV, 355.

Jarit. — Pagne en forme de jupon ; Malais, 63-64.

Jarretier (le). — Mot du quinzième siècle indiquant la paire de jarretières, 246.

Jarretière (ordre de la). — Insignes ; joaillerie du dix-septième siècle, 341.

Javelot. — Arme de jet qu'on lançait soit à cheval, soit à pied ; antiquité. — *Javeline* ; petit javelot 2, 25-28, 36-37, 48-49, 56-57. *Voir* Hasta, Pilum.
— Javelot du moyen âge. *Voir* Glaivelot.
— Javelot des peuplades sauvages de l'Afrique, de l'Amérique et de l'Océanie. *Voir* Sagaie.

Jayet. — Par corruption, *jais* ; orfèvrerie-joaillerie du dix-septième siècle, 330.

Jeannette (rubans à la). — Dames de l'époque Louis XVI ; France, dix-huitième siècle, 391-392.
— (croix à la). *Voir* Croix.

Jeschemek. — Caporal janissaire de la garde des rois de Pologne ; dix-septième et dix-huitième siècles, 454.

Jeux-d'orgues. — Artillerie française du moyen âge. *Voir* Ribeaudequin.

Jinrikiska. — *Voir* Djiuriksha.

Kontousch (*kontusz*). — Habit de dessus, à manches fendues; vêtement d'origine orientale. Pologne, du quinzième au dix-septième siècle, 450, 453, 454.

Kontusik. — Vêtement à manches fendues du même genre que le *kontousch;* costume féminin. Pologne, dix-huitième siècle, 458.

Ko-Pou. — Étoffe d'été; habillement des dames chinoises, 89 et 90.

Kor-Kapp. — Bâton que tient le conducteur d'un traîneau; Lapons, 411.

Koton. — « Cabinet » japonais, 96-97 et 98.

Kotsedjikis. — Mendiants hors castes; Japon, 99.

Koufteha. — Boulettes de hachis cuites dans des feuilles de vigne; mets persan, 137.

Koukis. — Esclaves polynésiens; Océanie, 63-64.

Koukri-Kora. — Glaive à lame recourbée; Népaul, Inde, 120.

Koulouk. — Bonnet, costume malaisien; Océanie, 63-64.

Koumignas. — Bottes à tige en peau de renne, avec la fourrure en dessus; Esquimaux, 83-84.

Kounda. — Sabre droit; Inde, 110, 111, 112, 122. *Voir* Khouttar.

Koumdoura. — *Voir* Goundoura.

Kouneïs. — Boucles d'oreilles; bijouterie kabyle, 154.

Kourbadj. — Cravache en nerf d'éléphant dont font usage les *gellâbys*, marchands qui traversent le désert par caravanes; Afrique, 149.

Kouskoul. — Noix de coco dans laquelle les derviches indous reçoivent les offrandes; Perse, 141.

Koussab. — Longue chemise, vêtement des Yoloffs; Sénégal, 67-68.

Koutnou. — Étoffe de soie; Turquie, 179, 180. *Voir* Entari.

Koutonet. — Tunique; costume des prêtres israélites, 13.

Koutoual. — Juge civil, cour du grand Mogol; Inde, 115.

Kouyoumdji (esnaf de). — « Corporations des bijoutiers »; Turquie, 463.

Kozir. — Col droit richement orné, attaché au *zipoune;* ancien costume russe, 438 et 439.

Kraal. — Campement, parc enclos où sont renfermés les bestiaux; Bachapins, nation cafre; Afrique, 67-68, 73.

Krakouska. — Bonnet carré et plat; Pologne, 453, 458 et 459.

Kratanion. — Coupe de forme évasée; antiquité, 23.

Krèdemnon. — *Voir* Crèdemnon.

Kris. — Poignard malais; Océanie, 63-64, 65 et 66, 134.

Krosse ou **Kaross**. — Manteau de peau peinte; Hottentots, 73.

Krullenne-ballekens. — Pendants attachés aux *fers* en spirale, parure féminine; Hollande, 421 et 422, 423.

Ksours. — Villages situés au milieu des oasis du Sahara; Afrique, 155.

Kucsma. — Coiffure de martre; magnats hongrois, 458 et 459.

Kuffia. — Coiffure féminine de l'Algérie, 160 et 161.

Kulah. — *Voir* Coula.

Kunstschrank. — « Armoire artistique », cabinet; Allemagne, seizième et dix-septième siècles, 298, 316.

Kurass. — Jaquette de piqué blanc des femmes de la Bohême; Autriche, 433.

Kurta. — Manteau d'investiture; Inde, 112.

Kut-Kross. — Tablier de pudeur des femmes hottentotes; Afrique, 73.

Kutschuk oda aghassy. — Surveillant de la « petite chambre » des femmes; harem impérial, Turquie, 172-173.

Kwan. — Mandarin chinois, 85.

Kyathos. — Coupe de forme évasée; antiquité, 23.

Kylix. — Gobelet à anses; Grèce, 23.

Kyranavka. — *Voir* Guicann.

Kyrba. — L'outre avec laquelle le *sakka* turc fait le transport de l'eau, 175.

Kyrbasie. — Tiare droite entourée d'un diadème; Assyrie, 11 et 12.

Kyssa-kurk. — Veste à fourrure épaisse; Tartares criméens, Russie, 448.

L

Labarum. — Étendard impérial institué par Constantin; Romains, 36.

Lacerne (*lacerna*). — Manteau ample qui se mettait par-dessus la toge; on l'agrafait sur l'épaule ou sur la poitrine; Romains, 40, 244.

Lacet-Boursault. — Le lacet du corset entr'ouvert nommé *gourgandine;* France dix-septième siècle, époque Louis XIV, 352.

Lacis. — Dentelles du seizième siècle; Europe, 276 et 277.

Laconicum. — L'extrémité demi-circulaire du *caldarium;* bains romains, 45.

Laconiques. — Chaussure des Spartiates qui, de même que leur tunique, était rouge; Grèce, 47.

Lakkok. — Traîneau couvert, hermétiquement fermé; Lapons, 411.

Laignadier (cravate à la). — La cravate écrouélique des incroyables; France, époque du Directoire, 404.

Laird ou **Chieftain**. — Chef, seigneur écossais, 425 et 426.

Laitière (bonnet demi-rond, dit à la). — Modes féminines du règne de Louis XVI, 389, 405.

Laitues pommées. — Larges roses de rubans dissimulant les oreilles du soulier; hommes de l'époque Louis XIII. France, dix-septième siècle, 327, 328.

Lallas. — « Dames » arabes; Afrique, 165.

Lambrequin. — Voile adapté au casque; Europe, moyen âge, 217, 219.

— Mot qui, au seizième siècle, remplace celui de *goutière* pour désigner la bordure du ciel-de-lit; Europe, 293.

Laminæ. — Les longues bandes d'acier de la cuirasse qui couvraient les épaules et entouraient la taille; Romains, 36-37.

Lampadaire. — Espèce de lustre; Europe, moyen âge, 227.

Lance (*lancea*, λογχη). — Arme d'hast de la plus haute antiquité; au moyen âge, elle devient l'arme distinctive et caractéristique de la chevalerie. La lance était aussi considérée comme arme de tournoi. — *Lances brisées;* celles qui avaient été sciées à demi, près du bout, pour que le choc fût moins violent. — *Lances courtoises;* celles qui avaient un fer carré, obtus. — La lance de guerre resta en usage en France pendant tout le seizième siècle et jusqu'en 1605 sous Henri IV qui l'abolit en réorganisant les compagnies d'ordonnance. — Chez les Africains et les Océaniens, la pointe de la lance varie à l'infini; elle est tantôt plate, tantôt barbelée, ou en forme de poinçon, 1, 10, 11 et 12, 15, 25-26, 36-37, 48-49, 50, 54, 56-57, 60-61, 63-64, 67-68, 69, 70, 72, 83-84, 96-97, 119, 134, 201, 202, 204, 217, 218, 220, 254 255, 260. *Voir* Bourdonnasse, Contus, Sarisse.

Lance fournie. — Troupe de six hommes comprenant un chevalier armé de la lance, un page ou varlet, trois archers et un coustillier; compagnies d'ordonnance. France, quinzième siècle, règne de Charles VII, 218.

Landvogts. — Anciens officiers municipaux de l'Alsace, 488.

Langouti. — Pièce d'étoffe couvrant les jambes; Inde, royaume de Siam, 108, 128, 129, 130.

Langue de bœuf. — Dague italienne de forme analogue à la *miséricorde;* seizième siècle, 262.

Lan-lin. — Plume d'oiseau; décoration accordée par l'empereur de Chine aux fonctionnaires civils et militaires, 87. *Voir* Xwalin.

Lanspessade. — De *lansa spezzata*, « lance rompue »; cavalier démonté que l'on mettait dans l'infanterie pour y remplir les fonctions de caporal; France seizième siècle, 256.

Lansquenets. — De *lanz-knecht*, « valet de lance »; bandes de mercenaires, la plupart Allemands, qui apparurent pour la première fois en France sous le règne de Charles VIII. Pendant plus d'un siècle, les lansquenets formèrent une partie de l'armée française, 256, 257.

Lapidaires-faussetiers. — Ceux qui imitaient les pierres précieuses; France dix-septième siècle, 330.

Lapis specularis. — Carreaux de verre ou de talc donnant de la lumière par les ouvertures du *caldarium;* bains romains, 45.

Laptchin. — Bottines lacées; Turquie, 176.

Laptis. — Chaussure en écorce de bouleau; bergers Grands-Russiens, 445.

Lararium. — Oratoire réservé aux dieux Lares ou aux génies tutélaires de la famille; maison romaine, 33.

Lar'ouati. — *Berrani* exerçant la profession de marchand d'huiles; Algérie, 163.

Laticlave. — Tunique romaine qui n'avait qu'une bande de pourpre placée sur le devant de la poitrine; antiquité, 40.

Laume-guatte. — La hutte du Lapon, 411.

Layette. — Coffre léger et de petites dimensions; tiroir d'armoire où l'on serre les papiers, les valeurs, 304.

Lazo ou **Laço**. — Instrument de chasse des Gauchos; longue corde terminée par un anneau de métal. Amérique du Sud, 77, 78.

Leang-Kwan. — Bonnet de deuil porté par le fils du défunt; funérailles, Chine, 92-93.

Lebni. — Blouse de dessus du Touareg; Afrique, 149.

Lectrin. — *Voir* Lutrin.

Lectus. — *Voir* Lit.

Lecythus. — Vase à onguents; toilette des dames grecques, 18.

Légat (*legatus*). — Officier général attaché à un corps d'armée ou à un gouverneur de province; Romains, 36-37.

Légion (*legio*). — L'une des divisions des armées romaines, et composée entièrement de citoyens romains. C'était un corps complet qui réunissait infanterie pesante et légère, cavalerie, équipage de siège. Une légion avait un numéro d'ordre et un nom, tel que la *Fulminante*, la *Jovienne*, *l'Herculéenne*, etc.; un tribun la commandait.

Légionnaires (*legionarii*). — Le corps de cinq ou six mille soldats pesamment armés qui formaient le contingent fourni par les citoyens romains à chaque légion; le reste des troupes qui en composaient l'ensemble était composé d'auxiliaires et de cavaliers (*legionarii equites*), 34, 35, 36-37.

Lein-Croich. — Chemise coloriée au safran, en usage chez les Irlandais et les Écossais; premiers temps de la royauté, 425 et 426.

Lekaata. — Lame de cuivre longue de deux à cinq pouces que les Bassoutos s'introduisent dans le lobe de l'oreille; Afrique, 67-68.

Lenço. — Mouchoir de tête des Portugaises, 482, 483.

Leperos. — Porte-faix, mendiants, etc.; Mexique, 79.

Lerpipa. — Pipe faite avec une espèce de terre glaise; Lapons, 411.

Leurre. — La patte coupée d'un oiseau que l'on agitait lorsque le faucon était en liberté, afin de le ramener sur le poing ganté; Europe, moyen âge, 221.

Lévite. — Costume des hommes: espèce de surtout à collet, tombant jusqu'aux pieds; France, dix-huitième siècle, 405.

— Costume féminin: peignoir allant jusqu'à mi-jambe pendant le règne de Louis XV, et qu'on allongea en jupe traînante sous le règne de Louis XVI; France, dix-huitième siècle, 389.

Lévite (fourreau en). — *Voir* Fourreau.

Libanotris (λιβανωτρίς). — Boite à parfums; l'encensoir des Grecs, 25-26. *Voir* Acerra.

Libas. — Le caleçon de toile des Fellahines; Égypte, 160 et 161.

Libdeh. — Petite calotte; Fellahines, Égypte, 160 et 161.

Libidines. — Peintures licencieuses placées dans le *venereum;* maison romaine, 33.

Librairie. — Bibliothèque, cabinet d'étude. On donna ce nom, au moyen âge, aux pièces qui renfermaient des meubles en forme de casiers, sur les rayons desquels on plaçait des manuscrits, et, par extension, aux meubles eux-mêmes; Europe, moyen âge, 214.

Libum. — Sorte de gâteau que l'on offrait aux dieux, dans les sacrifices; antiquité, 38.

Lichaaku. — Sandales de cuir de bœuf; costume des Bassoutos, Afrique, 67-68.

Ligneus calceus. — Soulier de bois ou sabot; antiquité, 47.

Ligula. — De *ligare*, lier. Languette de cuir ou agrafe d'argent, d'or ou d'ivoire, placée sur le dessus du pied; chaussure antique, 47.

Limen (βηλός). — Seuil de la maison romaine, 33.

Limonière (avant-train à la). — C. à d. à brancards; artillerie française du dix-huitième siècle, 384.

Limus. — Jupon, vêtement du *popa* et des *victimarii;* Romains, 38.

Linge de haute lice. — Nom que l'on donnait, pendant le moyen âge, au linge damassé; France, 216.

Lirinum. — Parfum liquide composé avec le lis; antiquité, 45.

Lissan. — Casse-tête égyptien, 2.

Lit (*lectus*, λεκτρον). — Meuble employé à divers usages chez les anciens: il y avait ceux pour la nuit (*lectus cubicularis*) et ceux pour le jour, disposés dans la salle des repas (*lectus triclinaris*); 3, 10, 23, 27-28, 44. *Voir* Triclinium.

M

une écharpe enveloppant la tête et passant sous le menton ; on en était comme voilé, d'où le mot *mitra velatus*. Les courtisanes syriennes en ayant apporté l'usage à Rome, cette coiffure y devint caractéristique de la classe des femmes perdues. Au quatrième siècle en Afrique, et au huitième siècle en Espagne, les jeunes filles consacrées à Dieu adoptèrent la mitre. De nos jours, cette coiffure est encore en usage chez les femmes de la Syrie. 14, 21, 180, 244. *Voir* TIARE.

Mitres épiscopales. — Elles sont de trois sortes : la *simplex*, l'*auriphrygiata* et la *pretiosa* ; clergé catholique, 182, 189, 193, 194.

Mitre du clergé orthodoxe, 182.

Mjolk-kagge. — Tonnelet portatif ; Lapons, 411.

Mocassin. — Chaussure de peau d'élan ou de cerf, maintenue par des lanières ; espèce de carbatine en usage chez les Peaux-Rouges ; Amérique du nord, 47, 80 et 81.

Modeste. — Nom donné à la robe de dessus, très étoffée, des dames de l'époque Louis XIII ; France, dix-septième siècle, 328. *Voir* FRIPONNE, SECRÈTE.

Modus. — Gousses de cassia arerch fournissant une substance végétale que les Hottentots emploient pour la teinture des cuirs ; Afrique, 73.

Moggans. — Bas écossais, 425 et 426, 427.

Moi-bukooroo. — Sachet parfumé ; Japon, 101.

Moinheau. — Pagne en étoffe ; Néo-Calédoniens, Océanie, 60-61.

Moko. — La teinture du tatouage par incision et par abréviation le tatouage ; Océanie, 60-61, 63-64.

Molette (éperons à). — *Voir* ÉPERONS.

Mollahs. — Ceux, en Perse, qui se consacrent à l'étude de la jurisprudence, de la morale et de la théologie, 142.

Mollequin. — Voilette ou gaze en usage chez les dames des quatorzième et quinzième siècles ; France, 211.

Molletières. — Pièces d'armure, défense de la jambe ; Europe, seizième siècle, 260.

— Molletières du paysan ; France, 494.

Mona. — Le chignon des *toreros* ; Espagne, 470 et 471.

Moncauty. — Anneau nasal ; femmes indoues, 123, 124, 128.

Monile. — Nom générique que les Romains donnaient aux colliers. De *munus*, présent ; parce que, de tous temps, ce fut un de ceux qu'on faisait le plus ordinairement. *Voir* COLLIER.

Monisque. — Descendant d'un Espagnol et d'une mulâtresse ; Mexique, 79.

Monocorde. — Instrument de l'antiquité en forme d'arc. On désignait ainsi, au moyen âge, deux sortes d'instruments : l'un qui semble n'avoir été qu'un diapason ; l'autre, fort grand, monté d'une seule corde, sorte de tympanon dont on jouait à l'aide d'un archet ; il tenait alors lieu de l'instrument aujourd'hui appelé *contre-basse*. 48. *Voir* DICORDE.

Monodermon. — Chaussure grecque faite d'un seul morceau de cuir, du genre de la carbatine ; antiquité, 47.

Montauban (chapeau de). — *Voir* CHAPEAU.

Montauron (modes à la). — Premières années du règne de Louis XIV ; France, 340.

Monte-au-ciel. — Coiffure en cheveux conservant les hautes proportions de celle à *la Fontange* ; tenue de cérémonie des dames de l'époque Louis XIV, 355, 360.

Monté-là-haut. — Les étais de métal de la coiffure *à la Fontange* ; modes féminines du règne de Louis XIV, 353.

Montera. — Bonnet en pointe ; coiffure des montagnards galiciens, des habitants de la Vieille-Castille et des hommes et des femmes de la province de Ségovie. Espagne ; 472, 473, 476.

Monterilla. — Le petit chapeau des *toreros* ; Espagne, 470 et 471.

Montgolfier (coiffure à la). — Modes féminines ; France, 1783-1784 ; 389.

Montivandé. — Pas français de l'époque Louis XIII ; dix-septième siècle, 328.

Moondah. — Fétiche, ornement en griffe de tigre ; Gabon, 87-88.

Moques. — Bois à anses ; ustensiles bretons, 499-500.

Morache. — Guitare mauresque, 192. *Voir* GUITARE.

Morion. — Casque des gens de pied ; son timbre, moins sphérique que dans les autres casques, est plus tranchant et chargé d'une crête très haute ; un rebord assez large en accompagne le bas. Europe, seizième siècle, 256, 257, 263, 270 et 271, 301.

Mortier. — Coiffure des empereurs byzantins, devenue aussi celle de quelques rois de France. Lorsque ceux-ci quittèrent le palais de la Cité, à Paris, pour en faire le siège de leur parlement, ils laissèrent l'usage du mortier à ceux qui devaient y présider. Le mortier du chancelier était de drap d'or, bordé d'hermine ; celui des présidents, en velours noir, avec deux galons d'or pour le premier président, un seul, pour les autres. Le mortier se mettait primitivement sur la tête, par dessous le chaperon ; puis l'usage s'établit de le tenir à la main. 231, 269.

Moschetto. — *Voir* MOUSQUET, RIBEAUDEQUIN.

Mossa, Mossan. — Le nom de la femme et celui de l'homme chez les Lapons, 411.

Moucharabiés, Moucharabys. — Parties d'une construction disposées en encorbellement ; architecture orientale, 9, 174.

Mouche. — Bouquet de poils placé sous les lèvres ; première partie du dix-septième siècle ; Europe, 361.

— Petit morceau de taffetas noir gommé, de la grandeur d'une aile de mouche, que les dames du dix-septième siècle, ainsi que quelques élégants du dix-huitième, se mettaient sur le visage pour en faire paraître le teint plus blanc. — *Enseigne de mal de dents ; mouche assassine.* — 328, 354, 355, 372.

Mouchettes. — Avant le seizième siècle, époque où parurent les premières mouchettes à détente, les instruments qui servent à moucher les chandelles sont mentionnés sous le nom de *sisoaur* ; Europe, 376.

Moufflles. — Évasement des manches ; costume civil du quatorzième siècle. Europe, 206, 211.

Moujick. — Nom du paysan russe, 443.

Moulinet. — *Voir* ARBALÈTE A TOUR ou A MOUFLE.

Mour-pounky. — « Tête de paon » ; bateau de plaisance dont la proue porte l'image d'une tête de paon ; Inde, 131.

Mousquet. — De l'italien *moschetto*. Arme à feu dont l'introduction en France date de 1527. Lourd et grossièrement fait, on ne l'employa d'abord qu'à l'attaque et à la défense des places, sous le nom d'*arquebuse à mèche* ou *mousquet biscaïen*. Perfectionné en 1567, il remplaça complètement l'ancienne arquebuse ; pour s'en servir, on l'appuyait sur la *fourquine* (voir ce mot). — *Mousquet à mèche, à rouet, à miquelet.* — 218, 207, 266, 270, 301, 342, 343.

Mousquetaires. — Soldats armés du mousquet. On donna le même nom à un corps de cavalerie d'élite qui faisait partie de la maison militaire des rois de France. Il se composait de deux compagnies que l'on distinguait par la couleur des chevaux ; de là les *mousquetaires gris* et les *mousquetaires noirs*. France, seizième, dix-septième et dix-huitième siècles, 267, 275, 301, 342, 343, 381, 382, 384.

Mousquinn. — Les gens qui sortent seuls, sans escorte ; les « gens de rien », selon les Arabes ; Afrique, 72.

Moustache. — La barbe de la lèvre supérieure. — Longue mèche de cheveux nouée avec un ruban de couleur, laquelle s'appela plus tard la *cadenette* ; France, époque Louis XIII, 326, 327, 328, 361.

Moyenne. — Pièce de canon du seizième siècle ; France, 257.

Mozette. — Pèlerine, costume ecclésiastique, 147.

Mozos de cordel. — Commissionnaires de Madrid, Galiciens pour la plupart ; Espagne, 476.

Mpafou. — Huile parfumée dont se servent les Cafrines pour l'onction du corps ; Afrique, 71.

Mudjeweze. — Turban de velours ; Turquie, 169.

Muezzin. — C. à d. « qui appelle », le crieur qui annonce les heures de la prière du haut des minarets ; musulmans, 145 et 146.

Muhuri Suleiman. — « Sceau de Salomon » ; bijou que l'on suspend aux colliers ; Turquie, 180.

Mule. — Dérivé de *mulleus* ; chaussure liturgique, 47, 194.

Mules de Venise. — Dames du seizième siècle, 273. *Voir* PIANELLES.

Muleta. — Petit morceau d'étoffe rouge employé pour effrayer le taureau, dans les *fiestas de toros*. La *muleta* porte aussi le nom d'*engano*, qui signifie « tromperie » ; Espagne, 470 et 471.

Muli mariani. — Sobriquet donné aux soldats de Marius, parce que, comme des bêtes de somme, ils portaient leur charge sur le dos ; Romains, 36-37.

Mulleus. — La bottine des patriciens romains ; Pline lui donne le nom de *mulleus calceus* ; antiquité, 47.

Multani. — Colporteurs banyans ; Pendjab, Inde, 130.

Muscadins. — Les jeunes gens dont les cheveux parfumés, sentaient comme le musc ; telle est l'origine du mot que l'on appliqua aux jeunes Lyonnais qui avaient résisté à la Convention, puis, par extension, à tous les petits-maîtres de l'époque de la Révolution française. 404, 405.

Muserolle. — Harnais du cheval, 222.

Musico tamborilero. — Joueur de tambour ; Galice, Espagne, 476.

Muyneira. — « Danse de la meunière » ; Galice, 476.

Mystère. — Nom que l'on donnait à de certaines escarcelles contenant des objets variés ; moyen âge, 226.

N

Nacaire. — De l'arabe *nakerah* ; tambour sarrasinois. Allemagne, seizième siècle, 272.

Nadass. — Chaussures légères garnies de brides et de houppes ; Arabie, 180.

Nadel. — Diadème de cuivre ; parure des femmes de la Bohême, 433.

Nadzatylnik. — Pièce d'étoffe retombant dans le dos ; femmes de Torjok (Russie), 438 et 439.

Nakara. — Nuance rouge à la mode dans les toilettes féminines de la fin du dix-huitième siècle et des premières années du dix-neuvième ; France, 391-392, 398, 406.

Naleun. — Patin en bois précieux, incrusté de nacre, d'ivoire et d'argent ; Turquie, 179.

Naos. — Palanquin royal ; Égypte antique, 8.

Nardicum. — Huile de lavande en usage dans les bains romains, 45.

Narghileh, Narguileh. — De *narghil*, noix de coco. Pipe à eau consistant en un tuyau perpendiculaire adapté à un vase de forme ovoïde et terminé en pointe. Dans certaines contrées de l'Orient, le vase est de cristal ou de métal, mais à Bagdad la noix de coco est encore d'un usage général, 141, 142, 144.

Narta. — Traîneau des Kamtchadales servant au transport des bagages ; son attelage comporte dix à douze chiens, 83-84.

Nartachis. — Classe de danseuses qui accompagnent les processions ; Inde, 125.

Nartex. — *Voir* FERULA.

Narticophores. — Les princes grecs porteurs du *nartex*, 183.

Nasal. — Partie du casque couvrant le nez et joignant le *ventail*. — *Nasal normand.* — 201, 204, 207, 217, 254, 260.

Nautile. — Coquillage univalve de mer et d'eau douce ; nautiles montés en forme de coupes et de drageoirs ; Europe, dix-septième siècle, 317.

Navaja. — Long couteau en usage dans les classes populaires de l'Espagne, 475, 477-478. *Voir* CUCHILLO, PUNAL.

Nautch-girls. — « Filles de danse », bayadères faisant partie, ainsi que les *cancents*, de la troisième classe des danseuses de l'Inde, 124, 128, 129.

Navicella. — Boucles d'oreilles des femmes de la province romaine ; Italie, dix-neuvième siècle, 31, 467.

Neertje ou **Oppertje.** — Espèce de jeu à pile ou face exécuté avec un couteau lancé en l'air ; Hollande, 423.

Négligé. — Nom donné à une toilette de moyenne tenue qui eut beaucoup de vogue pendant la seconde partie du dix-huitième siècle ; France, modes féminines des règnes de Louis XV et de Louis XVI. — *Négligé (demi).* — *Négligé à l'espagnole.* — 367, 370, 373, 390, 391-392, 398. *Voir* DÉSHABILLÉ.

Nekkekh. — *Voir* FLAGELLUM.

Nicollotti. — Gondoliers vénitiens vêtus de couleurs sombres ; Italie, 289.

Niederleibel. — Jaquette de drap ; Tyroliens, 433.

Nimbe (*nimbus*). — Bandelette que les femmes portaient pour fixer leur voile sur le front ; Grèce, 21.

Ninon (coiffure à la). — Dames du dix-septième siècle, 323.

Niutze. — Suivante, femme de service attachée à la maison impériale ; Chine, 86.

Njalla. — Le garde-manger des solitudes, chez les Lapons, 411.

Nkola. — Pommade de terre rouge dont les Cafrines enduisent leurs cheveux ; Afrique, 71.

Noasid. — « L'homme de la bonne aventure » ; sorcier lapon, 411.

Nœud d'amour (cordons de chaussure liés en). — Europe, seizième siècle, 276 et 277, 280. *Voir* SOULIER A PONT.

Noir jais, Noir (petit). — Nuances de perruque ; France, époque Louis XIV, 361.

Nolards (frères). — Sermon donné aux religieux flamands de l'ordre des « pauvres volontaires », 198.

Nolette. — Timbre de l'horloge à poids ou à *plombs* ; Europe, moyen âge, 231.

Nom-Nan. — Briquet du Botocudo ; Amérique du Sud, 76.

Norimon. — Palanquin à l'usage de la noblesse japonaise, 103, 106.

O

Obi. — La large ceinture des Japonaises, 101, 102, 105.

Obstragula. — Courroie qui attachait la *crépide*; antiquité, 47.

Ocaignée. — Peau parfumée dont on faisait les éventails; France, dix-septième siècle, 354.

Ocrea (κνημίς). — Armure de la jambe; nom que les Romains donnaient à la *cnémide*, 36-37. — Brodequin; antiquité, 47.

Oculifarium. — Étalage, montre de marchand romain, 33.

Odalisques, Odaliqs. — La majeure partie des femmes du harem impérial; Turquie, 172-173.

Œcus (οἶκος). — Salle d'invention et d'origine grecque qui servait aux festins; maison romaine, 33.

Œcus Ægyptius. — Salle qui avait un toit supporté par un double rang de colonnes.

Œcus corynthius. — Comme l'*atrium* du même nom; il avait un toit en voûte supporté par des colonnes, mais sans ouverture au milieu.

Œcus cyricenus. — Celui particulièrement installé pour l'été.

Œcus tetrastylos. — Comme l'*atrium* du même nom, mais sans *impluvium* et avec un toit couvrant le carré compris entre les colonnes et les galeries.

Œil de poudre. — Légère teinte de poudre jetée sur les cheveux. — *Petit œil de poudre*. — France, dix-huitième siècle, 400.

Œillères. — Partie du casque; ouvertures réservées pour la vue; Europe, fin du douzième siècle, 202.

Œnanthinum. — Parfum fait avec la fleur de vigne sauvage; bains romains, 45.

Œnopole (οἰνοπώλιον). — Cabaret ou boutique de marchand de vin; maison romaine, 33.

Œris. — Officiers égyptiens porteurs du palanquin royal; antiquité, 8.

Œurl. — Turban des ulémas; Turquie, 169.

Offertoire. — Cuiller à parfums; Égypte antique, 6, 7.

Officiers « aux » gardes. — Officiers des gardes-françaises. — *Officiers « des » gardes*: Officiers des gardes du corps. — France, dix-septième et dix-huitième siècles, 343.

Oho. — Instrument aratoire des îles Sandwich; Océanie, 63-64.

Oilah Namazy. — Prière du milieu du jour; religion musulmane, 145 et 146.

Olearium. — Dépendance de la cuisine, l'endroit de la maison romaine où l'on mettait l'huile renfermée dans des jarres; 33.

Olifant, Oliphant. — Corne de guerre et de chasse habituellement faite d'une dent d'éléphant; Europe, moyen âge, 192, 201, 247 et 248.

Ollambs. — Bardes écossais et irlandais, 425 et 426.

Omrâ. — De *emara*, commander. Prince, chef gouvernant au nom du Grand Mogol; Inde, 112.

Onbachi. — Caporal zeibek; Turquie, 177.

Opincі. — Chaussure en peau de chèvre ou en peau de cheval écrue; Roumains, 448.

Opistosphendonê. — Bandelette dont la partie large soutenait les cheveux en arrière comme un réseau; dames grecques, 21.

Opognetcha. — Ample manteau à manches; vêtement que les Polonais empruntèrent aux Tartares vers le commencement du seizième siècle, 453.

Opus signinum. — Composition servant à faire le pavage, qui consistait en tuiles brisées par menus morceaux mélangés de mortier; antiquité, 33.

Oraire (*orarium*). — Bande de linge, espèce de mouchoir en usage chez les Romains. — Nom donné au manipule primitif; vêtements sacerdotaux, 194.

Orang-Kaya. — Le noble malais. — *Orang-malayou*; l'homme malais. — *Orang-outang*; l'homme du sol. — Océanie; 63-64.

Oreilles de chien. — Masses de cheveux cachant les oreilles; coiffure des femmes yliates (Perse), des incroyables du Directoire (France), et des *Galleyos* ou Galiciens (Espagne). 135 et 136, 404, 476.

Oreillons. — Harnais du cheval de guerre; Europe, seizième siècle, 260.

Orfrois, Orfreis. — Passementeries, franges et broderies d'or employées pour border les vêtements. Si un habit était entièrement brodé d'or, on disait qu'il était à *orfrois* ou à *seignes d'orfrois*. On disait aussi *orfraiser* ou *orfraser* une robe, pour border une robe d'orfrois. Europe, moyen âge, 193, 194.

Orge. — Collier arabe; parure des personnes riches, 453.

Orgues portatives. — Petites orgues d'usage profane; on en jouait d'une main pendant que l'autre faisait mouvoir le soufflet. Très répandues pendant le moyen âge, leur usage se prolongea jusque dans le quinzième siècle. 192.

Oriflamme (*oriflambe, auriflor*). — Espèce de gonfanon en taffetas, sans broderie ni figure, fendu par le bas en trois pointes, et suspendu au bout d'une lance. Le nom d'*oriflamme*, donné à la bannière qui était portée devant les rois de France et que l'on conservait pendant la paix dans le trésor de l'abbaye de Saint-Denis, semble avoir primitivement désigné tout étendard royal. France, moyen âge, 202.

Ororo. — Les oiseaux du Botocudo; Amérique du Sud, 76.

Orslef. — Cure-oreilles; Lapons, 411.

Orta-couschak. — Veste longue; Turquie, 169.

Oskh. — Collier; parure égyptienne, 8.

Ostium (θύρα). — Porte d'intérieur. — Maison romaine; *Ostiarius* (θυρωρός); le portier, 33.

Ottapasch Porrutschnik. — Lieutenant des janissaires de la garde des rois de Pologne, 454.

Ottat. — Panier dans lequel le Dayak met la tête qu'il vient de trancher; Océanie, 63-64.

O'ualems. — Danseuses algériennes du premier rang; Afrique, 164. — *Voir* Ghaouazy.

Oude-poorters. — Les « vieux bourgeois » d'Amsterdam; Hollande, 421 et 422. — *Voir* Burgerweeshuis.

Ougada. — Écrin renfermant les objets précieux; Arabes, 155.

Ouïes. — Partie du casque; ouvertures percées sur les côtés; France, fin du douzième siècle, 202.

Oukil. — Gérant de la caisse municipale dans les villages kabyles; Afrique, 152-153.

Oulous. — Villages temporaires des Kalmouks, réunion de *kibitka*; Russie, 446.

Ouol. — Chevet mobile; Égypte, 5, 6.

Ousta-cadinn. — Surintendante du harem impérial; Turquie, 172-173.

Oustaou. — La maison des Landais; France, 486.

Oustrougha. — Manteau des femmes bulgares; Turquie, 462.

Outtavasangha. — L'une des robes de couleur jaune (couleur sacrée) des prêtres kandiens; île de Ceylan, 132.

Ouvrages de Damas, d'Inde, Sarrasinois. — *Voir* Damas, Inde et Sarrasinois.

Oya (*bibil*). — Dentelle, passementerie légère, exclusivement fabriquée en Turquie, 175, 176, 177, 178, 179.

P

Paboudj. — *Voir* Babouche.

Pacolets. — Dragons volontaires du maréchal de Saxe; France, dix-huitième siècle, 383.

Page. — Nom que l'on donnait, au moyen âge, aux enfants des gentilshommes, lorsque, dès l'âge de sept ou huit ans, ils étaient confiés à quelque chevalier ayant un état de maison et des officiers semblables à ceux qui composaient une cour souveraine. Les pages étaient aussi appelés *varlets* ou *damoiseaux*; ils remplissaient de certains services domestiques et faisaient leur apprentissage du métier de la guerre. Plus tard, quand les gentilshommes purent entrer de bonne heure dans l'armée, les rois et les princes seuls eurent des pages. Europe, moyen âge et seizième siècle. 218, 222, 238, 239, 270, 271, 274. *Voir* Écuyer, Enfant d'honneur.

Pagesas. — Paysans de la Catalogne. — *Pageses*; paysans majorquins; îles Baléares. — Espagne, 474, 481.

Pagne. — Vêtement qui enveloppe le corps, de la ceinture jusqu'au genou; Asie, Afrique, Océanie, 60-61, 63-64, 67-68, 70, 71, 72, 73, 129. *Voir* Jarit, Maro, Moinheau, Sarrong, Tapis.
— Voile d'embarcation; Océanie, 63-64.

Paile. — *Voir* Pallium.

Paillotes. — Huttes des villages kanaques; Nouvelle Calédonie. Océanie, 60-61.

Paix, porte-paix. — Tablette de bois, de métal ou d'ivoire munie d'une anse sur sa face postérieure, et destinée à recevoir le baiser de paix que les fidèles, selon les traditions de la primitive Église, devaient se donner entre eux pendant le sacrifice de la messe, 196.

Pala. — Le cimeterre des Druses; Syrie, 179.

Palais-Royal (chapeau au). — Dames du règne de Louis XVI; France dix-huitième siècle, 390.

Palanquin. — Espèce de litière portée par des hommes, et dont l'usage remonte à la plus haute antiquité. Dans l'Inde, en Chine et au Japon, les palanquins sont de plusieurs genres et reçoivent des noms divers, 8, 87, 88, 97-93, 100, 106, 124, 125, 127. *Voir* Cango, Chaupal, Doli, Jalledar, Naos, Norimon, Palkys.

Palaska. — Giberne du Zeibek; Turquie, 177.

Palatine. — Ornement de cou en dentelle pendant l'été et en martre pendant l'hiver; modes féminines du dix-septième et du dix-huitième siècle, 355, 367.

Paletot. — Nom donné à la *hugue* du moyen âge augmentée de manches volantes; France, 217, 221.

Palillos. — *Voir* Banderillas.

Palissades. — Les étais de métal de la coiffure *à la Fontange*: modes féminines de la fin du dix-septième siècle. Europe 353, 354, 355, 360. *Voir* Monte-la-haut.

Palita. — « Gens du pal », désignation donnée jadis aux Mina, habitants des *pals*, enceintes fortifiées au milieu desquelles étaient leurs demeures; Inde, 128.

Palkys. — Nom générique des palanquins indous, 130. *Voir* Chaupal, Doli, Jalledar.

Palla (ξυστίς, πέπλον). — Tunique de cérémonie des dames grecques. — Manteau long, quadrangulaire, qui était pour les dames romaines comme la toge pour les hommes; la *palla* romaine se voyait aussi chez quelques hommes efféminés. — *Palla gallica*; espèce de tunique à manches que portaient les Gaulois. *Voir* Caracalla. — *Palla succincta*; *Palla* serrée autour de la taille ou au-dessus des hanches au moyen d'une ceinture. — *Pallula*; palla réduite. — 19, 20, 40, 56-57.

Femmes kabyles portant la *palla*, 150, 151, 152, 157

Pallium (ἐπίβλημα). — Manteau drapé fixé au cou ou sur l'épaule par une broche ou fibule; pièce principale de l'*amictus*, vêtement de dessus des Grecs, comme la *toge* l'était de l'*amictus* des Romains. Ces derniers commencèrent à adopter le pallium vers la fin de la république et l'usage en devint fréquent sous les empereurs; il remplaçait la toge et se portait sur la tunique; les femmes le revêtaient aussi. — Le pallium des rois du moyen âge ressemblait encore au manteau des anciens Grecs. 16, 17, 20, 56-57, 181, 188, 189 207 et 208.

Palliatus. — Le Grec porteur du pallium, 40.

Palliolum. — Diminutif du pallium; dans un sens général, tout manteau porté de la même manière que le pallium, 29.

Pallium. — Ornement ecclésiastique, marque distinctive des métropolitains ou archevêques, consistant en une bande d'étoffe blanche ornée de croix noires qui entoure les épaules et retombe devant et derrière. Le pape envoie le pallium aux archevêques en signe de juridiction. 181, 182, 194. *Voir* Subarmalis profondum.

Palmata. — Épithète donnée à la tunique que les Romains portaient sous la *toga palmata*, 181. *Voir* Toga.

Paludamentum. — La *chlamyde* des Romains; manteau militaire que les généraux et les officiers supérieurs portaient par-dessus leur armure. C'était aussi un manteau équestre, les Grecs l'appelaient *hippostolé*, habit de cheval. 34, 36-37, 40.

Pan. — La partie étoffée du bas de l'habit. *Habit à pans bouillonnés*; France, dix-huitième siècle, 367, 369.

Panache. — Bouquet de plumes surmontant la crête d'un casque ou de toute autre coiffure militaire. Vers le milieu du quinzième siècle, cet ornement prit faveur dans les tournois où figuraient les chevaliers. Lorsqu'on donna aux panaches un développement exagéré, ils se composèrent d'une quantité de plumes de héron qui reçurent le nom de *masses*. Des panaches en *queue de renard* ornaient le chapeau des élégants de l'époque Louis XIII. 218, 220, 253, 254, 255, 256, 258, 260, 261, 270 et 271, 301, 328, 329, 342. *Voir* Plumail.

Panathénaïcon. — Parfum en usage dans la toilette des dames grecques, 18.

Pancernes. — Cuirassiers de l'armée polono-lithuanienne; dix-septième et dix-huitième siècles, 454.

Pancrace (παγκράτιον). — Combat gymnique qui avait lieu entre deux athlètes s'attaquant par tous les moyens du pugilat et de la lutte, 25-26.

Pandero. — Le tambour de basque des Galiciens; Espagne 476.

Pandore (grande). — Poupée modèle qu'il était d'usage d'habiller à l'hôtel de Rambouillet et dont on envoyait des copies à l'étranger. — *Pandore* (*petite*); modèle pour le *déshabillé*. — France, dix-septième siècle. — 353, 359.

Pandure (πανδοῦρα). — Instrument à trois cordes; antiquité, 42.

Paniers. — Cages composées de cercles ou de cerceaux en baleine, en jonc, ou en bois léger, qui reçurent, dans la suite, une application de toile, de taffetas, et même de soie, de manière à en faire de véritables jupes. Cette mode, suite des *vertugadins*, des *criardes* et des *cerceaux*, parut en France dans les premières années du règne de Louis XV, et subsista, à travers de nombreuses métamorphoses, jusque vers 1787, époque où elle tomba en disgrâce.

Paniers (demi-) ou *jansénistes*. — Courts jupons doublés de crin et piqués, qui ne dépassaient pas le genou.

Paniers à coudes. — Ainsi appelés parce que les coudes pouvaient s'appuyer dessus à hauteur des hanches. Ils avaient cinq rang de cercles dont le premier se nommait *traquenard*.

Paniers à la coupole. — Ceux arrondis par le haut. Ils présentaient une circonférence de trois aunes d'étoffe.

Paniers à guéridon. — Ceux en forme d'entonnoir. — 367, 368, 369, 370, 371, 372, 388, 389, 391-392, 398.

Panne (*pannum, panniculus*). — Étoffe de toile dont on fait les robes chez les paysannes de la province romaine; Italie, dix-neuvième siècle, 468.

Pannetière. — Marque de pèlerinage au moyen âge; on la portait en bandoulière. 202. *Voir* Écharpe.

Pannetière du paysan, 209.

Pannoncel. — *Voir* Pennon.

Pano pardo. — Laine grossière fabriquée dans la province de Ségovie; Espagne, 475.

Panse, Panseron. — Plastron en panse, dit *à la poulaine* (ou *à la polonaise*), et formé de deux épaisseurs de bourre, l'une piquée dans un gilet de dessous, l'autre dans le pourpoint, ce qui donnait à celui-ci une saillie projetée en avant. Cette mode commune aux deux sexes, s'étendit jusqu'aux cuirasses des hommes de guerre. France, seizième siècle, règne d'Henri III. 254, 261, 269, 274, 276, 278, 289.

Pansereteschs. — *Voir* Sabretache.

Pansière. — Partie de l'armure d'acier couvrant le devant du corps jusqu'à la ceinture; l'autre partie était appelée *dossière*; ensemble que l'on a depuis nommé très improprement *cuirasse*. Europe, moyen âge et seizième siècle, 204, 217, 219, 260.

Pantalon. — Culotte à longues jambes portée dès le seizième siècle par les prolétaires de la république de Venise. Les Vénitiens étaient désignés dans la haute Italie par le sobriquet de *Pantaloni*, à cause, dit-on, de la dévotion qu'ils professaient pour Saint-Pantaléon; ce nom passa à leurs culottes. Ce sont les personnages de la Comédie Italienne qui firent connaître en France le pantalon, lequel ne s'introduisit que dans les costumes de fantaisie réservés aux ballets; les seigneurs de la cour de Louis XIII dansaient en pantalon. Cette pièce du costume fit son entrée définitive dans la toilette des hommes vers les premières années du dix-neuvième siècle; elle avait été la partie fondamentale du déshabillé dit *en chenille* que les jeunes gens mettaient le matin au temps de Louis XVI. Les hussards de cette dernière époque portaient le pantalon collant avec des bottes à revers; celui des marins était large. Les ouvriers l'adoptèrent aux approches de la Révolution; ce qui, plus tard, donna naissance à l'épithète de *sans-culottes*. — *Pantalons à raies*; armées républicaines. — France, fin du dix-huitième siècle, 386, 400, 405, 410. *Voir* Chalwar, Puyjamas, Seboual.

Pantophellos. — Chaussure à semelle de liège; mot d'où est venu celui de *pantoufles*; antiquité, 47.

Pantoufles. — Mules légères. Costume féminin de la fin du quinzième siècle; Europe, 246.

Panurge (natte à la). — Hommes du règne de Louis XVI; France, 1786. — (chapeaux à la); dames de la même époque. — 391-392.

Papillon. — Épingle à tête de diamant faisant partie de la coiffure *à la Fontange*; modes féminines du règne de Louis XIV. France, dix-septième siècle, 354. *Voir* Firmament, Guêpe.

— Cornette très légère; toilette d'intérieur des dames du dix-huitième siècle. France, 371, 398.

Pappoosse. — Nom donné à l'enfant, chez les Killinous de la Californie; Amérique du Nord, 82.

Paquet (chevelure nouée en). — Arrangement des cheveux accompagnant la coiffure *à la Fontange*; modes féminines du dix-septième siècle; France, 353.

Parador. — Auberge espagnole, 477-478.

Paralourgis. — Robe bordée par devant, et dans la longueur, de deux bandes ordinairement de pourpre marine; les Ioniens l'appelaient *péchyalès*; Grèce antique, 25-26.

Parang. — Glaive en usage à Bornéo et aux Célèbes; Océanie, 63-64, 65 et 66.

Parasol (σκιάδειον, *umbella, umbraculum*). — L'usage du parasol était très répandu en Grèce et à Rome; on appelait *umbellifera* les esclaves qui en étaient porteurs; antiquité, 8, 11 et 12, 18.

Parasols africains, 69, 71.

Parasols chinois, japonais, indous, 87, 80 et 90, 92-93, 101, 105, 132.

Le parasol des souverains mogols, 113, 115, 119. — Celui des doges de Venise, 189.

Parazonium. — Le glaive des tribuns et des officiers supérieurs de l'armée romaine; antiquité, 36-37.

Parement (*ornatus*). — Ce qui pare, étoffe qui pare.

Parement (costume dit de). — S'entendait au moyen âge comme vêtement d'étoffe porté sur l'armure. La cotte d'armes était un parement lorsqu'elle recouvrait le *haubert* ou la *broigne*. Sous le règne de Charles V, les surcots d'armes posés sur l'armure de mailles furent de longs vêtements traînant jusqu'à terre, auxquels on donna aussi le nom de *parement*. France, 202.

Parement. — Pièce d'étoffe brodée ou brochée, cousue aux manches et sur le bord inférieur de l'aube; vêtements sacerdotaux du clergé latin. Europe, moyen âge; 194.

Parement. — Revers de la manche de l'habit. Dix-septième et dix-huitième siècles, 351, 367, 369.

Parement (chambre de). — Pièce de réception des palais et des maisons seigneuriales; Europe, moyen âge, seizième et dix-septième siècles; 293, 344-345, 347.

Parepain. — Couteau à chapeler le pain; Europe, moyen âge, 399.

Paresseuse (bonnet, chignon à la). — Modes féminines de la fin du dix-huitième siècle; France, 391-392, 397.

Parfait contentement. — Nœud de ruban placé au haut du corsage; dames du dix-huitième siècle; France, 367, 388.

Pariâhs. — Les « hors castes », *out castes*; Indes, 132.

Pariphès, Paryphès. — Tunique d'un tissu transparent, ornée de broderies et parfois bordée des deux côtés d'une bande de couleur; Grèce, 20, 25-26.

Parma. — Bouclier circulaire à l'usage des *vélites*, troupes légères des légions romaines. — *Parma threcidica*; le bouclier des gladiateurs armés *à la thracienne*. — 36-37, 202.

Parva casa. — Cape ronde, sans capuchon; Italie, seizième siècle, 244.

Pas d'âne. — Nom donné à une pièce ajoutée à la garde de l'épée, vers le seizième siècle. Le *pas d'âne* formait deux anneaux portant des quillons et se recourbant dans le plan de la lame; Europe, 262.

Paschaly-cawouk. — Calotte brodée recouverte d'un voile tombant derrière les épaules; Turquie, 169.

Pass. — Ceinture de cuir du *gorale* ou montagnard hongrois, 458 et 459.

Passe. — Les côtés du bonnet féminin; Normandie, 490.

Passe-caille. — Ruban auquel se suspendait le manchon; ce nom provient d'un air d'opéra très en vogue composé sur un rythme espagnol, et qu'on appelait *passe-caille*; France, fin du dix-septième siècle, 354, 360.

Passe-gardes ou Garde-collet. — Pièce d'armure s'élevant sur chaque épaule pour garantir le cou; Europe, quinzième et seizième siècles, 209, 217, 253, 260.

Passements. — Mode d'origine italienne. Passementeries appliquées sur les vêtements. Sous le règne de Charles IX, l'or et l'argent furent tressés en guipures et en dentelles qui prirent aussi le nom de *passements*. Les rois de France rendirent plusieurs édits contre cette mode; on la remplaça en 1620 par celle de la dentelle de fil et du point coupé. Europe seizième et dix-septième siècle; 260, 267, 268, 276 et 277, 327, 328, 329, 337.

Passevolant. — Pièce d'artillerie du seizième siècle; France, 253.

Pastor major. — Le chef des bergers, chez les paysans du moyen âge. — *Pastour*; le deuxième berger principal. — France, 209.

Pasvescheurs. — *Voir* Pavois.

Patenôtres. — Chapelet de prières; moyen âge. A dater du règne de François 1er, le terme de *patenôtres* paraît s'être appliqué alors, non seulement aux chapelets mais aux pendants des ceintures, sortes de chapelets d'orfèvrerie tombant jusqu'aux bas de la cotte. France, modes féminines du moyen âge et du seizième siècle, 246, 264, 266, 267. *Voir* Contenance.

Patère (φιάλη, *patera*). — Espèce de grande soucoupe servant à contenir le vin des sacrifices; antiquité, 39.

Patience. — *Voir* Miséricorde.

Patins. — Pour marcher dans la boue, dès une époque reculée, on portait des patins plus ou moins élevés; cet usage existait encore en France, vers le milieu du dix-septième siècle; 327. Hauts patins; Italie, seizième siècle, 327.

Le patin à glace, chaussure des Frisonnes; Hollande, 421 et 422.

Voir. Guetta, Naleun, Suksi.

Patines. — Chaussure des femmes sablaises; Vendée, France, 496.

Patio. — De *pateo*, être ouvert; cour intérieure de la maison espagnole et de la généralité des habitations dans les pays chauds; c'est le *cavædium* antique. 167, 168, 477-478.

Patriarche. — Titre que l'Église donnait autrefois aux évêques des premiers sièges épiscopaux, tels que ceux de Constantinople, d'Alexandrie, d'Antioche, etc. — Les chefs de l'Église grecque, des Maronites, des Jacobites, des Nestoriens, etc.; 181, 183.

Patte. — La partie retombante du chaperon; Europe, moyen âge, 210, 211, 221.

Pattés (souliers) ou *pattus*; Europe, fin du quinzième siècle, 238, 246, 261.

Pauvres volontaires (ordre des). — Institué en Allemagne vers 1370; 198. *Voir* Nolards.

Pavane. — Danse française des seizième et dix-septième siècles, 362.

Pavois (*palevas, pavais, pavard, talevas*). — Grand bouclier de forme ovale ou quadrangulaire porté par les fantassins et plus particulièrement par les arbalétriers. — *Pavescheurs* ou *pavaschiers*; ceux qui portaient le *pavois*. — Europe, moyen âge. — 202, 217, 219.

Payes royales. — Les gentilshommes pauvres servant dans l'infanterie et soldés par le roi; France, seizième siècle, 266.

Peak. — Coquillages dont les chefs Peaux-Rouges se font des colliers; Amérique du Nord, 81.

Pechtimal. — Tablier de soie unie; Turquie, 180.

Pechyalès. — *Voir* Paralourgis.

Pecques. — Nom donné aux *précieuses* de province; France, dix-septième siècle, 348.

Pectoral. — Ornement de la poitrine; Égypte et Assyrie, 1, 12, 13. *Voir* Hoscrex, Pou-pou.

— (*Pectorale*, ἡμιθωράκιον, καρδιοφύλαξ, γύαλον); plaque formant le devant de la cuirasse (*lorica*). Les Grecs appliquaient le mot γύαλον à la plaque de derrière comme à celle de devant; antiquité, 25-26, 36-37.

Peda. — Sabre-couperet des Papous; Océanie, 60-61.

Pedak. — Sabre en usage aux Célèbes, 65.

Pédieux. — Nom que l'on donne à la chaussure de l'homme d'armes, composée de lames d'acier articulées; Europe, seizième siècle, 260. *Voir* Solerets.

Pedilon. — Chaussure ornée; antiquité, 47.

Pedum. — Sorte de houlette, insigne de commandement mis dans la main d'Osiris et des pharaons; Égypte, 4, 8.

- Nom que les anciens donnaient à la crosse épiscopale, 193.

Peigne (*pigne, tressoir, tressoir*). — Objet de toilette fait, dès les premiers siècles du moyen âge, d'ivoire, d'os ou de bois dur, 225.

Peignes égyptiens, 6. — Peignes celtico-scandinaves, 51, 55.

Peignoir à la Galathée. — Modes féminines; France, époque du Consulat, 408-409.

Peliçon (*pelichon, pelyson, pelisson, pelice*). — Vêtement fort usité du douzième au quinzième siècle. Appartenant aux deux sexes, il consistait en une robe de dessus à manches très simples. Le peliçon, ainsi que son nom l'indique, était originairement un vêtement de fourrure. Europe, moyen âge; 218, 246. *Voir* Quenotm.

Pelisse. — Robe de fourrure; Turquie, 169, 170.

Pelta (πέλτη). — Bouclier elliptique d'origine asiatique; armées grecques et romaines. — *Pelta lunata*; pelta en forme de croissants. — 14, 15, 16, 25-26, 34.

Peltaste (πελταστής). — Soldat armé de la pelta; les peltastes formaient un corps de l'infanterie grecque, 25-26.

Pelzkappe. — Bonnet de fourrure; Allemagne, 336, 432, 438.

Pen-bas. — Le bâton de racine de chêne du paysan breton; France, 495.

Pendant-d'épée. — Bride qui accompagnait le ceinturon pour porter l'épée *en verrouil*, c'est-à-dire horizontalement; France, fin du seizième et commencement du dix-septième siècle, 301, 311.

Pènikè. — Partie avancée du tour de cheveux; coiffures postiches; Grèce, antiquité, 21.

Pengtrossen. — Cordon supportant plusieurs sacs de cuir, ceinture de la ménagère suédoise, 415.

Peningpungar. — Le porte-monnaie ou la bourse des Lapons, 411.

Pénitence des Martyrs. — Ordre religieux établi en Pologne vers 1257; 198.

Pénitents noirs. — Italie, seizième siècle, 332.

Pénitentes (religieuses). — France, dix-septième siècle, 332.

Pennerès. — Nom donné aux jeunes filles, en Bretagne; 499-500.

Pennon. — Bande d'étoffe longue et finissant en pointe que les *bacheliers* portaient au bout d'une lance. — *Pannonceil*;

petit pennon à une ou deux queues. — Au milieu du seizième siècle, la cornette blanche joua auprès des généraux d'armée l'ancien rôle du *pennon*. Europe, moyen âge, 202, 220. *Voir* BANNIÈRE, GONFANON, ORIFLAMME.

Pentacol. — Bijou que l'on suspendait au milieu du collier; France, treizième, quatorzième et quinzième siècles, 210, 212.

Pentes. — Les tentures pendantes qui masquent le chevet et le pied du lit; elles étaient généralement d'une autre étoffe que les courtines ou rideaux placés sur les côtés. Europe, moyen âge; 231, 322.

Pentectènes. — Tuniques ayant une bordure en dents de scie; Grèce, 19.

Penula (φαινόλης). — Vêtement romain d'origine grecque: sorte de blouse ayant une ouverture pour le passage de la tête; plus tard on en fit pour les bras. La *penula* se mettait comme un manteau par-dessus la tunique; elle était moins ample que la *lacerne* dont on couvrait la toge, 40, 188.

Péons. — Anciens pâtres espagnols, ancêtres des métis chiliens appelés *Guassos*; Amérique du Sud, 78.

Peones. — Les gens à pied qui combattent le taureau; sont compris parmi les *peones*, les *espadas*, les *banderilleros* et les *chulos* aussi nommés *capeadores*; Espagne, 470 et 471.

Peplon, Peplos, Peplum, Peplus. — Vêtement grec servant exclusivement aux femmes et jouant le double rôle de la *tunica* et de la *palla* romaines. On fixait le *peplon* sur les épaules au moyen de broches; les bras étaient entièrement à découvert; antiquité, 20, 24, 25-26.

Peptarin. — Camisole en peau d'agneau à l'usage des deux sexes; Valaques, 458 et 459.

Perce-mailles. — Épée courte; arme des fantassins de la première moitié du quatorzième siècle; France, règne du roi Jean, 217.

Péribarides. — Souliers des femmes libres et nobles; Grèce, 47.

Pericarpe (*pericarpia*, περικάρπια). — Bracelet du poignet; Grèce, 31.

Periderala (περιδέραια). — Collier des dames grecques, 25-26.

Peripsside (περιπεζίδες). — Anneau de cheville; parure féminine; Grèce, 31.

Periscelide (περισκελίς). — Anneau de jambe; dames grecques, 20, 31.

Péristyle (*peristylium*, περιστύλον). — Deuxième partie de la maison romaine, après l'*atrium*, derrière le *tablinum*, et formant la partie privée de la maison. Il n'y avait de péristyle que dans les grandes demeures; c'était une vaste cour, entourée de portiques ou colonnades, conduisant aux diverses pièces d'habitation; 33.

Peritrachelia. — Collier féminin; Grèce, 25-26.

Pero, Perones. — Bottines lacées montant jusqu'au mollet; antiquité, 47.

Perruque. — Du grec dorique *purrhos* pour *purros*, fauve, jaune, parce que les premières perruques étaient en cheveux blonds. Chez les Romains, l'usage ne s'en introduisit que sous les empereurs; les femmes en profitèrent pour se composer des coiffures très ouvragées qu'elles appelaient *tutulus*, *corymbus*, *galerus*, etc. Dans les temps modernes, la mode des perruques, pour les hommes, commence à se répandre en France vers 1680, et prend son plus grand développement sous le règne de Louis XIV, époque où apparaissent la *crinière de lion*, l'*in-folio*, etc. Ces coiffures volumineuses furent remplacées, au dix-huitième siècle par des perruques à cheveux courts et poudrés qui, sous différentes formes, subsistèrent jusqu'à la Révolution, concurremment avec les cheveux poudrés, mode à l'usage des personnes dont la chevelure abondante pouvait supporter les façons de coiffures données aux perruques.

Antiquité; 21, 41. *Voir* CALIENDRUM, ENTICHON, PÉNIKÉ, PHOCOMION.

France, règne de Louis XIII; *coiffure à la comète*, *Perruque à calotte*, *Postiches*, 327, 328, 329.

Règne de Louis XIV; *cheveux blanc agate, blanc de lait, blanc fond jaune, châtain, châtain clair, châtain brun, gris de Maure noir, petit noir, noir jais, quart blanc, crinière de lion, Anaucière; perruque d'abbé, de bichon ou à la moutonne, perruque à la cavalière ou carrée, à l'espagnole, perruque grisaille, in-folio*, 340, 344-345, 351, 352, 354, 359, 360, 361, 362.

Règne de Louis XV et Louis XVI; *perruque à bourse, à la brigadière, perruques nouées, à queue, à la régence, perruques sans tissu et à jour, coiffure grecque carrée*, 386, 391, 399.

Perruques militaires; 385, 400.

La mode des perruques féminines ne commence que vers la moitié du dix-huitième siècle et subsiste jusqu'à l'époque du Consulat. *Chignon, chignon plein, chignon à la paresseuse, cache-folie, perruques à la Titus, à la Caracalla; postiches, tour*; 397, 406, 408-409.

Pers. — Le bleu intense; moyen âge et seizième siècle, 274.

Persane. — Nom donné à la *cunnace*, le surtout à franges des Perses; antiquité, 11 et 12.

Persique. — Chaussure blanche à l'usage des courtisanes d'Athènes; Grèce, antiquité, 47.

— (Sandale à la); sandale sans quartier; Assyrie, 11 et 12.

Pertuisane. — Arme qui participait de la pique et de la hallebarde; Europe, moyen âge, 217.

Péruvienne (veste à la). — Modes féminines du règne de Louis XVI; France, 389.

Pescadores. — Pêcheurs portugais, 482.

Pétase (*petasus*, πέτασος). — Chapeau de feutre, coiffure de voyage des Grecs et des Romains; antiquité, 16, 21, 29.

Petché. — Voile épais en canevas de crin; costume féminin; Turquie, 180.

Pet-en-l'air. — *Voir* CASAQUIN.

Petit-collet. — Nom que portaient les abbés mondains du dix-septième siècle, vêtus du manteau court à petit collet; France, 354.

Petite-oie. — Nœuds de rubans, ornements accessoires des habits et du chapeau; France, dix-septième siècle, 285, 323, 340. *Voir* GALANTS.

Petoritum. — Voiture découverte, à quatre roues; Romains, 216.

Petyhorcès. — Cavaliers lithuaniens; Pologne, dix-septième-dix-huitième siècle, 454.

Phœnicis. — Robe d'un rouge vif, teinture d'origine phénicienne; antiquité, 25-26.

Phainolé. — *Voir* PENULA.

Phalangite (φαλαγγίτης). — Soldat armé et équipé comme ceux de la phalange macédonienne; Grèce, 25-26.

Phalères (*phalera*, τὰ φάλαρα). — Plaque rondes ciselées, d'or, d'argent ou d'autres métaux; décoration militaire chez les Romains. — *Phaleratus*; le soldat romain porteur de phalères, 36-37, 58.

Phaloi. — Crêtes de casques; Grèce, 25-26. *Voir* AMPHIPHALOS, TRIPHALEIA.

Phari. — Porte-cierge, chandelier d'église; moyen âge, 181.

Pharos (φᾶρος). — Nom qu'Homère donne au *pallium*; léger manteau brodé aux couleurs éclatantes; antiquité, 17, 20.

Phellos. — Haute semelle en liège; chaussure antique, 47.

Phénix (coiffure dite de). — Ornement de tête en forme d'oiseau; dames chinoises, 86.

Phenolium. — La chasuble du clergé grec, 181, 182.

Phialé. — *Voir* PHYALÉ.

Phæcasion, Phæcasium (φαικάσιον). — Chaussure fermée, habituellement portée par les prêtres d'Athènes et d'Alexandrie. — *Phæcasiatus*; le Grec chaussé du *phæcasium*, 47.

Phounga-Taré. — La trompette des funérailles; Inde, 123.

Phuru. — Calotte de cuir des Bassoutos; Afrique, 67-68.

Phyalé (φιάλη). — Coupe de forme évasée; vase à onguents. Grèce, 18, 23.

Phyllis (gants à la). — Règne de Louis XIII; France, 329.

Physionomie. — Toupet de devant en forme de croissant, coiffure féminine; France, dix-huitième siècle. — *Frisure à la physionomie.* — 369, 388, 397.

Pianelles. — Chaussure à l'italienne; modes féminines des seizième et dix-septième siècles; Europe, 273, 322.

Pic. — Corne de chapeau. — Chapeau *à trois pics* des îliens de Batz, dép. de la Loire-Inférieure. France, 498.

Picador. — Cavalier espagnol qui attaque le taureau avec une pique; Espagne, 470 et 471.

Picher, Pichet. — Petit vase à boire; Europe, moyen âge, 231.

Picques seiches. — Piquiers surnuméraires, *à paie simple*; infanterie française du seizième siècle, 256.

Picturi. — Plante dont les indigènes australiens mâchent la feuille; Océanie, 60-61.

Pièce. — Plastron formant le devant du corsage; modes féminines du Bourbonnais, de la Bretagne et de la Savoie; France, 484, 496. *Voir* DEVANTIER.

Pièce (haute-). — Pièce de renfort de l'armet de joute; France, quinzième-seizième siècle, 253.

Pied de biche. — Crochet à l'aide duquel on bandait l'arbalète de guerre; France, quatorzième et quinzième siècles, 220. *Voir* BAUDRÉ.

Pied d'ours (solerets dits à). — *Voir* SOLERETS.

Pierres à canon. — Boulets de pierre; projectiles de la grosse artillerie, au quinzième siècle; Europe, 220.

Pierres de Cayenne (bagues en). — France, règne de Louis XVI, 398.

Pierreries du Temple. — Pierres fausses; imitations d'émeraudes, de rubis, de topazes que l'on fabriquait dans le quartier du Temple, à Paris; commencement du règne de Louis XIV, 340.

Pierrot. — Vêtement de déshabillé, variété du *caraco*; petit justaucorps décolleté et fermé sur le haut de la poitrine, mais très ouvert par le bas, muni de manches plates à parements et de longues basques, avec des garnitures de boutons; modes féminines. France, règne de Louis XVI. *Caraco à la Pierrot, Pierrot-fichu, Pierrot-hollandais, Pierrot à longues basques à la paysanne*, 390, 398.

Pifferari. — Musiciens ambulants; Italie, 468.

Pi-kien. — Pèlerine; costume chinois, 85, 86.

Pilani. — *Voir* PILUM.

Pilentum. — Voiture, chariot suspendu; Romains, 216.

Pileus (πῖλος). — Bonnet de feutre à l'usage des hommes. Le *pileus* variait de forme chez les différentes nations de l'antiquité, mais il conservait toujours le caractère général de bonnet rond sans rebords, collant sur la tête. On s'en servait plus à la campagne qu'à la ville, 11 et 12, 56-57.

Pili. — Vêtement en laine foulée porté par l'infanterie grecque; antiquité, 25-26.

Pilos. — Chausson de laine feutrée, en usage chez les Grecs; 47. *Voir* UDONES.

Pilou-Pilou. — Fête de tribu; Néo-Calédoniens, Océanie, 60-61.

Pilum (ὑσσός). — Javeline, sorte de lance courte au fer long et large, employée comme pique et comme arme de jet; Romains. — *Pilani*; nom sous lequel se distinguaient primitivement les soldats composant la troisième ligne de l'ancienne légion romaine, parce que, seuls alors, ils étaient armés du *pilum*, tandis que les deux autres lignes se servaient de la lance ou *hasta*; 36-37.

Pin. — Concubines de l'empereur de Chine; femmes du second rang, ayant le titre de princesse, 86. *Voir* CHIFOU, FOU-GIN, YU-TSI.

Pinacotheca (πινακοθήκη). — Galerie de tableaux; maison romaine, 33.

Pinang. — *Voir* SIX.

Pinasse. — Petit navire de haute mer; Inde, 131.

Pinea. — Pomme de pin; figure que l'on rencontre fréquemment au sommet du *signum* romain, 36-37.

Pinnirapus. — Tout gladiateur donné comme adversaire à un *Samnite* ou à un *Thrace*; Romains, 36-37.

Piper. — Joueur de cornemuse; Écosse, 425 et 426.

Pique (*picque*). — Arme au fer long et pointu emmanché au bout d'un bâton. Au moyen âge, l'usage de la pique était presque général en Europe; on l'employait à l'attaque et à la défense. — *Pique flamande*; arme des hommes de pied du quinzième siècle; France 202. *Voir* GODENDART.

Piquiers. — Soldats armés de la pique. En France, jusqu'à la fin du règne de Louis XIV, il y eut des piquiers dans les régiments d'infanterie; 256, 257, 342, 343.

Pirtti. — La maison finlandaise, 418.

Pisantir. — *Voir* SANTIR.

Pisch-Khedinet ou **Pisch-Khedmet.** — Domestique spécialement destiné à porter, nettoyer et remplir de tabac le *kaléan*; Perse, 138, 141, 144.

Piscina. — Bassin placé dans l'*atrium* ou le *peristylium* des maisons particulières; Romains, 33.

Piscina in area. — Bassin des bains romains, 47.

Pistolet. — Petite arme à feu ainsi nommée parce que les premières de ce genre furent fabriquées à Pistoie (Italie). — *Pistolet à rouet*; en usage jusque vers 1630, époque à laquelle la platine dite *à la miquelet* commença à prendre le dessus. — *Pistoliers*; cavaliers français armés du pistolet, à l'exemple des reîtres allemands qui, les premiers, se servirent de cette arme. — Europe, seizième siècle, 261, 262, 270 et 271, 301, 381, 383, 384, 400.

Pitaults. — Les paysans français du moyen âge, 229.

Place. — Le sol de l'habitation rustique, en Bretagne; France, 499-500.

Placet. — Tabouret bas et large qui, en évitant de s'asseoir par terre, comme il était d'étiquette à la cour d'Henri IV, laissait au moins l'apparence d'une « soumission galante ». France, dix-septième siècle, 322.

Plaid. — Le manteau des Écossais. L'ancien plaid consistait en une pièce de laine de huit ou neuf aunes de longueur, qui enveloppait tout le corps, et était serré autour de la taille par une ceinture de cuir, 425 et 426, 427. *Voir* ARISAID.

Plaques de front. — Parure des femmes de la Hollande. *Voir* HOOFDNAALD.

Plaquette (boucles d'oreilles à la). — Dames du règne de Louis XVI ; France, 391-392.

Plates (*platine, plates*). — Nom par lequel on désignait, à dater du treizième siècle, les lames de fer battu posées sur les arrière-bras, les genoux et les tibias. Peu à peu, on ajouta à ces pièces des ailettes, des cubitières, des avant-bras ; mais ces renforts placés sur le haubert ou sur la broigne ne composaient pas une armure de fer complète. Ce n'est que beaucoup plus tard, sous le règne de Charles VI, que l'armure de plates complète fut adoptée. Europe, moyen âge ; 202, 205, 206, 217.

Plectre (*plectrum*, πλῆκτρον). — Bâton de bois ou d'ivoire avec lequel le musicien faisait vibrer les cordes de son instrument. Antiquité et moyen âge ; 3, 11 et 12, 22, 182.

Piekté anadesmé. — Diadème, large bande d'orfèvrerie accompagnée de tresses d'or pendantes ; bijouterie orientale, antiquité, 140.

Plommée. — Grand marteau d'armes ; s'entend aussi comme un fléau à long manche armé de *masses* de fer retenues par des chaînes ; Europe, moyen âge, 218.

Plommées ou Plombets. — Balles pour l'artillerie de petit calibre ; France, quinzième siècle, 220.

Plotnik. — L'artisan russe, 443.

Plumail. — *Voir* PLUMES.

Plumes, Plumet. — Parure civile et militaire en usage chez presque tous les peuples anciens et modernes, ainsi que chez toutes les tribus sauvages habitant des contrées où vivent des oiseaux à plumes brillantes.

Antiquité, 4 ; 25-26, 36-37, 48-49.

Europe, moyen âge ; 202, 206, 211, 212, 216, 217, 218, 219, 220, 221, 238, 239, 246, 247 et 248, 249-250.

Europe, seizième siècle ; 253, 254, 255, 256, 257, 258, 260, 261, 268, 270 et 271, 273, 274, 275, 278, 279, 280, 285, 301.

Europe, dix-septième siècle ; 321, 326, 327, 328, 329, 340, 342, 343, 344-345, 346, 351, 360, 364.

Europe dix-huitième siècle ; 366, 389, 390, 391-392, 398, 400, 402, 406, 408-409.

Écosse, Tyrol, Pologne, Hongrie ; 425 et 426, 433, 449, 450, 452, 453, 454, 458 et 459.

Voir AIGRETTE, CRISTA, PANACHE, XWA-LIN.

Plumail ; costumes militaires du moyen âge et du seizième siècle ; France, 202, 203.

Plumes (tour de) ; chapeaux des hommes ; France, règne de Louis XIV, 340, 344-345, 346, 351.

Plumes (héron de) ; *Plumes à la folette* ; dames du règne de Louis XVI, 391-392.

Plumes suédoises ou soies de cochon. — Lames d'épée que les Suédois, sous Gustave-Adolphe, avaient imaginé de fixer au bout de leurs mousquets ; Europe, dix-septième siècle, 343.

Pluvial. — La *pænula* des anciens ; on donnait aussi ce nom à la chape ecclésiastique. Europe, moyen âge ; 188, 194.

Podeia, Polyntra. — Chausson fait de bandes de feutre ; antiquité, 47.

Podeion (*fascia*, ποδεῖον) ; chaussettes ou bas ; Grèce, 15.

Podère (*podères, poderis*, ποδήρης). — Chiton tombant jusqu'aux pieds ; on l'appelait aussi *symmetria*. dames grecques ; 17, 20. *Voir* TUNICA TALARIS.

Podwika. — Bonnet de toile ; ancienne coiffure des femmes mariées, en Pologne, 449.

Poêle à gouttières. — Le dais du lit muni de lambrequins ; Europe, moyen âge, 297.

Poêle ou mantel. La couverture surmontant la carcasse des chars du moyen âge, 216.

Poêle en terre cuite ; Allemagne seizième siècle ; 290. — Le *poêle* de la maison russe, 443.

Poignard. — 2, 48-49, 56-57, 63-64, 65 et 66, 67-68, 94-95, 110, 111, 112, 120, 121, 134, 206, 212, 218, 214, 216, 217, 219, 220, 222, 238, 239, 253, 254, 256, 257, 262, 263, 425 et 426, 427.

Voir BADELAIRE ou BASELAIRE, BIDAG, CLUNACULUM, COUSTEL A PLATES, DAGUE, KHOUTTAR, KRISS, LANGUE-DE-BŒUF, MAIN GAUCHE, MISÉRICORDE.

Point coupé. — Sorte de dentelle de fil faite à l'aiguille ; modes des seizième et dix-septième siècles, 275 et 277, 326, 328, 329.

Poires de parfums. — Accessoire de la toilette féminine ; on le suspendait au *demi-ceint*. France, époque Louis XIII, 328.

Poires à poudre. — 256, 257, 263, 283, 301. *Voir* AMORÇOIR, FLASQUE, PULVERIN.

Poitou. — Danse française de la première moitié du dix-septième siècle, 328.

Poitrines d'acier. — Plaques de fer posées sur la poitrine ; hommes de guerre du quinzième siècle ; Europe, 219.

Pokalem. — Coiffure de petite tenue, d'origine hongroise. Le *pokalem* devint en usage dans l'armée française sous le règne de Louis XV ; France, 384.

Polaques. — Cavaliers étrangers au service de la France ; dix-septième siècle, 383.

Polaynas. — Longues guêtres de drap ; Galiciens, Espagne, 476.

Polisson (en). — Toilette de négligé ; hommes de la première moitié du dix-huitième siècle ; France règne de Louis XV, 372.

Polonaise. — Pardessus assez court, généralement garni de fourrures. — Robe en usage chez les dames de l'époque Louis XVI ; France, 389.

Polouar. — Bateau léger propre à la navigation intérieure ; Inde, 131.

Pomandres. — Pommes de senteur ; toilette féminine. Europe, moyen âge, 226.

Poncho. — Espèce de dalmatique sans manches ; vêtement national des Chiliens, 77, 78.

Ponka. — Vêtement de dessus, à manches courtes ; femmes russes de Riazan (Russie), 438 et 439.

Pontificale. — Nom que les anciens donnaient à la crosse épiscopale, 193.

Popa. — Ministre du culte qui conduisait la victime à l'autel et qui l'abattait avec le côté non tranchant de la hache ; le *cultrarius* l'achevait avec le couteau sacré ; Romains, 38.

Popina. — Établissement public où l'on mangeait le reste des sacrifices dont les *popæ* faisaient le trafic, d'où le nom donné à ces tavernes à bas prix ; Romains, 35.

Porfilures, Pourfilures. — Agréments d'or et d'argent qui garnissaient les habits civils et militaires ; Europe, moyen âge, seizième et dix-septième siècles, 206, 326.

Porphyra. — Pourpre pêchée sur les côtes d'Afrique, de la Laconie, et surtout dans la mer qui baignait l'ancienne ville de Tyr. — *Porphyrosemos* ; robe à bande de pourpre, antiquité. — 25-26.

Portanières. — Femmes du peuple ; Bordeaux, commencement du dix-neuvième siècle, 485.

Porte-mèche. — Instrument à l'aide duquel le canonnier du seizième siècle enflammait la poudre du canon. — Arme des commissaires d'artillerie ; France, 254. *Voir* BOUTE-FEUX.

Porte-monnaie. — Laponie. *Voir* PENINGPUNGAR.

Porte-sceptres. — Assyrie. *Voir* SKEPTOUQUES.

Porteurs d'eau. — France, seizième siècle ; 283. *Voir* ALDARI, AGUADOR, SAKKA.

Portique (*porticus*, στοα). — Maisons grecques et romaines ; antiquité, 27-28, 33.

Posada. — Auberge espagnole ; 477-478.

Pospolité. — Arrière-ban de l'armée polono-lithuanienne ; dix-septième-dix-huitième siècle, 454.

Postes. — Nom donné en Italie aux filets de soie formant les nœuds ou glands de la longue ceinture aux bouts pendants portée par les dames du seizième siècle, 264.

Postiches. — De *posticcio*, ajouté ; mèches détachées que l'on introduisait dans la chevelure naturelle ; hommes de l'époque Louis XIII ; France dix-septième siècle, 361. *Voir* COINS.

Pot-en-tête. — Coiffure de fer en usage chez les officiers-ingénieurs de l'époque Louis XIII, lorsqu'ils se rendaient aux tranchées ; France, dix-septième siècle, 301.

Potour. — Pantalon large ; Turquie, 175, 177, 178, 464.

Pouchi. — Pièce d'étoffe nouée sous le menton, sur laquelle vient s'appuyer le *tantour* ; coiffure des femmes druses ; Turquie, 179.

Poudre à cheveux. — Dans l'antiquité, et notamment chez les Romains, les femmes se servaient de poudre pour changer la couleur de leurs cheveux ; les Gauloises employaient des cendres blanches. — En France, ce sont les dames du seizième siècle qui remirent la poudre en usage ; elles avaient recours à des poudres parfumées qui tenaient sur les cheveux à l'aide d'un mucilage ; les femmes du peuple employaient la poudre de *chêne pourri*. Vers la fin du règne de Louis XIV, la vogue de la poudre revint à la cour, mais la mode absolue et générale n'en fût en vigueur qu'à dater des premières années du règne de Louis XV ; elle dura jusqu'à la fin du siècle. 274, 276 et 277, 280, 311, 351, 361, 366, 383, 385, 389, 391-392, 400.

Poudre (œil de) ; *poudrure à frimas*. — Légère couche de poudre jetée sur la chevelure ; France, dix-huitième siècle ; 400.

Poudre à graine d'épinard : grosse poudre dont on se servait, chez les hommes, pour masquer la jonction d'un toupet formé par les cheveux naturels avec les cheveux artificiels de la perruque ; France, première moitié du dix-huitième siècle, 366.

Pouff. — Arrangement consistant en une pièce de gaze disposée de diverses manières sur la chevelure des dames ; France ; règne de Louis XVI. *Pouffs en rocher, au sentiment, à la Victoire, à la Virginie*, 388, 389, 390, 391-392.

Pou-fou. — Broderie pectorale, insigne hiérarchique chez les mandarins ; Chine, 85, 87, 88, 89 et 90.

Poulacre. — Le surtout en flanelle porté par les Auvergnats ; France, 484.

Poulaines. — C'est à dire *polonaises*. La *poulaine*, mode venue de Pologne, était un allongement démesuré de la pointe du soulier ou de la bottine. Le temps de la vogue des poulaines est compris entre les années 1390 et 1440 ; elles atteignent leur plus grande longueur vers 1420. A dater de cette dernière époque, on les voit se raccourcir, puis disparaître sous Charles VIII, vers 1485. France, moyen âge ; 206, 209, 210, 211, 213, 214, 220.

Poulan. — Étoffe du Nivernais en usage chez les Morvandelles ; France, 487.

Poulcoménic. — Colonel des uhlans-volontaires du maréchal de Saxe ; France dix-huitième siècle, 383.

Pounya. — Éventail indou, 126.

Pourpoint (*gipon, pourpoinct*). — Vêtement d'homme, ajusté, couvrant le haut du corps, du cou à la ceinture. Au quinzième siècle, le pourpoint remplace le *corset* et le *surcot*, et devient surtout de mode vers 1440. Le pourpoint est d'une grande importance dans l'habillement du seizième siècle et du dix-septième ; pendant le règne de Louis XIV, il est remplacé par le *justaucorps*. Europe ; 206, 210, 212, 238, 239, 245, 247 et 248, 249 et 250, 268, 260, 270 et 271, 272, 273, 274, 275, 280, 283, 285, 311, 321, 323, 327, 328, 329, 331, 340.

Pourpoint à la Henri IV ; pourpoint sans busc, avec épaulettes. France, seizième-dix-septième siècle, 311.

Pourpoint militaire. — 202, 251, 256, 257, 342. *Voir* HOQUETON, JUSTAUCORPS.

Pourpre (*purpura*). — Teinture précieuse dont les anciens coloraient leurs vêtements. Il y avait deux espèces principales de pourpre, dont chacune fournissait plusieurs nuances, selon l'intensité de la couleur ou la proportion du mélange que l'on en faisait. L'une était la pourpre marine et l'autre la pourpre végétale. — *Pourpre marine* ; tirée des coquillages, c'était la plus estimée. — *Pourpre végétale* (κόκκος, *coccus*, graine) ; extraite d'une substance végétale ou peut-être d'un insecte recueilli sur certains arbres. — 25-26, 36-37.

Voir ALGENSIS, BUCCIN, CALCULENSIS, COCCOBAPHÈS, HYDROBAPHÈS, HYSGINUS, LUTENSIS, MELAMPORPHYRON, MESOPORPHYRA, PHŒNICIS, PORPHYRA, PORPHYROSEMOS, PSYCHROBAPHÈS, PURPURA PELAGIA, TÆNENSIS.

Pouvoir exécutif. — Le gourdin des muscadins ; Révolution française, 404.

Povoinik. — Coiffure féminine ; Russie, 438 et 439.

Præfericulum. — Vase pour le vin des sacrifices ; Romains, 39.

Præfectus legionis. — Le commandant en chef de la légion romaine, 36-37.

Præfiscini. — Préservatifs contre la fascination ; Romains, 42.

Prætexte. — *Voir* TOGE.

Prayer. — Homme de service chargé de la surveillance générale des prés ; paysans français du moyen âge, 209.

Précieuse. — Épithète donnée à la femme de bel esprit ; France, dix-septième siècle. — *Précieux*. — 321, 348.

Pregonero. — Crieur public de village ; Aragon, Espagne, 473.

Prémontrés (ordre des). — Fondé en 1120 ; France, 334.

Presse. — L'armoire qui sert à ranger les écheveaux de lin récemment filés ; mobilier rustique de la Bretagne, 499-500.

Prétintailles. — Ornement de jupe : immenses découpures appliquées en couleurs différentes sur le fond. Modes féminines de la fin du dix-septième siècle ; France, règne de Louis XIV, 352, 353, 354.

Pretiosa. — La « précieuse » : mitre de soie et d'or, enrichie de perles et de pierres précieuses ; ornements sacerdotaux du clergé latin, 193.

Prieur d'enterrement. — Hollande. *Voir* AANSPREKER.

Principes. — Fantassins pesamment armés, qui formaient le second des trois corps dont était originairement composée la légion romaine, 36-37.

Printemps (coiffure du). — Modes féminines de la seconde partie du règne de Louis XVI ; France, 390.

Probra. — L'un des noms que les Romains donnaient aux amulettes ; antiquité, 42.

Procation, Procœton (προκοιτών). — Antichambre de la maison grecque, antiquité, 27-28.

Procomion. — Tour de cheveux postiches ; dames grecques, 21.

Robes de beau maintien. — Dames des quinzième-seizième siècles, 246, 248 et 250, 251.

Robes en redingote. — Dames du seizième siècle, 279, 280.

Robes à la commodité. — Dames de l'époque Louis XIII; France, 328.

Robes de chambre. — Hommes et femmes du dix-septième siècle; France, règne de Louis XIV, 348, 352, 355.

Robe (fausse-). — Robe sans queue réservée aux jeunes filles; le corsage était monté sur un *corps*. France, dix-huitième siècle, 371, 372. *Voir* FOURREAU.

Robes à la Watteau, 371, 373.

Robe à la française (grande). — Costume d'apparat des dames de l'époque Louis XVI, 388.

Robes à l'anglaise, en chemise, à la circassienne, à la czarine, coupés, en fourrure, à la janséniste, en lévite, négligente, demi-négligente, en redingote, à la Tippo-Saïb, à la Turque. Dames du règne de Louis XVI, 388, 391-392, 398.

Robes à la Diane, à l'espagnole, à la Flore, à la Glaneuse, à la Grecque, à l'hypocrite, au lever de l'Aurore, à l'Omphale, à la Philomèle, à la Pomone, à la Romaine, à la Russiena. Dames du Directoire et du Consulat; 404, 405, 408-409.

Robes des indigènes de l'Océanie, 65 et 66; de l'Afrique, 72, 155, 156, 158, 165. *Voir* FERRDJÉ, CHINTYAN, MALHAFA; de l'Amérique, 77, 79. *Voir* MAGUA.

Robes des Chinois; 85, 86, 87, 88, 89 et 90, 91-92. *Voir* HAOL, MA-COUAL.

Robes des Japonais, 99, 100, 101, 102, 103, 104, 105. *Voir* KIMMON.

Robes des Indous, 110, 111, 112, 113, 114, 122, 123, 124, 125, 126, 132. *Voir* KANGRA, KURLAT, RAZ.

Robes turques, 169, 170, 173, 176, 177, 178, 179, 180, 182. *Voir* ENTARI, FÉREDJÉ.

Robes russes, 438 et 439, 440, 445. *Voir* SARAFAN.

Robes polonaises, 449, 453. *Voir* AMICULA BARBARICA, PRZYIACIOLKA.

Robe (garde-). — Europe, moyen âge et dix-septième siècle, 190-191, 332.

Rocchines. — Boucles d'oreilles des paysannes de la province romaine; Italie, dix-neuvième siècle, 468.

Rochet. — Vêtement ecclésiastique; fine tunique blanche, aube courte, 194, 197.

Rœnoke. — Coquillages dont les chefs Peaux-Rouges se font des colliers; Amérique du Nord, 81.

Rogas. — Le dernier des bergers; paysans français du moyen âge, 209.

Roi d'armes. — Chef des hérauts d'armes, dans l'ancienne monarchie française, 222.

Rokedennou. — Gilet des paysans bretons, 494, 495.

Romaine (tunique à la). — *Voir* TUNIQUE.

Roncone. — Arme d'hast italienne, 219.

Rond. — Torsade de cheveux couronnant un chignon légèrement incliné sur le derrière de la tête. Modes féminines; France, époque Louis XIII, 328, 329.

Rondache, Rondelle (*targe ronde, roiele, rouele*). — Petit bouclier circulaire. On donnait aussi, pendant les douzième et treizième siècles, le nom de *rouele* au bouclier rond que portaient, en certains pays, les cavaliers et les gens de pied. Europe, moyen âge et seizième siècle; 202, 264, 257, 263.

Rondalla. — Exercices de luttes; Aragon, Espagne, 475.

Rondeau. — Chaperon postiche; hommes du quatorzième siècle, 206, 209, 211.

Rondelles, Rouelles. — Plaques garantissant les articulations du coude et de l'épaule; armures du moyen âge et du seizième siècle, 206, 219, 253.

Rondelle de lance. — Cône d'acier enfilé dans la hampe de la lance et assez large pour masquer entièrement la main de l'homme d'armes. Europe, moyen âge et seizième siècle, 217, 219, 234.

Rondelle. — Bouclier. *Voir* RONDACHE.

Rote. — Instrument à cordes pincées. Europe, moyen âge, 192.

Rotonda. — La toge ample; Romains, 40.

Roubend. — Percale épaisse recouvrant le visage des dames persanes; 137, 139, 147.

Rouelle. — Ornement de bronze; bijouterie gauloise et mérovingienne, 58.

— Arme de poing, petit disque que les hommes de pied, au quatorzième siècle, portaient à la ceinture, et qui était destiné à être tenu de la main gauche pour parer les coups de l'adversaire. France, moyen âge, 202.

Rouge d'Espagne. — Rouge que les dames du dix-septième siècle employaient pour leur visage. France, règne de Louis XIV, 354.

Rouge de Serkis. — Dames de l'époque Louis XVI, 398.

Roussette. — Chauve-souris que l'Arossienne porte vivante dans sa chevelure, et dont le poil est utilisé dans la parure des Néo-Calédoniens; Océanie, 60-61.

Royale. — Le bouquet de poils du menton; France, règne de Louis XIII, 328, 361.

Ruadh. — Couleur rouge sombre; teinture en usage chez les Écossais, 425 et 426.

Rubèbe. — Instrument à cordes et à archet. La *rubèbe* primitive n'avait qu'une corde ou deux, comme le *rebab* populaire des Arabes. France, moyen âge, 192.

Rudiarius. — Gladiateur qui avait quitté le métier et reçu, comme marque de liberté, la baguette appelée *rudis*; Romains, 36-37.

Rudiman. — Nom des « chevaliers de la noce » qui escortent le cortège nuptial; Norvège, 413.

Ruelle. — L'espace entre les côtés du lit et les rideaux du baldaquin. — Pendant la seconde moitié du dix-septième siècle, on donnait le nom de *ruelles* aux réunions de beaux esprits qui se tenaient chez les *précieuses*; France, 348.

Rusticos. — Nom donné aux paysans portugais, 482.

Rûths. — Voitures indoues couvertes d'un léger dôme d'où pendent des rideaux, 131.

S

Sabah-Namazy. — Prière du matin; religion musulmane, 145 et 146.

Sabots chinois (souliers à bouts relevés en). — Modes féminines; France, règne de Louis XVI, 390, 391-392.

Sabots-étriers. — Étrier en forme de demi-chaussure, recouvrant l'avant du pied lorsqu'il y était engagé; France, moyen âge; harnais de joute, 219.

Sabots tournants. — Épithète appliquée aux danseuses de l'époque du Directoire; France, 404.

Sabouk. — Veste de soie ou d'indienne. Malais; Océanie, 63-64.

Sabre. — Arme à lame droite ou courbe, à un seul tranchant; 63-64, 65 et 66, 67-68, 70, 94-95, 96-97, 98, 99, 108, 110, 111, 112, 118, 119, 120, 122, 132, 150, 169, 177, 383, 384, 452, 454, 458 et 459.

Voir CIMETERRE, FLISSA, KAMPILAN ou KLEWANG, KARRELA ou KERRELA, KOUNDA, PALA, PARANG, PEDA, PEDAK, TROUMBACHE, YATAGAN.

Sabre-briquet ou coupe-chou. Infanterie française, dix-huitième siècle; 385, 400.

Sabretache. — Gibecière plate suspendue au ceinturon par de longues courroies; équipement des hussards. France, dix-huitième siècle, 385, 400.

Sachems. — Mot par lequel on désigne les vieillards chez les Peaux-Rouges; Amérique du Nord, 81.

Sachette (religieuse). — France, dix-septième siècle, 334.

Sacrarium (ἱεροφυλάκιον). — Oratoire, la sacristie d'un temple; en général, l'endroit et aussi le meuble, dans lequel on garde des objets sacrés, 33, 229.

Sacrifiée (À la). — Cheveux coupés sur la nuque; modes féminines, époque de la Révolution française, 403, 408-409.

Sadra. — Surplis de caractère sacré que les enfants guèbres revêtent dès l'âge de sept ans; Inde, 132.

Sadria. — Gilet à boutons; Maures tunisiens, 159.

Sadri-a-z'hem. — Grand-vizir; Turquie, 169.

Saeter. — Ferme isolée; Norvège, 418.

Saffaka. — Mouchoir de tête; costume féminin, Algérie 160 et 161.

Sagaies, Zagaies. — Javelots des Africains et des Océaniens, 60-61, 67-68, 71, 73.

Sagettes. — Nom des flèches, au moyen âge; France, 218.

Sagosago. — Nom générique donné aux diverses sortes de javelots; Célèbes, Océanie, 65 et 66.

Sagulum. — *Voir* SAGUM.

Sagum (σάγος). — Manteau de guerre du légionnaire romain; antiquité. — *Sagulum*, petit *sagum*, 34, 36-37, 56-57, 59.

Sahrong (*sarong, sarung, sarony, sahrung*). — Pagne indo-malais, 63-64, 65 et 66.

Saie. — La blouse des Gaulois, 56-57. *Voir* SAYO, SAYON.

Saino-olmak. — Variété du *seite* ou bonnet; Lapons, 411.

Saint-Dominique (religieuses du tiers ordre de). — Fondé en France en 1206, 332.

Saint-Esprit (ordre du). — Ordre de chevalerie institué en France par Henri III, en 1578; 273, 328, 383, 384.

Saint-Esprit. Ordre hospitalier fondé par Gui de Montpellier, au douzième siècle; Pologue, 198.

Saint-Esprit. — Bijou auvergnat; France, 484.

Saint-François (tiers ordre de). — Dans les Flandres, les religieux de cet ordre portaient le nom de Bons-Fieux; 198.

Saint-Georges in Alga (chanoines de). — Institués à Venise, en 1404, par le patriarche Laurent Giustiniani et par le cardinal Condelmeri (plus tard le pape Eugène IV), et supprimés en 1668; 332.

Saint-Gervais (religieuses hospitalières de). — Religieuses chargées en 1300 du service de l'hôpital de ce nom, situé à Paris; elles devinrent, dans la suite, les *Filles-Dieu*; 335.

Saint-Louis (ordre de). — Fondé en 1693 par Louis XIV pour récompenser les services militaires; France, dix-septième siècle, 364.

Saint-Michel (ordre de). — Ordre de chevalerie institué par Louis XI, en 1469; 268.

Saint-Sépulcre (chanoines du). — Pologne, 198. — (religieuses du); France, 335.

Sainte-Catherine (religieuses de). — Ordre hospitalier; France, dix-septième siècle, 334.

Saivo aimo. — Variété du *seite* ou bonnet; Lapons, 411.

Sakka. — Porteur d'eau; Turquie, 175.

Saktites. — Secte indoue, 126.

Salade. — Du mot espagnol *celada* : casque léger, sans crête et muni d'un couvre-nuque. Cette coiffure fut importée en France sous le règne de Charles V, soit par les Navarrais ou autres montagnards des Pyrénées qui affluaient dans les compagnies, soit par les troupes qui firent l'expédition de Castille avec Duguesclin. Europe, moyen âge et seizième siècle, 202, 218, 219, 220, 253.

Salomlek. — Le salut oriental, 145 et 146.

Salawako. — Bouclier; Célèbes, Océanie, 65 et 66.

Salle. — Nom donné à la pièce principale d'habitation; France, moyen âge et seizième siècle, 190-191, 245.

Salta. — Veste sans manches ou avec manches courtes; Turquie, 170, 175, 176, 177, 178, 179, 180.

Salve (*sale*). — Soucoupe en vermeil; France, dix-septième siècle, 352.

Sambuca. — Ancienne crosse faite de sureau, 193.

Samla. — La ceinture des Maures tunisiens, 159.

Samlai. — Soldats japonais qui possèdent des terres à titre de fiefs, en considération de leurs services militaires, 96-97.

Samnite (*Samnis*). — Gladiateur romain armé *à la samnite*, 36-37.

Samouraï. — Nobles japonais ayant le privilège de porter deux sabres, 96-97.

Samovar. — Récipient en usage pour la préparation du thé; Perse, 138.

Sam sin. — Instrument à trois cordes; Japon, 102, 103, 104.

Sandale (*sandalium*, σανδάλιον). — Nom tiré de *sanis*, planche; ce qui indique que la sandale ne fut d'abord qu'une petite planche maintenue sous le pied à l'aide de courroies. Cette forme générique lui est restée, même lorsqu'on y mit de l'élégance, et le genre *sandale* comprenait, chez les anciens, toutes les chaussures ouvertes ou celles qui n'étaient composées que d'une semelle et de courroies pour la fixer, 25-26, 47.

Sandalium. — Pantoufles à l'usage des dames hellènes, 47.

Sanghati. — L'une des robes de couleur jaune (couleur sacrée) des prêtres kandiens; île de Ceylan, 132.

Sanglier. — Emblème de la nationalité gauloise dès la plus haute antiquité et pendant la période druidique; il se mettait au sommet des enseignes militaires. C'était aussi l'enseigne des Germains, des Celtibériens et des Illyriens; 56-57.

Saniasse. — Fakir indou, 117-118.

Sannka. — Le traîneau des Kamtchadales; il est traîné par quatre ou cinq chiens; Sibérie, 83-84.

San Thiang. — Canne de deuil; Chine, 92-93.

Santir, Pisantir. — Instrument à cordes des Arabes, 192.

Sapo (σάπων). — Pommade pour teindre les cheveux; antiquité, 18.

Saquebute. — Instrument à vent, type primitif et grossier du trombone à coulisse; Europe, quatorzième siècle, 192.

Sarabande. — Espèce de menuet; danse française des seizième et dix-septième siècles, 362.

Sarabellæ. — Braies des Orientaux, 181.

Sarafan. — Robe longue, sans manches, et fermée devant par des boutons de cuivre ou d'argent; dames russes, 438 et 439, 440.

Saragoça. — Drap portugais, 483.

Sarnous. — Chapeaux faits avec des feuilles de sagoutier ; îles Guébé, Océanie, 63-64.

Sarapé. — Manteau à l'usage des deux sexes ; Mexique, 79.

Sarbacane. — *Voir* SIPET.

Sari, Sary. — Grande pièce de toile que les femmes de l'Inde enroulent autour de leur taille et rejettent sur l'épaule ou sur la tête, 122, 123, 124, 126, 127, 130, 133.

Sariel houkkah. — Pipe à eau ; Inde, 144.

Sarisse (σάρισσα). — Pique de la phalange macédonienne ; Grèce, 25-26.

Sarmah. — Bonnet conique des femmes mauresques ; Algérie, 159.

Sarna. — Outre en peau de chèvre gonflée d'air dont les paysans du Pendjab se servent pour traverser les rivières ; Inde, 131.

Sarrasinois (tapis). — Ceux introduits en France pendant le moyen âge par les Orientaux ; 189, 216.

Sarong. — *Voir* SAMBONG.

Saryk. — Turban ; Turquie, 175, 176, 177, 178, 179.

Sassari. — Espèce de *haïk* d'étoffe légère couvrant entièrement le corps ; Afrique, 160 et 161.

Satellite. — *Voir* COUSTILLIER.

Sayo. — La saie des *Espagnols* du moyen âge, 200 ; veste des Baléariotes, 481.

Sayon. — Blouse des paysans français ; seizième siècle, 274.

Scabellum. — Petit tabouret à une seule marche ; antiquité, 32. *Voir* SCAMNUM.

Scamasaxe. — Glaive du soldat frank, 48-49, 56-57.

Scamnum. — Tabouret plus élevé, et par conséquent plus honorable que le *scabellum* : il était formé d'une double marche, de sorte que les pieds pouvaient être posés à différentes hauteurs ; antiquité, 44.

Scapulaire. — Vêtement monacal : bande de drap couvrant le dos et la poitrine, 198.

Scarpes. — Chaussure de peau fraîche, carbatine des montagnards de la province romaine ; Italie, dix-neuvième siècle, 468.

Scena ou **Sacena.** — Hache à deux tranchants en usage dans les sacrifices ; l'un des côtés de cette hache était la *securis*, l'autre la *dolabra* ; Romains, 38.

Scenalis. — Le tablier des paysannes de la province romaine ; Italie, dix-neuvième siècle, 468.

Sceptre. — Originairement la canne ou le bâton que les rois et les généraux portaient à la main, comme marque de commandement. Le sceptre devint par la suite l'insigne du pouvoir souverain. — Sceptres égyptiens, assyriens ; 4, 11 et 12. — Sceptres des empereurs byzantins ; 182, 183. *Voir* FERULA, NARTEX, NARTICOPHORES. — Sceptres des rois de France ; 184, 188, 208 et 209. — Celui de l'empereur d'Occident et du roi des Romains ; 285. — Celui des rois de Pologne ; 460.

Sceptrum eburneum. — Le sceptre d'ivoire des consuls romains, 181.

Schama. — Manteau abyssin dans le genre de la *ferdah* des Sénégalais ; Afrique, 72.

Schaube. — Vêtement de la famille de la cape, porté par les hommes ; Allemagne, seizième siècle, 270 et 271.

Schazadeler-aghassy. — Gouverneur des princes ; maison du sultan, Turquie, 172-173.

Scheik. — Supérieurs des différents ordres de derviches ; Turquie, 169.

Schenti. — Pagne égyptien ; antiquité, 4, 6.

Schérif. — Titre des princes-gouverneurs de La Mecque, 169.

Schiadi (σκιαδι). — L'ancien *héliotrope*, le chapeau de paille des Thessaliens modernes, 24.

Schindou. — Mèche sacrée que les Brahmes indous se laissent pousser sur l'occiput, 122.

Schuttersmaaltijd. — Confréries d'arquebusiers ; provinces unies, dix-septième siècle, 323.

Scinda. — Ceinture des paysannes de la province romaine ; Italie, dix-neuvième siècle, 468.

Sclopos (*sclopeti, escopettes*). — Armes de petit calibre employées en certain nombre sur un affût, et dont l'ensemble formait un engin nommé *ribaudequin*. Artillerie du moyen âge ; France, 220.

Scoparius. — Esclave dont l'occupation consistait à balayer les chambres ; maison romaine, 38.

Sculptionale. — Pupitre que l'on plaçait sur les genoux pour écrire ou qui était monté sur pieds ; mobilier du moyen âge, 228.

Scuffia. — Résille ; coiffure des femmes de l'ancien comté de Nice ; France, 487.

Sculponæ (κρούπεζαι). — Sandales à semelles de bois ; antiquité, 47.

Scutum (θυρεός). — Grand bouclier oblong, à surface convexe ; Romains, 34, 36-37.

Scythique. — Chaussure fermée de peau crue conservant tout son poil ; antiquité, 47.

Seanachies. — Chants des bardes de la Grande-Bretagne, 59.

Sebbaria. — Pantoufles d'intérieur ; Maures tunisiens, 159.

Sebbat. — Souliers des Maures tunisiens, 159.

Sebil. — La pipe des femmes *Bedewi* (Bédouines) ; Turquie, 179.

Secespita. — Couteau en usage dans les sacrifices ; Romains, 39.

Secrète. — Nom de la jupe de dessous, chez les dames de l'époque Louis XIII ; France, dix-septième siècle, 328.

Secrette ou **Segrette.** — Calotte de fer ; infanterie française, seizième siècle, 256.

Securis. — L'un des tranchants de la *scena*, instruments de sacrifices ; antiquité, 38.

Segadores. — Moissonneurs aragonais ; Espagne, 475.

Seguidilla. — Danse espagnole, 474.

Seigneur-chef. — Chevalier qui se trouvait à la tête d'un camp ou parti ; tournois du moyen âge, France, 222.

Seis ou **Saïs.** — Palefrenier turc, 178.

Seite, Seitars. — Nom générique donné aux bonnets des Lapons, 411.

Selamlik. — Partie de l'habitation musulmane réservée aux hommes, 171.

Sella (δίφρος). — Siège bas. — *Sella curulis* ; chaise curule. — *Sella castrensis* ; pliant. — Antiquité, 32, 44, 181. *Voir* CHAISE.

Sembel. — Pâte odorante que les femmes kabyles emploient dans leur fard ; Afrique, 155.

Sembong. — La ceinture des Malais ; Océanie, 63-64.

Semer. — Le crochet du *hammal* ou portefaix turc, 175.

Senndouk. — Le bahut des Arabes nomades, 498.

Sény. — Pièce de l'*izba*, maison du paysan russe ; 443.

Serge. — Étoffe légère de laine ou de soie ; paysans français du moyen âge, 209.

Sergent. — C'est-à-dire *serviteur* : nom donné pendant le moyen âge, à quiconque était dans le service, soit d'infanterie, soit de cavalerie, sans appartenir aux hommes d'armes, aux écuyers, aux archers, à aucun corps d'un nom déterminé. Quand le nom de *soudoyer* ou *soldat* eut été généralement adopté pour désigner les gens de guerre, celui de *sergent* cessa d'être en usage et ne se donna plus qu'au sous-officier chargé de l'instruction des soldats. France, moyen âge, 202.

Sergents d'armes ou à masse. — Gardes institués en 1215, par Philippe-Auguste pour veiller à la sûreté de la personne du roi. France, moyen âge, 210, 220.

Serghoutsch. — Bouquet en filigrane ; bijouterie turque, 170.

Serguilha. — Drap portugais, 483.

Seroual. — Culotte bouffante descendant jusqu'au genou ; Algérie ; 158, 159, 160 et 161.

Seroual dakrlant. — Caleçon des maures tunisiens, 159.

Serpenteaux. — Boucles de cheveux du genre des *anglaises* modernes ; coiffure féminine du règne de Louis XIII ; France, dix-septième siècle, 328.

Serpenteaux (coiffure à). — Dames de l'époque du consulat ; France, 408-409.

Serpentin. — Pièce du mousquet : sorte de pince qui, tenant la mèche, amenait celle-ci dans le bacinet, lorsque le doigt appuyait sur la clef. France, quinzième et seizième siècle, 253.

Serpentine. — Canon du plus faible calibre ; France, quinzième siècle, 220.

Serpyllin. — Parfum fait avec du serpolet ; bains romains, 45.

Serre-malice. — Espèce de diadème en laiton ; coiffure des femmes de la basse Auvergne, France, 484.

Serta. — Guirlandes de fleurs dont on parait les autels et aussi les victimes quand elles étaient préparées pour le sacrifice ; antiquité, 38.

Servatoria. — L'un des noms que les Latins donnaient à leurs *abraxas* ou amulettes, 44.

Servites (sœurs du tiers-ordre des). — 198.

Sgara. — Danse guerrière ; Kabyles, 150.

Shako ou **Schako.** — Du hongrois *csako*. C'est au propre le nom du bonnet particulier dont sont coiffés les hussards hongrois. On s'en sert aujourd'hui dans la plupart des armées pour distinguer la coiffure du soldat, tant dans l'infanterie que dans la cavalerie. Le *shako*, plus commode que le chapeau, fut d'abord en usage, en France, dans les régiments de hussards, et s'introduisit ensuite dans ceux des chasseurs à cheval. Au commencement du premier empire, tous les corps d'infanterie de ligne et d'infanterie légère quittèrent le chapeau pour prendre le shako qu'ils n'ont plus abandonné ; 400.

Shoudra-Wansé. — Castes inférieures de l'île de Ceylan ; Inde, 132.

Siao-Kien. — Étoffe non teinte dont on fait usage au printemps et en automne ; Chine, 89 et 90.

Sibilo. — Poudre ferrugineuse qui, mêlée avec de la graisse, est employée pour l'onction du corps, chez les Bachapins, nation cafre ; Afrique, 67-68.

Sica. — Couteau ou dague très pointue et à lame recourbée ; arme nationale des Thraces ; antiquité, 36-37.

Siège. — Meuble fait pour s'asseoir.

Sièges égyptiens, 5. — Assyriens, 10. — Asiatiques, 14. — Grecs, 18. — Greco-romains, 32. — Romains, 44. — Chinois, 85.

Sièges du moyen âge, 186, 227, 231. — Des seizième et dix-septième siècles, 294, 298, 303, 306, 307, 313, 314, 315, 348. — Du dix-huitième siècle, 374, 384, 395.

Siège archi-épiscopal, épiscopal, curial, 186, 237, 294, 306. *Voir* BANC, BISELLIUM, CARREAU, CHAISE, CHAIRE, CLISMOS, DIPHROS, ESCABEAU, FAUTEUIL, FORME, KAN, MISÉRICORDE, PATIENCE, PLACET, SCABELLUM, SCAMNUM, SELLA, SOLIUM, TABOURET, TRÔNE.

Signet. — Image sainte placée au chevet du lit ; Europe, moyen âge, 227, 231, 232. — Bague, cachet, 224. *Voir* SIGNUM.

Signifer. — *Voir* SIGNUM.

Signum. — Nom générique donné aux différents étendards appartenant à chaque manipule, à chaque cohorte séparée, pour les distinguer de l'aigle ; légions romaines. — *Signifer* ; terme sous lequel on comprend différents officiers de rang inégal, dont chacun recevait son titre particulier de l'espèce d'enseigne qu'il portait, 34, 35, 36-37.

Signum. — L'image, le dessin gravé sur le cachet d'une bague ; antiquité, 42.

Sikapan. — Jaquette des Malais ; Océanie, 63-64.

Silahlik. — Ceinture de cuir ; Turquie, 177, 464.

Silfverkrage. — Ceinture garnie d'orfèvrerie ; femmes laponnes, 411.

Silidhar-Agha. — Porte-glaive, grand maître de la maison du sultan ; Turquie, 169.

Simarre. — *Voir* **Zimarra.**

Similor (Industrie du). — France, dix-huitième siècle, 380.

Simplex. — Mitre de soie blanche ; ornements épiscopaux, 193.

Simpulum. — Cuiller à long manche en usage dans les sacrifices, chez les Romains ; antiquité, 39.

Sindoukh. — Amphore arabe, 155.

Sinngo-mazzis. — Grosses perles opalines ornant le tablier des femmes nassickaises ; nation cafre, Afrique, 71.

Sinuosus. — L'arc des Grecs, 25-26.

Sinus (κόλπος). — Partie de la toge romaine croisant sur la poitrine ; on se servait du *sinus* comme d'une poche ; antiquité, 40.

Siny. — Table de service ; intérieur du harem impérial ; Turquie, 172-173.

Sipet (*soumpit, sumpitan*). — Sarbacane des Dayas de Bornéo ; Océanie, 63-64.

Siri (en malais, *pinang*). — Mélange de bétel, de chaux vive, de noix d'arec, de tabac et de gambir, que mâchent les Malais ; Océanie, 63-64.

Sivaïtes. — Les adorateurs de Siva ; secte indoue, 126.

Sjelfen. — L'homme marié ; *sjelfrau*, la femme mariée. Suède, 413.

Skeuaks. — Petites guêtres ; Lapons, 411.

Skeptuques (σκηπτοῦχοι). — Eunuques porte-sceptres ; Assyrie, 11 et 12.

Skirpzc. — Sandales en peau de chèvre ou de mouton du *Gorale* ou montagnard hongrois, 458 et 459.

Skovmoses. — « Marais à forêts » du Danemark, 48-49.

Sliwowitza. — Eau-de-vie de prunes fabriquée chez les Ruthènes de Marmaros; Hongrie, 458 et 459.

Snaoisin. — Corne à tabac; Écosse, 425 et 426.

Soccifer. — *Voir* Soccus.

Soccus. — Soulier antique couvrant complètement le pied, et sans cordons. — *Soccifer*; nom donné à l'acteur comique dont le *soccus* était la chaussure de scène, 47.

Sociable. — Voiture de promenade, d'excursions; Angleterre, commencement du dix-neuvième siècle, 481.

Soffys. — Moines musulmans, appelés depuis *derviches*; 135 et 136.

Solarium (ἡλιαστήριον). — Terrasse à ciel découvert; maison romaine, 33.

Solea. — Sorte de sandale; chaussure grecque adoptée par les Romains, et qui paraît avoir été, à plus de légèreté près, la même que la *crepida* et les *blautæ*. — *Solea ferrea, argentea, ex-auro, spartea.* — *Soleatus*; le Romain chaussé de la *solea*, 47.

Solerets. — Chaussures de plates; armures du moyen âge; Europe, 202, 217, 219, 220, 253, 254. — *Solerets à pied d'ours; en bec de cane*; France, quinzième et seizième siècles, 253. *Voir* Pedieux.

Soliers. — *Voir* Souliers.

Solitaire. — Variété de la coiffure *à la Fontange*; modes féminines de l'époque Louis XIV; France, 354.

Solium (θρόνος). — Fauteuil à dossier élevé; antiquité, 32. *Voir* Suppedaneum.

Sombrero. — Chapeau d'origine espagnole, dont l'usage était déjà répandu en Europe au seizième siècle. Cette coiffure est restée celle des Espagnols, des Chiliens et des Mexicains, 78, 79, 275, 285, 471, 475.

Sommar-skor. — Bottes d'été; Lapons, 411.

Sonar. — Marchands de bijoux; Inde, 124.

Sopha. — Meuble turc sur lequel on s'assied les jambes croisées, 171.

Sorquenie. — Nom primitif de la *souquenille*, l'ancien sarrau de toile des paysans français, 274, 331.

Soubreveste. — Vêtement militaire qui eut d'abord la forme d'une dalmatique et qui devint un justaucorps sans manches; mousquetaires de la maison du roi. France, dix-septième et dix-huitième siècles; 381, 382, 384.

Sou-cheou. — Grand collier, marque de haute dignité; Chine, 85, 87.

Soudjoud. — Prosternation; prière musulmane, 145-146.

Soudras. — Caste des artisans; Inde, 124.

Soufflet. — *Voir* Buffet.

Souliers (*soliers*). — Au moyen âge, on leur donnait le nom de *soliers* s'ils étaient fabriqués d'étoffes, et celui de *cordouans* s'ils étaient faits de peau. La ville de Lyon était renommée pour la broderie des souliers d'étoffe. — *Souliers à pont*; seizième et dix-septième siècles, 268, 276 et 277, 280, 311. — *Souliers à la cavalière.* — Dix-septième siècle, 351, 354.

Sounk. — Bracelets de coquillages; Inde, 126.

Souquenille. — Sarrau avec pèlerine; paysans français du seizième et du dix-septième siècle, 274, 331.

Soutane. — On désignait ainsi toute tunique longue portée par les deux sexes. A dater du quinzième siècle, le mot *soutane* fut appliqué plus spécialement à la robe habituellement portée par les prêtres. — *Soutanelle*; la soutane courte des abbés mondains du dix-septième siècle; France, 354.

Spaggok. — Grand épieu; Lapons, 411.

Spalières (*espallières*). — Armure des épaules; Japon, 94-95; Europe, moyen âge, 217.

Spatula (*wooden*). — Battoir en bois dont font usage les *Welsh women*, lavandières galloises; Angleterre, 429.

Specla domus. — Nom donné aux tablettes de verre insérées dans les murs ou dans les meubles; maison romaine, 33.

Speculatores. — Soldats éclaireurs; leur chaussure était la *caliga speculatoria*. Armées romaines, 47.

Speculum (ἔνοπτρον, κάτοπρον). — Miroir fait primitivement d'un métal blanc formé d'un alliage de cuivre et d'étain, puis d'argent; antiquité, 18.
Specularius. — Verrier, 58.

Speira, Hypospeiron. — Chevelure nouée; coiffure qui, chez les dames grecques, avait un caractère bachique; antiquité, 21.

Spencer. — Espèce de veste; modes féminines de l'époque du Consulat; France, 408-409.

Sphendonè. — Bandeau de tête; dames grecques, 21.

Spinther (σφιγκτήρ). — Bracelet élastique que les femmes portaient au bras gauche; antiquité, 31.

Spirole. — Une des pièces de canon en usage dans l'artillerie française, au seizième siècle, 255.

Spondaules (σπονδαύλης). — Musicien qui accompagnait avec la *tibia longa* les hymnes que l'on chantait dans les sacrifices; antiquité, 38.

Sporran. — Bourse, gibecière; Écossais, 423 et 426, 427.

Squaw. — Nom que les Peaux-Rouges donnent à leurs femmes; Amérique du Nord, 81, 82.

Stadmeister. — Magistrats municipaux de l'ancienne Alsace, 488.

Stoeksledjo. — Le traineau des Frisons; Hollande, 421 et 422.

Steinkerque (cravate à la). — Mode de l'époque Louis XIV; France, dix-septième siècle, 353, 355.

Stendosar, Stendos. — Nom générique donné aux tombeaux de l'âge de la pierre polie, tels que les *cromlechs* et les *dolmens*; Scandinavie, 50.

Stêthodesme. — Bandelette, lien du sein, costume féminin; Grèce, 19.

Stibium. — Collyre que les Romains employaient dans leur toilette, 3, 6.

Sticharium. — L'aube du clergé grec, 181, 183.

Stirntüchel. — Bandeau de tête des femmes de la Bohême, 433.

Stola. — Tunique royale des Orientaux; robe à manches longues et étroites adoptée par les dames romaines. La *stola* descendait jusqu'aux pieds, 40.
— La *stola* des Byzantins, réduction de la *stola* romaine, 183.

Stossnagel. — Clous à grosses têtes et en forme de crampons; montagnards du Zillerthal; Tyrol, 438.

Stratège (στρατηγός). — Nom donné d'une manière générale, chez les anciens Grecs, à tout chef d'un corps d'armée; il était élu par le peuple. Ce nom désigna spécialement les chefs des deux ligues achéenne et étolienne, 25-26.

Strigille (*strigilis*, στλεγγίς). — Étrille ou racloir qui servait à faire disparaître l'humidité et les corps étrangers répandus à la surface de la peau par la chaleur du bain de vapeur ou les exercices de la palestre; bains grecs et romains, 45.

Strophion (*strophium*, στρόφιον). — Bandelette parfois ornée d'or, de pierres fines et de perles, que les dames grecques se plaçaient sous le sein. — Guirlande portée autour de la tête, 17, 18, 19, 21.

Style. — Aiguille de métal pour l'application du collyre sur le prolongement de l'angle externe des yeux; Égypte, 6.

Suarim. — Les danseuses qui accompagnent les processions; Inde, 125.

Subarmale. — Tunique de laine portée sous la cuirasse; soldats romains, 31, 36-37.
— *Subarmalis profundum* ou *lorum*; ornement que les consuls du bas empire portaient enroulé autour du corps; cette bande se rétrécissant graduellement, devint le *pallium* sacerdotal; 181.

Succinctus. — Jupon court des *victimaires*, sacrificateurs romains; 38.

Sudarium (καψιδρώτιον). — Morceau d'étoffe, mouchoir; antiquité, 40, 111, 112.
— Insigne attaché à la crosse épiscopale ou archi-épiscopale; 193, 194, 200.

Sudatorium. — Étuve, pièce des bains romains chauffée au moyen de tuyaux disposés sous le plancher et quelquefois aussi percés dans les murs mêmes de la pièce; c'est particulièrement dans ce dernier cas qu'on l'appelait *sudatio concamerata*, 45.

Suisses. — Troupes d'infanterie au service de la France, de 1444 à 1830. *Voir* Cent-Suisses, Gardes-Suisses, Joueurs d'espée, 254, 255, 256, 257, 385.

Suksi. — Longs patins en forme de raquette; Lapons, 411.

Suléïmanié. — Le sceau de Salomon gravé sur l'*armoudié*, espèce de talisman; Turquie, 176.

Suovetaurilia. — Sacrifice de purification où l'on immolait trois victimes mâles : un porc, un mouton et un taureau; Romains, 38.

Superhuméral. — Large collet de brocart retombant sur la poitrine et rappelant l'*éphod* du grand prêtre israélite; costume sacerdotal du clergé latin, 181, 193.

Suppedaneum (ὑποπόδιον). — Marchepied du *solium*, 32.

Surcot, Surcotte. — Vêtement de dessus commun aux deux sexes; au treizième siècle, le *surcot* peut être confondu avec le bliaut, tous deux ayant la même longueur; mais au quatorzième, celui des hommes prend une autre physionomie, il est taillé court. — *Surcot paré*; surcot ouvert, c'est-à-dire évidé sur les côtés; sous les Valois, ce vêtement constituait, avec les corsets de drap d'or ou de fourrure, le costume de cérémonie des grandes dames. — 199, 203, 206, 210, 211, 212, 213, 215, 218, 238, 230, 245, 247 et 248. *Voir* Robe.
Surcot d'armes. — On désigne ainsi, à dater du quatorzième siècle, un vêtement étroit couvrant soit un gambison, soit un corselet d'acier. Le surcot d'armes remplaça la cotte flottante des siècles précédents; 207, 217, 219. *Voir* Cotte d'armes.

Surintendants des pompes. — Magistrature spéciale qui avait pour fonctions, autrefois à Venise, de réfréner le luxe, 288.

Surplis. — Aube courte; vêtement de chœur du clergé catholique, 210.

Surtout. — Vêtement de dessus des hommes du dix-huitième siècle; règne de Louis XVI, 391-392.
Surtout à la grecque. — Modes féminines de l'époque du Consulat; France, 408 409.
Surtout de table. — 365.

Surudja. — Loueur ou conducteur de chevaux; Turquie, 177.

Svetlitza. — Pièce du premier étage de la maison du paysan russe, l'*izba*, 443.

Swakha ou **Pronuba.** — Femme qui assiste l'épousée, dans les mariages russes, 444.

Syakfdo, métal de Sawa. — Mélange d'or, de cuivre et autres métaux, employé dans les ornements d'épée; Japon, 96-97.

Sycionia. — Chaussure de femme importée de la Grèce à Rome, où elle était devenue l'apanage des jeunes gens oisifs, 47.

Synthèse (*synthesis*, σύνθεσις). — Vêtement que les anciens ne portaient qu'aux heures des repas, 23, 40.
Synthesina. — Diminutif de la *synthèse*, 40.

Syrienne (bonnet à la). — Nom d'abord donné au *hennin*; France, moyen âge, 207. *Voir* Hennin, Tantour.

Syrinx (σύριγξ). — Nom grec de la flûte de Pan; les Romains l'appelaient *arundo* ou *fistula*, 22.

Szür. — Manteau brodé et fourré; Slovaques, 458 et 459.

T

Tabacco-bon. — Meuble japonais où l'on dispose le charbon, le râtelier de pipes et les provisions du fumeur; Asie, 107.

Tabag. — Le plat dont se servent les Arabes pour présenter le couscoussou ou offrir des dattes; Afrique, 155.

Tabard (*tabert*). — Dalmatique courte, avec demi manches, que l'on posait par dessus l'armure; Europe, quinzième siècle, 217, 221, 246.

Tabit. — Gros taffetas moiré et cylindré, en usage dans la confection des pourpoints de l'époque Louis XIII. France, dix-septième siècle, 328.

Table (*mensa*, τράπεζα). — Assyriens, Grecs, Romains, 10, 28, 44. — Europe, moyen âge, seizième, dix-septième et dix-huitième siècles; 190-191, 227, 294, 305, 396. — *Table-console*; France, dix-septième siècle; 347. *Voir* Biny.

Tablier. — Pendant l'époque gallo-romaine, les affranchies et les esclaves portaient le tablier avec la tunique. Celui des servantes du moyen âge consistait en une pièce longue et étroite qui paraît avoir été de drap. Les femmes de la campagne et toutes les femmes du peuple en général, en costume de travail et même en toilette, avaient le tablier devant leur robe. En France, à la fin du seizième siècle et au commencement du dix-septième, certaines dames portaient des tabliers avec des agréments le plus souvent rouges. Le négligé de 1672 consistait à s'habiller de noir avec un tablier blanc. A plusieurs reprises, à dater de la régence, le tablier reparaît chez les dames dans le costume de moyenne tenue; il n'avait pas la grande *bavette* qui fut toujours le signe distinctif du tablier affecté aux servantes, mais un simulacre très réduit de la véritable bavette. — Gaule; Europe, seizième, dix-septième et dix-huitième siècles, 56. 57, 273, 274, 322, 331, 336, 337, 338 et 339, 365, 369, 372, 373, 390-391.
Tablier à la créole. — Dames de l'époque du Consulat; France, commencement du dix-neuvième siècle, 408-409.
Tabliers des paysannes des provinces françaises, 484, 485, 486, 487, 488, 489, 490, 491, 492, 494, 496. *Voir* Tavanger.
Tabliers *artistés.* — Paysannes de la province romaine; Italie, 468.
Tablier du mineur dalécarlien. *Voir* Forskinn.
Tablier des femmes suédoises, 412, 415; — celui des Hollandaises, 419 et 420, 421 et 422; — des femmes de la Bavière,

du Tyrol, 432, 433 ; — des Suissesses, 434, 435, 436 ; — des femmes hongroises, saxonnes, polonaises, valaques, croates, 458 et 459. *Voir* CATHINTIA ; — des Espagnoles, 472, 473, 474, 475, 476, 480. *Voir* MANTEO ; — des Portugaises, 483.

Tabliers des dames turques. *Voir* BUNLUK, YOUTAH, PECHTIMAL.

Le tablier d'épousée ; dames indoues, 114. — Tabliers japonais, siamois, 105, 108.

Tablier de travail des Kabyles, 150 ; — celui des juives algériennes, des femmes fellahs, 160 et 161 ; — tablier des Cafrines, 71 ; — des Guinéens, 67-68.

Tablier des femmes Camacans ; Amérique du Sud, 76. *Voir* TABOLEIRO.

Tablier des naturels des Célèbes, des îles de l'Amirauté, des Marquises, de Bornéo, de Sandwich ; Océanie, 60-61, 63-64, 65.

Tablinum, Tabulinum. — Dépendance de l'*atrium* ; lieu qui servait soit de *sotheca*, bibliothèque, soit de *pinacotheca*, galerie de tableaux, ou encore de dépôt des archives. Maison romaine, 33, 40.

Taboleiro. — Tablier ; Brésil, 77.

Tabouret. *Voir* SCABELLUM, SCAMNUM. — Siège sans dos ni bras, généralement de peu d'élévation. Dans les réceptions solennelles de l'ancienne cour de France, le tabouret était le siège des princes du sang et des ducs et pairs ; leurs femmes jouissaient du même privilège, 322.

Tabourin. — *Voir* TAMBOUR.

Tabtebs. — Espadrilles confectionnées avec des feuilles de palmier ; Égypte ancienne, 1, 8.

Tacanhoba. — *Voir* GIUCANN.

Tactravan. — Trône portatif des empereurs mogols, 115.

Tadj, Tadjh. — C'est-à-dire couronne ; turban des derviches ; Turquie, 169, 175, 179.

Tadjin. — Casserole pour la cuisson des galettes ; Kabyles, 155.

Tael-pi. — Rat sauvage dont le poil sert à la confection des manteaux d'hiver, chez les Chinois de haut rang ; 89 et 90.

Tailladés. — Ouvertures plus ou moins longues pratiquées sur les manches du corsage féminin, ainsi que dans le pourpoint et le haut-de-chausses des hommes ; Europe, seizième et dix-septième siècles, 254, 260, 270 et 271, 275, 288, 311, 321, 327, 328.

Tailladou. — Couteaux des Auvergnats de la Limagne, 484.

Tænia (ταινία). — Ceinture placée sur la peau, à hauteur des hanches ; elle était réservée aux jeunes filles ; Grèce, 18, 25-26.

Tæniensis. — Pourpre marine claire. Son nom indiquerait qu'elle servait principalement à teindre les *tæniæ*, 25-26.

Taisson. — Nom du blaireau dont la peau servait à faire la carquois des arbalétriers du quinzième siècle ; France, moyen âge, 220.

Taitouns. — Colliers indous, 124.

Takata. — Sorciers néo-calédoniens, 60-61.

Také. — Grand bonnet de drap porté par les officiers du sérail ; Turquie, 169.

Takie. — Petit bonnet de coton blanc ; Turquie, 169.

Takréta. — Voile des femmes de l'Algérie ; Afrique, 160 et 161.

Tal. — Instrument de forme analogue aux cymbales, mais plus petite ; les deux plateaux dont il se compose sont attachés par un lien ; Inde, 123, 125.

Talapat. — Éventail en forme d'écran, Chine, 86, 89 et 90.

Talar. — Le salon d'une maison de plaisance ; Perse, 143.

Taleb. — Maître d'école kabyle ; Afrique, 152-153.

Talevas. — *Voir* PAVOIS.

Tali. — Bijou de la fiancée ; Inde, 114.

Talons rouges. — Nom donné aux gentilshommes portant des souliers à talons de bois peints en rouge, ce qui était un privilège nobiliaire ; France, dix-septième et dix-huitième siècles, 372, 391-392.

Tamboril. — Le tambour des Galiciens ; Espagne, 475.

Tambour (*tabor, taborellus, taborum, tabour, tabour, sarrasinois, tabourin*). — Le tambour a été de tout temps un corps concave, revêtu d'une peau tendue ; mais la forme et la dimension de cet instrument en ont fait constamment varier le nom aussi bien que l'usage. Au moyen âge, il figure généralement dans la musique de fête, et surtout dans les processions ; mais c'est seulement au quatorzième siècle que, du moins en France, il prend place dans les musiques militaires ; les Arabes s'en servaient de toute antiquité. — 34, 123, 125, 139, 141, 256, 257, 270 et 271, 272, 275, 342, 343, 382, 385, 400, 473, 476. *Voir* DOHL, MATALAN, PUCKHAWAY, TAMBORIL, TIMBALE.

Tambour de basque, 159, 400, 476. *Voir* BENDYR, PANDERO, TYMPANON.

Tambourah, Tanbourah. — Instrument à cordes ; Inde, 123.

Tambuet. — Sujets kanaques ; Océanie, 60-61.

Tanbour. — Instrument à cordes pincées et à long manche ; Orient. — *Tanbour boulghâry*, mandoline bulgare, 8, 104.

Tandour. — Table garnie de couvertures, sous laquelle on met un brasero ; intérieurs turcs, 171, 172-173.

Tankadères. — « Femmes de bateau ; » Japon, 99.

Tantour. — Longue corne d'orfèvrerie de laquelle descend, en la recouvrant, un long voile traînant jusqu'à terre ; coiffure des femmes druses et des juives d'Algérie, 157, 179.

Taol. — Table de repas ; mobilier rustique de la Bretagne, 499-500.

Tapa. — Étoffe tirée de l'écorce du mûrier ; Océanie, 60-61.

Tapé. — Nom donné à l'ensemble d'une coiffure féminine consistant à ramener les cheveux de derrière, qui étaient lissés, sur le sommet de la tête, et à relever ceux de devant, crêpés très menu sur le haut du front de manière à former un diadème ; France, milieu du dix-huitième siècle, 371.

Tapet. — Coiffure à peu près analogue au *tapé* et en usage chez les dames de l'époque Louis XVI, 391-392.

Tapis, Tapisseries. — L'usage des tapis et tapisseries remonte à l'antiquité. Pendant les premiers siècles du moyen âge, on en plaçait à profusion dans les églises, soit pour couvrir le sol, soit pour orner les murs. Dans les châteaux, les pièces d'habitation, les salles de *parement* ou de parade étaient tendues le plus souvent de tapisseries ou tout au moins de toiles peintes. — *Tapis sarrazinois* : tapis veloutés du moyen âge. — Tapis de tenture, de table ; 171, 175, 216, 231, 245, 262, 322. *Voir* TENTURES A FIGURES DE BÊTES.

Tapis. — Le pagne des femmes de l'île Rotti ; Océanie, 63-64.

Târ. — Petite guitare ; Perse, 139.

Tarare (chapeau à la). — Dames de l'époque Louis XVI ; France, dix-neuvième siècle, 390.

Tarbah. — Voile des fellahines de l'Égypte ; Afrique, 160 et 161.

Tarbouch. — Calotte orientale en laine foulée, 135 et 136.

Taré. — *Voir* l'HOUNGA.

Targaid. — Le bouclier écossais, 425 et 426, 427.

Targe. — Bouclier rond, ovale ou losangé. Au treizième siècle, la *targe* était le bouclier des sergents habillés de la pleine armure de plates ou de mailles ; Europe, moyen âge, 219.

Tartan. — Étoffe de laine légère, tissue de couleurs vives et variées, disposées de manière à former des carrés dont les nuances changent suivant les tribus ; Écosse, 425 et 426, 427.

Tas Tepelik. — *Voir* TEPELIK.

Tassa. — Petit vase en usage chez les Kabyles ; Afrique, 155.

Tassettes. — Plaques d'acier qui apparurent avec l'armure de plates ; elles se fixaient à la dernière lame de la braconnière pour compléter la défense du haut de la cuisse. Leur forme varia suivant les époques ; Europe, moyen âge et seizième siècle, 217, 223, 264, 266.

Tassettes. — Nom donné à des bas du seizième siècle ; Europe, 280.

Tataou. — Mot par lequel on désigne le tatouage chez les naturels de la Nouvelle-Zélande ; Océanie, 63-64.

Tâtez-y. — Nœud de brillants suspendu à l'*esclavage de perles*, collier des dames du dix-septième siècle ; France, époque Louis XIV, 354. *Voir* BOUTE-EN-TRAIN.

Tatouage. — Assyriens, Pictes, Papous, Dayas, Cafres, Japonais, Kabyles ; 10, 59, 60-61, 62, 63-64, 71, 96-97, 151, 152-153. *Voir* MOKO.

Tau. — Croix ansée ; symbole égyptien : la clé du Nil ; antiquité, 4, 8.

Taupins (francs). — *Voir* FRANCS-TAUPINS.

Tavalang. — Bouclier, espèce de pavois, en usage chez les Dayas ou Dayaks, 63-64.

Tavanger. — Tablier de « pardon » ; paysannes bretonnes, 494, 497, 499-500.

Tavernæ. — Boutiques sur la rue où se tenaient des débits de denrées alimentaires ; maison romaine, 33.

Taxiarques (ταξίαρχοι). — Officiers commandant les *hoplites* ; Grèce, 25-26.

Tchantadji. — Porte-sac de la maison du sultan ; Turquie, 169.

Tchaprass. — Agrafe de ceinture. Bijouterie orientale ; 140 176, 179, 462.

Tcharchaf. — « Drap de lit » ; voile féminin ; Turquie, 179, 180.

Tcharyk. — Petites bottes ; Turquie, 176, 179.

Tchavouch. — Sergent seïbek ; Turquie, 177.

Tchédik. — Bottines molles ; Turquie, 180.

Tchélem. — Pipe à eau du Turkestan, 144.

Tchepetz, Tschepatz. — Bonnet brodé à l'usage des deux sexes ; Russie, 440, 441, 442, 445.

Tchepken. — Veste à longues manches ouvertes ; Turquie, 169, 170, 176, 177, 178, 464.

Tchervadar. — Muletier persan, 142.

Tchévré. — Pièce de mousseline agrémentée de paillettes d'or que les dames turques étalent sur le devant de leur ceinture, 176.

Tchoumik. — Le salut par l'attouchement du nez ; îles Mariannes ; Océanie, 63-64.

Tchounam. — Stuc dont sont revêtues les murailles du *mâhl* (harem) indou, 117-118.

Tekbir. — Première oraison ; prière musulmane, 145 et 146.

Telfa. — Nom de la petite fille arabe ; Afrique, 159.

Tellès. — Sacs de provisions ; intérieur de la tente arabe ; Afrique, 155.

Telpetché. — Voile de la mariée arménienne, 175.

Telsem. — Talismans donnés par les marabouts ; Afrique, 162.

Temba-sembé. — Écharpe ; Sénégal, Afrique, 72.

Templette. — Tour de visage adapté à la *coiffe* ; modes féminines ; Europe, fin du quinzième siècle et commencement du seizième, 245, 246, 247 et 248, 249 et 250, 261, 266.

Templiers (ordre des). — Ordre religieux et militaire fondé en Palestine, en 1118 ; 147.

Tendido. — Grande toile ombrageant le *patio* des maisons particulières ; les voies publiques sont couvertes de la même manière ; Espagne, 477-478.

Tentures à figures de bêtes. — Désignation que l'on retrouve dans les vieux inventaires : tapisseries représentant des animaux ; France, 322.

Tépélick, Tépélik. — Plaque d'orfèvrerie ornée de chaînettes, qui se place au-dessus de la coiffure féminine ; Turquie, 140, 176, 179, 180, 462, 463.

Tepidarium. — Salle du bain tiède ; bains romains, 45.

Terba. — Sac à ouvrage des femmes bulgares, 462.

Terliks. — Bottines de maroquin ; Turquie, 170.

Terminale. — Pièce de harnais qui sert de passage à la queue du cheval ; Europe, seizième siècle, 260.

Tesbihk. — Prière musulmane, 145 et 146.

Teslim tache. — Large étoile de jade portée par les derviches bektachi ; Turquie, 175.

Têtes rondes. — Nom donné, en Angleterre, par les *cavaliers* ou partisans des Stuarts, aux troupes de Cromwell, parce qu'elles avaient les cheveux coupés court ; on l'étendit ensuite à tous les adversaires de la royauté. 279.

Têtière. — Harnais du cheval ; Europe, moyen âge et seizième siècle, 221, 222, 260, 261.

Teutonique (ordre). — Ordre religieux et militaire fondé en 1128, par les Allemands ; 450.

Thabezimth, Thibezimin. — Bijou kabyle réservé à la femme qui est mère d'un garçon ; Afrique, 151, 155.

Thabouiddouth. — Un des petits vases d'usage domestique, chez les Kabyles ; Afrique, 155

Thaboukalt. — Pot à eau ; Kabylie, 155.

Thacebd, Thacebt. — Le diadème des femmes kabyles ; Afrique, 154, 155.

Thakedourth, Thasilt, Thimesebbouith, Thimeserbah. — Poteries kabyles, 155.

Thako. — L'alène qui sert à coudre les peaux, à tresser les corbeilles, chez les Bassoutos ; Afrique, 67-68.

Thalakt. — Argile dont sont faites toutes les poteries kabyles ; Afrique, 150, 160 et 161.

Thalamus (θάλαμος). — La principale des chambres à coucher ; maison grecque, 27-28.

Thasilt. — *Voir* THAKEDOURTH.

Thazath. — Colliers ; bijouterie kabyle, 151.

Théodore (chapeau à la). — Dames de l'époque Louis XVI, France, dix-huitième siècle, 390.

Thérèse. — Voile de gaze ; modes féminines du règne de Louis XVI ; France, dix-huitième siècle, 389.

Thermopoles (θερμοπώλιον). — Sorte de cabarets où l'on vendait des boissons chaudes; Romains, 38.

Thibezimin. — *Voir* THABEKMYN.

Thicherourin. — Les pendants du *thicherouth;* bijouterie kabyle, 151.

Thièn-Tseû. — « Le fils du ciel »; nom donné à l'empereur de Chine, 85.

Thimeserbah. — *Voir* THAKEDOURTH.

Thimesebbouith. — *Voir* THAKEDOURTH.

Thrace (*thrax, thraex, threx*). — Gladiateur armé à la thracienne; Romains, 36-37.

Thrênys. — Marchepied du *solium;* Gréco-Romains, 22.

Thugs, Thags ou **P'aousigar.** — « Gens au nœud coulant », association d'étrangleurs; Inde, 135 et 136.

Thuribulum. — L'encensoir des anciens, 39.

Thyrorion. — Le passage qui donnait accès dans le péristyle; maison grecque, 27-28.

Ti ou **Kear.** — Nom de la maison rustique en Bretagne, 498-500.

Tiare (*tiara*, τιάρα). — Sorte de bonnet, coiffure nationale de tous les anciens peuples du nord-ouest de l'Asie. — *Tiare droite* (*tiara recta*); insigne de souveraineté chez les Perses. — Antiquité, 11 et 12, 14.
La tiare des empereurs byzantins, 182. *Voir* EUNAPIUS.
La tiare du grand prêtre israélite, 13. *Voir* MISNEPHET.
Tiare (*triregnum*). — Tiare à trois couronnes, particulièrement affectée au chef de la catholicité revêtu de ses habits pontificaux, 264.
La tiare des évêques latins des premiers siècles du moyen âge, 181.

Tibia. — *Voir* FLÛTE.

Tiedos. — « Hommes d'armes »; Sénégal, 72.

Tietaja. — Sorcier lapon, 411.

Tignonnée (tête). — Coiffure féminine; France, dix-huitième siècle, 367.

Tikmèh. — Vêtement qui se boutonne par devant; Perse, 141.

Tilbury. — Voiture découverte à deux roues et traînée par un seul cheval. Le *tilbury* est d'origine anglaise. Europe, commencement du dix-neuvième siècle, 408-409, 410, 431.

Tillet. — Morceau de *tapa* noirci avec lequel on confectionne les annulaires réservés comme insignes de commandement aux chefs néo-calédoniens; Océanie, 60-61.

Timbales (*tambour sarrasinois, nacaire*). — Instrument militaire introduit en Europe par les Arabes qui lui donnaient le nom de *nakerah;* en France, l'usage général des timbales dans la cavalerie ne date que du commencement du règne de Louis XIV. — *Timbaliers;* les cavaliers qui battaient les timbales. — Inde, 119, Allemagne, seizième siècle, 272; France, dix-huitième siècle, 382.

Timbre. — Le sommet du casque, la partie ronde ordinairement partagée par la *crête.* Dans les heaumes des douzième et treizième siècles, le timbre est plat. Europe, moyen âge et seizième siècle, 201, 202, 207 et 208, 259.

Tinker. — Chaudronnier ambulant. Londres, commencement du dix-neuvième siècle, 428.

Tintinnabulum. — Clochette, sonnette; antiquité, 43.

Tin-tsô. — Globe de cristal placé au sommet du bonnet officiel des grands dignitaires chinois; 85, 87, 91.

Tipa. — Le couteau des Bassoutos; Afrique, 67-68.

Tippoo-Saïb (robes à la). — Modes féminines du règne de Louis XVI; France, dix-huitième siècle, 398.

Tirador. — La ceinture-valise des Gauchos; Amérique du Sud, 77.

Tiretaine. — Étoffe de laine portée principalement par les classes inférieures. Europe, moyen âge, 210.

Tistet. — Panier de pêcheurs; Biarritz, France, 486.

Tituli. — Inscriptions que les Romains plaçaient sur les vases, les tableaux, etc., 33.

Titus (coiffure à la). — Cheveux courts et frisés. — *Perruques à la Titus.* — France, fin du dix-huitième siècle et commencement du dix-neuvième, 403, 405, 406, 408-409, 410.

Tob. — Espèce de gui dont la feuille est considérée par le Yoloff comme un talisman; Afrique, 67-68.

Tobaksdosa. — Blague à tabac; Lapons, 411.

Tobé. — Surtout en forme de chemise; costume sénégalais, Afrique, 72.

Toc. — Chapeau de feutre des paysans bretons; France, 494, 495, 497, 499-500.

Tock. — Collier arabe, 463.

Toge (*toga*). — Habit distinctif du citoyen romain, ample manteau qui se drapait sur la tunique. — *Toga candida;* toge blanche dont se revêtaient les *candidati*, c.-à-d. ceux qui briguaient les suffrages du peuple. — *Toga fusa;* la toge ample, *rotonda.* — *Toga picta* ou *palmata;* toge peinte ou teinte, et ornée de broderies. — *Toga prætexta;* toge blanche bordée de pourpre qui faisait partie du costume des augures, des pontifes, de quelques magistrats et des jeunes gens, qui la quittaient à l'âge de dix-sept ans pour prendre la toge virile. — *Toga pura* ou *virilis;* toge faite d'une laine qui avait conservé sa blancheur naturelle; c'était celle de tous les citoyens romains qui n'avaient pas d'emplois administratifs. — *Toga rasa;* toge d'été. — *Toga restricta;* la toge primitive. — *Toga trita;* une toge usée. — *Toga vitrea;* toge d'étoffe transparente. — *Togata;* courtisane, prostituée. — *Togatulus;* la personne pauvre qui avait une toge râpée. — *Togatus;* le Romain portant la toge. — Antiquité, 40. *Voir* SINUS, UMBO, VELATUS.
Toge-chlamyde; patriciens du bas-empire, 181.
Toge des consuls du bas-empire. *Voir* TRABÉE.

Toison d'Or. — Ordre de chevalerie institué à Bruges en 1429, par Philippe le Bon, duc de Bourgogne; 283, 285.

Tolbas. — Savants; Algérie, 163.

Toliban. — Mot du moyen âge désignant le turban; 255.

Toll-gatherer. — Collecteur des routes. — *Toll-money*, taxe des routes. — Angleterre, 431.

Tomahaw, Tomahawk. — Hache. Océanie et Amérique, 60-61, 80, 81.

Tonag ou **Guailleachan.** — Le tartan carré des femmes highlanders; Écosse, 427.

Tonnelet. — Partie de l'armure en forme de cloche remplaçant les *tassettes* du moyen âge. Europe, seizième siècle, 261.

Toque, Toquet. — Calotte de forme cylindrique avec un bord retroussé ou *rebrassé.* La dénomination de *toque* fut aussi employée du temps de Louis XII pour désigner une sorte de calotte portée sous le chapeau. Sous le règne de Charles IX, la toque n'était plus de mise que dans le costume de cour. Europe, quinzième et seizième siècles; 238, 239, 246, 247 et 248, 249 et 250, 256, 268.
Toque accompagnée de deux attentions prodigieuses; Toquet à l'Espagnole; Toquet à la Virginie; dames de l'époque Louis XVI. France, dix-huitième siècle; 389, 390, 391-392.

Toquille. — Ruban de chapeau; Mexique, 79.

Torbaga. — Sandale; chaussure d'été des Arabes. Afrique, 157.

Torbassi. — Bottes d'hiver garnies d'une semelle en cuir de phoque; Kamtchadales, 83-84.

Torques, Torquis (στρεπτός). — Colliers des Gaulois, des Perses, des Grecs, des Romains, etc. A Rome, le *torques* était aussi une récompense militaire; celui des soldats auxiliaires était d'or, celui des légionnaires était d'argent. Antiquité; 25-26, 31, 36-37, 56-57, 58.
Torquis brachialis; bracelet à plusieurs tours de spirale. On le portait à la partie inférieure du bras (*brachium*), entre le poignet et le coude. Antiquité; 31.

Tortil. — Cercle en façon de couronne que l'on plaçait au sommet du heaume. Europe, moyen âge; 202, 210.

Tortis. — Torche à main, portée par les serviteurs. Europe, moyen âge; 213.

Totem. — Signe indélébile, figure d'animal quelconque, gravée sur la poitrine des chefs Peaux-Rouges; Amérique, 81.

Tousilles. — Serviettes ouvrées et blanches. Europe, moyen âge; 216.

Touan-tse. — Satin épais dont les dames chinoises font leurs vêtements d'hiver; 89 et 90.

Toui-Toui. — Noix des îles Tonga donnant une couleur noire utilisée chez les indigènes pour se peindre le corps; Océanie, 62.

Touloupe. — Vêtement en peau de mouton; Russie, 445.

Toupet en vergette. — Coiffure des hommes. France, dix-huitième siècle; 366, 367.

Toupet à tempérament. — Coiffure féminine; époque Louis XVI. France, dix-huitième siècle; 391-392.

Toupie. — Tente recouverte de peaux; habitation d'été des Esquimaux, 83-84.

Toupou. — Broche d'argent; parure des Araucaniennes. Amérique, 77.

Touquès. — Bouteilles en usage chez les paysans bretons; France, 499-500.

Tour de gorge, Devant de gorge. — Collerette de dentelle; dames du dix-huitième siècle. France; 367, 369, 371.

Tour de manche. — Manchettes à trois rangs de dentelle; dames de l'époque Louis XIV. France, dix-septième siècle; 353. *Voir* ENGAGEANTES.

Touret-de-nez, Cache-nez. — Le masque féminin, au seizième siècle. Europe; 273, 274, 289. *Voir* COFFIN A MOUFLES.

Tourillon. — Parties rondes et saillantes placées vers le milieu du canon et qui servent à l'assujettir sur son affût. Artillerie française, quinzième siècle; 220.

Tournoi (*tournoyement, tournoiement, combat à la foule, trespignée, behourdis, tupinets*). — Combat à la lance, à l'épée, ou à la masse, entre deux troupes de cavaliers en nombre égal. Europe, moyen âge; 219, 221. *Voir* JOUTE.

Tourti, Tourry. — Musette indoue; 125.

Toxeutès (τοξευτής). — L'archer grec; antiquité, 25-26.

Trabée (*trabea*). — Toge courte qui s'agrafait sur l'épaule droite. Le nom de *trabée* viendrait des larges bandes qui l'ornaient et que l'on comparait à des poutres, *trabes.* Romains du bas-empire, 181.

Trabotier. — Homme de service au-dessus du bouvier. France, moyen âge; 209.

Tractatores. — Masseurs des bains romains; antiquité, 45.

Traîneau. — *Voir* PULKE, STEEKSLEDJE.

Trait à poudre. — Nom que l'on donnait, au quinzième siècle, aux projectiles lancés par les canons de petit calibre. — La coulevrine à main. — France, fin du moyen âge, 220, 253.

Tranchoir. — Espèce de couteau à découper; Europe, seizième siècle, 263.

Traquenard. — *Voir* PANIERS.

Tremoli. — « Tremblants »; ornements légers suspendus aux voiles des dames des quinzième et seizième siècles; Italie 243, 280.

Trespignée. — *Voir* TOURNOI.

Tressoir. — Diadème, ou ruban de cheveux, enrichi de pièces d'orfèvrerie; haute noblesse du treizième et du quatorzième siècle; France, 209.

Trews. — Chausses des Écossais; 425 et 426, 427.

Triaires (*triarii*). — Corps de fantassins pesamment armés; troisième division de l'ancienne légion romaine, 36-37.

Tricanas. — Paysannes portugaises, 482.

Triclinium (τρίκλινον). — Réunion de trois lits sur lesquels les convives, dans les repas, se mettaient à demi couchés; la table était entre ces trois lits, le quatrième côté restant libre pour le service. — Salle à manger où était disposé le *triclinium.* — Grecs et Romains; 23, 27-28, 33.

Tricorne. — Chapeau dont les bords comportaient trois retroussis plus ou moins élevés; hommes du dix-huitième siècle, costume civil et militaire; Europe, 366, 372, 373, 383, 384, 385, 386, 387, 400.
Tricornio. — Coiffure des *estudiantes de la tuna* et des muletiers des environs de Burgos; Espagne, 477-478.

Tridens (τριόδους, τρίαινα). — Fourche à trois dents; arme des *rétiaires;* Romains, 36-37.

Triga. — Char attelé de trois chevaux; antiquité, 11 et 12, 29.

Triglènes. — Pendants d'oreilles à trois pendeloques; dames grecques; antiquité, 21, 25-26. *Voir* TRIOTTIDES.

Trigone (*trigonum*, τρίγωνον). — Instrument à cordes d'origine syrienne. Son coffre était de forme triangulaire et les cordes horizontales; antiquité, 22, 43.

Trinifiramma. — Lance à main, arme de jet des Pictes; 426 et 426.

Trinitaires (communauté des Filles). — France; 335.

Triottides (*triopis, triottis, triottium*). — Les Athéniens désignaient ainsi les *triglènes;* Grèce antique, 21, 25-26. *Voir* TRIGLÈNES.

Triphaleia. — Casque à triple aigrette; Grèce antique, 25-26.

Triptyque. — Tablette sculptée, en bois ou en ivoire, consistant en trois panneaux pouvant se replier les uns sur les autres. Europe, moyen âge; 228.

Triquetra. — Les trois jambes ou le triangle formant la décoration du bouclier, chez les Grecs de la Sicile; antiquité, 25-26.

Triregnum. — *Voir* TIARE.

Trochades. — De τρέχω, courir; bottines de coureur. Antiquité, 47.

Trochées. — Branches de pommier que le paysan breton, dans l'intérieur de sa maison, place sur des claies pour se préserver du mauvais air et des épidémies; France, 499-500.

Trombone. — La *saquebute*, en italien *trombone*, ou grande trombe, existait déjà au quinzième siècle; sa forme était la même que celle du trombone à coulisse dont l'usage existe encore de nos jours. Europe, moyen âge et seizième siècle; 192.

Trompe (*trombe, trompette*). — Instrument qui répondait à la *tuba*, trompette droite des Romains. La *trompe* était la trompette de guerre ou des tournois. Europe, moyen âge; 192, 218. *Voir* Pibounga et Carnyx, la trompe de guerre des Gaulois.

Trompette (*tuba*, σάλπιγξ). — Romains; 43.

Trône (*solium*, θρόνος). — Siège de cérémonie, attribut de la royauté, consistant tantôt en un fauteuil, tantôt en un pliant, toujours accompagné du marchepied (*thronus, suppedaneum*). — Trônes égyptiens : 4, 5, 8; — assyrien : 10; — asiatiques : 14; — gréco-romains : 32; — trône des empereurs mogols, 113, 114, 115; — des souverains, des évêques et des archevêques du moyen âge : 181, 183, 186, 207 et 208, 227.

Troumbache. — Sabre à lames courbes garnies de pointes; Niams-Niams, Afrique; 70.

Trousse. — Étui dans lequel l'arbalétrier du moyen âge transportait des carreaux ou virotons. Ces trousses étaient faites de bois recouvert d'une *penne* ou peau, d'où leur nom de trousse *empennée*. France; 218, 219, 220.

Trousses. — Larges culottes de la fin du seizième siècle. Elles furent longtemps conservées par les pages, les Cent-Suisses et les pairs, en costume d'apparat. France; 266, 274, 340. *Voir* Grègues.

Trousse ou épinglier. — Nécessaire de toilette servant aussi de bijou de suspension; dames du dix-huitième siècle, 380.

Troussequin. — Pièce cintrée placée sur l'arrière de la selle; 202, 204.

Troussoirs. — Agrafes servant à maintenir la robe retroussée; modes féminines. Europe, fin du quinzième siècle; 246, 251.

Tschavousch. — Musicien de la maison du sultan; Turquie, 169.

Tschenguys. — Baladins grecs; 170.

Tschocadars. — Officiers de l'extérieur; maison du sultan. Turquie, 169, 172-173.

Tuagh-cath. — Grande lance au fer en forme de hache; Écosse, 427.

Tuka. — Lacet servant à attacher le pantalon au premier gilet; Maures tunisiens, 159.

Tummin. — Les pierres précieuses du pectoral du grand prêtre des Israélites, 13.

Tumulus. — Sépulture de l'âge de bronze, principalement formée de sable et de terre; 80.

Tunique (*tunica*, χιτών). — Vêtement en usage chez la plupart des peuples de l'antiquité; chez les Grecs et les Romains des deux sexes, la tunique était le principal vêtement de dessous et se rapprochait, par son usage, de la chemise, et par sa forme, de la blouse moderne. 1, 10, 11 et 12, 13, 14. *Voir* Candys, Chiton, Colobium, Koutonet.

Tunique dorienne. — Dames grecques, 19.

Tunique ionienne. — Robe close, sans ceinture, d'origine asiatique; 19, 32.

Tunique talaire (*tunica talaris*, χιτὼν ποδήρης). — Tunique à longs pans à l'usage des deux sexes. Grèce; 20, 24.

Tunica recta. — *Voir* Regilla.

Tunicatus. — Le Romain portant la tunique, 40.

Tunico-pallium. — La tunique qui réunissait les caractères de la tunique à ceux du pallium, 30.

Tunicula. — Tunique de laine ne descendant que jusqu'aux hanches. Costume militaire romain, 34.

Tunique. — Moyen âge; 181, 182, 183, 188, 189. *Voir* Bliaut.

Tunique à la romaine. — Modes féminines; Europe, seizième siècle, 252.

Tuniques antiques, coupées. — Modes féminines du Directoire et du Consulat. France, 408.

Tunicelle. — Hommes de la fin du quinzième siècle; France, règne de Charles VIII, 261.

Tupineis. — *Voir* Tournoi.

Turban. — Traduction française du mot *dulbend*, écharpe plus ou moins volumineuse qui s'enroule soit autour du *fez*, soit autour du *tarbouch*; certains peuples portent le turban enroulé à même la tête. Europe (Turquie), Asie, Afrique et Océanie; 62, 63-64, 67-68, 72, 110, 111, 112, 113, 114, 115, 122, 123, 124, 125, 126, 127, 129, 130, 132, 133, 135 et 136, 137, 141, 142, 143 et 144, 156, 157, 158, 159, 160 et 161, 168, 169, 170, 175, 176, 177, 178, 179, 180, 462, 464. *Voir* Kavuké, Mudjewver, Oeuchy, Sarik, Tadji, Xarla.

Turban. — Coiffure des dames du Consulat et de l'Empire. France, premières années du dix-neuvième siècle; 408-409.

Turque (robe à la, bonnet à la). — Dames de l'époque Louis XVI. France, fin du dix-huitième siècle; 391, 392, 398.

Tutulati. — *Voir* Elenchi.

Tutundjy. — Page du sérail qui a soin des pipes et du tabac appartenant au sultan; Turquie, 169.

Tympanon. — Instrument à cordes de métal que l'on frappait avec de petites baguettes; Europe, moyen âge, 192, 247 et 248.

Tympanum (τύμπανον). — Tambour de basque, instrument formé d'un cerceau de bois sur lequel une peau est tendue; de petits grelots en garnissent les côtés. Antiquité; 38, 43. — Paysans italiens, 468.

Tyrrhénienne. — Chaussure lacée; antiquité, 29.

U

Udo (οὐδών). — Espèces de chaussons qui préservaient de l'humidité. Antiquité, 47.

Uhlans. — Cavalerie d'origine asiatique dont l'usage s'introduisit d'abord en Pologne et en Lithuanie, puis se répandit de là en Allemagne et en Russie. En 1734, le maréchal de Saxe fit admettre cette arme en France, et en forma un régiment de mille hommes mêlés à autant de dragons. Les uhlans français furent licenciés à la mort du maréchal. France, dix-huitième siècle; 383.

Ulémas. — Docteurs de la religion et de la loi, chez les Turcs; 169.

Umbella (σκιάδειον). — Parasol ou parapluie formé d'une pièce d'étoffe ronde tendue sur un certain nombre de côtes ou de baguettes convergentes. Antiquité; 8, 18.

Umbo (ἄμβων). — Pointe, cône, faisant saillie au milieu d'un bouclier. Antiquité et moyen âge; 15, 36-37, 48-49, 54, 56-57, 201. — Masse de plis maintenus devant la poitrine, sur l'espèce de baudrier formé par le *sinus*; toge romaine, 40.

Uncinatus. — *Voir* Uncus.

Unctores. — Les esclaves qui enduisaient les baigneurs d'huiles et d'essences parfumées; antiquité, 45.

Uncus (ὄγκος). — Chaussure sénatoriale à pointe longue et recourbée; Romains, 47.

Uncinatus. — Soulier à pointe recourbée en dessous; antiquité, 47.

Uraeus. — Transcription du nom égyptien *ârâ*, de l'aspic *haié*. L'image de ce serpent était placée sur la tête des dieux; elle se trouvait aussi fixée sur la coiffure des rois : le *klaft*, le *pschent*, le casque de guerre en étaient toujours ornés; Égypte antique, 1, 2, 3, 4.

Urin. — L'ensemble des pierres précieuses qui garnissaient le pectoral du grand prêtre israélite, 13.

Ursulines. — Congrégation de religieuses fondée en Italie vers 1537; 333.

Uruku. — Arbre de l'Amérique du Sud dont l'écorce fournit au Botocudo une teinture rouge pour le corps, 76.

Uskief. — Bonnet long; Turquie, 169.

Uskiuf. — Panache des janissaires de la garde des anciens rois de Pologne, 454.

Usth-Kurby. — Robe de drap d'or fourrée de zibeline; habit de cour. Turquie, dix-huitième siècle; 169.

V

Vadmal. — Drap islandais; 412, 418.

Vagina (ξιφοθήκη, κολεός). — Fourreau d'épée; Romains, 36-37.

Vair. — Espèce d'écureuil tiré des provinces méridionales de la Russie, et dont la fourrure blanche et grise fut utilisée surtout pendant le moyen âge; Europe, 211.

Valideh-aghassy. — Premier eunuque de la sultane mère; Turquie, 172-173.

Valideh-sultan. — Mère du souverain régnant; Turquie, 172-173.

Valet, Varlet. — Nom donné, pendant le moyen âge, aux jeunes nobles placés auprès de quelque puissant seigneur, pour se préparer à recevoir l'ordre de la chevalerie et rendre, en retour, certains services de domesticité; France, moyen âge, 213.

Vantail, Vantaille. — Partie inférieure de l'ouverture d'un casque. Europe, moyen âge et seizième siècle; 217, 253.

Vara de justice. — La canne de l'*alguacil*, l'emblème de son emploi; Espagne, 470 et 471.

Varalde-leib ou **Tjatse olmak Varalde-olmai.** — Variétés du *seile*, bonnet lapon; 411.

Varangana, Veschatri. — Classe de danseuses indoues qui accompagnent les processions; 125.

Vasquine. — *Voir* Basquine.

Vautour. — Emblème du pouvoir souverain; Égypte ancienne, 1.

Vaysias. — Caste des commerçants; Inde, 124.

Vélatus. — *Voir* [illegible]

Venereum. — Boudoir où étaient placées les peintures licencieuses (*libidines*); maison romaine, 33.

Venez-y-voir. — Mouchoir de cou; dames du dix-huitième siècle. France, règne de Louis XV; 372.

— La raie de derrière de la chaussure de cérémonie, ordinairement garnie d'émeraudes; dames de l'époque Louis XVI, 389.

Venta. — Auberge espagnole, 477-478.

Ventaille. — *Voir* Vantail.

Ventel (er). — Manteau de relevailles; Bretagne, 496.

Ventorillo. — Auberge espagnole, 477-478.

Ventrale. — Ceinture; antiquité, et Italie, seizième siècle, 244.

Vergata. — Saie des paysans gaulois, 56-57.

Verrerie (haute). — Imitation de pierres précieuses; dix-septième siècle, 330.

Verrouil (épée en). — Manière de porter l'épée maintenue horizontalement à l'aide d'un pendant attaché à la ceinture; France, dix-septième siècle, 301, 311.

Vertugade, Vertugadin, Vertugale. — Sorte de crinoline qui fit son apparition sous le règne de François Ier; sous Henri III, on l'appelait *vertugade* ou *vertugale*, et sous Henri IV, *vertugadin* ou *vertugade en tambour*; dames de la fin du seizième siècle, 264, 266, 267, 269, 273, 274, 280, 311.

Veru (σαύνιον). — Trait emprunté aux Samnites par l'infanterie légère des Romains, 36-37.

Veschatri. — *Voir* Varangana.

Vesica (κύστις). — Sorte de bonnet dont se coiffaient les dames grecques, 21.

Vestale (costume à la). — Dames de l'époque du Consulat; France, 408-409.

Veste. — Courte tunique à basques et à poches que les hommes commencèrent à porter sous leur justaucorps vers 1670. Pendant la seconde partie du règne Louis XV, les vestes qui accompagnaient les habits et les redingotes, étaient faites sans basques ni poches; elles reçurent le nom de *veston* ou celui de *gilet*. Cette partie de l'habillement était aussi commune à toutes les troupes. — Vers 1786, les dames eurent des vestes *à la marinière* et *aux pierrots*; c'était toujours, comme la redingote, un vêtement d'apparence masculine, 351, 352, 367, 368, 372, 383, 384, 385, 386, 387, 390, 391-392.

Veste à la prussienne. — Hommes de l'époque du Consulat; France, 408-409.

Veste des Fellahines; Égypte, 161. *Voir* Tarbah.

Vestes des Maures algériens et tunisiens, 159, 160 et 161. *Voir* Abaya, Farmla.

Veste des Turcs; 169, 175, 180, 464. *Voir* Arkalitch, Fermené, Hyrka, Outo-Couschak, Salta, Tchepken.

Veste (*vestis*). — La robe ou plutôt la jupe des paysannes de la province romaine; Italie, dix-neuvième siècle, 468.

Veuglaire. — Canon long, se chargeant par la culasse; artillerie française du quinzième siècle, 220.

Vexillum. — L'enseigne unique et particulière de la cavalerie romaine. — *Vexillarius*; porte-étendard de la cavalerie, 36, 36-37.

Vezok. — Traîneau des Kamtchadales; Sibérie, 83-84.

Viaire. — Pièce mobile du casque couvrant le visage; France, quatorzième siècle, 217.

Vichnouvites. — Adorateurs de Vichnou; secte indoue, 126.

Victimaires (*victimarii*). — Ministres inférieurs, serviteurs employés aux sacrifices chez les Romains; 38.

Victoire (Bonnet ou *pouf à la*). — Dames de l'époque Louis XVI; France, dix-huitième siècle, 388.

Viele, Vielle, Viole. — Noms donnés au violon depuis le dixième jusqu'au seizième siècle. — *Vielle à roue*; celle dont les cordes étaient frottées non par l'*arson* ou archet, mais par une petite roue qu'une manivelle faisait mouvoir; on la nommait aussi *symphonie, chiffonie*. — *Viole* (*basse de*) ou *viole de gambe*; celle dont on ne pouvait jouer qu'en plaçant le corps sonore entre les jambes; c'est l'instrument qu'a remplacé depuis le *violoncelle*. — Europe, moyen âge; 192.

Vierges misérables. — Les orphelines du monastère de Sainte-Catherine, à Rome; Italie, dix-septième siècle, 333.

Vignone. — Danse française de l'époque Louis XIII; France, dix-septième siècle, 328.

Vinter-skor. — Bottes d'hiver des Lapons, 411.

Vinter-vantar. — Bonnet de fourrure; Lapons, 411.

Viole. — *Voir* Vièle.

Vireton. — Trait de l'arbalétrier; France, moyen âge, 220.

Viroles. — Bas sans pieds; costume des femmes sablaises (Vendée), France, 496.

Visière. — Partie antérieure du casque percée de trous pour voir et respirer; elle était fixe ou mobile. Antiquité, moyen âge et seizième siècle; 15, 16, 17, 25-26, 36-37, 202, 217, 219, 253, 254, 260, 262 *Voir* Vue.

Vitis (κλῆμα). — Le cep de vigne, insigne de commandement du centurion romain; 36-37.

Vitta. — Ruban que les femmes de naissance libre, avant comme après le mariage, portaient autour de la tête. — Diadème des prêtres romains. — Le ruban dont était entourée la tête de la victime qu'on allait immoler. — Antiquité, 38.

Vizir (grand). — *Voir* Sadri-a-z'hem.

Voile (*velum*). — Habillement de tête qui remonte à la plus haute antiquité. Les femmes grecques et romaines, lorsqu'elles sortaient se voilaient le visage à l'aide de l'*himation*, de la *calyptra*, de la *palla*; dans les cérémonies nuptiales, la fiancée était couverte d'un voile; les hommes se voilaient dans les temples, en signe de deuil, et dans toutes les circonstances graves. *Voir* Toge, Velatus. — Dans les premiers temps de la chrétienté, le *flammeum virginale* était surtout l'insigne des vierges; le *voile* et la *prise de voile* jouent encore le même rôle dans les congrégations religieuses. — Au commencement du moyen âge, les dames portaient de grands voiles demi-circulaires tombant jusqu'à terre; puis, on vit des voiles ronds, d'autres en manière d'écharpe, des voiles de lin, opaques, et enfin les voiles transparents qui commencèrent à être à la mode vers le quinzième siècle. — La tradition antique de se voiler le visage pour sortir, est encore conservée chez les femmes de l'Orient.

Velatus. — Le Romain dont la tête était voilée par une partie de la toge.

Voiles de l'antiquité, du moyen âge et du seizième siècle; 21, 24, 32, 40, 41, 56-57, 188, 207 et 208, 209, 211, 243, 244, 247 et 248, 340 et 250, 264, 265, 280, 287. *Voir* Guimpe. — Voiles religieux; 147, 198, 332, 333, 334, 336. — Voiles des veuves; France, seizième et dix-septième siècles, 273, 283, 340. *Voir* Manteau. — Voile, coiffure des dames françaises de l'époque du Consulat. 408-409. — Voiles des femmes de l'Orient et du littoral méditerranéen de l'Afrique; 123, 124, 127, 128, 129, 130, 137, 139, 156, 156, 157, 160 et 161, 162, 165, 170, 175, 177, 178, 179, 180, 464. *Voir* Asaba, Beslik, Chemsé, Hyaueh, Ihram, Mauramas, Marlota, Fetché, Sari, Takiéfa, Tarbah, Tcharchay, Telpetché, Yachmak. — Voiles des dames hollandaises et russes; 421 et 422, 438 et 439, 440.

Voiture. — *Voir* Arcuatus currus, Benna, Carpentum, Carrosse, Chaise de poste, Char, Chariot, Dajonkesha, Hackkery, Karrasche, Mantel, Petoritum, Pilentum, Poële, Ruth, Sociable, Tilbury.

Volant. — La trousse de la robe, laquelle était nommée *manteau*; dames de l'époque Louis XIV. France, dix-septième siècle; 353, 364, 366.

Volet. — Voile adapté au casque; France, moyen âge et seizième siècle; 202, 217, 253. *Voir* Lambrequin.

Volosnik. — Bonnet de toile; dames russes, 438 et 439.

Volubilis (le). — Toilette féminine; France, époque du Consulat, 406.

Voor-hoofden. — Bandeaux souples d'or et d'argent; parure de tête des Hollandaises, 423.

Vouge. — Arme de fantassin. La vouge se composait d'une lame à un seul tranchant emmanchée à l'extrémité d'un long bâton. — *Vougier*; le fantassin armé de la *vouge*. — France; moyen âge, 217, 220. *Voir* Coustillier.

Vue. — Les ouvertures qui permettaient à l'homme d'armes de voir à travers la visière du casque; Europe, moyen âge et seizième siècle, 202, 217, 260.

Vummera. — Engin en usage pour lancer le javelot ou la sagaie; Australiens, Océanie; 60-61.

Vuolpo. — Vêtement des femmes lapones, 411.

W

Walmar. — Toile écrue dont les paysans suédois font leurs vêtements, 415.

Wampum. — Moyen mnémotechnique servant à exprimer des nombres, même des idées, à l'aide de fragments de coquilles ou de bois enfilés. Peaux-Rouges; Amérique du Nord, 81.

Wan-min-san. — Parasol aux « dix mille noms »; l'un de ceux, en Chine, que l'on offre aux magistrats, 87.

Wartapssi-Consqui. — Garde-drapeau des janissaires de la maison militaire des rois de Pologne, 454.

Watchman. — Veilleur; Londres, commencement du dix-neuvième siècle, 429.

Waterman. — Garçon de service dans les stations de voitures. Londres, dix-huitième et dix-neuvième siècles, 428.

Watteau (robe à la). — Dames de l'époque Louis XV; France, dix-huitième siècle, 371, 373.

Wayssia-Wansé. — Castes inférieures de l'île de Ceylan; Inde, 132.

Wedung. — Couteau malais; Océanie, 134.

Welsh women. — Lavandières galloises; Angleterre, 429.

Wilyalkinyis. — C'est-à-dire *l'homme fait*; Australiens, 60-61.

Woudou. — Purification partielle; religion musulmane, 145 et 146.

Woysko-Kwarciane. — « Armée du quart », force régulière entretenue par la quatrième partie des domaines royaux; Pologne, règne de Sigismond-Auguste (1562), 454.

X

Xasia. — Nom du turban chez les Maures d'Espagne, 156.

Xomordos. — Bijoux dont les Mauresques ornaient leur coiffure, l'*alcandora*; Espagne, moyen âge, 200.

Xwa-lin. — Plumes de paon; insigne réservé aux fonctionnaires chinois de l'ordre le plus élevé, 85, 87.

Y

Yachmak, Yaschmak. — Grand voile blanc, marque de pèlerinage; dames turques, 170, 175, 180.

Yagout-astar. — Topaze considérée chez les Arabes comme un spécifique contre la jaunisse et les affections bilieuses; Afrique, 162.

Yaka. — Collet du *féredjé* (voir ce mot); Turquie, 170.

Yakounine. — Officier de moyenne noblesse; Japon, 96-97.

Yaschmak. — *Voir* Yachmak.

Yata. — Culotte du Sénégalais; Afrique, 67-68.

Yatagan. — Sabre poignard; Asie et Afrique, 132, 150, 177

Yatzu-Namazy. — Prière dite à la nuit close, religion musulmane, 145 et 146.

Yazma. — Mouchoir de tête; Turquie, 180.

Yechm. — Nom du jade considéré par les Arabes comme une garantie contre la foudre et les mauvais rêves, 162.

Yelek. — Gilet droit; Turquie, 170, 175, 177, 178, 179, 180. *Voir* Djamadan.

Yelkem. — Bonnet brodé; Turquie, 169.

Yèmèni. — Étoffe employée dans les turbans; Turquie, 157, 176, 177, 178, 179, 180, 182. — Chaussures turques; 175, 177, 178.

Yin. — Cachet, signe de la délégation impériale en Chine; 87.

Ymagiers. — *Voir* Imagiers.

Yogui. — Fakir indou, 117-118.

Yraigne. — L'*araignée* d'Ypres, tissu en usage pour les chausses; Europe, moyen âge, 206.

Yu. — Crochet de jade ou d'agate servant d'agrafe de ceinture; Chine, 88.

Yugurt. — Lait caillé; Perse, 137.

Yu-tai. — Concubines impériales du dernier rang; Chine, 80. *Voir* Chi-fou, Fou-gin, Pin.

Z

Zagaie. — *Voir* Sagaie.

Zamr. — *Voir* Zorna.

Zaraguellas. — Les chausses des Maures d'Espagne, 200. — *Zaraguellas de lienzo*; caleçons de toile qui flottent jusqu'à la hauteur des genoux; province de Valence, Espagne, 477-478.

Zarcillos. — *Voir* Banderillas.

Zarcola. — Haut bonnet de feutre; Turquie, 169.

Zelaidj. — Revêtements de faïence; maison mauresque, 168.

Zenanah. — Partie des habitations indoues réservées aux femmes, 123.

Zerouoïar. — Pendants d'oreilles; Kabylie, 151, 154, 165.

Ziezak. — Broderies, ornements; costumes des Ruthènes de Marmaros; Hongrie, 458 et 459.

Zimarra. — Vêtement de dessus long, d'origine italienne, dont, en France, on a fait la *simarre*; 288, 280, 287.

Zipoune. — Sarrau russe dérivé du *joupane* polonais, 438 et 439.

Zoccoletta. — Orpheline pauvre; Italie, dix-septième siècle, 333.

Zodiacale. — Coiffure de grande parure des dames de l'époque Louis XVI; France, dix-huitième siècle, 390.

Zodiote. — *Voir* Catastictos.

Zona (ζώνη). — Ceinture large et plate que les jeunes filles portent autour des hanches; Grèce, 11 et 12, 17, 18.

Zorna, Zourna, Zournay. — Espèce de hautbois à anches; les Arabes l'appellent *zamr*; Orient et Afrique septentrionale, 139, 150.

Zotheca. — Cabinet d'étude; maison romaine, 33.

INDEX GÉOGRAPHIQUE ET ETHNOGRAPHIQUE.

RACES ET FAMILLES, PEUPLES ET GROUPES (TEMPS ANCIENS ET MODERNES).

A

B

C

D

E

F

G

H

I

Ibères (*Iberi*). — Peuple de l'Hispanie qui fit donner à cette contrée le nom d'Ibérie (*Iberia*); de leur mélange avec les Celtes sortirent les Celtibériens; 48-49.

Igolottes ou **Négritos**. — Insulaires des Philippines; Océanie, 63-64.

Illyriens. — Tribus plus ou moins barbares, d'origine pélasgique, et mélangées de quelques éléments celtiques; elles occupaient tout le pays situé entre la Macédoine à l'Ouest l'Italie et la Rhétie à l'Est, et qui s'étendait au Sud jusqu'à l'Épire et au Nord jusqu'au Danube. Antiquité, 48-49.

Ilyates. — *Voir* ILIATES.

Indiens. — Désignation générique des naturels des îles océaniennes et des terres américaines.

Indiens caciques. — Indigènes mexicains, les descendants des Aztèques; Amérique, 79.

Indiens californiens. — Amérique, 82.

Indiens serpents. — Peaux-rouges des hautes vallées du Mississipi; Amérique du Nord, 80.

Indios. — Nom que les Espagnols appliquent à tous les insulaires des Philippines, excepté les Bissayes; Océanie, 63-64.

Indios bravos. — Indiens sauvages du nord du Mexique; Amérique, 78.

Indous. — Habitants de l'Inde ou Hindoustan, 110, 114, 117-118, 122, 123, 124, 126, 127, 128, 129, 130, 131.

Ingres. — Peuple d'origine finnoise occupant l'Ingrie, province de la Russie d'Europe, aujourd'hui gouvernement de Saint-Pétersbourg; 438 et 439.

Intas. — Tribu de la Côte d'Or, appartenant à la famille dite *guinéenne*; Afrique, 67-68.

Iolas. — Tribu du littoral de la Guinée; Afrique, 67-68.

Ioniens. — Peuple d'origine grecque établi en Ionie (Ἰωνία), le long de la mer Égée; Asie mineure, 15, 26-27.

Islandais. — D'Islande; Europe, mer glaciale, 412, 413.

Israélites. — *Voir* HÉBREUX et JUIFS.

J

Javanais. — Peuple de race malaise, habitant l'île de Java; Océanie, 63-64.

Jowas. — Peaux-Rouges de l'État de Kansas; États-Unis de l'Amérique du Nord, 81.

Juifs, Juives. — *Voir* HÉBREUX, pour l'antiquité; au moyen âge, Italie, 109; dix-neuvième siècle, Asiatiques et Turquie d'Europe, 132, 175, 177, 178, 180; Africains, 157, 160 et 161, 163; Pologne, 456.

K

Kabyles, Kobails. — Anciens Numides, Berbères habitant la chaîne de l'Atlas ainsi que les pays d'Alger et de Tunis, Afrique, 150, 151, 152-153, 154, 155, 160 et 161, 163, 165.

Kalmouks. — Peuple de race mongole, tributaire des Russes, occupant les steppes situées entre le Don et le Volga; d'autres hordes de Kalmouks sont dispersées en Asie, dans le Thibet oriental et dans la Dzoungarie. 440, 446, 448.

Kamtchadales. — Indigènes du Kamtchatka; Sibérie orientale, 83-84, 440.

Kanaques. — Naturels de la Nouvelle-Calédonie; Océanie, 60-61.

Kandiens. — Population de l'île de Ceylan; Asie, 133.

Karéliens ou **Karialaiset**. — Habitants de la Karélie, contrée située au sud de la Finlande (gouvernement russe de Viborg); 438 et 439.

Karens. — Chinois établis à Bornéo; Océanie, 63-64.

Kaws. — Tribu de Peaux-Rouges de l'État de Kansas; États-Unis d'Amérique, 81.

Kayangs. — Les principaux des Dayas; Océanie, île de Bornéo, 63-64.

Kennous, Kinous ou **Barabras**. — Nubiens appartenant à la famille abyssinienne; Afrique, 67-68, 69.

Khétas. — *Voir* HITTITES.

Killimous. — Indigènes du territoire de l'Orégon; Amérique, 82.

Kirghiz, Kirguises. — Peuple nomade, d'origine tartare, répandu dans le Turkestan et dans les contrées limitrophes des empires chinois et russes; 440, 445.

Koli. — Montagnards du Guzerate continental; Inde, 129.

Koloches ou **Hinkites**. — Du territoire de l'Alaska; Amérique russe, 447.

Koranas. — Tribu hottentote; Afrique australe, 73.

Koriaques. — Nomades du nord du Kamtchatka; Russie d'Asie, 83-84.

Kouinuks. — Population du Daghestan (gouvernement de Derbend); Russie, 135 et 136.

Koukouses. — Indigènes de l'Orégon; Amérique, 82.

Kouloughlis. — Les descendants des Turcs qui sont venus s'établir en Algérie; Afrique, 158.

Koulous. — Aborigènes du Cachemire; Inde, 128.

Kouriliens ou **Aïnos** (*hommes*). — Des Kouriles, archipel d'Asie, 83-84.

Kousch. — Nom sous lequel les Égyptiens de l'antiquité désignaient les Éthiopiens; 2.

Kousas, Koussas. — *Voir* AMAKOSAS.

Kroumirs. — Berbères de la Tunisie; Afrique, 151.

Kurdes, Kourdes. — Peuple de l'Asie occidentale qu'on regarde comme les descendants des Chaldéens et des Parthes; 135 et 136, 176, 180.

Kymris. — Nation indo-germanique que l'on a identifiée avec les Cimbres et qui envahit la Gaule vers le septième siècle av. J.-C.; 48-49, 51, 54, 56-57, 59.

L

Lacédemoniens. — Nom qui s'appliquait plus spécialement aux habitants du territoire de Sparte; Grèce antique, 25-26. *Voir* SPARTIATES.

Lampoungs. — Indigènes de l'île de Sumatra appartenant à la famille malaise; Océanie, 63-64.

Landais. — Du départ. des Landes; France, 486.

Landescots ou **Lanusquets**. — Bergers des Landes; France, 486.

Laotiens. — De l'ancien royaume de Laos, entre le Tonkin et la Cochinchine; Asie, 108.

Lapons. — De la Laponie, se donnant le nom de *Samé*: Suède et Russie. — Tribus de pêcheurs, de forestiers, de montagnards, 411 et suivantes. *Voir Fjall-lappe* et *Graunlaper*.

Laponoïde. — Types de races fossiles, 48-49.

Latins. — Habitants du Latium, Italie, antiquité, 466.

Lesghiens ou **Lesghiz**. — Population du Daghestan; région caucasienne de la Russie, 135 et 136.

Letto-Lithuaniens. — Nationalité slave occupant un vaste territoire partagé entre les gouvernements de Wilna, Grodno, Witebsk, Minsk, Mohilev et Kowno; Russie d'Europe, 438 et 439.

Lipans. — Tribu insoumise du Mexique; Amérique, 79.

Lombards (*Longobardi* ou *Langobardi*). — Tribu germaine de la race des Suèves qui s'établit, au premier siècle de notre ère, entre l'Elbe et l'Oder; vers 568, ils conquirent tout le nord de l'Italie, sous la conduite d'Alboin; 47.

Lougounoriens. — Indigènes des Carolines; Océanie, 63-64.

Loutas. — *Indios* des Philippines; Océanie, 63-64.

Luconiens. — Alliés des Carthaginois, surnommés par leurs compatriotes, les *Bruttii* ou *Brettii*, les « rebelles »; Italie, 468.

Lucernois. — Du canton de Lucerne; Suisse, 436.

Lusitaniens (*Lusitani*). — Mélange d'Ibères et de Celtes, anciens habitants du Portugal; 182.

M

Macédoniens. — De la Macédoine, contrée située au Nord de la Grèce; population composée de tribus thraces et illyriennes, 15, 25-26.

Macouas, Makoas, Makoanès. — Nègres de la côte de Mozambique, appartenant à la famille abantou ou cafre; Afrique australe, 67-68, 71.

Madécasses. — *Voir* MALGACHES.

Madurais. — D'une des îles de la Sonde, peuple appartenant à la famille malaise; Océanie, 63-64.

Magdalanéen. — Type fossile de l'âge de la pierre; 48-49.

Magyars. — Peuple hongrois d'origine touranienne; 458 et 459, 460.

Mahonnais. — De l'île Minorque; Baléares; Espagne, 481.

Mahrattes (c.-à-d. *grands guerriers*). — Occupant primitivement le N.-O. du Dekkan; Inde, 110, 122, 123.

Maindanais. — Insulaires des Philippines; Océanie, 63-64.

Mainpouri. — Nation de l'E. du Bengale; Inde, 129, 130.

Majorquins. — De l'île Majorque, îles Baléares; Espagne, 480, 481.

Makassarais. — Appartenant à la race battak, îles Célèbes; Océanie, 63-64.

Makoas, Makoanès. — *Voir* MACOUAS.

Makololos. — Cafres du voisinage du Zambèse; Afrique australe, 71.

Malabares. — Population originaire de l'Inde établie dans l'île de Ceylan; Inde, 132.

Malais. — Grande race répandue dans tout l'archipel indien qui en a pris le nom de Malaisie; Océanie, 63-64, 65 et 66.

Malékasses. — De Sumatra; Océanie, 63-64.

Malgaches ou **Madécasses**. — Tribus habitant l'île de Madagascar et qui se rattachent à la famille malaise; 63-64.

Malo-Russes ou **Petits-Russiens**. — Slaves du centre et du S.-O. de la Russie; 448.

Mamboukis. — Peuplade cafre; Afrique australe, 71.

Mandingues. — Famille sénégambienne; Afrique, 67-68.

Mantchoux. — De la Mantchourie, pays des empires chinois et russes; d'origine tartare, ils appartiennent à la famille toungouse; ce sont eux qui, en 1644, subjuguèrent la Chine où ils dominent encore aujourd'hui; 89 et 90, 96-97.

Maoris. — Indigènes de la Nouvelle-Zélande; Océanie, 63-64.

Maragatos. — Montagnards de la province de Léon; Espagne, 473.

Maransins. — Nom que les habitants de Dax et de Bayonne donnent aux bergers landais; France, 486.

Maronites. — Peuple chrétien de la Turquie d'Asie, habitant les vallées du Liban; 182.

Markenaars. — De l'île Marken, Hollande, 419, 420, 421, et 422.

Marquesians. — Naturels des îles Marquises; Océanie, 60-61.

Mar'rarba. — Marocains exerçant en Algérie le métier de charbonnier ou celui de manœuvre; Afrique, 163.

Marwaris. — Négociants du Marwar, Inde, 131.

Massagètes. — Ancien peuple de l'Asie centrale, à l'E. de la mer Caspienne, 462.

Massaliotes. — Habitants de *Massilia*, l'ancienne Marseille; antiquité, 481.

Mattabélès. — Famille cafre; Afrique australe, 71.

Mâunyanyas. — De la tribu des Etchéouas; Cafrerie, 71.

Maures, Mores. — De l'arabe *maghreb*, occident; nom sous lequel les anciens désignaient les habitants de la Mauritanie, aujourd'hui le Maroc et une partie de l'Algérie. — *Maures d'Espagne, Maures asiatiques, africains*; 72, 132, 151, 155, 156, 158, 160 et 161, 162, 163.

Mazures. — Polonais qui habitent le pied des Carpathes et le long de la Vistule; Galicie, 458 et 459.

Mecos. — Tribu insoumise du Mexique; Amérique, 79.

Mèdes. — De la Médie, ancienne contrée de l'Asie, au-dessus de la Perse; soumis aux Assyriens, les Mèdes s'affranchissent en 759 av. J.-C., puis passent sous le pouvoir des Perses dont ils partagent les destinées; antiquité, 11 et 12, 14, 143.

Mehal. — Nom désignant, chez les Arabes, les tribus nobles et militaires de l'O. de l'Algérie; Afrique, 157. *Voir* DJOUAD, DOUAOUDA.

Mélanésiens ou **Négro-Océaniens**. — Les habitants de la Tasmanie, de la Papouasie, des Nouvelles-Hébrides, etc.; Océanie, 62, 63-64.

Ménapiens (*Menapii*). — Gaulois de la Belgique, primitivement établis sur les deux rives du Rhin et plus tard rejetés sur la rive gauche, aux environs de l'embouchure du fleuve, et à l'O. de la Meuse; 419 et 420, 423.

Mérowings. — Tribu royale des Francs; 48-49, 56-57.

Mina. — Noirs musulmans habitant le Brésil; Amérique, 77. — Aborigènes de l'Inde, royaume du Djafpour; Asie, 128.

Minisoufaux. — Tribu de Peaux-Rouges; Amérique, 80.

Minorquins. — Des îles Minorques, Baléares; Espagne, 480, 481.

Missouriens. — Peaux-Rouges de l'État de Nébraska, riverains du Missouri; Amérique du Nord, 81.

Moldaves. — De la Moldavie, principauté située au N. du Danube; les Moldaves et les Valaques ne forment actuellement qu'un seul peuple, les Roumains; 458 et 459.

Molouches. — « Guerriers », nom que se donnent les fils aînés de la famille chilienne; Amérique du Sud, 78.

Mombouttous. — Peuplade du haut Nil; Afrique, 70.

Mongols, Mogols. — Rameau de la race tartaro-finnoise; ils dominaient dans les armées d'Attila, de Gengis-Khan et de Tamerlan. Ces peuples, enclavés dans l'empire chinois habitent, au N. de cet empire, la province de Mongolie; leurs principales tribus sont les Mongols proprement dits, les Khalkhas, les Bouriates, les Soyons et les Kalmouks; une fraction de cette dernière tribu habite en Europe, entre la Volga et l'Oural inférieur. — 88, 89 et 90, 110, 112, 113, 114, 115, 117-118, 119, 438 et 439, 440, 446, 447, 448.

Moraves. — De la Moravie, province autrichienne; 433, 458 et 459.

Mordviens, Morduans, Morduins. — Race finnoise répandue sur les bords de la Volga et de l'Oka; Russie d'Europe, 440.

Morvandiaux. — Paysans du Morvan, Nivernais; France, 487.

Moscovites. — *Voir* RUSSIENS (GRANDS-).

Moulinoises. — De la ville de Moulins; France, 484.

M'Pongwés. — Les Gabonais proprement dits; Afrique, 67-68.

Murciens. — De la province de Murcie; Espagne, 473.

Mzabites, Mzabis, Mozabites. — Nom que les Algériens donnent aux Berbères, lorsqu'ils viennent des oasis du Sud; Afrique, 151, 163.

Mzitis. — *Berranis* venant de Mansoura; Afrique, 163.

N

Nahsi. — Nom que les anciens Égyptiens donnaient aux nègres, 2.

Néo-Calédoniens. — Indigènes de la Nouvelle-Calédonie; Océanie, 60-61. *Voir* KANAQUES.

Niams-Niams. — Population du Soudan oriental; Afrique, 67-68, 70.

Nigritiens. — De la Nigritie, grande région de l'Afrique centrale; 67-68.

Tapuyas. — Les ancêtres des Botocudos, du Brésil; Amérique, 76.

Targuis. — *Voir* Touareg.

Tartares, Tatars. — Nom donné à toutes les nations nomades sorties de l'Asie centrale; sous celui de *Tatars*, on désigne plutôt une tribu particulière, habitant entre l'Altaï et le lac Baïkal et qui paraît avoir été la souche des Mongols. C'est lorsque Gengis-Khan et ses successeurs eurent soumis à leur empire toutes les peuplades de l'Asie centrale et envahi l'Europe orientale, que les Européens étendirent le nom de *Tatars* à toutes les nations turques, toungouses et finnoises subjuguées et entraînées par lui. — Chine, Russie; 83, 87, 89 et 90, 438 et 439, 440, 445, 447, 448. *Voir* Mantchoux, Nogaïs.

Tavastes. — Habitants de la partie sud-occidentale de la Finlande; Russie, 438 et 439.

Tchèques. — Les Slaves de la Bohême, que l'on rencontre aussi dans la Galicie et dans la Bukovine; Autriche, 458 et 459.

Tchérémisses. — Peuple finnois de la Russie d'Europe, 445.

Tchoudes. — Nom donné par les Russes aux Finnois, 445.

Teutons. — Germains des bords de la Baltique; leur nom a été appliqué à l'ensemble de la nation. Europe barbare; 48-49.

Thébains. — Du territoire de Thèbes (*Thebæ*, Θῆβαι), ville de la Béotie, ancienne Grèce; dans la guerre du Péloponèse, les Thébains épousèrent la cause de Sparte, et contribuèrent puissamment à la chûte d'Athènes; 25-26.

Thessaliens. — Habitants de la Thessalie (*Thessalia*, Θεσσαλία), contrée de l'ancienne Grèce, 15, 16.

Thraces. — De la Thrace (*Thracia*, ἡ Θρήκη), pays situé au N. de l'ancienne Grèce; 20, 48-49.

Tibbous. — Berbères habitant entre le Fezzan et l'Égypte; Afrique, 150.

Timmanics. — Guinéens des bords de la Cazamance; Afrique, 67-68.

Timoriens. — De l'île Timor (Malaisie); Océanie, 63-64.

Toltèques. — Indigènes du Mexique; ils conquirent le pays au neuvième siècle et leur puissance dura jusque vers le onzième, 79.

Topinamboux, Tupinambas, Tupiniquins. — Indigènes Guaranis; Brésil, 76.

Torodos. — Sénégalais de race foulah; Afrique, 67-68.

Touaregs (*Targui*). — Berbères nomades du Sahara; Afrique, 149, 150.

Toucouleurs. — Foulahs mélangés de Peuls et de Torodos, population sénégalienne; Afrique, 67-68.

Toungouses. — Asiatiques de souche turque, répandus en Chine et en Russie; 447.

Touradjas. — *Voir* Alfourous.

Touraniens. — Nom donné depuis les temps les plus reculés par les populations iraniennes ou indo-européennes de la Perse aux peuples de l'Asie centrale et occidentale. — Peuples d'origine touranienne; 438 et 439, 458 et 459.

Transalpins. — De la Gaule transalpine, c'est-à-dire au-delà des Alpes, relativement aux Romains; toute la France actuelle, 56-57.

Trastévérins. — Du faubourg de *Trastevere* (l'outre-Tibre); Rome, 466, 467, 468.

Troglodytes (*Troglodytæ*, Τρωγλοδύται). — « Habitants des cavernes »; nom appliqué par les géographes grecs à différents peuples non civilisés qui vivaient dans des cavernes, spécialement aux habitants de la côte O. de la mer Rouge; il y avait aussi des Troglodytes en Mœsie, sur les bords du Danube. 48-49.

Troyens. — De la Troade, territoire d'Ilion ou Troie (Τροία), Asie Mineure; antiquité, 2, 14, 25-26.

Tupiaes ou Tupis. — Indigènes du Brésil; Amérique du Sud, 76.

Turcomans, Turcs Ottomans ou Osmanlis. — Peuple de famille turque répandu dans le Turkestan, l'Afghanistan, le royaume d'Hérat, la région caucasienne de l'empire russe, la Turquie d'Asie et la Perse; 135 et 136, 138, 177, 180.

Tyriens. — Phéniciens de la ville de Tyr (*Tyrus*, Τύρος); antiquité, 25-26.

Tyroliens. — Des montagnes du Tyrol, population d'Allemands et de Slaves; Alpes autrichiennes, 483.

Tyrrhéniens. — *Voir* Etrusques.

Tziganes. — Occupant particulièrement la *Bukovine*; Hongrie, 458 et 459.

U

Unterwaldenais. — Du canton d'Unterwalden, Suisse, 435.

Utah Utes ou Yutes. — *Voir* Pah-Utah.

V

Valaques. — De la Valachie, comprise dans la Roumanie; Europe orientale, 458 et 459.

Vandales. — Peuple germain, l'un de ceux qui, sous le nom collectif de *Wendes* ou *Vindiles*, habitèrent à l'O. de la Vistule; Europe barbare, 48-49.

Véliocasses. — Gaulois dont la capitale était *Rotomagus* (Rouen); 56-57.

Vénètes (*Veneti*). — Gaulois des environs de Vannes, les plus puissants des Armoricains par leur marine; 56-57.

Vellaviens. — Habitants du Velay; France, 481.

Vikings. — Ancien peuple scandinave, 54, 55.

Virois. — De Vire, dans le Calvados; France, 490.

Visigoths. — C'est-à-dire *Goths de l'Ouest*, grande fraction de la nation germanique des Goths; Europe barbare, 48-49, 482.

Vitiens. — De l'archipel des Viti ou Fidji; Océanie, 60-61, 62.

Vogouls. — Peuple de race finnoise, vivant à l'état nomade dans les gouvernements russes de Perm et de Tobolsk; 83-84.

W

Wasserpolaken. — « Polaques d'eau »; les Polonais de la Silésie autrichienne, 458 et 459.

Weddahs ou Beddahs. — Population aborigène de l'île de Ceylan; Asie, 132.

Wendes. — Grande division de la race slave, autrefois répandue dans la région orientale de l'ancienne Germanie, depuis la mer Baltique jusqu'aux Alpes illyriennes et Carniques. On rencontre encore des restes de cette nation en Saxe et en Prusse; 433.

Winnebagoes. — Indigènes de l'Amérique du Nord, 81.

Y

Yakouts, Jiakoutes. — Peuple de la Sibérie, province d'Iakoutsk; 83-84.

Yezdi. — Habitants de la ville de Yed ou Jezd, en Perse; 135 et 136.

Yliates. — Arabes nomades; Perse, 135 et 136, 137.

Yoloffs. — Peuple de la Sénégambie; 67-68.

Yougo-Slaves. — « Slaves du Sud »; *voir* Croates.

Yutes. — *Voir* Pah-Utah.

Z

Zammôra. — Tribu koulouglilis; Algérie, 158.

Zeibek. — Montagnards du vilayet d'Aïdin; Turquie d'Asie, 177.

Zélandais. — Habitants de la Zélande, Hollande méridionale, 419 et 420.

Zélandais (Nouveaux). — *Voir* Maoris.

Zenaga. — Nation berbère qui a donné son nom au Sénégal; Afrique, 72.

Zmélas. — *Voir* Smélas.

Zouatna. — Tribu koulouglilis; Algérie, 158.

Zoulous, Ama-Zoulous. — Race de la famille bantou ou cafre, établie au nord-ouest de la colonie de Port-Natal; Afrique australe, 67-68, 73.

Zoumi. — Le Scythe européen, 411.

COUPES ET PATRONS.

DOUZE TABLEAUX AU TRAIT.

FORME ET COUPE DES PRINCIPALES PIÈCES DU COSTUME.

VÊTEMENTS NATIONAUX.

APERÇU COMPARATIF DES EFFETS DE LA MODE EN EUROPE.

N. B. — Les sujets compris dans les douze tableaux sont classés d'après une série unique de numéros, de 1 à 250.

Les renvois aux planches de l'ouvrage sont indiqués par les mots fig. (figures) et pl. (planches).

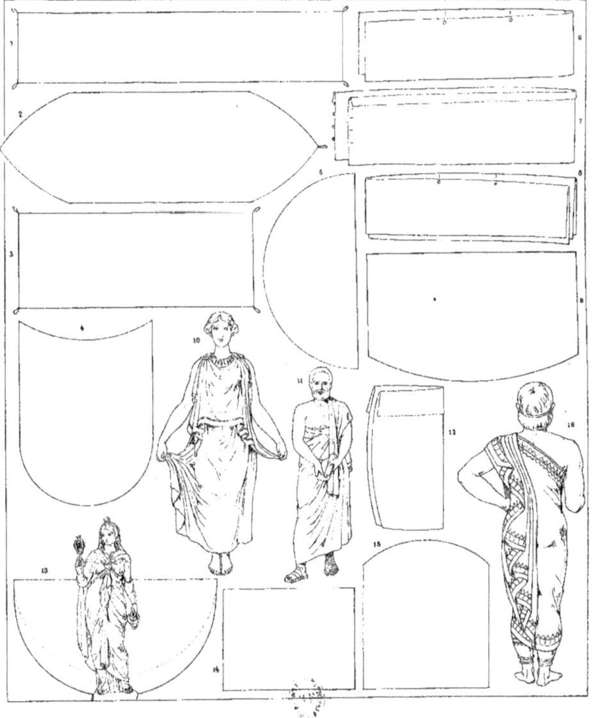

TAB. I.

Nos 1 à 16.

Waret del.

Imp. FIRMIN DIDOT et Cie Paris

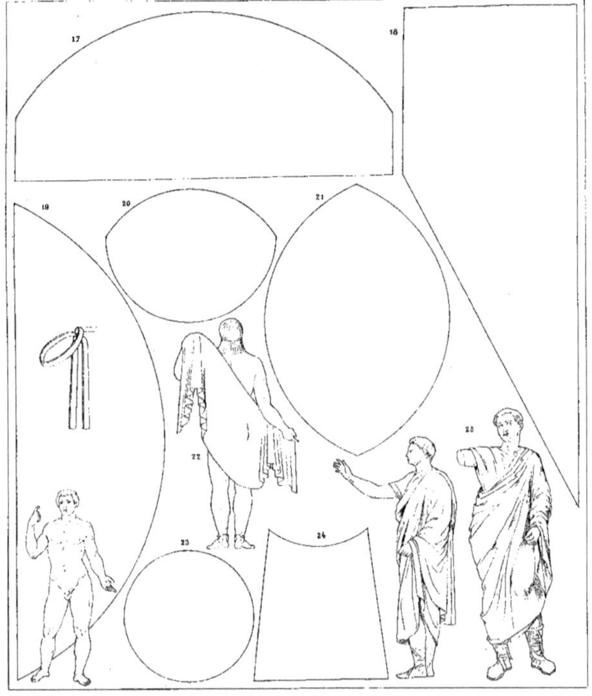

TAB. II.

N°s 17 à 25.

Waret del

Imp. FIRMIN DIDOT et Cie Paris

TAB. III

Nos 26 à 4.

Wanet del.

Imp. FIRMIN DIDOT et Cie Paris

TAB. IV.

Nos 42 à 56.

Waret del

Imp. FIRMIN DIDOT et Cie Paris

TAB.V.

N°s 57 à 76.

Waret del.

Imp. FIRMIN DIDOT et Cie Paris.

TAB. VI.

N°s 77 à 102.

Waret del.

Imp. FIRMIN DIDOT et Cie Paris

TAB. VII.

N°s 103 à 121.

Warel del.

Imp. FIRMIN DIDOT et Cie Paris

TAB. VIII.

N°s 122 à 130.

Waret del.

Imp. FIRMIN DIDOT et Cie Paris

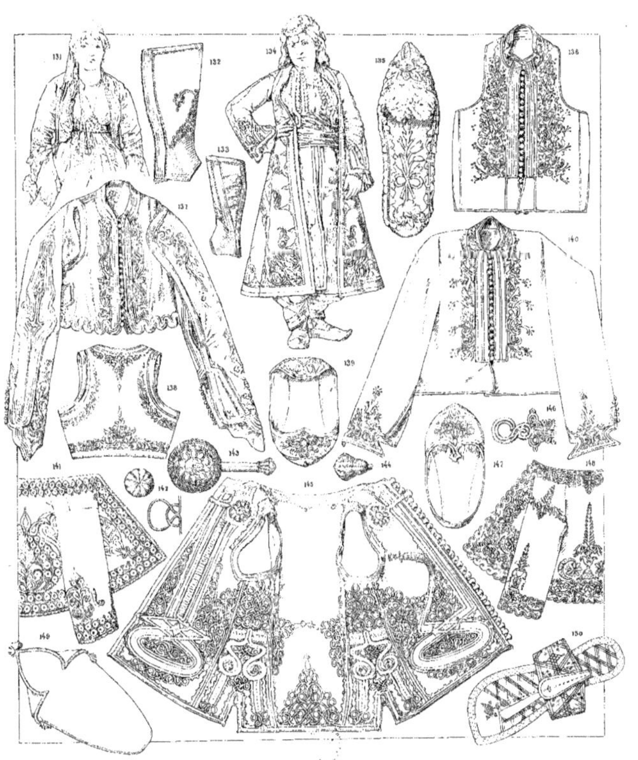

TAB. IX.

Nos 131 à 150.

Waret del.

Imp. FIRMIN DIDOT et Cie Paris.

TAB. X.

Nos 151 à 184.

Waret del.

Imp. FIRMIN DIDOT et Cie Paris

TAB. XI.

Nos 185 à 203

Waret del.

Imp. FIRMIN DIDOT et Cie Paris

TAB. XII.

N°s 204 à 250.

Waret del.

Imp FIRMIN DIDOT et Cie Paris

EXPLICATION DES DOUZE TABLEAUX.

NOMENCLATURE DÉTAILLÉE ET COMMENTAIRE.

TAB. I.

FORMES DES VÊTEMENTS FLOTTANTS, MANTEAUX ET PIÈCES DIVERSES, A L'USAGE DES GRECS ET DES ÉTRUSQUES. — TYPES GÉNÉRIQUES DES MANTEAUX PHRYGIENS, PERSES, SYRIENS, DACES, BYZANTINS, ET DU LONG MANTEAU D'ABBÉ AU DIX-HUITIÈME SIÈCLE.

N° 1. — *Chloène.*

N° 2. — *Chloène*, portée par le combattant, pl. 15, fig. 16.

N° 3. — *Chloène*, portée par les hommes, pl. 16, fig. 14, pl. 17, fig. 1.

N° 4. — *Chlamyde*, portée par la fig. 6, pl. 17.

N° 5. — *Pallium*, selon Ferrari. Forme en demi-cercle régulier, qui est celle du manteau dace et du manteau impérial byzantin; le premier d'un diamètre de 2^m,80, le second de 3^m,24, selon Kœhler.

N° 6. — *Anabole hemidiploïdion;* femme mettant ce vêtement, pl. 19, fig. 9 et 10, le portant, même pl., n° 11.

N° 7. — *Peplos*, porté plissé par la femme, pl. 20, fig 8.

N° 8. — *Anabole diploïdion*, porté par la femme, pl. 20, fig. 11.

N° 9. — *Pallium*, selon Levacher de Charnois.

N° 10. — Femme portant l'*anabole hemidiploïdion*, bordé d'un *crossos* (bronze d'Herculanum, Musée de Naples).

N° 11. — *Pallium*, disposé selon le mode affecté par les philosophes grecs.

N° 12. — *Xystis*, ou *Khitonopharos* (de *khiton* ou *chiton*, tunique, et de *pharos*, manteau) portée par les femmes, pl. 20, fig. 1 et 4.

N° 13. — *Pallium* ou manteau phrygien, avec la figure de l'Isis du Capitole qui le porte. — Cette forme en demi-cercle outrepassé est celle du long manteau d'abbé, selon l'*Encyclopédie du dix-huitième siècle;* il a une échancrure pour le cou, et son diamètre est de 3^m environ.

N° 14. — Manteau de forme rectangulaire, type syrien et perse, selon Kœhler; le premier de 1^m,28 de longueur et 1^m,24 de hauteur, sur 0^m,90; le second, 1^m, ou encore 0^m,75, de longueur, sur 0^m,50 de hauteur.

N° 15. — *Pharos*, porté par les fig. 3, 6 et 7, pl. 17.

N° 16. — *Pallium*, drapé sur un bronze étrusque.

N°s 1, 2, 3, 4, 6, 7, 8, 12, 15 *et* 16, *d'après Willemin*, Choix de costumes civils et militaires des peuples de l'antiquité. — *N^{os}* 5, 9 *et* 13, *d'après Levacher de Charnois*, Recherches sur les costumes de toutes les nations. — *N°* 14, *d'après Carl Kœhler*, Die Trachten der Volker in Bild und Schnitt. — *N°* 10, *d'après Roux et Barré*, Pompéi et Herculanum. — *N°* 11, *d'après Mongez*, Encyclopédie méthodique.

TAB. II.

SUITE DES MANTEAUX. — COUPES GRECQUES, ROMAINES, ASSYRIENNES, SYRIENNES ET ARABES.

N° 17. — Manteau arabe de haute antiquité, porté par les Bédouins, mesurant en longueur 2m,40, selon Khœler, qui donne, en outre, l'exemple du manteau quadrangulaire du même âge, chez ces peuples.

N° 18. — Manteau à l'usage des prêtres assyriens, babyloniens, long de 3m,30, d'après le même auteur. Enroulé autour du corps et fixé par une ceinture, ce vêtement, taillé en sifflet, formait le biais sur les jambes, en étageant les franges de bordure.

N° 19. — *Toga fusa,* ou toge ample, dite *rotunda,* avec l'indication de l'arrangement produisant le double *sinus,* et l'échelle de proportion du vêtement, représentée par un homme debout; la longueur de la pièce est de 4m,20 environ.

N° 20. — Forme de la *toge,* selon Mongez; 4m,80 sur 3m,50.

N° 21. — Forme de la *toge,* selon Kœhler; longueur 4m,50.

N° 22. — *Toge* de médiocre grandeur en forme de croissant ou demi-cercle, représentée sur un bronze étrusque par un personnage mettant ce vêtement.

N° 23. — Forme du *pallium,* selon Winckelmann.

N° 24. — Manteau de forme pyramidale mesurant 1m,30 en hauteur. Type syrien, selon Kœhler.

N° 25. — *Toga restricta,* portée, d'après un bronze étrusque de la galerie de Florence.

Nos 17, 18, 21 *et* 24, *d'après Kœhler.* — *Nos* 19 *et* 23, *d'après Levacher de Charnois.* — *Nos* 20 *et* 25, *d'après* l'Encyclopédie méthodique, *de Mongez, et le n°* 22, *d'après Rich,* Dictionnaire des antiquités romaines et grecques.

TAB. III.

ROBES ET TUNIQUES. — TYPES GRECS, ÉTRUSQUES, ROMAINS, MÈDES, PERSES, PHRYGIENS, PARTHES, DACES, ARABES, ET DES PREMIERS SIÈCLES DU MOYEN AGE EUROPÉEN. — VÊTEMENTS FERMÉS, DU PRINCIPE DE LA BLOUSE.

N° 26. — Robe éthiopienne, avec ouvertures pour le passage des bras; hauteur 1m,50, selon Kœhler.

N° 27. — Robe grecque, à l'usage des femmes, type ionique ancien; haut. 1m,75, selon Kœhler.

N° 28. — *Tunica manicata* ou *manuleata*, fixée autour du corps par le *cingulum* ou ceinture posée au-dessous du sein, d'origine ionienne; appartient au genre *tunica muliebris*, chez les Romains, les hommes ne l'ayant jamais adoptée.

N° 29. — Robe médique; de 1m,50 de haut., selon Kœhler, qui répète cette même forme, simplement plus ou moins évasée par le bas, ou plus ou moins large à la hauteur de l'encolure, en donnant à la robe dace, par exemple, 0m,80 en largeur par le haut, 1m,20 par le bas, en longueur 1m,60, et pour l'arabe, 1m,44 de longueur, et 0,60 de largeur par le haut.

N° 30. — Robe courte ou tunique, dont la forme est d'un principe analogue, type parthe, longue de 0,94, selon Kœhler. Les vêtements de ce genre, à encolure taillée en carré, étaient en usage en Europe, vers l'an 1,000, et le même auteur leur donne la hauteur de 1m sur une largeur de 0m,50.

N° 31. — *Tunicula* fixée par le *cingulum*.

N° 32. — *Indutus* fixé par un cordon en bandoulière, le *balteus*.

N° 33. — *Supparus* ou *Supparum*, tunique de dessus, en usage chez les Romains; haut. 0m,95, selon Kœhler.

N° 34. — Robe du genre dit *recta*, chez les Latins, et chez les Grecs ὀρθοστάδιος χιτών, c'est-à-dire tunique tissée tout d'une pièce, comme nos bas; elle prenait le corps et marquait la taille sans qu'il fût besoin de ceinture. — Type *parthe*, auquel Kœhler donne une hauteur de 1m,44.

N° 35. — *Tunicelles* du même principe marquant la taille, et qui, selon Kœhler, se retrouvent chez les Phrygiens et Lydiens, avec une longueur de 0m,90; chez les Perses, de 0m,98, et chez les Daces, de 1m,07.

N° 36. — *Aube*, tunique à manches portée par les laïques ainsi que par les clercs, avant de devenir un vêtement exclusivement sacerdotal. Le principe de la forme de celle de saint Thomas Becket, ici représentée, rattache cet *amictus* aux tuniques à manches de l'antiquité. Le bas de cette aube, ou chemise blanche, mesure en largeur 2m,10 selon Viollet-le-Duc.

N° 37. — *Tunique talaire* (c'est-à-dire couvrant les talons) ceinte par la *zona*, qui se posait à la hauteur des hanches.

N° 38. — *Stola*, la robe des dames romaines, fixée au corps par deux ceintures, le *cingulum* et la *zona*, et donnant l'exemple de l'*instita longa*, le volant faisant de ce vêtement une robe à queue (voir la notice de la pl. 40).

N° 39. — *Tunica talaris*, fixée par les deux ceintures de la stola.

N° 40. — *Robe étrusque*, vêtement féminin, avec collet et manches d'un caractère oriental; longueur 1m,42, selon Kœhler.

N° 41. — Robe déceinte, portée par des femmes chrétiennes, dans les peintures des Catacombes de Rome.

Nos 26, 27, 29, 30, 33, 34, 35 *et* 40, *d'après les dessins de Kœhler*. — *Nos* 28, 31 *et* 32, *sculptures, d'après* l'Encyclopédie méthodique. — *N°* 36 *d'après Viollet-le-Duc*, Dict. du mobilier français. — *Nos* 37 *et* 38, *peintures de Pompéi, d'après Roux et Barré*. — *N°* 39; *statue du musée Worsley, Angleterre, d'après le recueil de Clarac*. — *N°* 14, *d'après Normand*, Recueil des peintures antiques, *Didot*.

TAB. IV.

MANTEAUX ET TUNIQUES, CAPES ET COLLETS, SE PASSANT COMME LA BLOUSE FERMÉE. — TYPES DE VÊTEMENTS DONT LE PATRON, A L'EXCEPTION DU MANTEAU SEMI-CIRCULAIRE, DÉRIVE DE LA DALMATIQUE SANS MANCHES.

N° 42. — Assyrien ; souverain de Babylone portant le manteau royal.

N° 43. — Coupe de ce manteau, ayant un mètre de hauteur, selon Kœhler.

N° 44. — *L'éphod* du grand prêtre hébreu, selon le même auteur, qui appelle ce vêtement *cafetan*, en lui donnant la figure d'une étole dont le patron dans son développement a une longueur de 3^{m},20.

N° 45. — Dalmatique sans manches, regardée comme l'originale.

N°s 46 et 47. — Patrons de la *calasiris* ou *kalasiris*, avec ou sans manches, tunique longue des Égyptiens, sacerdotale, selon Suidas. Ce vêtement était cousu sur les côtés, avec réserve du passage des bras ; c'est une blouse dont la pièce développée est longue de 2^{m},20 selon Kœhler.

N° 48. — *Chasuble* de forme ovale, modification de la *casula* ou cape de forme ronde, pour faciliter la liberté des bras ; datant du onzième siècle, selon Viollet-le-Duc.

N° 49. — Vêtement du même genre, dont la longueur ovalaire est en sens contraire. Type égyptien, auquel Kœhler donne le nom de collet, rabat (kragen) et mesurant, dans sa grande largeur, 1^{m},20.

N° 50. — *Penula*, décorée de *claves*, portée par une chrétienne de l'an 300 environ.

N° 51. — Cape ouverte, représentant le principe de toutes les capes ou manteaux semi-circulaires ayant l'échancrure de l'encolure que le n° 5 de cette suite n'a pas. Manteau, mantel et mantelet, le demi-cercle plus ou moins modifié est la base générale de leurs patrons. Le manteau ordinaire de l'abbé du dix-huitième siècle était encore taillé en demi-cercle régulier et avec l'encolure représentée ici ; son diamètre était de 3^{m},10 environ.

N° 52. — Forme de la *penula*, selon Kœhler ; hauteur 1^{m},10.

N° 53. — Collet du principe de la cape ronde, mais dont l'ouverture pour le passage de la tête est excentrique ; diamètre 0^{m},70 ; appartient aux Syriens de la Cappadoce, selon Kœhler.

N° 54. — Cape ronde du treizième siècle, ayant deux fentes pour le passage des bras, et fendue par devant jusqu'à une certaine hauteur. Viollet-le-Duc y reconnaît le type de la casaque.

N°s 55 et 56. — Cape de voyage, manteau à capuchon du principe de la penula, et à l'usage des Romains ainsi que des Grecs qui l'appelaient *phainolé*.

N°s 42, 43, 44, 46, 47, 49, 51, 52 *et* 53, *d'après Kœhler.* — *N^{os}* 45, 55 *et* 56, *d'après* l'Encyclopédie méthodique *de Monges.* — *N^{os}* 48 *et* 54, *d'après Viollet-le-Duc.* — *N°* 50, *d'après Perret*, les Catacombes de Rome.

TAB. V.

CHASUBLES SOUPLES ET CHASUBLES RAIDES, DALMATIQUES AVEC OU SANS MANCHES, CUCULLES, MANTEAUX A CAPUCHON ET FAUX CAPUCHON.

N° 57. — *Chasuble* raide, dos et devant, le bas coupé en demi-cercle; type du quinzième siècle, alliant le principe de la dalmatique sans manches et celui de la pénule couvrant les bras; le devant du vêtement étant rétréci pour plus de liberté d'action, en même temps qu'il est tenu plus court pour moins embarrasser la marche; hauteur du dos, selon Kœhler, 1m,50.

Nos 58 et 67. — *Tabar* du quinzième siècle; famille des dalmatiques à manches, mais sans qu'aucune partie du vêtement soit fermée par des coutures. C'est le surcot d'un roi d'armes, dont la coupe, donnée par le n° 67, a été relevée sur l'original que M. A. Darcel a bien voulu nous communiquer.

N° 59. — *Chape* du seizième siècle, dos et devant; portée par les clercs dans les processions, et à laquelle on a conservé le nom de *pluvial*, quoique cette chape soit dépourvue du capuchon de la lacerne et du bardocucullc. Cette chape, destinée aux services mortuaires, est empruntée à un document photographique provenant d'Espagne.

Nos 60. — *Lacerna*, grand manteau à capuchon servant de pluvial chez les Romains, et de la famille du bardocucule des Gaulois. Statuette antique.

Nos 61 et 68. — *Cuculles* ou *scapulaires*, appartenant aux costumes monastiques du moyen âge. Le premier porté par saint Benoît dans une mosaïque antique, le second donné par Viollet-le-Duc.

Nos 62, 63, 64, 69 et 70. — *Chasubles* souples, conservant le caractère de la pénule. N° 62, dos d'une chasuble appartenant à l'église de Brienon, en Champagne, vêtement sacerdotal du quatorzième siècle ainsi que le type n° 63, montrant par devant une autre chasuble, d'une hauteur de 1m,38, selon Kœhler. Le n° 64, dos de la chasuble de Thomas Becket, conservée dans le trésor de la cathédrale de Sens, et partant du douzième siècle, montre, par la disposition de l'ornement de son encolure, le souvenir du capuchon du pluvial, et le n° 70, qui représente cette même chasuble par le devant, offre la physionomie de la chasuble souple lorsqu'elle était portée. Enfin le n° 69 est la chasuble ronde, à tirettes extérieures, dont les cordons servaient à relever plus ou moins le vêtement noué à l'encolure. Elle est de l'époque carlovingienne, et provient de l'église de Mayence.

Nos 65 et 66. — *Dalmatiques* avec manches, types de vêtements sacerdotaux des treizième, quatorzième et quinzième siècles. Le n° 66 ayant les deux bandes qui rappellent les *claves* du vêtement romain, et l'encolure taillée en carré, est le plus ancien. Cette dalmatique a 1 mètre de hauteur, selon Viollet-le-Duc.

N° 71. — Surcot ample des quatorzième et quinzième siècles, type laïque; famille des dalmatiques sans manches et garnies d'un capuchon, ainsi qu'on le voit par la figure de ce vêtement vu de dos.

Nos 72 et 73. — *Cuculle*, d'après des bronzes étrusques, petite cape étroite plus ou moins prolongée par devant et par derrière, et munie d'un capuchon.

Nos 74 et 75. — Chasuble raide vue de dos, et taillée par le bas en ligne droite, les angles légèrement arrondis, type datant du seizième siècle et resté en usage. La large bande qui en décore le milieu est encore le clave antique. Le n° 75, d'après un original de la première partie du dix-huitième siècle, porte l'ornement additionnel que les modernes placent encore souvent à la hauteur du collet des chasubles; cette pièce plate ou faux capuchon rappelle l'origine du vêtement, le *pluvial*.

N° 76. — *Esclavine*, casaque à capuchon des XIIe, XIIIe et XIVe siècles. Hauteur 1m,50, selon Viollet-le-Duc.

Nos 57, 63 et 65, d'après Kœhler. — Nos 56 et 67, d'après nature. — Nos 59, 74 et 75, d'après des documents photographiques. — Nos 60, 72 et 73, d'après l'Encyclopédie méthodique *de Mongez. — Nos 61, 62, 64, 69 et 70, d'après Quicherat, qui les emprunte, le n° 61 à Camilli, cab. des Est. Bibl. nat.; les nos 62, 64 et 70, à Gaussen,* Portefeuille historique de la Champagne; *le n° 69 à Hefner,* Costumes du moyen âge chrétien. — *Les nos 66, 71 et 76, d'après Viollet-le-Duc.*

TAB. VI.

BLIAUTS ET CHAINSES, AUMUSSES ET CHAPERONS, BRAIES ET CHAUSSES. — GONELLE, CAGOULE, GARDE-CORPS, MANTEL D'HONNEUR, ETC.

Nos 77 et 81. — *Bliauts* du treizième siècle, selon les épures de Viollet-le-Duc.

No 78. — *Bliaut* du onzième siècle, conservé au musée de Munich.

No 79. — *Chainse*, dit *aube* dans les vêtements sacerdotaux. Cette *robe-linge*, comme on l'appela encore au moyen âge, a le caractère de la chemise, et se portait sous le bliaut. Ce vêtement, en fin tissu de fil, bordures en soie brochée, hauteur 1m,30, paraît remonter à l'époque carlovingienne; il fait partie du Trésor impérial de Vienne où il est compris dans les vêtements dits de Charlemagne.

No 80. — Bliaut du douzième siècle, en soie tressée, de même provenance; il est de même hauteur que le chainse (1m,30), et l'encolure est de principe analogue, fermée sur le côté quand le vêtement était passé.

Nos 82 et 91. — *Chaperons* relevés, mis en casquette; le no 82 disposé en crête de coq, à la mode de 1310.

No 83. — *Aumusse* de femme, collet à capuchon fermé par des boutons. Douzième siècle.

Nos 84 et 94. — *Aumusse* des chanoines réguliers. Capuchon doublé et rembourré, faisant saillie de chaque côté de la tête; on en trouve des exemples datant du douzième siècle. Le no 94 montre cette aumusse, qui était une cape descendant jusqu'au bas des reins, sur la tête d'un chanoine du quatorzième siècle; on la portait encore au quinzième.

No 85. — *Aumusse* ou *cucullе* laïque du quatorzième siècle, à l'usage des deux sexes.

No 86. — *Cagoule*, vêtement monastique; c'est un surtout de la famille des coules, tenant de la cucullе et de la cape, et qui, comme la coule, était posé sur le froc. Cette cagoule date du onzième siècle; selon Viollet-le-Duc, la pointe du capuchon revenait en avant, ainsi que le montre le fragment joint à l'épure.

No 87. — *Aumusse* d'homme, close par des boutons, fin du treizième siècle.

No 88. — *Aumusse* ayant la figure d'une petite cape en forme d'entonnoir renversé. C'est un chaperon du douzième siècle, dont on voit, à côté, la pointe dans le développement. Cette pointe retombait en arrière, et il y en eut de prolongées presque de toute la hauteur des personnages; parfois elle était prise dans la ceinture.

Nos 89 et 100. — *Garde-corps*, petit mantel à capuchon, tenant du bardocuculle et de la houppelande; surtout, surcot et hoqueton à manches ouvertes; le premier exemple est de la fin du douzième siècle, le second du quatorzième siècle.

Nos 90 et 97. — *Bliaut* et *chainse* portés ensemble par des paysans; le chainse, plus long que la blouse, était visible par le bas, ainsi qu'on le voit encore au no 96. Le no 90 sème du blé, le no 97 est un berger, tous deux de la fin du douzième siècle. (Voir aux Chausses et aux Braies pourquoi le chainse libre restait visible.) Aux douzième et treizième siècles, dit Viollet-le-Duc, on donnait aux bliauts du genre de ceux-ci le nom de *jube*, et l'on appela encore ce vêtement *rochet* ou *roquet*.

No 92. — *Mantel d'honneur* des douzième et treizième siècles. Sa coupe est celle de la toge ample des Romains de l'empire, un segment d'arc de cercle dont le no 19 de cette série donne le principe. Le mantel d'honneur était doublé de fourrure.

No 93. — Bottine du quatorzième siècle, ayant le prolongement de la poulaine de grandeur moyenne. (*Histoire de la chaussure*, par P. Lacroix et A. Duchesne.)

No 95. — Capuchon du treizième siècle.

No 96. — *Gonelle* de la fin du douzième siècle, portée par un berger. Ce vêtement n'est autre que la pénule avec capuchon servant de pluvial.

No 98. — Chainse porté seul par un chasseur tirant l'arc. La hauteur des chausses, qui ne sont que des bas, fait comprendre pourquoi, lorsqu'on portait les deux tuniques, la chemise n'était point rentrée dans les chausses, ce qui ne fut praticable qu'avec le haut-de-chausses. Les chausses étaient d'ailleurs souvent des bas sans pied, que l'on remontait à volonté, ainsi qu'on le voit par le no 97, un berger ayant les pieds nus, ou encore par le no 96, qui a des souliers et la jambe nue, probablement jusqu'à une certaine hauteur seulement, celle des braies des dizième et onzième siècles, du type normand, dont on voit la coupe no 101, ou tout au moins le caleçon de même caractère dont le no 102 montre l'usage.

No 99. — Bliaut porté par un soldat de la fin du douzième siècle, et probablement avec le haut-de-chausses, la chainse n'étant pas visible.

Nos 77, 81, 83, 84, 85, 86, 88, 94, 95 *et* 101, *d'après les données de Viollet-le-Duc.* — *Nos* 78, 79, 80 *et* 92, *d'après Quicherat, qui emprunte les trois premiers à Bock (F.)*, Die Kleinodien des heil. römischen Reiches deutscher Nation, (*Vienne (Wien)*, 1864; *gr. in-fol.*), *et tient le no* 92 *d'un Ms. français, no* 12, 467, *Bibl. nat.* — *Nos* 82 *et* 91, *d'après le Ms. de Térence, Bibl. de l'Arsenal.* — *Nos* 89, 90, 96, 97, 98 *et* 99, *d'après un Psautier du douzième siècle. Ms.* 1194 *du supplément latin.* — *No* 100, *d'après le Livre des Minnesinger, Ms. du quinzième siècle, no* 7266, *Bibl. nat.* — *No* 102, *d'après un autre Ms. du quatorzième siècle, no* 6829 *de la même Bibliothèque.*

TAB. VII.

COUPES DE LA ROBE DU CARACTÈRE MONGOL; DU *ferez* TURC ET DU *caftan* POLONAIS. — LA BOTTE TARTARE ET LES CHAPEAUX. — VÊTEMENTS ET PARURES LITURGIQUES. — LES BRODERIES EN PERLES DU STYLE GRÉCO-BYZANTIN; CES DIVERSES PIÈCES APPARTENANT AU PASSÉ DE LA RUSSIE.

Nos 103, 107, 108, 110, 111, 113, 116, 117, 119, 120 et 121. — Ces fragments donnent l'ensemble et les détails significatifs de vêtements ayant été à l'usage d'un patriarche de Moscou, Nikon, représenté en pied, et qui fut un personnage important du commencement du dix-septième siècle.

Le no 103 offre le développement de la robe en surtout que l'on voit à ce patriarche dans sa grande tenue; c'est le principe même de la robe mongole, ouverte droit dans toute sa longueur, mais boutonnée sur la poitrine. La disposition rayonnante des côtés de ce vêtement est celle des lés de l'étoffe persane dont la robe est faite; le détail no 103 donne la forme en olive des boutons passementés, d'un genre tout oriental. Ce surtout a des manches ouvertes et tombantes dans lesquelles on passait ou on ne passait pas le bras; le no 116 en donne la physionomie de profil, le vêtement étant emmanché.

Le no 107 est le développement de la robe plus étroite portée sous le surtout; elle est aussi longue que le pardessus, et Nikon l'avait seule, en été, dans la petite tenue où il est coiffé du chapeau jaune no 110, se rapprochant de la forme du chapeau de nos cardinaux; cette robe, boutonnée du haut en bas et à manches fermées au poignet est également d'étoffe persane; avec son petit collet elle a les caractères du *sarafan*, et ses boutons, en olive, comme on le voit par le second no 107, sont encore du même genre oriental.

Le capuchon est indépendant du vêtement ainsi que le montre par le dos le no 119, aussi bien que le no 120 le présentant de face, en figure régulière. Les larges bandes en pendentifs latéraux donnent à ce couvre-chef une physionomie des plus caractéristiques, et avec les broderies de son frontal et le petit couronnement du sommet surmonté de la croix grecque en orfèvrerie émaillée, c'est assurément l'un des plus beaux spécimens du genre.

Deux modes de décor étaient en usage pour les pendentifs, plus ou moins longs et plus ou moins larges de ce capuchon. Tantôt l'étoffe était couverte par une suite de petites plaques métalliques ornées de nielles, avec encadrement de perles brodées couvrant les solutions de continuité en faisant du pendentif une pièce articulée (c'est le système employé no 114), et tantôt, comme au capuchon de Nikon, le décor était une broderie en perles, mêlée de pierreries de couleur, sur un fond de soie en fils d'or. Le fragment no 113 indique dans son caractère essentiel la broderies en perles du genre gréco-byzantin, dans lequel l'écriture des inscriptions ainsi que les linéaments du dessin des figures sont des tracés en perles fines. C'est une joaillerie souple, d'une physionomie toute particulière. Ce capuchon de Nikon est représenté en soie blanche, bien qu'à partir de 1589, le patriarche de Moscou ait eu le privilège de le porter noir, les autres dignitaires devant s'en tenir au blanc.

La botte à la tartare, no 111, botte à tige courte et ferrée au talon en demi-lune cloutée, détail no 121, paraît avoir appartenu, ainsi que le chapeau de cuir, no 117, à un costume de ville d'un caractère laïque dont Nikon faisait usage.

Nos 104 et 106. — Collets mobiles, ayant la figure de larges colliers, et du même caractère que celui porté par le patriarche no 114. Ils sont décorés de ces broderies en perles mêlées de pierreries de couleur, et parfois aussi de parties métalliques rapportées, dont il est parlé ci-dessus. Ces nos 104 et 106 sont des ornements impériaux, et ont vraisemblablement une signification liturgique sur les épaules de l'empereur, chef de la religion grecque.

No 105. — Capuchon de l'archevêque Basile, quatorzième siècle; on en fait remonter la mode au dixième siècle. Il est en soie blanche, mêlée de parties moirées; il a les deux longs pendentifs, par devant, et dans le dos un seul pendentif au moins aussi long que les autres.

No 109. — Développement du *ferez* porté par Boris Godounow, tzar de la Moscovie en 1598, pl. 439, fig. 15.

No 112. — Chasuble de l'évêque Nicetas, fin du onzième siècle et commencement du douzième. Elle est représentée par devant et par derrière, en même temps que drapée à l'aide des boutons et agrafes qui se trouvent sur les deux faces du vêtement. Ces boutons sont en forme de grelots de cuivre pour la facilité du maniement; on en voit ici le détail de face et de profil.

Nos 114 et 115. — Capuchon du patriarche Philarète, vu de face et de dos (dix-septième siècle). Nous n'avons point à revenir sur le système de la décoration des bandes; ce qu'il y a de particulier ici, c'est que l'arrière du capuchon tombant dans le dos est orné par une des plaques métalliques dont les bandes sont décorées. L'aigle qui figure sur l'avant du capuchon est une broderie en perles. Le large collet formant collier est du genre des nos 104 et 106; il a de plus une peinture émaillée dans la partie centrale, représentant le crucifiement.

No 118. — Développement du *caftan* d'honneur du cosaque Brechko, porté par les fig. 2 et 5, pl. 438; le vêtement y est représenté sous ses deux faces, et l'un des deux exemples montre qu'on le fixait parfois au corps avec une ceinture. Il a le caractère polonais, ainsi qu'il est dit dans la notice.

Documents empruntés aux Antiquités de l'empire de Russie, *grand ouvrage de Solntsev, publié par ordre de l'empereur Nicolas; Moscou*, 1849-53 (*texte russe*).

TAB. VIII.

ROBES, TUNIQUES ET MANTEAUX DE LA CHINE ET DU JAPON. — LE *haol*, LE *han-chaol*, LE *ma-coual* ET LE *pi-kien*. — LE SURTOUT FLOTTANT DES PORTEURS DU SABRE AU JAPON.

Nous n'avons point à revenir sur le caractère des pièces du vêtement chinois représentées ici isolées, et dont la définition se trouve dans les notices accompagnant les planches, particulièrement dans la notice de la pl. 89. Toutes les coupes de ces vêtements étant des plus simples, il n'y a pas lieu de donner les tracés de patrons aussi faciles à comprendre. Enfin nous parlons assez longuement dans notre introduction du caractère du vêtement officiel et du décor de la robe d'honneur pour n'y point revenir non plus.

Nos 123. — *Haol*, la grande robe fermée par le côté. Celle-ci est décorée du dragon à cinq griffes, et a été portée par un empereur ou quelque membre de sa famille, ou encore a été décernée par le souverain à titre de *jou-y* ou récompense honorifique.

No 129. — Cet exemple appartient au même vêtement, et ayant été photographié en même temps, il conserve les rapports de proportion relative qui existent entre les deux pièces. Ce no 129 est le *han-chaol*, la tunique courte, s'ouvrant dans toute sa longueur, sur le devant; il se porte sous la robe, et par-dessus la chemisette de soie.

No 128. — Partie supérieure d'un autre haol impérial dont l'aspect modifié aide à mieux faire comprendre la disposition des manches, et aussi le collet en pèlerine, le *pi-kien*, pièce mobile, se fermant étroitement, autour du cou, et que l'on fixe sur le vêtement avec les agrafes de la fermeture.

No 130. — *Ma-coual*. C'est le surtout que l'on met sur la longue robe ceinte qui est plus court et est fendu sur les côtés. L'ouverture est droite sur le devant, fermée à l'encolure par un bouton, et vers le milieu par un ruban noué, aux bouts pendants. Celui-ci est un vêtement de femme. Les larges manches développées couvrent les mains selon l'usage et conformément à l'étiquette. Le *pi-kien* tailladé est figuré par une broderie; enfin sur ce coquet vêtement en soie broché de couleur rose, une plaque de soie, décorée de personnages brodés, occupe la place du *pou-fou*, le pectoral des mandarins.

Nos 122, 124, 125, 126 et 127. — La série se rattache à la représentation du vêtement japonais que le no 124 montre par le dos, vêtement qui est une sorte de manteau volant, à amples ailerons d'une espèce particulière, un surtout combiné pour les besoins du porteur des sabres. Les chefs militaires de l'ordre le plus relevé en font usage, ce manteau de grand caractère devenant un vêtement magnifique par la richesse des broderies appliquées et les franges qu'on y ajoute.

Cette pièce du costume ne figurant point dans les planches de notre recueil, nous ne saurions y renvoyer pour montrer ce surtout porté; nous obvions donc ici à cette lacune, en présentant, et sous trois aspects différents, des manteaux du genre de notre exemple principal vu sous une seule face, et de manière à contenter l'attention que l'on peut porter à ce vêtement caractéristique auquel son cachet national ajoute tant d'intérêt.

Le no 125 donne, par moitié, le principe de la coupe de ce manteau, et les nos 122 et 127 montrent qu'il reste ouvert par devant, les deux côtés étant reliés, au besoin, par des cordons de soie à la hauteur de la poitrine, mais toujours tenus assez écartés pour que le passage de la poignée du grand sabre à deux mains, le sabre d'office dont les samouraïs ne se séparaient jamais, n'en soit pas gêné; et, de même, le passage de l'autre bout de l'arme ou des deux sabres entrecroisés, selon l'habitude, est assuré par derrière, comme on le voit par le pli de l'encoche du no 124, et par l'exemple no 126. Le large aileron n'a point l'entournure de la manche ordinaire, son jeu est particulier, et il ne prend la physionomie de la manche que lorsqu'il est ramené sur le bras qu'il couvre avec ampleur, l'homme ayant la faculté de rejeter en arrière cet aileron lorsqu'il faut tirer le sabre pour combattre. D'après les exemples, nos 122 et 127, il est sensible que pour faciliter le maintien de cet aileron sur le devant du corps, il existe dans la doublure de l'aileron simple, un passage formant une petite manche intérieure pour l'avant-bras, et dont on a le loisir de ne pas se servir, ainsi que le fait le no 122, tenant de la main droite pendante l'éventail en fer, insigne du commandement militaire, la main gauche relevée à la hauteur de la poitrine, prise dans la doublure de l'aileron. Dans d'autres exemples, que nous n'avons pu joindre à ceux-ci, faute de place, le système de ces ailerons se complète par des cordons à l'aide desquels on rejoint les deux côtés de la fausse manche, et il y en a plusieurs à des places distancées; de façon à fermer plus ou moins l'ouverture qui toutefois reste toujours large.

Le magnifique vêtement qui fournit l'exemple principal mérite encore quelques indications. Il est de satin noir broché, relevé de broderies appliquées qui deviennent de véritables bas-reliefs de la plus grande richesse; ce sont des dragons ailés, soie et or, ayant des yeux d'émail et de longues barbes détachées. Un groupe de fleurs et de feuilles d'or d'où pendent de longues soies jaunes forment une frange abondante vers le milieu de la pièce, ornée encore par les armoires du Dewa en blanc bordé d'or, et autres images en or, en semis capricieux sur le fond. Enfin une riche frange d'or à réseaux garnit le bas de ce surtout.

Les nos 123 *et* 129, *documents photographiques, proviennent de la collection de* l'Art ancien *de Franck*, no 1342.

Les nos 124, 128 *et* 130, *ayant fait partie de l'exposition du Costume faite par l'Union centrale en* 1874, *sont également des documents photographiques*, nos 114, 120 *et* 178 *de la série exécutée par M. Berthaud à l'époque*. — *Les nos* 122, 126 *et* 127, *d'après des originaux japonais.*

TAB. IX.

VÊTEMENTS DU MODE ORIENTAL MODERNE. — TYPES DE CHAUSSURES. — EUROPE ET ASIE.

Ces spécimens sont encore de ceux dont la représentation d'ensemble suffit; la coupe des vêtements destinés à être chargés de broderies plus ou moins épaisses et de passementeries doit, en principe, être toujours simple, en présentant des surfaces planes et des contours sans complication. Le tracé des patrons des vêtements de cette sorte serait inutile, même pour l'œil le moins exercé.

Nos 131, 141 et 148. — Le *salta*, petite veste qu'on ne ferme pas et qui se porte par-dessus les autres vêtements; ses manches sont plus ou moins courtes et laissent passer celles de la chemise qui se prolongent sur la main, ou s'épanouissent en manchettes, selon les localités. Ce vêtement est en usage partout en Orient, les dames en ont de très coquets, ornés avec luxe; l'ouvrier, qui dépose son salta pour travailler, le porte simple. Le nº 131 offre l'exemple du salta très ouvert sur la poitrine d'une chrétienne du Liban, et les nos 141 et 148 celui du salta des dames de Trébizonde, que l'on voit porté par la figure 11, pl. 180. Ces petites vestes, sans collet, sont en velours, broderies et passementeries d'or; le dessin des broderies a le caractère indo-persan.

Nos 132, 143, 144, 145 et 146. — Deux pièces d'un même costume avec des détails agrandis. Le nº 145 est la veste circassienne, une sorte de gilet sans manches; elle est fendue des deux côtés à la hauteur des hanches, et les femmes du Kurdistan la passent par-dessus le kaftan. Celle-ci est en drap bleu, richement garnie de galons et de soutaches d'or; les boutons (v. nº 144) ont la forme du bouton de la fleur de camomille, que la rosace du brandebourg, nº 143, montre dans son épanouissement. Le nº 132 est la jambière disposée en fausse guêtre, décorée, selon l'habitude, dans le goût du vêtement; on en voit ici le caractère par le détail du gansé rond, enroulé ou simple ou double, ainsi que par la rayure des bandes de passementerie.

Nº 133. — Autre jambière en fausse guêtre, provenant de Trébizonde.

Nº 134. — *Djubbé* à manches, porté par une musulmane d'Albanie qui, ou le voit, tient ouverte cette robe en surtout. Velours enrichi de broderies d'or du dessin le plus élégant.

Nº 135. — Riche soulier de femme dont la semelle intérieure est brodée comme le dessus. Ce soulier houppé de soie, laisse le pied très découvert.

Nos 136 et 140. — *Yelek* ou gilet sans manches, et *mintan*, de Salonique, comme on le voit particulièrement par la forme de l'extrémité des manches, semblables à celles portées par l'homme fig. 1, pl. 464. Boutons en grelot et broderies d'or sur drap.

Nos 137, 138 et 142. — Veste, contre-veste vue de dos, et détails d'un même costume d'*Arnaout;* pièces d'habillement sur lesquelles nous ne nous arrêterons pas, ce costume étant porté par la figure nº 7, pl. 464, sur laquelle on voit le jeu de la manche, ouverte dans la partie supérieure pour laisser apercevoir le linge. Le nº 142 donne le détail caractéristique du bouton en passementerie et de la boucle en cordelette de soie lui servant d'agrafe.

Nos 139, 147 et 149. — *Babouches;* la première avec le quartier replié qui en fait une mule; la seconde avec le quartier debout pour la ville; ce sont des chaussures de femmes en velours et brodées d'or; les bouts en sont relevés. Le nº 149 est en maroquin, cette chaussure, qui n'a pas la pointe des deux autres, est d'un caractère arabe et d'usage masculin.

Nº 150. — Patin de femme, qui est une sandale dont on fait usage les pieds nus. On emploie les patins de cette sorte à Constantinople comme à Bagdad, et les dames qui en font recouvrir le bois plein avec des incrustations de nacre, d'écaille, des filets d'argent ou d'étain, disposés en mosaïques, ne portent, en somme, que le *nadass*, la semelle fixée au pied nu de l'Arabe du Yemen et de l'Hedjaz par deux brides de cuir, l'une transversale, d'où part une seconde bride étroite et dans le sens longitudinal qui se trouve prise entre le pouce et le premier orteil.

Nos 131 et 134, d'après les Costumes populaires de la Turquie, *photogravés par Sebah en* 1873. *Tous les autres, d'après les photographies faites par M. Berthaud à* l'Exposition du costume, *organisée par l'Union centrale des Arts décoratifs en* 1874.

OBSERVATIONS SUR LES TABLEAUX I A IX.

Avant de poursuivre une nomenclature dont la méthode doit se modifier avec le principe de l'exposition des choses, pour rester en rapport avec les changements produits par le temps, par exemple avec le sens du mot ROBE, appliqué chez nous dès les quatorzième et quinzième siècles à l'ensemble des pièces composant une toilette, ou, ainsi qu'on l'entend aujourd'hui, même d'un *costume,* désignant dans l'usage non plus une pièce de vêtement, mais l'ensemble d'un habillement; avant donc d'aborder ce qui touche spécialement à nos modes européennes, nous croyons utile de résumer ici ce qui nous reste à dire au sujet des formes et des coupes du costume en pièces isolées, plus ou moins propres à servir de patrons et contenues dans nos neuf premiers tableaux.

Les vêtements des anciens dont on a pu déterminer la forme appartiennent, généralement, à la catégorie des habits flottants, lesquels, dans les usages des Grecs et des Romains, ont surtout le caractère d'accessoires de l'habillement. Ces anciens non seulement portaient habituellement des tuniques de différentes espèces, superposées selon le besoin, usaient d'habits et de robes fixés sur le corps, et qui sont en réalité le fond du costume; mais il y avait encore des pièces d'habillement confectionnées pour l'usage intime, appliquées directement sur la peau, et constituant une toilette secrète, dont les détails sont loin de nous être parvenus. On connaît la bandelette du sein, représentée dans notre recueil par des femmes grecques qui se l'ajustent (n°s 1 et 2, pl. 19), mais il n'en est pas de même du caleçon, dont les deux sexes paraissent avoir usé sous leurs vêtements. Parmi une vingtaine d'empreintes en plâtre, telles que l'on sait les lever maintenant, des malheureux enfouis dans les cendres dont Pompéi a été recouverte, cendres devenues le fin et solide mortier que l'on sait, figure celle d'une jeune fille de quatorze ans environ, dont les vêtements se sont trouvés relevés dans sa chute, de telle façon qu'on lui voit le caleçon d'un délicat tissu que les dames romaines avaient l'habitude de porter. Et c'était là un usage des plus anciens dans les mœurs de la Grèce; Homère montre Ulysse menaçant Thersite, l'impudent bavard, de le frapper à nu, c'est-à-dire de lui donner le fouet après qu'il lui aura arraché ses habits, son manteau, sa tunique, et le vêtement qui cache les parties secrètes. Les Grecs distinguent nettement les *endumata,* vêtements fixes mis immédiatement sur le corps, des *periblemata,* dont on couvrait ou enveloppait les vêtements intérieurs; division principale qui comportait elle-même de nombreuses subdivisions. Chez les Romains, imitateurs des Grecs, il en fut de même, et leurs tailleurs d'habits étaient divisés en deux séries, représentant des industries très différentes. Les *braccarii,* les tailleurs proprement dits, ne se confondaient pas avec les *sarcinatores,* les couturiers qui confectionnaient les menues hardes, les *sarcinulæ,* du nom que leur donne Catulle.

Mais si l'absence de renseignements positifs sur ces pièces complémentaires du costume est regrettable, ce sont, en somme, les vêtements flottants qui ont été le principal élément pour la peinture et la sculpture, en leur offrant un fonds de ressources presque inépuisables par les manières diverses dont les vêtements flottants s'ajustaient, grâce à la multiplicité des combinaisons dont une pièce, simple dans sa forme, peut être l'objet, soit de premier jet, soit dans les mouvements du corps. Ces combinaisons varient à l'infini; par la grâce ou par la sévérité, elles déterminent le caractère du costume, et jusque dans les dispositions traditionnelles persiste toujours une certaine liberté tenant au goût personnel, d'un charme constant pour les artistes. On ne saurait se rendre compte de ces modes variés que par l'observation du costume porté, mais après avoir, au préalable, pris une connaissance suffisante du principe de la coupe des vêtements; et c'est pour satisfaire à cette nécessité que nous avons réuni des études qui, pour la première partie de ce petit recueil spécial, sont dues à nos devanciers;

pour en tirer parti, on aura à distinguer la valeur de ces documents selon l'autorité de ceux qui les ont fournis. Willemin, avec ses recherches sur le costume des Grecs, est, pour ainsi dire, contresigné par l'Institut de France, et, depuis le commencement du siècle, son ouvrage est le *vade-mecum* par excellence des logistes de l'École des beaux-arts. Il suffit de nommer Viollet-le-Duc pour dire ce que valent les épures tracées par le fin dessinateur nourri de tant d'érudition. Quant au traité général de M. Carl Kœhler, peintre d'histoire à Nuremberg, auquel nous avons fait d'assez nombreux emprunts, il ne nous appartient pas de nous prononcer sur la portée de cet ouvrage. Il représente un effort digne d'estime, et ce livre, en langue allemande, devrait, peut-être, être plus connu chez nous qu'il ne l'est jusqu'à présent. Si cet ouvrage, d'un prix modique, doit rendre de réels services, nous serions heureux d'y avoir contribué en appelant l'attention sur lui par les citations que nous en avons faites. En fait de coupes et de patrons, nous n'avions rien à demander à Quicherat, lequel, dans son excellente *Histoire du costume en France* n'a admis que la représentation des pièces isolées, conservant la physionomie de l'ensemble, et non décomposées par la divulgation des coupes; ce qui est le parti auquel nous nous sommes arrêté pour notre compte, relativement aux pièces du costume provenant de la Chine, du Japon et de l'Orient, pièces pour lesquelles nous avions le secours de la photographie, et qui étant généralement de coupes simples, suffisent par elles-mêmes. Notre contingent personnel, venant enrichir la matière dans cette première partie, consiste dans l'apport des figures portant les costumes, selon les monuments de l'art antique ou exotique, ou d'après les manuscrits du moyen âge étudiés directement, et enfin dans les documents photographiques appartenant aux costumes d'un caractère national, ou tout au moins régional, comme le sont ceux qui proviennent de la Turquie d'Europe et d'Asie, composée d'éléments si hétérogènes.

RÉFLEXIONS GÉNÉRALES SUR LES MODES EUROPÉENNES.

Nous avons annoncé ci-dessus que la méthode de notre nomenclature demandait une modification en rapport avec les choses représentées dans la dernière partie de ce petit recueil (les tableaux X, XI et XII, concernant les modes européennes), c'est-à-dire non plus des vêtements plus ou moins flottants, mais des habillements généralement ajustés sur le corps, et dont on ne saurait donner la véritable physionomie par les détails qui sont, avec le temps, devenus de plus en plus nombreux. Tous les historiens qui se sont occupés des mœurs au moyen âge, en Europe, signalent comme un fait caractéristique que dès le quatorzième siècle on remarqua l'accroissement des pièces qui, s'accumulant dans les costumes, en renouvelaient sans cesse la physionomie. A quelle époque s'arrêter dans un pareil mouvement pour dégager des exemples ayant la valeur de véritables types? et, en admettant que l'on réussît à décomposer l'ensemble de costumes de cette sorte, de manière à fournir la coupe des différentes pièces sous forme de patrons réels, de quelle utilité pourrait être un pareil travail? La réponse a été faite et par un maître dont l'abstention est une leçon.

Viollet-le-Duc en traitant l'article ROBE dans son *Dictionnaire du mobilier français*, et en traitant cet article avec ampleur, illustré de personnages nombreux, n'a pas introduit un seul patron dans le cours de ses commentaires. Voici d'ailleurs sa définition du mot ROBE (*reube, rouba*); « ce mot désigne tout un vêtement complet, depuis la chemise jusqu'au surcot, au peliçon et au manteau; mais en bien des cas, l'une des parties de l'habillement, et alors il ne s'applique qu'aux vêtements longs. On appelait *coupeurs de robes* les tailleurs, et ceux-ci fournissaient un vêtement complet composé de plusieurs pièces : chemise, jupe, cotte, bliaut, peliçon, surcot, manteau. Les chemises sont désignées par *robæ, lingæ*, etc. » Ainsi qu'il a été dit, c'est ce qu'on appelle aujourd'hui un costume; une dame se fait faire un *costume*, lequel comprend la robe, le vêtement supérieur, le chapeau, la chaussure, jusques aux bas et aux gants, et aussi la lingerie. Veut-on savoir, en somme, l'opinion des *façonniers* ayant pour profession de refaire des costumes sur des types historiques? Voici le langage qui nous a été tenu par les habiles du genre : « Nous ne nous servons jamais de la coupe des vieux vêtements, il nous suffit de l'image de leur tournure, et nous obtenons cette tournure avec des coupes à nous, plus simples et partant meilleures que celles des anciens artisans agissant avec des moyens personnels, et non d'école, comme le sont ceux de l'industrie des coupeurs modernes. » Et, préjugés ou non, il en est ainsi pour toutes les coupes d'antan, auxquelles quelques curieux s'intéressent seuls; or, les choses sont rapidement d'antan dans le domaine de la mode.

Nous avons donc dû renoncer à l'isolement des pièces dont se compose le costume depuis les quatorzième et quinzième siècles, et suivre la progression des choses en donnant des ensembles indiquant à grands traits les lois auxquelles la mode européenne se trouve historiquement avoir obéi, et avec une persistance telle, malgré toutes les tentatives momentanées pour remonter le courant, que, par exemple, l'Européenne avec la tournure particulière que ses costumes lui ont procurée n'a plus qu'un lien de parenté assez éloignée avec la femme que les anciens ont connue; c'est là un fait qui a sa place marquée dans un historique général. L'Européen a été amené à s'écarter de certaines lois naturelles, et, en quelque sorte, à retoucher la créature humaine, et non, paraît-il, sans quelque justesse en certains cas; car si tout le monde est d'accord pour reconnaître les inconvénients du corset dont il a été usé avec tant d'excès, sans qu'on soit parvenu, d'ailleurs, à en faire supprimer l'emploi, il n'en est pas de même des talons de chaussure de hauteur moyenne, et nous connaissons des médecins qui les approuvent franchement, en s'appuyant sur leurs connaissances anatomiques, particulièrement sur l'anatomie des femmes.

Tout le monde sait que le pied des Européens a été déformé par leurs chaussures, et comme, ainsi que le dit Charles Blanc dans l'*Art de la parure,* « c'est par le soulier que s'achève le caractère d'une toilette », c'est d'abord en examinant la nature des chaussures que l'on s'explique certaines tournures, et que l'on parvient à reconnaître quelques-unes des lois factices qui ont régi la mode chez nous.

Rappelons d'abord ici, comme nous le faisons par le dessin, n°s 151, 152 et 153, ce que sont les lois naturelles en ce qui concerne ce que les artistes appellent la pondération du corps humain. L'homme, qui se tient naturellement debout sur ses pieds, qui a la marche droite et des mollets, ce qui le distingue du singe, disent les naturalistes, s'appuie surtout sur ses talons, dans la marche ainsi que dans l'immobilité, selon les préceptes de Léonard de Vinci, d'Albert Durer et de Jean Cousin qui nous fournit une figure démonstrative. Dans l'immobilité, la femme, debout sur ses pieds rapprochés et posés à plat, a une tendance marquée à porter le ventre en avant, l'arrière du corps rentrant dans la ligne droite.

Dans la marche lente le corps humain oscille, et c'est une des grâces de la femme que cette cadence de son corps; mais dans cette marche le ventre tend de plus en plus à saillir. Les Grecs connaissaient parfaitement ces lois naturelles et les préceptes de la pondération du corps humain, ainsi que le montrent les n°s 131 et 133, qui en sont une expression noble, mais sentant le vieux jeu, aurait pu dire la dame du quinzième siècle; car la tournure qu'on lui voit aux n°s 154, 156, 161 et 164 est une autre expression de la pondération du corps humain dans des conditions analogues à celles de nos Grecques, les pieds étant posés de même, à plat sur le sol.

Mais laissons les anciens, tenant de leurs costumes une tournure qui leur est propre, pour suivre les effets de la mode chez nous, en observant le développement de l'espèce de métamorphose de la dame européenne, dont la tournure actuelle est très certainement due aux talons de la chaussure dont ses aïeules lui ont appris à faire usage. Voici, en grandes lignes, la marche historique d'une innovation véritablement peu ancienne, puisqu'elle ne remonte pas au delà du seizième siècle, pendant la durée duquel on ne porta même que des talons bas (type de chaussure d'homme, n° 173), après avoir d'abord usé des semelles en plan incliné, dont l'épaisseur allait en s'amoindrissant vers le bout du pied, type n° 155, qui est la mule simple, pantoufle ou soulier sans quartier, que, dans les mêmes conditions d'inclinaison de la semelle, et le pied y posant en plein, les Vénitiennes firent monter sur le fameux support en forme de pied de vache (types n°s 156-157 et 162-163, complétés par la figure des dames chaussées de cette mule, n°s 159, 193 et 194). Il n'est pas difficile d'observer ce que le désir de se procurer l'air majestueux, inspirant les modes de l'époque, produisait dans la tournure des dames ayant les pieds posés à plat, avec ou sans surhaussement : la tension du corps en avant, le torse rejeté en arrière, les épaules effacées, la cambrure des reins et la coiffure secondant l'effet général en restant dans la ligne du croissant que formait le profil de l'attitude. Cette tournure, résultant encore des lois naturelles ainsi qu'on l'a remarqué, eut une expression que l'on peut qualifier de suprême, pendant le quinzième siècle, avec les ventres artificiels imaginés par une mode que Michelet dit avoir duré quarante ans, ce qui nous paraît un minimum ; on la fait remonter vers la fin de la guerre de Cent ans, les grossesses, dont on se donnait au moins l'apparence, devant réparer les malheurs de la France, disait-on, ce qui ne devait plus guère préoccuper la dame allemande dont Durer a fait un type si remarquable, le n° 161. En regard de ces dames, dont la silhouette en profil se dessine par l'extérieur d'un croissant, notre tab. X montre chez les femmes d'une autre époque la verticalité de la façade haute et droite, avec le monte-au-ciel surmontant la tête et dirigé en avant, le volume des draperies traînantes rejeté tout à l'arrière, ce qui est le produit direct de la chaussure des types nos 169 et 170, dont les hauts talons obligeaient à porter le poids du corps sur les orteils. De ces transformations successives, dont la tournure de la dame de la dernière partie du dix-septième siècle, n° 168, offre un exemple si concluant, on peut induire toutes les conséquences du changement de principe dans la tournure ; le surplus, suivant le goût du jour, n'étant plus que des tempéraments qui parlent d'eux-mêmes, et pour lesquels la nomenclature, à laquelle nous laissons le dernier mot, suffit amplement, après tout ce que nous avons détaillé dans le corps de notre ouvrage.

Nous avons inséré dans ces derniers tableaux des types de la mode présente, qui se relient virtuellement au passé retracé. Charles Blanc écrivait en 1875 : « La toilette des femmes devient une image du mouvement rapide qui emporte le monde. On les voit encore aujourd'hui, tantôt vêtues et boutonnées comme des garçons, marcher sur de hauts talons qui les poussent en avant, hâter leur pas, fendre l'air, et accélérer la vie en dévorant l'espace. » A notre sens, l'éminent critique d'art, professeur d'esthétique, avait mieux à signaler ; nos femmes ne hâtent pas ainsi le pas (ce n'est pas la mode) ; ce qui est vrai, c'est qu'elles se sont procuré, et même dans l'immobilité, comme on en peut juger par la jeune fille boutonnant ses gants, n° 184, une tournure alerte, dégagée comme celle que donne le mouvement à la femme dessinée par Jean Cousin, n° 152 ; celle-ci marche franchement et la jeune fille est arrêtée ; et cependant les deux profils du corps se présentent presque en même ligne, et il faut reconnaître qu'il y a dans cette mode de l'adresse et du bon goût, conforme d'ailleurs aux résultats cherchés par les devancières, qui souvent, semblables aux modernes, voulaient se procurer cet air fringant, auquel la fine chaussure à hauts talons a tant de part.

Les documents contenus dans nos petits tableaux consacrés à la mode émanent des sources les plus sûres, et c'est à des maîtres faisant autorité que la plupart des figures sont dues. En pareille matière il faut de la sincérité pour être utile, et ici, comme partout du reste dans notre recueil, il n'y a aucune place pour l'exagération de la caricature ; les choses parlent d'elles-mêmes, sans ce secours dangereux.

TAB. X.

LES MODES EUROPÉENNES. — LA CHAUSSURE.

Nos 151 et 153. — Peintures des vases grecs, d'après Willemin.

No 152. — Figure tirée du « *Livre de Poutraicture*, par Jean Cousin.

No 154. — Dessin de Bochott, quinzième siècle ; Musée de Francfort.

No 155. — Fragment. Ms. de la fin du quinzième siècle ; no 7231. Bibl. nat.

Nos 156-157 et 162-163. — Profil et face de patins vénitiens, en forme de pied de vache, à l'usage des dames ; seizième siècle. Documents photographiques.

No 158. — Figure d'après Israël von Mecken ; quinzième siècle.

No 159. — D'après l'eau forte d'Alex. Fabri, Padoue ; seizième siècle.

No 160. — Philippe le Bon, duc de Bourgogne, recevant l'offrande d'un livre ; Ms. Supp. français, no 5402, Bibl. nat.

No 161. — Figure d'Albert Durer, tirée de la Comédie de la mort.

No 164. — Groupe appartenant au cérémonial du tournoi du roi René. Ms. du quinzième siècle, dit de La Gruthuse, no 8351. Bibl. nat.

Nos 165 et 166. — Soulier et bottine, quinzième siècle, d'après Bonnard.

Nos 167, 169, 174 et 176. — Chaussures tirées des blasons des cordonniers. Armorial des anciennes corporations (Bibl. nat.) 167, de Gex, ancien type ; 169, de Châlons (Bourgogne), type parfait, soulier de dame, dix-septième siècle ; 174, de Nantes, soulier d'homme, dix-septième siècle ; 176, de Brisac, dix-septième siècle, les pattes du soulier nouées par un cordon.

No 168. — Dame, d'après J.-D. de St-Jean ; gravure datée 1694.

No 170. — Bottine de dame, dix-septième siècle. *Hist. de la chaussure*, par P. Lacroix et A. Duchesne.

No 171. — D'après Watteau ; eau-forte.

No 172. — Mule, dix-septième-dix-huitième siècle ; document photographique.

No 173. — Soulier de bourgeois, seizième siècle ; d'après Willemin.

No 175. — *Monsieur le duc de Chaunes*, gouverneur de Guyenne, dix-septième siècle ; collection Trouvain.

No 177. — Soulier de cour sous Louis XIV ; *Hist. de la chaussure.*

No 178. — D'après un dessin de F. Boucher ; Musée de Francfort.

No 179. — Mule, dix-huitième siècle ; document photographique.

No 180. — Dame, 1784-85 ; d'après Watteau fils.

No 181. — Dame engageant le menuet, époque Louis XV ; gravure de J.-E. Nilson.

No 182. — Fragment ; soulier de *Monsieur*, frère du Roi, d'après le portrait peint par J. D. de Saint-Jean, dix-septième siècle.

No 183. — Soulier de dame, époque Louis XVI, d'après Moreau le jeune.

No 184. — Jeune fille, tirée de *la Mode illustrée*, janvier 1887.

TAB. XI.

LES CORSETS.

N° 185. — *Busto,* du nom italien du corps de jupe que ce corset en fer soutenait. On garnissait cette armature avec du velours ; seizième siècle, mode vénitienne. Document photographique.

N° 186. — *Corps ouvert à la duchesse,* vu de face. Type du corset, avec épaulettes et basques, que l'on laçait par devant. (*Encyclopédie ;* le tailleur de corps.)

N°s 187, 188, 191. — *Corps à la française,* ouvert par devant. Corset baleiné, à baleines pleines et baleines de dressage transversales, épaulettes et basques. N° 187, demi-baleiné; n° 188, baleines pleines. Le n° 191 est le busc de baleine dont on usait en paire, et que l'on glissait dans l'épaisseur du devant du corps, de chaque côté, et muni d'une boucle pour le retirer. (*Encyclopédie.*)

N° 189. — Devant de corsage brodé richement, dix-septième siècle. Doc. phot.

N° 190. — Plastron en orfèvrerie ornée de perles et de pierreries, commencement du seizième siècle. Ms. 7232, Bibl. nat.

N° 192. — Figure d'après Jost Amman, portant le corset busqué, dont la pointe se dirigeait en avant, seizième siècle.

N°s 193 et 194. — Figures d'après César Vecellio, fin du seizième siècle ; ce sont des Vénitiennes montées sur les patins dont les n°s 156, 157 (Tab. X) 162, 163 fournissent le type. Leur corset, qui est le *busto,* s'avance en se prolongeant, et de manière à former la fausse panse. (Voir au sujet de ces dames la pl. 289.)

N° 195. — Dame des Pays-Bas, d'après Van Dyck ; corsage Médicis.

N°s 196 et 197. — Figures de Michel Wolgemuth dans la *Chronique de Nuremberg,* 1493, montrant par la cambrure du corps l'usage du corset.

N° 198. — Marie d'Anjou, femme de Charles VII, recevant en 1455 l'hommage d'un livre, ce qui est un autre exemple, remontant plus haut, de l'évident usage du corset marchant avec la cambrure des reins. Tiré des *Douze Perilz d'Enfer,* Ms. de la Bibl. de l'Arsenal.

N° 199. — Dame d'honneur de la reine Marie-Antoinette, d'après Moreau le jeune.

N° 200. — Marguerite de Vaudemont, en 1581, tableau des noces de Joyeuse. Musée du Louvre.

N° 201. — Dame de la fin du dix-septième siècle, d'après Bonnard.

N° 202. — Figure tirée de *la Mode illustrée,* février 1887.

N° 203. — Le corset-cuirasse, à lames d'acier.

TAB. XII.

L'HABIT ET LA *robe de palais*. — LES COUPES DU TAILLEUR.

L'habit : Nos 204, 205, 206, 207, 208, 209, 210, 211, 212, 213, 214, 215, 216, 217, 218, 219.

204, devant ; 217, derrière ; 205 et 206, pattes des poches ; 207, cran de renfort, gauche ; 208, cran de droite ; 209 et 210, autres crans ; 211, bordure de bougran que l'on met sur les bords de l'habit, entre l'étoffe et la doublure, pour soutenir d'une part les boutons, et de l'autre les boutonnières, comportant une partie du collet ; 212, dessous de la manche ; 213, dessus ; 214, botte de la manche ; 215, collet ; 216, la paire de poches ; 218, crans de gauche, 219 ; crans de droite, pour la réunion des plis de derrière.

La veste ou *gilet* : Nos 220, 221, 222, 223, 224, 225 et 226. — 220, devant ; 221, derrière ; 222-223, pattes des poches ; 224 et 225, crans de gauche et de droite ; 226, cran du collet de derrière. Oh ! c'est compliqué ; mais il faut se modérer en ne donnant pas tout intégralement.

La culotte : Nos 228, 229, 230, 231, 232, 233, 234 et 235. — 228, devant ; 229, derrière ; 230, la ceinture ; 231, patte du milieu ; 232, boucle de derrière, la boucle, la patte et l'arrêt ; 233, la jarretière, avec la boutonnière de la boucle ; 234, le moule du bouton, et 235, montrant comment on façonne le moule en bois en le recouvrant d'étoffe. (*Encyclopédie*, 1770-71).

No 236. — L'homme habillé, d'après Lancret. Première partie du règne de Louis XV.

Nos 237 et 238. — Gilets, le premier en velours, richement brodé de soie de couleur et d'or, le second, de satin blanc, brodé de fleurs et orné aux poches de médaillons peints ayant la physionomie des dessus de tabatières que l'on mettait dans ces poches. Documents photographiques.

Nos 239 et 240. — L'habit aux pans rabattus du temps de Louis XVI et la bourse en crapaud marchant avec, d'après Moreau le jeune.

No 241. — L'habit de 1792, d'après Debucourt et Deveria.

No 242. — Le collet de l'habit de l'incroyable marchant avec la cravate écrouélique ; d'après Bosio et Eug. Lami.

No 243. — Le collet de l'habit, en 1816. (*Journal des modes.*)

Robe de palais : Nos 244, 245, 246, 247, 248 et 249. — 244, coupe de devant, par moitié ; 245, le derrière, de même ; 246, la manche ; 247, sa botte ; 248, ensemble de la robe ; 249, cette robe portée par un avocat au parlement, M. le Cauchois, figure historique (1784) ; d'après le dessin de Binet.

No 250. — Robe de l'avocat en 1887, dont on peut apprécier la différence par ce rapprochement, d'après le spirituel tableau de M. Jean Béraud, exposé au dernier salon.

FIN.

AVIS AU RELIEUR

La reliure de ce vaste recueil de 500 planches, qui a paru en vingt livraisons successives, et où les planches et leurs notices, non paginées, sont désignées par un signe conventionnel, demande un grand soin, et nous croyons devoir faciliter cette tâche à ceux qui en seront chargés par les instructions générales qui suivent.

L'ouvrage entier comporte, dans les deux formats, *six* volumes, dont voici la composition :

TOME Ier

1° Faux titre et titre général (1). Avant-propos des éditeurs. Introduction générale par M. Racinet.	Pagination en chiffres romains.
2° Division de l'ouvrage (en quatre parties). Sommaire général des quatre parties. Table analytique des planches et notices. Table des personnalités historiques représentées dans l'ouvrage. Table bibliographique. Glossaire des termes du costume. Coupes et patrons, et notice s'y rattachant.	Pagination en chiffres arabes.
3° Le présent avis au relieur, contenant le tableau de concordance entre les signes et les numéros. Table des matières des six volumes.	Pagination par lettres.

TOME II

Le faux titre du tome II, imprimé en noir et rouge.
Le faux titre :

PREMIÈRE PARTIE

L'ANTIQUITÉ CLASSIQUE

etc., etc.

---

(1) Bien que ce faux titre et ce titre aient été donnés avec la première livraison, nous les insérons à nouveau dans le tome Ier, vu la date déjà éloignée de l'apparition de cette première livraison, afin que les titres défraîchis ou égarés puissent être remplacés.

Les planches et notices 1 à 59 (d'après le tableau de concordance) (1).
Le faux titre :

DEUXIÈME PARTIE

LE MONDE EN DEHORS DE L'EUROPE

etc., etc.

Les planches et notices 60 à 100.

TOME III

Le faux titre du tome III, imprimé en noir et rouge.
Les planches et notices 101 à 180 (d'après le tableau de concordance).
Le faux titre :

TROISIÈME PARTIE

LE MONDE EUROPÉEN

A partir du moyen âge.

Les planches et notices 181 à 200 (d'après le tableau de concordance).

TOME IV

Le faux titre du tome IV, imprimé en noir et rouge.
Les planches et notices 201 à 300 (d'après le tableau de concordance).

TOME V

Le faux titre du tome V, imprimé en noir et rouge.
Les planches et notices 301 à 400 (d'après le tableau de concordance).

TOME VI

Le faux titre du tome VI, imprimé en noir et rouge.
Les planches et notices 401 à 410 (d'après le tableau de concordance).
Le faux titre :

QUATRIÈME PARTIE

L'EUROPE DES TEMPS MODERNES

PAR NATIONALITÉS DISTINCTES

Les planches et notices 411 à 500.

---

(1) La notice vient après la planche, et lorsqu'une seule notice est commune à plusieurs planches (ce qui est indiqué, dans le présent avis, par une accolade), c'est à la suite des planches qui se suivent sans interruption que la notice est insérée.

OBSERVATIONS GÉNÉRALES

Le classement des planches et notices dans un ordre numérique dont elles ne portent pas la trace ne peut se faire qu'à l'aide du tableau de concordance qui suit et qui est divisé en six colonnes : *N° d'ordre, Signe, Titre imprimé sur la planche, Titre imprimé sur la notice, Observations.*

Cette dernière colonne, que l'on ne devra pas perdre de vue, signale quelques différences pouvant exister entre la forme graphique du signe gravé sur la planche et celle du signe imprimé sur la notice, en tenant compte de ces légères différences on évitera toute erreur de rapprochement.

En outre, comme les notices, parfois assez longues, ne sont pas paginées, toutes celles qui ne consistent pas en feuillets simples ou en cahiers réguliers d'une ou de plusieurs feuilles sont signalées, avec indication du nombre et de la disposition des fragments de feuilles ou feuillets intercalaires, désignés au besoin par la réclame.

En s'attachant à ces observations, on évitera tout danger d'un mauvais classement.

Nota bene. — Nous faisons observer que, chaque volume contenant cent planches, le numérotage de chacune d'elles désigne toujours le volume lui-même. Le tome premier étant consacré aux tables et au texte général, la série des planches commence par le tome second, planches de 1 à 100. Le tome troisième va de 101 à 200, et ainsi de suite. Nous engageons d'ailleurs les souscripteurs à numéroter légèrement au crayon, d'après la table de concordance des chiffres avec les signes, contenue dans l'avis au relieur, soit la planche, soit la notice qui l'accompagne, de façon que la consultation de l'ouvrage n'offre plus aucune indécision. Le présent avis est répété en tête des tables analytiques, page 4.

TABLEAU DE CONCORDANCE

Entre les Planches et les Notices et le Numéro de l'ordre qu'elles doivent occuper dans le classement définitif.

TOME II, Nos 1 A 100.

NUMÉROS D'ORDRE.	SIGNES.	TITRE DE LA PLANCHE.	TITRE DE LA NOTICE.	OBSERVATIONS.
1	la charpente.	ÉGYPTIEN.	ÉGYPTIEN.	
2	la voiture.	ÉGYPTIEN.	ÉGYPTIEN.	
3	le tonneau.	ÉGYPTIEN.	ÉGYPTIEN.	
4	H couronné.	ÉGYPTIEN.	ÉGYPTIEN.	
5	le fauteuil.	ÉGYPTIEN.	ÉGYPTIEN.	
6	le pantalon.	ÉGYPTIEN.	ÉGYPTIEN.	
7	 l'idole.	ÉGYPTIEN.	ÉGYPTIEN.	
8	l'église de village.	ÉGYPTIEN.	ÉGYPTIEN.	
9	le râteau.	ÉGYPTIEN.	ÉGYPTIEN.	
10	le berceau.	ASSYRIEN.	ASSYRIEN.	
11	les haltères.	ASSYRIEN.	ASSYRIE.	
12	le havresac.	ASSYRIEN.		
10	C K —	HÉBRAIQUE.	HÉBRAIQUE.	
14	 le sphinx.	ASIATIQUE.	ASIE ANCIENNE.	

NUMÉROS D'ORDRE.	SIGNES.		TITRE DE LA NOTICE.	TITRE DE LA PLANCHE.	OBSERVATIONS.
15		la poupée.	GRÈCE.	GREC.	6 pages de texte, dont un feuillet intercalaire commençant par « *on évitait* ».
16		le scorpion.	GRÈCE.	GREC.	
17		la cruche.	GRÈCE.	GREC.	
18		la fontaine.	GRÈCE.	GREC.	
19		l'écriteau.	GRÈCE.	GREC.	
20		la plume.	GRÈCE.	GREC.	
21		l'aiguille.	GRÈCE.	GREC.	
22		la chaîne.	GRÈCE.	GREC.	
23		la corbeille.	GRÈCE.	GREC.	
24	E E	———	GRÈCE.	GRÈCE.	
25-26 Planche double.	E B	———	GRÈCE.	GRÈCE.	Texte : 16 pages en 2 feuilles.
27-28 Planche double.		le paon.	GRÈCE.	GREC.	
29		le bec de gaz.	ÉTRUSQUE.	ÉTRUSQUE.	
30		le compas.	GRÉCO-ROMAIN.	GRÉCO-ROMAIN.	
31		l'habit.	GRÉCO-ROMAIN.	GRÉCO-ROMAIN.	Texte : 6 pages, dont un feuillet intercalaire de 2 pages.
32		la chouette.	GRÉCO-ROMAIN.	GRÉCO-ROMAIN.	
33		la cocotte.	GRÉCO-ROMAIN.	GRÉCO-ROMAIN.	
34		la tour.	ROMAIN.	ROMAIN.	
35		le gantelet.	ROMAIN.	ROMAIN.	Signe renversé dans le texte (les doigts en haut).
36-37 Planche double.	E C	———	ROMAIN.	ROMAIN.	
38		l'écrevisse.	ROMAIN.	ROMAIN.	

NUMÉROS D'ORDRE.	SIGNES.		TITRE DE LA NOTICE.	TITRE DE LA PLANCHE.	OBSERVATIONS.
39		le marteau.	ROMAIN.	ROMAIN.	
40	G M	———	ROMAIN.	ROMAIN.	
41		la boucle.	ROMAIN.	ROMAIN.	
42		le dé.	ROMAIN.	ROMAIN.	
43		le violon.	ROMAIN.	ROMAIN.	
44		la poulie.	ROMAIN.	ROMAIN.	
45		le poêle.	ROMAIN.	ROMAIN.	
46		le chapiteau.	ROMAIN.	ROMAIN.	
47	B A	———	ANTIQUE.	ANTIQUE.	
48-49 Planche double.	E S	———	EUROPE BARBARE.	EUROPE BARBARE.	Texte : 16 pages en 2 feuilles.
50	A T	———	SCANDINAVE.	SCANDINAVIE.	Texte : 6 pages, dont un feuillet intercalaire de 2 pages.
51	Z	Z couronné.	CELTIQUE.	CELTIQUE.	
52		le bouclier.	CELTIQUE.	CELTIQUE.	
53	A S	———	CELTICO-SCANDINAVE.	CELTICO-SCANDINAVE.	
54	A R	———	CELTICO-SCANDINAVE.	CELTICO-SCANDINAVE.	
55	A P	———	CELTICO-SCANDINAVE.	CELTICO-SCANDINAVE.	
56-57 Planche double.	E U	———	GAULOIS.	GAULOIS.	
58		l'escarcelle.	GAULOIS.	GAULOIS.	
59	D N	———	GRANDE-BRETAGNE.	GRANDE-BRETAGNE.	Texte : 6 pages, dont un feuillet intercalaire de 2 pages.
60-61 Planche double.	C K	———	OCÉANIE.	OCÉANIE.	Texte : 16 pages en 2 feuilles.
62		le polichinelle.	OCÉANIE.	OCÉANIE.	

NUMÉROS D'ORDRE.	SIGNES.		TITRE DE LA NOTICE.	TITRE DE LA PLANCHE.	OBSERVATIONS.
63-64 Planche double.	B K	———	OCÉANIE.		
65		le singe.	OCÉANIE.	OCÉANIE.	Texte : 16 pages en 2 feuilles.
66	B V	———	OCÉANIE.		
67-68 Planche double.		l'anneau.	AFRIQUE.	AFRIQUE.	
69		le cartouche.	AFRIQUE.	AFRIQUE.	
70		l'escalier.	AFRIQUE.	AFRIQUE.	
71		le soufflet.	AFRIQUE.	AFRIQUE.	
72		la palissade.	AFRIQUE.	AFRIQUE.	Signe différent imprimé en tête de la notice.
73		le harpon.	AFRIQUE.	AFRIQUE.	
74		la pipe.	AFRIQUE.	AFRIQUE.	
75		l'os.	AFRIQUE.	AFRIQUE.	
76		le grattoir de maçon.	AMÉRIQUE.	AMÉRIQUE.	
77	E H	———	AMÉRIQUE.	AMÉRIQUE.	
78		la cible.	AMÉRIQUE.	AMÉRIQUE.	
79	G Q	———	MEXICAIN.	MEXICAIN.	
80		la pomme.	AMÉRIQUE.	AMÉRIQUE.	
81		la corniche.	AMÉRIQUE.	AMÉRIQUE.	
82		l'œuf.	AMÉRIQUE.	AMÉRIQUE.	
83-84 Planche double.	C L	———	ESQUIMAUX.	ESQUIMAUX.	
85	C C	———	CHINE.	CHINE.	
86	C B	———	CHINE.	CHINE.	
87		la faux.	ASIE.	CHINE.	

NUMÉROS D'ORDRE.	SIGNES.	TITRE DE LA NOTICE.	TITRE DE LA PLANCHE.	OBSERVATIONS.
88	 la fourche.	ASIE.	ASIE. — CHINE.	
89	le jeu de cartes.	ASIE.	ASIE. — CHINE.	
90	 la chaumière.	CHINE.		Pl. 90. Sur la planche, la fumée à droite.
91	X couronné.	CHINE.	CHINE.	
92-93 Planche double.	G E ———	CHINE.	CHINE.	
94-95 Planche double.	le télescope.	JAPON.	JAPON.	
96-97 Planche double.	le maillet.	JAPON.	JAPON.	
98	A Z ———	JAPON.		
99	le niveau.	JAPON.	JAPON.	
100	l'ancre.	JAPON.	JAPON.	

Tome III, nos 101 à 200.

NUMÉROS D'ORDRE.	SIGNES.	TITRE DE LA PLANCHE.	TITRE DE LA NOTICE.	OBSERVATIONS.
101	l'équerre.	JAPON.	JAPON.	
102	la cage.	JAPON.	JAPON.	
103	la babouche.	JAPON.	JAPON.	
104	la rose.	JAPON.	JAPON.	
105	E Z ———	JAPON.	JAPON.	
106	le couteau de chasse.	JAPON.	JAPON.	

NUMÉROS D'ORDRE.	SIGNES.		TITRE DE LA PLANCHE.	TITRE DE LA NOTICE.	OBSERVATIONS.
107		l'obus.	ASIE.	ASIE.	
108	C D	———	ASIE.	ASIE.	
109		la tente.	ASIE.	ASIE.	
110		le cœur.	INDE.	INDE.	
111		la boule.	INDE.	INDE.	
112		l'œil.	INDE.	INDE.	
113		le croissant.	INDE.	INDE.	
114		l'oreille.	INDE.	INDE.	
115		le turban.	INDE.	INDE.	
116		l'arc.	INDE.	INDE.	
117-118 Planche double.	B Z	———	INDE.	INDE.	
119		la flèche.	INDE.	INDE.	Signe inversé dans le texte (la pointe à gauche).
120		la meule à repasser.	ASIE.	ASIE.	
121		le poids.	INDE.	INDE.	
122	G A	———	INDE.	INDE.	
123		le soleil.	INDE.	INDE.	
124		l'étoile.	INDE.	INDE.	
125		l'éléphant.	INDE.	INDE.	
126		le pain de sucre.	INDE.	INDE.	
127		la cafetière.	INDE.	INDE.	
128	F B	———	INDE.	INDE.	
129	F C	———	INDE.	INDE.	

NUMÉROS D'ORDRE.	SIGNES.		TITRE DE LA PLANCHE.	TITRE DE LA NOTICE.	OBSERVATIONS.
130	G L	———	INDE.	INDE.	
131	D P	———	INDE.	INDE.	
132		le damier.	ASIE.	ASIE.	Signe plus grand dans le texte que sur la planche.
133		le serpent.	ASIE.	ASIE.	
134		le cor de chasse.	ASIE.	ARCHIPEL ASIATIQUE.	
135		la molette.	ASIATIQUE.	ASIATIQUE.	
136		l'entonnoir.	ASIATIQUE.		
137		le chat.	PERSE.	PERSE.	
138		le nœud.	PERSE.	PERSE.	
139		la harpe.	PERSE.	PERSE.	Signe inversé dans le texte.
140		le seau.	ASIE.	ASIE.	
141		les ciseaux.	PERSE.	PERSE.	
142		la torche.	PERSE.	PERSE.	
143	E D	———	PERSE.	PERSE.	
144		la mèche.	ASIE.	ASIE.	
145-146 Planche double.		la feuille de vigne.	MUSULMANS.	MUSULMANS.	
147		le robinet.	ORIENT.	ORIENT.	
148		la tulipe.	SYRIE.	SYRIE.	
149		le faux col.	AFRIQUE.	AFRIQUE PARTIE SEPTENTRIONALE.	
150		le canif.	AFRIQUE.	AFRIQUE.	

NUMÉROS D'ORDRE.	SIGNES.		TITRE DE LA PLANCHE.	TITRE DE LA NOTICE.	OBSERVATIONS.
151		la boîte au lait.	AFRIQUE.	AFRIQUE.	
152-153 Planche double.		l'étrier.	AFRIQUE.	AFRIQUE.	
154		la roue d'engrenage.	AFRIQUE.	AFRIQUE.	
155		le rouet.	AFRIQUE.	AFRIQUE.	
156	BH	————	MAURESQUE.	MAURESQUE.	
157		la gerbe.	AFRIQUE.	AFRIQUE.	
158		la tête de nègre.	AFRIQUE.	AFRIQUE.	
159		la pendule.	AFRIQUE.	AFRIQUE.	
160		le champignon.	AFRIQUE.	AFRIQUE.	
161		l'ours.	AFRIQUE.		
162		la marotte.	AFRIQUE.	AFRIQUE.	
163		le colimaçon.	AFRIQUE	AFRIQUE.	
164		la mandoline.	AFRIQUE.	AFRIQUE.	
165	EI	————	AFRIQUE.	AFRIQUE.	
166		le moulin à vent	AFRIQUE.	AFRIQUE.	Signe plus grand dans le texte que sur la planche.
167		l'éperon.	MAURESQUE.	MAURESQUE.	Même observation.
168	GF	————	AFRIQUE.	AFRIQUE.	
169	EN	————	TURQUIE.	TURQUIE XVIIIe SIÈCLE.	
170	EM	————	TURQUIE.	TURQUIE XVIIIe SIÈCLE.	
171	BC	————	TURQUIE.	TURQUIE.	
172-173 Planche double.	HC	————	TURQUIE.	TURQUIE.	

NUMÉROS D'ORDRE.	SIGNES.		TITRE DE LA PLANCHE.	TITRE DE LA NOTICE.	OBSERVATIONS.
174	H A	———	TURQUIE.	TURQUIE.	
175		la fourchette.	TURQUIE.	TURQUIE.	Signe inversé sur la notice.
176	G couronné	G couronné.	TURQUIE.	TURQUIE.	
177		la baïonnette.	TURQUIE.	TURQUIE.	Signe inversé sur la notice (la pointe à gauche en haut). 
178	F couronné	F couronné.	TURQUIE.	TURQUIE.	
179	G J	———	TURQUIE D'ASIE.	TURQUIE D'ASIE.	
180	G G	———	TURQUIE.	TURQUIE.	
181	G N	———	BYZANTIN.	BYZANTIN.	
182	G I	———	BYZANTIN ET ABYSSIN.	BYZANTIN ET ABYSSIN.	
183	G H	———	FRANCO-BYZANTIN.	FRANCO-BYZANTIN.	
184		le cerceau.	EUROPE MOYEN AGE.	EUROPE MOYEN AGE.	
185		l'assiette.	MOYEN AGE.	MOYEN AGE EUROPE OCCIDENTALE. IXe, X[e] et XIe SIÈCLES.	
186	S couronné	S couronné.	EUROPE MOYEN AGE.	EUROPE MOYEN AGE.	
187		la cloche.	EUROPE MOYEN AGE.	EUROPE MOYEN AGE.	
188	D F	———	MOYEN AGE.	MOYEN AGE.	
189		le pied.	MOYEN AGE.	EUROPE MOYEN AGE.	
190-191 Planche double.		la serpe.	EUROPE MOYEN AGE.	EUROPE MOYEN AGE.	
192	R couronné	R couronné.	EUROPE MOYEN AGE.	EUROPE MOYEN AGE.	
193	D J	———	MOYEN AGE.	MOYEN AGE.	
194	N couronné	N couronné.	EUROPE MOYEN AGE.	EUROPE MOYEN AGE.	
195		la crosse.	EUROPE MOYEN AGE.	EUROPE MOYEN AGE.	
196		le coq.	EUROPE MOYEN AGE.	EUROPE MOYEN AGE.	
197		la chaire.	EUROPE XVe-XVIe SIÈCLES.	EUROPE XVe-XVIe SIÈCLES.	

NUMÉROS D'ORDRE.	SIGNES.	TITRE DE LA PLANCHE.	TITRE DE LA NOTICE.	OBSERVATIONS.
198	le chapelet.	EUROPE XVe-XVIIIe SIÈCLES.	EUROPE Xe-XVIIIe SIÈCLES.	
199	E F ———	ITALIE.	ITALIE.	
200	D G ———	ESPAGNE.	ESPAGNE XIIIe SIÈCLE.	

Tome IV, Nos 201 a 300.

NUMÉROS D'ORDRE.	SIGNES.	TITRE DE LA PLANCHE.	TITRE DE LA NOTICE.	OBSERVATIONS.
201	le plumeau.	MOYEN AGE.	FRANCE.	Signe inversé dans le texte (les plumes à droite).
202	A L ———	EUROPE MOYEN AGE.	EUROPE MOYEN AGE.	Texte : 6 pages, dont un feuillet intercalaire de 2 p.
203	le trèfle.	MOYEN AGE.	EUROPE MOYEN AGE.	
204	le blason.	EUROPE MOYEN AGE.	EUROPE MOYEN AGE.	
205	VP l'arrosoir.	EUROPE MOYEN AGE.	EUROPE MOYEN AGE.	
206	tête de cheval.	EUROPE MOYEN AGE.	EUROPE MOYEN AGE.	
207	le corset.	MOYEN AGE.	MOYEN AGE.	
208	la dentelle.	MOYEN AGE.		
209	la chauve-souris.	MOYEN AGE.	MOYEN AGE XIIIe-XIVe SIÈCLES.	
210	K couronné.	MOYEN AGE.	MOYEN AGE XIIIe-XIVe-XVe SIÈCLES.	
211	la couronne.	EUROPE MOYEN AGE.	EUROPE MOYEN AGE.	
212	le sifflet.	EUROPE MOYEN AGE.	EUROPE MOYEN AGE.	
213	le puits.	EUROPE MOYEN AGE.	EUROPE MOYEN AGE.	
214	C P ———	MOYEN AGE.	MOYEN AGE.	

NUMÉROS D'ORDRE.	SIGNES.		TITRE DE LA PLANCHE.	TITRE DE LA NOTICE.	OBSERVATIONS.
215		le gril.	EUROPE MOYEN AGE.	EUROPE MOYEN AGE.	
216	Y	Y couronné.	MOYEN AGE.	MOYEN AGE.	Texte : 6 pages, dont un feuillet intercalaire de 2 pages.
217	A M	———	EUROPE MOYEN AGE.	EUROPE MOYEN AGE.	Texte : 6 pages ; carton en tête.
218		la raquette.	MOYEN AGE.	EUROPE MOYEN AGE.	Signe inversé dans le texte (le manche à gauche).
219	J	J couronné.	EUROPE MOYEN AGE.	EUROPE MOYEN AGE.	Texte : 6 pages, dont un feuillet intercalaire de 2 pages.
220		la guérite.	MOYEN AGE.	MOYEN AGE.	Texte : 6 pages, dont un feuillet intercalaire de 2 pages.
221	D D	———	MOYEN AGE.	MOYEN AGE XVe SIÈCLE.	
222	D C	———	MOYEN AGE.	MOYEN AGE XVe SIÈCLE.	
223		le casque.	EUROPE MOYEN AGE.	EUROPE MOYEN AGE.	
224	C	C couronné.	EUROPE XIVe-XVe SIÈCLES.	EUROPE XIVe-XVe SIÈCLES.	
225		la psyché.	EUROPE XIIe-XVe-XVIe SIÈCLES.	EUROPE.	
226		la brouette.	EUROPE XVe-XVIe SIÈCLES.	EUROPE XVe-XVIe SIÈCLES.	
227	T	T couronné.	EUROPE MOYEN AGE.	EUROPE MOYEN AGE.	
228		le pupitre.	EUROPE MOYEN AGE.	EUROPE MOYEN AGE.	
229		la charnière.	EUROPE XVe SIÈCLE.	EUROPE XVe SIÈCLE.	
230		le cric.	EUROPE XVe SIÈCLE.	EUROPE XVe SIÈCLE.	
231	U	U couronné.	EUROPE MOYEN AGE.	EUROPE MOYEN AGE.	
232	I	I couronné.	EUROPE MOYEN AGE.	EUROPE MOYEN AGE.	
233	B J	———	EUROPE XVe-XVIe SIÈCLES.	EUROPE XVe-XVIe SIÈCLES.	
234		la poire.	ANGLETERRE.	ANGLETERRE.	
235		le méandre.	EUROPE MOYEN AGE.	EUROPE MOYEN AGE.	
236		le chenet.	EUROPE XVe-XVIe SIÈCLES.	EUROPE XIIIe-XVe-XVIe SIÈCLES.	

NUMÉROS D'ORDRE.	SIGNES.		TITRE DE LA PLANCHE.	TITRE DE LA NOTICE.	OBSERVATIONS.
237		le sabot.	EUROPE XVIe SIÈCLE.	EUROPE XVIe SIÈCLE.	
238	E V	———	ITALIE.	ITALIE XIVe-XVe-XVIe SIÈCLES.	
239	E Y	———	ITALIE.	ITALIE.	
240	D S	———	ITALIE XIVe SIÈCLE.	ITALIE XIVe-XVe SIÈCLES.	
241-242 Planche double.		le ballot.	ITALIE.	ITALIE XVe SIÈCLE.	
243	G S	———	ITALIE XVIe SIÈCLE.	ITALIE XVIe SIÈCLE.	
244	H D	———	ITALIE.	ITALIE.	
245	F E	———	EUROPE XVe-XVIe SIÈCLES.	EUROPE XVe-XVIe SIÈCLES.	
246		la pomme de pin.	EUROPE XVe-XVIe SIÈCLES.	EUROPE XVe-XVIe SIÈCLES.	
247		l'encrier.	EUROPE XVe-XVIe SIÈCLES.	EUROPE MOYEN AGE.	
248		le bougeoir.	EUROPE XVe-XVIe SIÈCLES.		
249	D K	———	EUROPE XVe-XVIe SIÈCLES.	EUROPE XVe-XVIe SIÈCLES.	
250	C J	———	EUROPE XVe-XVIe SIÈCLES.		
251	D I	———	EUROPE XVe-XVIe SIÈCLES.	EUROPE XVe-XVIe SIÈCLES.	
252		la palette.	EUROPE XVIe SIÈCLE.	EUROPE XVIe SIÈCLE.	
253	A N	———	EUROPE XVe-XVIe SIÈCLES.	EUROPE XVe-XVIe SIÈCLES.	
254	A K	———	EUROPE XVe-XVIe SIÈCLES.	EUROPE XVe-XVIe SIÈCLES.	
255	F F	———	FRANCE XVIe SIÈCLE.	FRANCE XVIe SIÈCLE.	
256	G B	———	FRANCE XVIe SIÈCLE.	FRANCE XVIe SIÈCLE.	
257		la béquille.	FRANCE XVIe SIÈCLE.	FRANCE XVIe SIÈCLE.	
258		le baquet.	EUROPE XVIe SIÈCLE.	EUROPE XVIe SIÈCLE.	
259		le livre.	EUROPE XVIe SIÈCLE.	EUROPE XVIe SIÈCLE.	
260		le pistolet.	EUROPE XVIe SIÈCLE.	EUROPE XVIe SIÈCLE.	

NUMÉROS D'ORDRE.	SIGNES.	TITRE DE LA PLANCHE.	TITRE DE LA NOTICE.	OBSERVATIONS.
261	la girouette.	EUROPE XVIe SIÈCLE.	EUROPE XVIe SIÈCLE.	
262	le tambour.	EUROPE XVIe SIÈCLE.	EUROPE XVIe SIÈCLE.	
263	le fer à repasser.	EUROPE XVIe SIÈCLE.	EUROPE XVIe SIÈCLE.	Signe inversé sur la planche (la pointe à gauche).
264	le coussin.	EUROPE XVIe SIÈCLE.	EUROPE XVIe SIÈCLE.	
265	l'enveloppe.	EUROPE XVIe SIÈCLE.	EUROPE XVIe SIÈCLE.	
266	la hache.	EUROPE XVIe SIÈCLE.	EUROPE XVIe SIÈCLE.	
267	la perle.	EUROPE XVIe SIÈCLE.	EUROPE XVIe-XVIIe SIÈCLES.	
268	le crible.	FRANCE XVIe SIÈCLE.	FRANCE XVIe SIÈCLE.	
269	C O ———	FRANCE XVIe SIÈCLE.	FRANCE XVIe SIÈCLE.	
270	la crécelle.	EUROPE XVIe SIÈCLE.	EUROPE XVIe SIÈCLE.	
271	le nid.	EUROPE XVIe SIÈCLE.		
272	D T ———	EUROPE XVIe SIÈCLE.	EUROPE XVIe SIÈCLE.	
273	l'almanach.	FRANCE XVIe SIÈCLE.	FRANCE XVIe SIÈCLE.	
274	la tortue.	FRANCE XVIe SIÈCLE.	FRANCE XVIe SIÈCLE.	
275	la tourelle.	FRANCE XVIe SIÈCLE.	FRANCE ET FLANDRE XVIe SIÈCLE.	
276	la croix de Jeannette.	EUROPE XVIe SIÈCLE.	EUROPE XVIe-XVIIe SIÈCLES.	
277	la robe.	EUROPE XVIe SIÈCLE.		
278	la bague.	EUROPE XVIe SIÈCLE.	EUROPE XVIe SIÈCLE.	
279	le contrepoids.	EUROPE XVIe SIÈCLE.	EUROPE XVIe SIÈCLE.	
280	le shako.	EUROPE XVIe SIÈCLE.	EUROPE XVIe SIÈCLE.	
281	l'œillet.	EUROPE XVIe-XVIIe SIÈCLES.	EUROPE XVIe-XVIIe SIÈCLES.	

NUMÉROS D'ORDRE.	SIGNES.	TITRE DE LA PLANCHE.	TITRE DE LA NOTICE.	OBSERVATIONS.
282	la boucle d'oreille.	EUROPE XVIe-XVIIe SIÈCLES.	EUROPE XVIe-XVIIe SIÈCLES.	
283	F V ———	FRANCE XVIe SIÈCLE.	FRANCE XVIe SIÈCLE.	
284	D V ———	EUROPE XVIe SIÈCLE.	EUROPE XVIe SIÈCLE.	
285	C Y ———	ALLEMAGNE.	ALLEMAGNE XVIe SIÈCLE.	
286	le calice.	EUROPE XVIe SIÈCLE.	EUROPE XVIe SIÈCLE.	
287	G V ———	ITALIE XVIe SIÈCLE.	ITALIE XVIe SIÈCLE.	
288	la jumelle.	ITALIE.	ITALIE.	
289	la tête de bouc.	ITALIE XVIe SIÈCLE.	ITALIE XVIe SIÈCLE.	Signe inversé sur la planche (la tête regardant à gauche).
290	l'épaulette.	EUROPE XVIe SIÈCLE.	EUROPE XVIe SIÈCLE.	
291	la rosace.	EUROPE XVIe SIÈCLE.		
292	B O ———	FRANCE XVIe SIÈCLE.	FRANCE XVIe SIÈCLE.	
293	la poignée.	EUROPE XVIe SIÈCLE.	FRANCE XVIe SIÈCLE.	
294	A B ———	EUROPE XVIe SIÈCLE.	EUROPE XVIe SIÈCLE.	
295	le coffret.	EUROPE XVIe SIÈCLE.	EUROPE XVIe SIÈCLE.	
296	le thermomètre.	EUROPE XVIe SIÈCLE.	EUROPE XVIe SIÈCLE. ALLEMAGNE.	
297	le rouleau de papier.	EUROPE XVIe SIÈCLE.	EUROPE XVIe SIÈCLE.	
298	l'autel.	EUROPE XVIe SIÈCLE.	EUROPE XVIe SIÈCLE.	
299	le papillon.	ANGLETERRE.	ANGLETERRE.	
300	 les drapeaux.	ANGLETERRE.	ANGLETERRE.	

Tome V, Nos 301 a 400.

NUMÉROS D'ORDRE.	SIGNES.		TITRE DE LA PLANCHE.	TITRE DE LA NOTICE.	OBSERVATIONS.
301	B F	———	FRANCE XVIe-XVIIe SIÈCLES.	FRANCE.	
302-303 Planche double.		la grappe de raisin.	ANGLETERRE.	ANGLETERRE.	Signe un peu modifié dans le texte.
304	B U	———	EUROPE XVIe-XVIIe SIÈCLES.	EUROPE XVIe-XVIIe SIÈCLES.	
305		le moulin à café.	EUROPE XVIe-XVIIe SIÈCLES.	EUROPE XVIe-XVIIe SIÈCLES.	Signe inversé sur la planche (la manivelle à droite).
306	B B	———	EUROPE XVIe-XVIIe SIÈCLES.	EUROPE XVIe-XVIIe SIÈCLES.	
307		la lyre.	EUROPE XVIe-XVIIe SIÈCLES.	EUROPE XVIe-XVIIe SIÈCLES.	
308		le sablier.	EUROPE XVIe-XVIIe SIÈCLES.	EUROPE XVIe-XVIIe SIÈCLES.	
309		le litre.	EUROPE XVIe-XVIIe SIÈCLES.	EUROPE XVIe-XVIIe SIÈCLES.	
310		le tabouret.	EUROPE XVIe-XVIIe SIÈCLES.	EUROPE XVIe-XVIIe SIÈCLES.	Signe inversé dans la planche (l'ombre à gauche).
311		le rasoir.	FRANCE XVIe-XVIIe SIÈCLES.	FRANCE XVIe-XVIIe SIÈCLES.	
312		le domino.	HOLLANDE.	HOLLANDE XVIIe SIÈCLE.	
313	F A	———	EUROPE XVIe-XVIIe SIÈCLES.	EUROPE XVIe-XVIIe SIÈCLES.	
314	F D	———	EUROPE XVIIe SIÈCLE.		
315	D B	———	EUROPE XVIIe SIÈCLE.	EUROPE XVIIe SIÈCLE.	
316		le billot.	EUROPE XVIIe SIÈCLE.	EUROPE XVIIe SIÈCLE.	
317		la vis.	EUROPE XVIIe SIÈCLE.	EUROPE XVIIe SIÈCLE.	Signe inversé et allongé dans le texte.
318-319 Planche double.		la potence.	HOLLANDE.	HOLLANDE.	
320	F I	———	HOLLANDE XVIIe SIÈCLE.	HOLLANDE XVIIe SIÈCLE.	

NUMÉROS D'ORDRE.	SIGNES.		TITRE DE LA PLANCHE.	TITRE DE LA NOTICE.	OBSERVATIONS.
321	F H	———	HOLLANDE XVIIe SIÈCLE.	HOLLANDE XVIIe SIÈCLE.	
322	D A	———	EUROPE XVIIe SIÈCLE.	EUROPE XVIIe SIÈCLE.	
323	C A	———	HOLLANDE.	HOLLANDE.	
324-325 Planche doublée.		 la hallebarde.	HOLLANDE.	HOLLANDE.	Signe inversé dans la planche (la hache à droite).
326		l'armoire.	EUROPE XVIIe SIÈCLE.	EUROPE XVIIe SIÈCLE.	Signe différent dans le texte.
327	F L	———	FRANCE XVIIe SIÈCLE.	FRANCE XVIIe SIÈCLE.	
328	D X	———	FRANCE XVIIe SIÈCLE.	FRANCE XVIIe SIÈCLE.	
329	F M	———	FRANCE XVIIe SIÈCLE.	FRANCE XVIIe SIÈCLE.	
330		le burin.	EUROPE XVIIe SIÈCLE.	EUROPE XVIIe SIÈCLE.	Signe inversé dans le texte (la pointe à droite).
331	C H	———	FRANCE XVIIe SIÈCLE.	FRANCE XVIIe SIÈCLE.	
332		le couteau.	ITALIE.	ITALIE XVIIe SIÈCLE.	
333		la botte.	ITALIE.	ITALIE XVIIe SIÈCLE.	
334		la balance.	FRANCE.	FRANCE XVIIe SIÈCLE.	
335		l'image.	FRANCE.	FRANCE.	
336	E K	———	ALLEMAGNE.	ALLEMAGNE XVIIe SIÈCLE.	
337		 la bassinoire.	ANGLETERRE.	ANGLETERRE.	
338		 la pensée.	EUROPE XVIIe SIÈCLE.	EUROPE XVIIe SIÈCLE.	Texte : 6 pages, dont un feuillet intercalaire de 2 pages.
339	V	V couronné.	EUROPE XVIIe SIÈCLE.		
340		le porc-épic.	FRANCE XVIIe SIÈCLE.	FRANCE XVIIe SIÈCLE.	Signe inversé dans la planche (la tête à droite).
341		l'étau.	FRANCE XVIIe SIÈCLE.	EUROPE, FRANCE XVIIe SIÈCLE.	
342		 l'objectif.	FRANCE XVIIe-XVIIIe SIÈCLES.	FRANCE XVIIe-XVIIIe SIÈCLES.	
343	F U	———	FRANCE XVIIe SIÈCLE.	FRANCE XVIIe SIÈCLE.	

NUMÉROS D'ORDRE.	SIGNES.		TITRE DE LA PLANCHE.	TITRE DE LA NOTICE.	OBSERVATIONS.
344-345 Planche double.		la roue.	FRANCE XVIIe SIÈCLE.	FRANCE XVIIe SIÈCLE.	
346		le rat.	FRANCE XVIIe SIÈCLE.	EUROPE XVIIe SIÈCLE.	Signe inverse dans la planche (la tête à droite).
347		l'obélisque.	EUROPE XVIIe SIÈCLE.	EUROPE XVIIe SIÈCLE.	
348	D U	———	FRANCE XVIIe SIÈCLE.	FRANCE XVIIe SIÈCLE.	
349	D E	———	FRANCE XVIIe SIÈCLE.	FRANCE XVIIe SIÈCLE.	
350	D Y	———	EUROPE XVIIe SIÈCLE.	EUROPE XVIIe SIÈCLE.	
351		le masque.	FRANCE XVIIe SIÈCLE.	FRANCE XVIIe SIÈCLE.	Signe un peu différent dans le texte (le masque entièrement ombré).
352		le canon.	FRANCE XVIIe-XVIIIe SIÈCLES.	FRANCE XVIIe-XVIIIe SIÈCLES.	
353		le ballon.	FRANCE XVIIe SIÈCLE.	FRANCE XVIIe SIÈCLE.	
354		le peigne.	FRANCE XVIIe SIÈCLE.	FRANCE XVIIe SIÈCLE.	
355	D H	———	FRANCE XVIIe SIÈCLE.	FRANCE XVIIe SIÈCLE.	
356-357 Planche double.		le rabot.	FRANCE XVIIe SIÈCLE.	FRANCE XVIIe SIÈCLE.	Même observation qu'au numéro 351.
358		le chapeau.	FRANCE XVIIe SIÈCLE.	FRANCE XVIIe SIÈCLE.	
359	E L	———	ITALIE.	ITALIE.	
360	F Q	———	ALLEMAGNE XVIIe-XVIIIe SIÈCLES.	ALLEMAGNE XVIIe-XVIIe SIÈCLES.	
361	F R	———	ALLEMAGNE XVIIe-XVIIIe SIÈCLES.	ALLEMAGNE XVIIe-XVIIIe SIÈCLES.	
362	F X	———	FRANCE XVIIe SIÈCLE.	FRANCE XVIIe SIÈCLE.	
363		la console.	FRANCE XVIIe SIÈCLE.	FRANCE XVIIIe SIÈCLE (1).	(1) C'est par erreur que la notice porte XVIIIe au lieu de XVIIe siècle.
364		le verrou.	EUROPE XVIIe-XVIIIe SIÈCLES.	EUROPE XVIIe-XVIIIe SIÈCLES.	
365	B L	———	EUROPE XVIIe SIÈCLE.	EUROPE XVIIe SIÈCLE.	
366		le balustre.	FRANCE XVIIIe SIÈCLE.	FRANCE XVIIIe SIÈCLE.	
367		la patte d'oiseau.	FRANCE XVIIIe SIÈCLE.	FRANCE XVIIIe SIÈCLE.	

NUMÉROS D'ORDRE.	SIGNES.		TITRE DE LA PLANCHE.	TITRE DE LA NOTICE.	OBSERVATIONS.
368	CE	———	FRANCE XVIIIe SIÈCLE.	FRANCE XVIIIe SIÈCLE.	
369	EA	———	FRANCE XVIIIe SIÈCLE.	FRANCE XVIIIe SIÈCLE.	
370		la perruque.	EUROPE XVIIIe SIÈCLE.	FRANCE XVIIIe SIÈCLE.	
371		le banc.	FRANCE XVIIIe SIÈCLE.	FRANCE XVIIIe SIÈCLE.	
372	AF	———	FRANCE XVIIIe SIÈCLE.	FRANCE XVIIIe SIÈCLE.	
373	FN	———	FRANCE XVIIIe SIÈCLE.	FRANCE XVIIIe SIÈCLE.	
374	DR	———	EUROPE XVIIIe SIÈCLE.	EUROPE XVIIIe SIÈCLE.	
375	EO	———	XVIIIe SIÈCLE.	EUROPE XVIIIe SIÈCLE.	
376	AE	———	EUROPE XVIIe-XVIIIe SIÈCLES.	EUROPE XVIIe-XVIIIe SIÈCLES.	Dans le texte, les deux lettres sont un peu plus rapprochées.
377		la table.	ANGLETERRE XVIIIe SIÈCLE.	ANGLETERRE.	
378	CZ	———	ANGLETERRE.	ANGLETERRE XVIIIe SIÈCLE.	
379	DO	———	ANGLETERRE.	ANGLETERRE XVIIe-XVIIIe SIÈCLES.	
380		la montre.	FRANCE XVIIIe SIÈCLE.	FRANCE XVIIIe SIÈCLE.	
381	BM	———	FRANCE XVIIIe SIÈCLE.	FRANCE XVIIIe SIÈCLE.	
382		la trompette.	FRANCE XVIIIe SIÈCLE.	FRANCE XVIIIe SIÈCLE.	Signe retourné dans la notice.
383	O	O couronné.	FRANCE XVIIIe SIÈCLE.	FRANCE XVIIIe SIÈCLE.	
384	ER	———	FRANCE XVIIIe SIÈCLE.	FRANCE XVIIIe SIÈCLE.	
385		le fléau.	FRANCE XVIIIe SIÈCLE.	FRANCE XVIe SIÈCLE (1).	(1) C'est par erreur que le titre de la notice porte XVIe siècle au lieu de XVIIIe.
386	BX	———	FRANCE XVIIIe SIÈCLE.	FRANCE XVIIIe SIÈCLE.	
387	FT	———	ALLEMAGNE XVIIIe SIÈCLE.	ALLEMAGNE XVIIIe SIÈCLE.	
388	AG	———	FRANCE XVIIIe SIÈCLE.	FRANCE XVIIIe SIÈCLE.	Même observation qu'au numéro 376.
389		la marmite.	FRANCE XVIIIe SIÈCLE.	FRANCE XVIIIe SIÈCLE.	
390	CX	———	FRANCE XVIIIe SIÈCLE.	FRANCE XVIIIe SIÈCLE.	

NUMÉROS D'ORDRE.	SIGNES.		TITRE DE LA PLANCHE.	TITRE DE LA NOTICE.	OBSERVATIONS.
391-392 Planche double.	F G[1]	——	FRANCE XVIIIe SIÈCLE.	FRANCE XVIIIe SIÈCLE.	Texte : 12 pages, dont une demi-feuille intercalaire de 4 pages finissant par « *sur le dos* ».
393	F J	——	FRANCE XVIIIe SIÈCLE.	FRANCE XVIIIe SIÈCLE.	
394	F K	——	FRANCE XVIIIe SIÈCLE.	FRANCE XVIIIe SIÈCLE.	
395	C M	——	FRANCE XVIIIe SIÈCLE.	FRANCE XVIIIe SIÈCLE.	
396	G T	——	FRANCE XVIIIe SIÈCLE.	FRANCE XVIIIe SIÈCLE.	
397		le baldaquin.	FRANCE XVIIIe SIÈCLE.	FRANCE XVIIIe SIÈCLE.	
398		la brosse.	FRANCE XVIIIe SIÈCLE.	FRANCE XVIIIe SIÈCLE.	
399	A C	——	EUROPE.	EUROPE.	
400		le carré.	FRANCE XVIIIe SIÈCLE.	FRANCE XVIIIe SIÈCLE.	

[1] Lettres séparées à l'excès dans le texte (F G)

TOME VI, Nos 401 A 500.

NUMÉROS D'ORDRE.	SIGNES.		TITRE DE LA PLANCHE.	TITRE DE LA NOTICE.	OBSERVATIONS.
401		la bouteille.	FRANCE XVIIIe SIÈCLE.	FRANCE XVIIIe SIÈCLE.	
402		le binocle.	FRANCE XVIIIe SIÈCLE.	FRANCE XVIIIe SIÈCLE.	
403		la main.	FRANCE XVIIIe SIÈCLE.	FRANCE XVIIIe SIÈCLE.	
404	A H	——	FRANCE XVIIIe SIÈCLE.	FRANCE XVIIIe SIÈCLE.	
405	F O	——	EUROPE XVIIIe SIÈCLE.	EUROPE XVIIIe SIÈCLE.	
406	F P	——	FRANCE XVIIIe SIÈCLE.	FRANCE XVIIIe SIÈCLE.	

NUMÉROS D'ORDRE.	SIGNES.	TITRE DE LA PLANCHE.	TITRE DE LA NOTICE.	OBSERVATIONS.
407	le médaillon.	FRANCE XVIIIe-XIXe SIÈCLES.	FRANCE XVIIIe-XIXe SIÈCLES.	
408-409 Planche double.	le pied de cheval.	FRANCE.	FRANCE.	
410	A J ———	FRANCE XIXe SIÈCLE.	FRANCE.	
411	B T ———	SUÈDE.	SUÈDE.	
412	B R ———	SUÈDE.	SUÈDE.	
413	B S ———	SUÈDE.	SUÈDE.	
414	le chien de fusil.	SUÈDE.	SUÈDE.	
415	A couronné.	SUÈDE.	SUÈDE.	
416	la corde.	SUÈDE ET NORVÈGE.	SUÈDE ET NORVÈGE.	
417	B Q ———	SUÈDE.	SUÈDE.	
418	B P ———	SUÈDE.	SUÈDE.	
419	la hotte.	HOLLANDE.	HOLLANDE.	
420	 le lapin.	HOLLANDE.		
421	A O ———	HOLLANDE.	HOLLANDE.	Texte : 6 pages, dont un feuillet intercalaire de 2 pages, commençant par « *l'Aansprekar catholique* ».
422	A V ———	HOLLANDE.		
423	E couronné.	HOLLANDE.	HOLLANDE.	
424	A X ———	HOLLANDE.	HOLLANDE.	
425	C F ———	ÉCOSSE.	ÉCOSSE.	
426	C G ———	ÉCOSSE.		
427	D Z ———	ÉCOSSE.	ÉCOSSE.	
428	C R ———	ANGLETERRE.	ANGLETERRE XVIIIe-XIXe SIÈCLES.	
429	C I ———	ANGLETERRE.	ANGLETERRE.	

NUMÉROS D'ORDRE.	SIGNES.	TITRE DE LA PLANCHE.	TITRE DE LA NOTICE.	OBSERVATIONS.
430	G X ——	ANGLETERRE.	ANGLETERRE.	
431	A Q ——	ANGLETERRE.	ANGLETERRE.	
432	G P ——	ALLEMAGNE.	ALLEMAGNE.	
433	H G ——	ALLEMAGNE. TYROL.	ALLEMAGNE. TYROL.	
434	le crochet.	SUISSE.	SUISSE.	
435	le lit.	SUISSE.	SUISSE.	
436	le bébé.	SUISSE.	SUISSE.	
437	le tréteau.	EUROPE.	EUROPE.	
438	C S ——	RUSSIE.	RUSSIE XVIe-XIXe SIÈCLES.	
439	C T ——	RUSSIE.		
440	la musette.	RUSSIE.	RUSSIE.	
441	la casserole.	RUSSIE.	RUSSIE.	
442	la sphère.	RUSSIE.	RUSSIE.	
443	la ruche.	RUSSIE.	RUSSIE.	
444	le parapluie.	RUSSIE.	RUSSIE.	
445	E J ——	RUSSIE.	RUSSIE.	
446	D couronné.	RUSSIE.	RUSSIE.	
447	l'échelle.	RUSSIE.	RUSSIE.	
448	le porte-crayon.	RUSSIE.	RUSSIE.	
449	L couronné.	POLOGNE.	POLOGNE XIIIe-XIVe SIÈCLES.	Texte : 6 pages, dont un feuillet intercalaire de 2 pages.
450	B couronné.	POLOGNE.	POLOGNE XIVe-XVe SIÈCLES.	

NUMÉROS D'ORDRE.	SIGNES.		TITRE DE LA PLANCHE.	TITRE DE LA NOTICE.	OBSERVATIONS.
451	B N	———	POLOGNE.	POLOGNE XIV°-XV° SIÈCLES.	
452		la cornue.	POLOGNE.	POLOGNE XVI° SIÈCLE.	
453	P	P couronné.	POLOGNE.	POLOGNE XVIII°-XIX° SIÈCLES.	
454	G U	— — —	POLOGNE.	POLOGNE.	
455	H E	— — —	POLOGNE.	POLOGNE XVII°-XVIII° SIÈCLES.	
456		la clé.	POLOGNE.	POLOGNE XIX° SIÈCLE.	
457		le cadenas.	POLOGNE.	POLOGNE XIX° SIÈCLE.	Signe inversé sur la notice.
458	H J	———	HONGRIE ET CROATIE.	HONGRIE ET CROATIE. RUTHÈNE.	
459	G Z	— -	RUTHÈNE.		
460		le tire-bouchon.	EUROPE.	EUROPE.	
461		la coupe.	TURQUIE D'EUROPE.	TURQUIE D'EUROPE ET GRÈCE.	
462		la lampe.	TURQUIE D'EUROPE.	TURQUIE D'EUROPE.	
463	A Y	———	ORIENT.	ORIENT.	
464		le pont.	TURQUIE D'EUROPE.	TURQUIE D'EUROPE.	
465		la mitre.	ITALIE.	ITALIE XIX° SIÈCLE.	
466		la note de musique.	ITALIE.	ITALIE.	
467	H B	— —	ITALIE XIX° SIÈCLE.	ITALIE XIX° SIÈCLE.	
468	G O	— — —	ITALIE XIX° SIÈCLE.	ITALIE XIX° SIÈCLE.	
469	A I	— — —	ESPAGNE.	ESPAGNE.	
470		le sabre.	ESPAGNE.	ESPAGNE.	Les deux signes renversés dans le texte.
471		la scie.	ESPAGNE.		

NUMÉROS D'ORDRE.	SIGNES.		TITRE DE LA PLANCHE.	TITRE DE LA NOTICE.	OBSERVATIONS.
472		la roulette.	ESPAGNE.	ESPAGNE.	
473		les castagnettes.	ESPAGNE.	ESPAGNE.	
474	M	M couronné.	ESPAGNE.	ESPAGNE.	
475	B D	———	ESPAGNE.	ESPAGNE.	
476		le patin.	ESPAGNE.	ESPAGNE.	
477-478 Planche double.		le broc.	ESPAGNE.	ESPAGNE.	
479	B G	———	ESPAGNE.	ESPAGNE.	
480		la grue.	ESPAGNE.	ESPAGNE.	
481	B E	———	ESPAGNE.	ESPAGNE.	
482	E X		PORTUGAL.	PORTUGAL.	
483	E T	———	PORTUGAL.	PORTUGAL.	
484	C N	———	FRANCE.	FRANCE XIXe SIÈCLE.	
485	C V	———	FRANCE.	FRANCE.	
486	E G	———	FRANCE.	FRANCE XIXe SIÈCLE.	
487	F Y	———	FRANCE XIXe SIÈCLE.	FRANCE XIXe SIÈCLE.	
488	F S	———	FRANCE.	FRANCE.	
489	E P	———	FRANCE XIXe SIÈCLE.	FRANCE XVIIIe-XIXe SIÈCLES.	
490	D M	———	FRANCE. XIXe SIÈCLE.	FRANCE XIXe SIÈCLE.	
491		le bateau.	FRANCE.	FRANCE XIXe SIÈCLE.	
492		le poisson.	FRANCE.	FRANCE XIXe SIÈCLE.	
493		la niche à chien.	FRANCE.	FRANCE.	

NUMÉROS D'ORDRE.	SIGNES.	TITRE DE LA PLANCHE.	TITRE DE LA NOTICE.	OBSERVATIONS.
494	B Y ———	FRANCE.	FRANCE.	
495	B I ———	FRANCE.	FRANCE.	
496	G C · ·	BRETAGNE.	BRETAGNE.	
497	la clé anglaise.	FRANCE.	FRANCE. XIXe SIÈCLE.	Signe inversé dans la planche (le bouton à droite).
498	A D — —	FRANCE.	FRANCE.	
499-500 Planche double.	G D ———	BRETAGNE.	BRETAGNE.	

TABLE DES MATIÈRES.

TOME I.

TOMES II à VI.

Les volumes II, III, IV, V et VI, qui contiennent les 500 planches et notices, ne comportant pas de pagination, il est inutile de répéter ici le classement qui en est donné pages *a* et *b* (Avis au relieur) indiquant l'ordre des planches et notices à l'aide du *tableau de concordance*, ainsi que la place des faux-titres de volumes (en noir et rouge) et des faux-titres de parties.

ERRATA.

Page 40, ligne 28, *au lieu de* tractavan *lire* tactravan.

Page 41, ligne 5, *au lieu de* Samiasse *lire* Saniasse.

Page 94, ligne 10, *au lieu de* seiter *lire* sacter.

Page 101, ligne 1, *au lieu de* békiécha *lire* bechieka.

www.ingramcontent.com/pod-product-compliance
Lightning Source LLC
LaVergne TN
LVHW020551230826
846091LV00002B/457

* 9 7 8 2 0 1 4 4 3 0 5 4 7 *